21世纪高等院校教材·金融学系列

信托与租赁

（第三版）

闵绥艳　主编

科学出版社

北京

内 容 简 介

本书从信托与租赁的基础知识入手，阐述了信托这种财产管理制度的理论体系、信托关系的法律规范、信托业务种类和信托业的管理，并对信托的起源、发达国家信托业的特点和我国信托业的演变历史进行了综述；同时，对现代租赁的基本种类、租赁的基本运作程序以及租赁所涉及的相关知识进行了全面的论述。本书既重视理论分析，又全面介绍信托与租赁的实务，并且吸收了信托与租赁研究的最新成果，特别是按照 2007 年新的《信托公司管理办法》和《信托公司集合资金信托计划管理办法》编写了本书。

本书为了解中外信托业的历史、把握现实经济中信托与租赁现状与运行规律提供系统和清晰的帮助，并配多媒体课件，既可作为高等院校财经类专业本科生、研究生教材，也可作为相关公司人员的培训教材和参考读本。

图书在版编目（CIP）数据

信托与租赁/闵绥艳主编. —3 版. —北京：科学出版社，2012.6

21 世纪高等院校教材．金融学系列

ISBN 978-7-03-034508-0

Ⅰ.①信… Ⅱ.①闵… Ⅲ.①信托-高等学校-教材②租赁-高等学校-教材 Ⅳ.①F830.8

中国版本图书馆 CIP 数据核字（2012）第 110048 号

责任编辑：兰　鹏　胡志强/责任校对：刘小梅
责任印制：阎　磊/封面设计：蓝正设计

科 学 出 版 社 出版
北京东黄城根北街16号
邮政编码：100717
http://www.sciencep.com

保定市中画美凯印刷有限公司 印刷
科学出版社发行　各地新华书店经销

*

2005 年 6 月第 一 版　开本：B5（720×1000）
2008 年 6 月第 二 版　印张：20 1/4
2012 年 6 月第 三 版　字数：400 000
2015 年 1 月第十二次印刷

定价：36.00 元
（如有印装质量问题，我社负责调换）

第 三 版 序

近年来，伴随着社会财富的增长，财富拥有者投资意识日渐加强。为财富投向找到恰当的出口，使之与国民经济和社会发展需要相匹配，是金融业界共同的责任。信托，作为最具挑战性、创新性和生命力的金融平台和金融工具，最有理由、最有资格担负起这一使命。几年来，国内信托从业者及研究者积极探索信托如何满足投资者理财方案个性化的需求，将信托原理运用于推动金融资本在全社会的高效配置，在取得斐然成绩的同时，也遇到了概念与理论层面的困惑。鉴于此，我们将一些国际上重要的有信托理念的理财产品在本书中加以介绍，以此拓展人们的视野。值得注意的是，信托行业与信托是两码事，信托业不是信托公司的集合，不同形式的信托业务可以由不同类型的金融机构兼营；很多问题都可以尝试利用信托制度及其功能来参与解决。因此，信托研究具有内容宽泛、学科交叉的特点。本书是对信托有关知识最重要、最基础的阐述，它为人们将信托原理运用于经济活动奠定了一定的基础。作为教材，它有助于我国"信托与租赁"课程的教学能够与时俱进。

第三版保持了原有的基本框架和体系，增加的一章主要介绍资产证券化、私募股权投资基金（PE）、房地产投资信托基金（REITs）、银信合作业务。它们都是与信托、投资基金相关联的概念。另外，对书中不合适的地方也进行了必要的修改。

闵绥艳

2012 年 4 月

第 二 版 序

　　《信托与租赁》于 2005 年出版后受到了广大读者的欢迎和肯定，被全国许多高等院校列为该专业首选教材。但由于近几年信托业和租赁业发生了一些变化，特别是 2007 年新的《信托公司管理办法》和新资金管理办法《信托公司集合资金信托计划管理办法》的颁布，使原书部分内容和有关章节的更新显得十分必要。为此，我们广泛征求了使用本教材的师生及相关专家的建议，并应科学出版社的要求，对该书进行了修订和增补，力图更全面、更及时地反映信托与租赁研究成果，更有效地保证和提高我国高等院校《信托与租赁》课程的教学质量，进一步促进对信托与租赁的研究。

　　第二版在保持原书基本框架和体系的前提下，在第 4 章、第 5 章补充了新的内容；在第 6 章增补了新的《信托公司管理办法》和《信托公司集合资金信托计划管理办法》的重要内容；第 8 章增加了租金计算的方法和影响租金的因素；删除了第 9 章；对原书中的第 10 章内容作了调整和精简；更新了附录，从而使修订后的教材内容更趋合理，章节编排更趋紧凑。

闵绥艳

2008 年 5 月

第 一 版 序

纵观世界经济的发展历程，信托业伴随着各国市场经济的发展及金融体系的深化而发展。我国自从恢复信托业、引进了融资租赁业务以来，在近 20 多年的发展历程中，由于信托业法制不健全、违规经营、管理混乱等原因，导致其发展历经周折、几起几落，今天已到了非重新选择不可的地步。我国的租赁业虽然在 20 世纪 80 年代初就开始了融资性租赁业务，但是至今我国多数的企业和个人，对 20 世纪 50 年代发源于美国的现代融资性租赁还知之甚少，在积极利用这种新型融资方式来求得自我发展方面更是做得不够。2001 年《信托法》、《信托投资公司管理办法》的颁布，为我国信托业和租赁业的发展提供了更广阔的前景和巨大的潜力。信托业如何在清理、整顿中走向规范，租赁业如何完善法规、在政策上给予支持，以增强社会各界对融资租赁行业的了解，促进该行业的健康发展呢？《信托与租赁》一书正是基于这一背景开始构思、编写的。其目的是为了使我们通过学习，全面把握信托与租赁业在世界及中国发展的轨迹和方向。

《信托与租赁》全面介绍信托业与租赁业的理论与实践。本书的内容分为两部分：信托部分和租赁部分。

从信托部分来讲，信托作为一种财产运作制度和管理方式，发源于英国。在其漫长的发展历程中，信托虽然与各国的社会、经济、文化环境紧密相连，并且由于社会背景差异而导致各国信托各具特色，但是从信托在中国及世界其他各地发展的轨迹来考察，还是有一定的发展规律可循的。具体地说：一是指信托的运行要顺其自然，即按照信托市场体系本身的内在规律和要求进行运行，或者说自然的规律。否则，中国信托业永远走不出发展、清理、整顿，再发展、再清理、再整顿的怪圈。二是指信托的运行要合乎制度的规范，即人们从实践中总结出的信托运行规律，把它提炼、归纳成有关的规章制度，成为信托运行中人人都要遵守的行为准则，这正是信托成熟化的一个重要标志。所以，本书揭示的主要是现实经济中信托运行规律及其制度，着力阐述信托的基本理论，信托关系最基本的法律规范，信托的竞争优势及信托业在中国市场经济中到底发挥什么样的作用，中国的信托业应如何在借鉴世界主要市场经济国家信托业发展的基础上，确立有中国特色的信托制度与信托经营模式，以及设计适合市场要求的信托品种。

从租赁部分来讲，租赁业的发展，离不开理论的探讨以及经验甚至教训的总结。本书主要介绍了现代租赁的产生及其发展过程，现代租赁的种类、融资性租赁的特征及融资性租赁合同，论述了我国租赁业目前存在的问题及应当采取的对策、租金的计算方法等。其目的是要对融资性租赁进行系统的总结，增进人们对现代融资租赁的了解，并积极、有效地利用这种融资方式。

本教材由闵绥艳主编，并负责全部规划及统筹。编写工作分工如下：

闵绥艳　前言、第 1 章；

王博峰　第 2 章、第 6 章（部分内容由主编作了修改与调整）；

戴　娟　第 3 章（部分内容由主编作了修改与调整）；

王丽丽　第 4 章、第 11 章；

李　剑　第 5 章；

李卫林　第 7 章、第 10 章；

毛秋蓉　第 8 章、第 9 章（部分内容由主编作了修改与调整）。

《信托与租赁》编写组

2004 年 12 月于西安交通大学

目录

第 1 章

信托概述

【本章提要】 本章主要介绍信托的概念及产生；信托财产的特性；信托的法律关系的设立、变更和终止；信托的关系人；信托职能和作用。

信托既是一种特殊的财产管理制度，又是一种特殊的法律行为，同时也是一种金融制度。它是随着商品货币关系的发展及金融体制的深化而发展的，对促进经济的发展起着重要的作用。所以，对作为现代金融三大支柱，即银行业、保险业、信托业之一的信托业的研究便构成了对金融研究的重要内容。

■ 1.1　信托的概念与起源

1.1.1　信托的概念

一般认为，信托制度最初起源于英国，至今已有几个世纪的发展历史。在此漫长的历程中，出现过多种信托定义，但时至今日人们也没有对信托的定义达成共识。究其原因：一方面是由于信托的内容不断丰富，信托的概念也不断发展，很难用一个信托概念体现不同时期信托的全部特征；另一方面信托业务复杂多样，而且各种信托业务之间存在很大差别，难以用同一个信托概念包容各种具体信托的特征。1985 年在荷兰召开的国际私法会议上通过的《关于信托的承认及其法律适用的国际公约》中，信托被定义为：一个人，即委托人在生前或死亡时创设的一种法律关系，委托人为受益人的利益或者为某个特定目的，将其财产置于受托人的控制之下。这种提法虽然能够被不同法系的国家理解和接受，但仍不能完全令人满意。

自从我国恢复信托业以来，人们也从不同的角度给信托下过不同的定义：从字面上看，信托就是信任和委托，它是指财产的所有者为了某种目的，把财产权转移给自己信任的人，由其去管理和处理的行为；从社会道德范畴看，信托是一种社会行为，表示人们之间一定的思想道德行为，所以，信托泛指一种以信任为基础的社会委托行为；从法律范畴来看，信托是一种法律关系，它是以信任为基础，涉及当事人之间权利与义务的法律行为；从经济范畴看，它是指在接受他人信任的基础上，代人理财，为人谋利益的一种经济行为。因此，很多学者认为要给信托下一个准确、完整的定义是很困难的，但是信托定义的混乱又会导致信托制度设计上的模糊，由此看来，要建立真正的信托制度，还不得不首先规范信托的概念。

在充分考虑到我国国情和结合自身法律文化的前提下，在我国 2001 年出台的《中华人民共和国信托法》中，对信托进行了如下定义：信托是指委托人基于对受托人的信任，将其财产权委托给受托人，由受托人按委托人的意愿以自己的名义，为受益人的利益或者特定目的，进行管理或者处分的行为。对信托这样定义基本体现了信托财产的独立性、权利主体与利益主体相分离、责任有限性和信托管理连续性的基本法理和观念。理解信托这一定义，可以从以下几个方面把握其基本特征。

1. 委托人对受托人的信任，是信托关系成立的前提

通常委托人对受托人的信任包含有：第一，对受托人诚信的信任，即受托人具有公认信用标准或虽然可能不符合公认信用标准，但却是忠实于委托人及其继承人或受益人的自然人，所以无论是法人或是自然人，重要的是必须为委托人所了解、所接受和所信赖。第二，对受托人承托能力的信任，信托财产的受托人是指具有管理才能，最忠诚于信托事业的人。这种人在信托行为中，对于不属于自己的委托财产，却完全视同为自己的财产一般细心爱护和管理，明明是为委托人及其继承人或受益人的目的和要求谋利，却完全视同为自己的目的和利益，忠心耿耿，尽心尽力，进行最关心、最谨慎和最有效率的管理、运用与处理。

2. 信托财产及财产权的转移是成立信托的基础

信托是一种以信托财产为中心的法律关系，没有信托财产，信托关系就丧失了存在的基础，信托目的也不可能实现。所以委托人在设立信托时必须将财产权转移给受托人，这是信托制度与其他制度的根本区别。财产权是指以财产上的利益为标准的权利。除身份权、名誉权、姓名权之外，其他任何权利或者可以用金钱计算价值的财产权，如物权、债权以及专利权、商标权、著作权等知识产权，都可以作为信托财产。

但是如果根据传统的信托法理，在信托财产上存在着双重所有权，即受托人

是信托财产在法律上的所有人，受益人是信托财产的实际所有人，这与大陆法系奉行的一物一权主义，即一个物只能成立一个所有权，显然是相悖的（委托人授让信托财产所有权）。与民法上所指的财产所有权也不同，民法的财产所有权是指对标的物的绝对权能，包括占有权、使用权、收益权和处分权，并排除了人为干涉。在信托关系中，受托人的财产所有权是为受益人的利益所享有，不具有绝对权能；受托人经营管理信托财产，行使财产所有权，须受信托合同规定的限制。上述诸多矛盾在我国法律体系中是客观存在的。

3. 信托关系中的三个当事人，以及受托人以自己的名义为受益人的利益管理处分信托财产是信托的两个重要特征

信托关系中有三个当事人，即委托人、受托人和受益人，这是信托的一个特征。而在信托关系当事人中，受托人以自己的名义管理、处分信托财产这又是信托的一个重要特征。委托人将信托财产委托给受托人后，对信托财产没有直接控制权，受托人完全以自己的名义对信托财产进行管理和处分，不需要借助委托人、受益人的名义。受托人因管理、运用或处分信托财产而产生与第三人之间的权利义务，仅归属于受托人，不直接归属于委托人，同时受托人以自己的名义管理、处分信托财产时，一是必须按照委托人的意愿进行管理或者处分，不得违背委托人的意愿。委托人的意愿是受托人行为的基本依据。二是管理或者处分信托财产的目的，必须是为了受益人的利益，不能为了自己或者其他第三人的利益，受托人也不能从信托财产中取得个人利益。

信托这一特征使信托与委托代理、寄存保管和行纪代理等相区别。例如，在委托代理关系中，只涉及代理人和被代理人两方当事人，财产权仍在被代理人名义下，代理人和被代理人都可以行使对财产的管理、运用和处分的权利，等等；又如在寄存保管中，保管人只临时占有寄存的财产，并不发生名义上的变化，也不承担运用、处分财产的义务；再如在行纪关系中，行纪人经委托人授权，其权利只限于代委托人买卖财物，并不违背委托人在价格、数量、质量方面的要求。

4. 信托是一种由他人进行财产管理、运用或处分的财产管理制度

信托机构通过开办各种业务为市场主体或财产所有者发挥管理、运用、处分、经营财产的作用。为财产所有者提供广泛有效的服务是信托的首要职能和唯一服务宗旨，并且信托把财产管理职能体现在其开办的一切业务之中，它已成为金融业的一个组成部分，与银行业和保险业既有联系又有区别。

首先，从历史起源上看，银行起源于货币兑换业，最后发展成为专门从事货币存款、贷款业务的专门机构；保险起源于人们对自然灾害，意外事故进行经济补偿的互助行为；信托起源于遗嘱执行和对私有财产管理，近代信托发展成为代客户经营管理各种财产的专门机构。其次，从它们经营的主要内容看，银行机构主要是从事与货币有关的存、贷款和汇兑业务；保险公司主要办理各种保险；信

托机构主要经营委托的资金和财产、代理资财保管、金融租赁、经济咨询、证券以及投资等业务。再次，从它们所起的作用来看，银行直接发挥融通资金的作用；保险公司通过自己的业务活动，聚集了社会上的一部分资金，建立了社会后备基金，间接起到了融通资金的作用；信托机构也是通过信托业务，在财产管理的基础上间接地起到融通资金的作用。

由于银行、保险、信托都直接或间接地发挥着融通资金的作用，因而它们成为金融体系中的有机组成部分；同时又由于它们不同的起源，不同的业务内容，发挥着不同的作用，在金融体系内形成了三大业务并列的局面，所以我们说信托与银行、保险是并列关系。

1.1.2　信托的设立

信托的设立就是依照法律规定的形式形成有效的信托关系，或者说是依照法律的要求实施信托行为并得到法律上的确认。信托的设立需要具备下列条件。

1. 信托目的

信托目的是指委托人希望通过信托所达到的目的。它以信托财产为中心，是影响信托关系的产生、存续、消灭的基本要素，并具有如下特点。

1) 信托目的的确定性

信托目的，对委托人、受托人、受益人相互之间权利义务关系有着直接影响；同时对与信托财产发生直接、间接关系的利害人，也有重要影响。因此信托目的应当明确，使受托人可以非常清楚地了解委托人的意图并履行其受托义务。同时，第三人也可以明白无误地了解该信托的意思表示。

2) 信托目的的自由性

信托只要不违反法律、行政法规，不违背国家利益和社会公共利益，就可以为委托人所希望达到的各种目的而设立。信托的目的与人类的想象力一样没有限制。信托目的的自由化，使得信托在实务上的适用性极其广泛，它既可以适用于民事信托，也适用于商事领域（如公司信托、投资信托），还可以适用于社会公益领域（如公益信托）。实践证明，信托行为的多样性和无限性，反映了信托目的的自由性。

3) 信托目的的合法性

信托行为虽然属于当事人之间的自主行为，但是，必须受到法律、行政法规的强制性规范的限制，而且我国《信托法》对信托目的有一个明确的限定，主要包括：①信托目的不得违反有关法律、行政法规的规定或者损害社会公共利益。②禁止专以诉讼或者讨债为目的设立信托。违反这两项规定设立的信托，由于信托目的不合法，因而信托无效。③委托人设立信托不得损害其债权人的利益，违反这一规定设立的信托是可以撤销的。

2. 信托财产

设立信托，必须有确定的信托财产，并且该信托财产必须是委托人合法所有的财产及财产的权利。因而，确定的、合法的信托财产是设立一项信托必须具备的要件之一。信托财产是指受托人承诺信托而取得的财产，以及因管理、运用、处分该财产而取得的财产。通常我们也将前者称为信托财产，而将后者称为信托收益，信托财产和信托收益是广义的信托财产。

3. 设立信托，应当采取书面形式

书面形式包括信托合同、遗嘱或者法律、行政法规规定的其他书面文件等。由于营业信托内容比较复杂，信托期限也比较长，因此，对有关的重要事项要以书面的形式加以约定，以防止发生歧义和纠纷。设立信托是一种法律行为，这种法律行为通常通过三种形式来表现：一是书面合同，这是信托当事人共同表示信托意向，并同意成立信托的一种形式。书面合同需要信托关系人共同签字，才具有法律效力。二是个人遗嘱，遗嘱是立遗嘱人按照法律规定的方式处理遗产或其他事务并于立遗嘱人死亡时开始发生效力的法律行为。以遗嘱形式设立信托，通常是遗嘱人作为委托人委托他人代为办理其身后事务。三是法院的裁决命令书，即关系人之间并无明确的信托表示，或并无成立信托的意愿，而是由法院根据关系人之间已经发生的经济关系以及法律的有关规定来确定关系人之间的信托关系，这种裁决命令具有一定的强制性。

在国外的信托活动中，还有一些信托的特殊设立形式，这些形式反映了国外信托法律的传统，但我国《信托法》不承认这些特殊形式设立的信托。这种信托主要是宣言信托和双重信托。宣言信托，是指产权人通过单独行为，以自己为受托人设立的信托；双重信托，是指一项信托的受托人，将该信托财产再设立第二项信托。在双重信托这种情况下，第一项信托的受托人，成为第二项信托的委托人，同时又兼做第二项信托的受益人。

设立信托，其书面文件应当载明下列事项：①信托文件必须载明的事项：信托目的，委托人、受托人的姓名或者名称、住所，受益人或者受益人范围；信托财产的范围、种类及状况，受益人取得信托利益的形式、方法。这些事项反映了设立信托应当明确的内容，要求委托人在设立信托的书面文件中作出明确的表示，以保证信托业务顺利进行。②任意记载事项：信托期限、信托财产管理方法、受托人报酬、新受托人的选任方式、信托终止事由等。这些内容不要求信托文件必须具备，当事人可以自主决定是否记载，但一旦在信托文件中载明，当事人就应当受其约束。

4. 信托公告

信托公告是为了维护信托财产的独立性从侧面所采取的措施。对信托财产应按规定手续进行登记注册，就是信托的公告。信托登记的意义在于：一是依照法律、行政法规的规定，对重要的信托财产办理法定的登记手续，是合法权利成立的要件。二是依法办理信托登记是关于信托关系成立的法定的公示方式。如果不规定登记，债权者就可以借口其他缘由对信托财产强行获权，受托者在理由暂不充分时对此无法提出对抗。其结果，往往影响到受益人的利益。所以依法办理信托登记，对信托关系的成立和信托当事人权利义务关系的确定，有重要的意义。

1.1.3　信托的变更

信托变更包括对当事人的变动和对信托行为的更改。信托成立后不得随意变更，但依法可对信托作如下变更：

首先是委托人单方对受益人的变更。在他益信托中，委托人不是唯一受益人时，在信托生效后委托人一般不可变更受益人或解除信托，也不可处分受益人的受益权，但在受益人对委托人或者其他受益人有重大侵权行为时，或经受益人同意时，或在信托文件里另有规定时，可以变更受益人或受益权。

其次是委托人或受益人变更受托人。因受托人不履行职责或者有影响其执行职责的其他重大事由，在不利于实现信托目的或者给委托人或受益人造成损害的，委托人或受益人可以变更受托人。

再次是协商变更信托财产管理方法。在信托财产管理方法不利于实现信托目的时，经委托人、受托人及受益人协商一致，可以变更。

此外，还有一些国家认为法院应有变更权，如在发生委托人所不知或未预见的情况，使信托契约的履行造成信托目的无法实现或有重大损害时，法院有权要求受托人变更信托契约的条款。

1.1.4　信托的终止

信托终止使信托关系归于消灭。除法定或约定外，信托不因委托人或受托人的死亡、丧失民事行为能力、解散、破产或被撤销而终止，也不因受托人的辞任而终止。

信托因下列情形之一而终止：信托文件规定的终止事由发生时；信托存续违反信托目的；信托目的已经实现或不能实现；信托当事人协商同意；信托期限届满等。信托也可由当事人依法行使解除权而终止，如委托人是唯一受益人的，委托人或其继承人可以解除信托，可依法行使解除权的还有法院。

信托终止，信托财产归属于信托文件规定的人即信托合同或遗嘱中所定的权利归属人；信托文件无规定的，按照享有全部信托利益的受益人及其继承人、委托人及其继承人的顺序确定财产归属。信托财产转移给上述权利归属人之前，信托视为存续，权利归属人视为受益人。

信托终止，受托人应当作出处理信托实务的清算报告，受益人或信托财产的权利归属人对清算报告无异议的，受托人就清算报告所列事项解除责任，但当受托人有不当行为的除外。

1.1.5　信托的起源

1. 信托的萌芽——遗嘱托孤

信托起源于古埃及，并与古罗马的遗嘱执行、遗产继承和管理有密不可分的关系。古埃及时就有人设立遗嘱，让其妻继承自己的财产，并为儿女设定了监护人，同时设立遗嘱的见证人，其目的就在于委托他人执行遗嘱、处理财产并使继承人受益。这种以遗嘱的方式委托他人处理财产并使继承人受益的遗嘱托孤做法是现今发现的一种最早的信托行为。显然这种信托行为在当时只是一种原始的、自发的信托行为，不包含任何的经济关系。

2. 信托的雏形——信托遗赠

信托观念的出现，导源于《罗马法典》中的"信托遗赠"。所谓信托遗赠，是指由财产所有者以被继承人的身份，用遗嘱指定一个具有合法资格的继承人，由这个继承人先把财产继承下来，然后再由此人把遗产转移给或赠给真正要赠与的人。遗嘱中明确指出，合法继承人继承遗产的目的是为了以后把遗产转交给其他的人。这种法律遗赠制度的产生是由于最早的罗马氏族社会，规定财产只能在氏族人员之间相互继承，保持着在任何情况下，财产都要保留在氏族以内的限制。最初的古代罗马法只适用于罗马市民，只有罗马市民才享有罗马法所赋予的权利，通过遗嘱来安排继承和遗赠，而没有市民权利的人（如外国人、异教徒、自由人、俘虏等），就没有主动立遗嘱的能力，也没有受遗赠的能力。这种法律规定仍然体现了"在任何情况下，财产都要保留在氏族内"的传统做法。为了逃避"只有罗马市民才有资格成为遗嘱指定的遗产继承人"的限制，《罗马法典》创造了一种遗产信托，即"在按遗嘱划分财产时，可以把遗嘱直接授予继承人，若继承人无力或无权承受时，可按信托遗赠制度规定，把财产委托和转移给第三者处理"。这种遗嘱信托通过《罗马法典》中的信托遗赠制度固定下来，后来逐渐成为一种通行制度。

"信托遗赠"在信托的产生与发展中处于十分重要的地位，因为近代信托业和现代信托业是以"尤斯制"为基础发展起来的，而"尤斯制"又是以"信托遗赠"为基础发展起来的。但这种方式仅仅是继承人将被继承人的有关遗产移交第三人所有，并不是继承人在取得所有权的前提下管理、运用和支配该项遗产，并将由此产生的利益交付给第三人，所以并不具备现代意义的信托性质。

3. 信托的产生——"尤斯制"

信托制度是在英国中世纪出现的"尤斯制"的基础上发展起来的。封建时期的英国，人们普遍信奉宗教，教徒都愿将土地交给教堂使用，以便灵魂超度，从而使教会占有的土地不断扩大。因教会土地可免除徭役，影响了封建君主的权益，于是英国国王在13世纪初颁布了《没收条例》，规定未经君主和诸侯许可而捐献给教会的土地将被没收。为了摆脱这一限制，"尤斯制"便应运而生。其主要内容是：凡是以土地捐献给教会者，不作直接的让渡，而是先赠送给第三者，并表明其赠送的目的是为了教会利益，然后，由接受人替教会管理和使用土地，并把从土地上所取得的收益转给教会。这样，使教会享有土地的收益，与教会直接拥有土地具有同样的意义而又逃避了《没收条例》的限制。这里捐献土地者相当于现代信托中的委托人，名义上掌握土地所有者的，即第三者视同现代信托中受托人地位，实际享受收益的教堂一方视同现代信托中的受益人。这种由于土地的间接遗赠发生的三方之间的财产联系，即是一种信托关系。

"尤斯制"在当时主要是为了维护教会的利益，它的产生从一开始就是以规避法律为目的的，对象也仅局限于土地。后来这一做法又被广泛运用于保障家庭财产的继承及遗嘱托孤、遗产管理、逃避土地的税赋、逃避债务等方面。

4. 现代信托的创始——双重"尤斯制"

信托关系最初只是个人之间的信约，目的是为了逃避当时制度下的种种限制。因此，即使约定了信托，也只不过是信托双方个人之间的约定，当时的法律是不会承认的。但在当时的英国，除了有按普通法律裁判的法院之外，还有按《衡平法》裁判的特殊法院。16世纪，普通法不予承认的"尤斯制"在《衡平法》上得到承认，明确了"尤斯制"中的受益人的权利，使土地《没收法》变成了没有实际意义的一纸空文。《衡平法》的原意是为了弥补普通法的欠缺，该法的许多部分都是与信托制度有关的，因此可以说衡平法院是信托的培育人。16世纪中叶亨利八世为了取消信托制度，保护贵族领主的利益，颁布了一项新的《尤斯条例》，即把使用土地的受让人视为土地真正的拥有人，与其他土地同样禁止捐献给教会或遗赠给家族其他成员，它实质是剥夺受让人为受益人利益而占有土地的权利。为了规避法律，人们创造出另一种财产寄赠方式——双重"尤斯制"，即本人先将土地转给儿女，转让的目的仍是为了教堂的利益，然后由儿女把土地再转让给第三者，即第二个受托者。这第二个受托者一般是亲密的朋友，在前一个"尤斯制"中，儿女的受益权根据《尤斯条例》被看成是所有权，因此采用双重"尤斯制"后，教堂的受益权则可以不适用《尤斯条例》的规定了。双重"尤斯制"实质上为真正的受益人另设一个财产所有的假受益人，以逃避《尤斯条例》的限制，这种方法再次得到衡平法院的承认。在这里第二个"尤斯制"则为现代信托的真正结构，是信托结构的完善，是现代信托真正的由来。到19世纪，普通法院和衡平法院合并成一个法院后，信托关系被认定为正式的法律关系，信托的受益权也成为法律上的财产权之一。

随着经济的发展及工业革命的出现，这种原始的用土地转让的信托，也逐渐从宗教上的目的转移到为社会公益、个人理财服务等方面，信托对象则从土地发展到商品、物资以及货币等其他财产的信托，并受到法律的保护，这样就逐渐形成了现代的信托。

1.2　信托财产

1.2.1　信托财产的概念及信托财产的范围

信托财产是指委托人基于对受托人的信任，通过信托行为转移给受托人并由受托人按照一定的信托目的，以自己的名义为受益人的利益或特定目的而管理或者处分的财产。信托既然是以财产为中心形成的法律关系，那么信托财产就是全部信托法律关系的载体。

信托财产的范围即信托财产的构成。信托财产的具体范围，不同的国家有不同的规定，即使在同一个国家，不同时期、不同法律所作的规定也不尽一致。但在大的方面有共同点。第一，信托财产中所称的财产包括财产及财产权利，而且是指委托人合法所有的财产和财产权利，包括动产和不动产、有形财产和无形财产。这种财产在受托人取得之前必须确实存在并且属于委托人所有或者有权支配和处分的财产。第二，受托人因承诺信托而取得的财产是信托财产。设立信托时，委托人需要将其某项特定财产的权利委托给受托人行使，信托关系成立后，该项作为信托关系客体的财产就成为信托标的物，从而成为信托财产。这部分信托财产是在信托关系成立时形成的，是初始的信托财产。第三，受托人因信托财产的管理运用、处分或者其他情形而取得的财产，也归入信托财产，如利息、红利等。尽管对信托财产进行管理运用和处分等行为是由受托人完成的，但是通过这些行为取得的新的财产利益却不能归受托人所有，这一部分财产也应当归入信托财产。虽然这些新增财产中会全部或部分地由受托人转交给受益人，但在尚未转交之前，这些新增利益只能归于信托财产。在我国，法律、行政法规禁止流通的财产，不得作为信托财产。法律、行政法规限制流通的财产，依法经有关主管部门批准后，可以作为信托财产。信托财产必须具备的条件如下。

1. 信托财产必须具有财产价值

一种物品或是一项权利能够成为信托财产的前提条件是具有财产价值，可以通过金钱衡量的动产和不动产、物权和债权、股票和债券等有价证券、专利权、商标权、著作权等知识产权和其他财产权都可以成为信托财产。但是人身权，如姓名权、名誉权、身份权等，因不具有财产价值，不能作为信托财产。

2. 信托财产是可以合法转让的财产

1) 法律、行政法规禁止流通的财产不得作为信托财产如果信托财产不能合法转让或流通，就无法用来交易和实现信托财产的保值、增值，并影响到受益人的合法利益。所以，根据现行法律、行政法规的规定，禁止流通物主要包括：①专属国家所有的财产，如矿藏、水流、森林、山岭等自然资源，全民所有的博物馆和其他单位的文物藏品等；②军用武器、弹药；③淫秽的书刊、影片、录音带、图片等。以禁止流通的财产设立的信托，信托财产不符合法定要求，因此信托是无效的。

2) 法律、行政法规限制流通的财产，依法经有关主管部门批准后，可以作为信托财产

根据现行法律、行政法规规定，限制流通物主要包括：①城乡土地使用权；②全民所有的水面、滩涂的使用权；③烟草专卖品；④麻醉品；⑤探矿权、采矿权；⑥用材林、经济林、薪炭林及其他林地、采伐迹地、火烧迹地的林地使用权；⑦国家重点保护野生的动物及其产品等。以限制流通的财产设立信托的，在信托设立前，应使该项财产成为可以合法转让的财产。只有在依法经有关主管部门批准取得该项财产的流通转让许可后，这种财产才可以作为信托财产，以其设立的信托才能产生效力。法律、行政法规禁止或限制某些物的流通主要是出于维护国家利益和社会公共利益的需要。

1.2.2 信托财产的"独立性"

信托财产的"独立性"，是指信托财产区别于委托人、受托人和受益人的自有财产，仅服从于信托目的而独立运作。信托财产的独立性是信托财产最重要的特征，具体表现如下。

1. 信托财产与委托人未设立信托的其他财产相区别

设立信托后，委托人死亡或者依法解散、被依法撤销或被宣告破产时，当委托人是唯一受益人时，信托终止，信托财产作为其遗产或者清算财产；当委托人不是唯一受益人时，信托存续，信托财产不作为其遗产或者清算财产；但作为共同受益人的委托人死亡或者依法解散、被依法撤销或被宣告破产时，其信托受益权可作为其遗产或者清算财产。

2. 信托财产与属于受托人所有的财产即固有财产相区别

受托人必须将信托财产与固有财产分别管理、分别记账，不得把信托财产归入自己固有财产或者成为固有财产的一部分；也不得在受托人因故死亡、解散、撤销、破产时，将信托财产作为其遗产或者清算财产。否则受托人应当将其恢复原状，造成损失的还应当承担赔偿责任。

信托财产虽然在受托人的实际控制和支配之下，但它与受托人固有财产有本质的区别：第一，信托财产的所有权权能是分离的，即根据信托文件的规定，受托人享有信托财产的管理处分权，受益人享有信托财产的收益权，除遗嘱信托

外，委托人对信托财产享有基于所有权所产生的、旨在保护信托财产权益的独立的请求权。而对于受托人的固有财产的所有权，完全由受托人独立享有，受托人是其固有财产的唯一的权利主体。第二，受托人在信托关系存续期间享有占有、使用、处分的权利以及基于这些权利或者在信托财产运用过程中所产生的请求权。对固有财产，受托人享有完全所有权，即包括占有、使用、收益、处分四项权能的所有权，同时还享有以固有财产为内容的各项独立的请求权；受托人必须根据信托文件，按照委托人的意愿，为实现信托目的而管理信托财产，而对于固有财产，受托人在法律允许的范围内可以根据自己的意愿任意支配、处置，受托人依法行使对其固有财产的权利是不受限制的。第三，信托财产的收益归受益人，受托人固有财产所产生的收益则属于受托人。

由于上述区别，导致信托财产与受托人固有财产有本质的区别。为了保证信托财产的安全和信托目的的实现，必须严格划分信托财产与受托人固有财产的界限。所以信托公告是非常重要的，因为信托财产与受托人的固有财产混在一起，不易分清。如果不登记，委托人的债权人可以对这部分信托财产强制执行，受托人对此不能提出对抗，则受益人就可能受到损失。另外，在信托过程中，第三人可以取得信托财产，并且信托财产也可能被受托人违反信托文件非法转让给第三人，然而一经公告为信托财产，即第三人被告知或应知信托关系的存在，受托人或第三人不得以违反信托文件规定的条件转让、获得信托财产。可见，信托公告是受托人管理信托财产的一项关键义务。

3. 信托财产独立于受益人的自有财产

对受益人而言，其虽然对信托财产享有受益权，但这只是一种利益请求权，在信托法律关系存续期间，受益人并不享有信托财产的所有权，故信托财产也是独立于受益人的自有财产。

信托财产的独立性是以信托财产的权利主体与利益主体相分离的原则为基础的。信托财产的独立性正是信托区别于类似其他财产管理制度的基本特征，同时也使信托制度具有更大的优势。体现在：①安全性，成立信托固然不能防止财产因市场行情变化而遭受投资收益的损失，但是却可能防止许多其他目前所无法预知的风险，例如，信托财产已经转入受托人名下，委托人嗣后在涉及诉讼事件时，该财产通常可以不受波及；②保密性，在成立信托后，信托财产将属于受托人，日后的交易都以受托人名义进行，原有财产人的身份不致曝光；③节税，在信托关系中虽然可能需要缴纳赠与税，但比起单纯的赠与及遗产，却有助于降低委托人的所得税、遗产税和土地增值税。

1.2.3　信托财产的物上代位性

在信托期间，由于信托财产的管理和运用，信托财产的形式可以发生变化。

例如，信托设立之初是不动产，后来卖掉成了金钱，然后以货币买成债券，再由债券变成商品，信托财产的形式几经转化，虽然呈现出多种形式，但它仍然是信托财产，信托财产的性质不发生变化，仍然由受托人管理和运用，受益人的权益也没有变化。

1.2.4　信托财产的隔离保护效应

信托关系一旦成立，信托财产就超越于委托人、受托人和受益人三方债权人追及范围之外。这是因为对委托人的债权人而言，委托人既然已经把财产所有权转移给受托人，自然不能对不属于委托人的财产有任何主张；对受托人的债权人而言，既然受托人享有的是"名义上的所有权"，即对信托财产的管理处分权，而非"实质上的所有权"，所以，受托人的债权人也不能对信托财产主张权利，就连信托财产上发生的收益也不为受托人的债权人所追及。由于信托具有这种效应，曾经被豪门作为财富世代传承的工具，打破了"富不过三代"的说法。通过这种制度设计，不但家产本身不会受到债权人的追索，就连子孙后代所享有的信托利益也不会被债权人追及。在现代经济制度中，信托财产的这种效应得到更大的发挥，如形成风险隔离机制、破产隔离制度。在盘活不良资产、优化资源配置中，信托具有永恒的市场。

1.2.5　信托财产不得强制执行及例外

由于信托财产具有独立性，因此委托人、受托人和受益人的一般债权人是不能追及信托财产的，所以对信托财产不得强制执行是一般原则。但为了保护信托关系发生前已经存在于该信托财产上的权利以及为维护交易安全等方面的原因，根据法律规定，一定的债权人能对信托财产享有权利，可以例外对信托财产强制执行。根据《中华人民共和国信托法》的规定，可以对信托财产进行强制执行的情况包括：①设立信托前债权人已对该信托财产享有优先受偿的权利，并依法行使该权利的；②受托人处理信托事务所产生的债务债权人要求清偿该债务；③信托财产本身应担负的税款；④法律规定的其他情形。另外，还规定了对信托财产违法强制执行时，委托人、受托人或者受益人有权向人民法院提出异议。

1.3　信托关系

1.3.1　信托关系

信托关系表现为一种以财产权的转移、管理以及受益而发生在当事人之间的具有权利义务的法律关系，而任何一种法律关系都是由主体、客体和内容所构成的。信托法律关系的特征表现在：从信托关系的主体上看，信托关系的主体是由委托人、受托人、受益人三方当事人构成的；从信托关系的客体来看，信托关系的客体是信托财产；从信托关系的内容来看，信托关系是发生在委托人、受托人以及受益人之间的权利义务关系。

信托关系人是指委托人、受托人和受益人三方当事人，信托关系的建立要求信托关系人必须具备一定的资格，并具有一定的责任、权利和义务。

1.3.2 信托关系人及信托关系的内容

1. 委托人

委托人是指提供财产、明示设立信托的人。他决定信托财产的形式、确定谁是受益人及受益人的受益权、指定受托人或者有权指定受托人的人。委托人包括有完全民事行为能力的自然人、依法成立的法人和依法成立的其他组织。

1）委托人的资格

设立信托，必须是基于委托人自己的意愿，因此，委托人资格应受民法中有关民事行为能力规定的限制，即必须是具备完全民事行为能力的人，能够完全独立地进行各种民事活动，包括以自己的财产设立信托。民事行为能力，是指通过自己的行为取得民事权利或设定民事义务的能力。委托人可以分为以下三种。

（1）自然人作为委托人。按照现行的民法通则规定，自然人的民事行为能力分为三种：①完全民事行为能力。这是指公民能够通过自己独立的行为取得民事权力，设定民事义务，我国18周岁以上公民是成年人，具有完全民事行为能力，可以独立进行民事活动，是完全民事行为能力的人。16周岁以上，不满18周岁的公民，以自己的劳动收入为主要生活来源的，视为完全民事行为能力人。②限制民事行为能力。这是指公民独立取得民事权利，设定民事义务的行为受到一定限制。我国10周岁以上，不满18周岁的未成年人是限制民事行为能力人。不能完全辨认自己行为的精神病人，也是限制民事行为能力人。限制民事行为能力人可以进行与他们年龄、智力相适应的民事活动，其他活动由他们的法定代理人代理，或者征得其法定代理人同意。③无民事行为能力。这是指难以进行取得民事权利，设定民事义务的活动。不满10周岁的未成年人，不能辨别自己行为的精神病人是无民事行为能力人，由他们的法定代理人代理民事活动。

（2）法人作为委托人。按照现行民法规定，法人的民事权利能力和民事行为能力，从法人成立时产生，到法人终止时消灭。这就是说，法人的民事权利能力与民事行为能力是同时产生的，法人具有权利能力之时，也就具有了行为能力。然而，法人民事权利能力范围的大小是由法律规定或者由依法确定的章程规定的，各个法人设立的目的不同，任务不同，业务范围不同，决定了它们所享有的民事权利能力范围大小不同，但任何一个法人都必须在经依法核准登记的业务范围内从事民事活动，也就是只有在经依法核准的业务范围内才享有民事权利能力，并且有民事行为能力。超越业务活动范围所进行的民事行为是无效行为，不受法律保护。因此，法人在其经核准登记的业务范围内具有作为信托关系中的委托人的资格，原则上不得有登记范围业务以外的行为。

(3) 非法人组织作为委托人。在我国，除自然人、法人具有民事主体资格外，许多非法人组织，也享有民事权利能力。依法成立的非法人组织，在法律允许的活动范围内，享有独立进行民事活动的权利，从而也具有作为信托关系中委托人的资格。

2) 委托人的权利与义务

委托人的权利。法律为委托人设立了充分的权利，委托人作为信托关系的发起人，在设立一项信托关系之时，首先，要将自己名下的财产转移给受托人。而放弃自己的财产利益，对任何人来说，都无疑是一件十分重大的事情，所以，在委托人转移了信托财产的所有权之后，从权利和义务对等的角度来说，理应赋予委托人一定的权利，同时也是为了更好地确保委托人实现自己的意愿。其次，赋予委托人更多的对信托事务监督的权利是为了防止受托人怠工或欺诈而造成信托财产的损失，以及受益人获益减少的可能。我国《信托法》中明确规定，在我国的信托法律关系中委托人享有以下权利。

(1) 知情权。为了维护信托目的，保障信托财产的安全，委托人应享有监督信托财产运用和信托事务处理的权利。要实施有效的监督，委托人必须对信托财产运用和信托事务处理的有关信息有搜集的权利。因此，委托人的知情权是保障其实施监督的必要手段。委托人知情权包括两个方面：

一是查问权。这是委托人为了解信托财产的管理运用、处分及收支情况而请求受托人作出说明的权利。确定委托人的查问权，可以使委托人根据需要获得充分、有效的有关信托财产运用和信托事务处理的信息，有利于监督受托人忠实履行信托文件所规定的职责，维护信托目的。但委托人查问的内容应是与信托财产的管理运用、处分有关的情况，以及有关信托财产收支的情况，查询方式一般采取口头查问或书面查问的方式。

二是账目及有关文件查阅、抄录、复制权。这是指委托人对与信托财产有关的账目记录以及处理信托事务的其他文件进行查阅、抄录或复制的权利。这三项权利是委托人行使知情权的主要方式或手段。这些权利的对象范围是与委托人的信托财产有关的信托账目，包括反映属于信托财产的资产、负债、收入、所有者权益、费用、利润等状况的会计凭证、会计账簿、会计报表及其他有关资料。所谓处理信托事务的其他文件，包括运用、处分信托财产而签订的合同文本、信托登记文件以及其他记载信托事务处理情况的文件。

(2) 调整信托管理方法权。即因设立信托时未能预见的特别事由，致使信托财产的管理方法不利于实现信托目的或者不符合受益人的利益时，委托人有权要求受托人调整该信托财产的管理方法。

设立信托时，信托财产管理方法由委托人和受托人决定，信托财产管理方式有的在信托文件中载明，也有的未在信托文件中作具体的记载；信托关系成立后，信托文件确定了信托财产管理方法的，受托人应当按照信托文件的规定管理信托财产，无权擅自变更信托财产管理方法。在信托关系中，信托财产的管理权属于受托人，委托人不得随意干涉受托人的管理活动，更无权随意变更信托财产的管理方法；然而，客观情况不断变化，信托关系成立后，由于宏观情况的变化，致使原来采用的信托财产管理方法不能继续采用或者不需要再用时，则应当变更原来的管理方法。信托财产管理方法的调整，可以由受托人在信托文件的授权范围内作出调整，对于信托文件中未载明具体的信托财产管理方法的，受托人可以按照有利于实现信托目的并符合受益人利益的原则，调整变更信托财产的管理方法；当发生设立信托时未预见的特别事由，致使受托人实际采用的管理信托财产的方法不利于实现信托目的或者不符合受益人的利益，而受托人有权调整却未调整，在这种情况下，委托人有权要求受托人依照信托目的和受益人利益调整信托财产的管理方法。

（3）撤销权。受托人违反信托目的处分信托财产或者因违背管理职责，处理信托事务不当致使信托财产受到损失的，委托人有权申请人民法院撤销该处分行为，并有权要求受托人恢复信托财产的原状或者予以赔偿。该信托财产的受让人明知是违反信托目的而接受该财产的，应当予以返还或者予以赔偿。

委托人的撤销权，是指当受托人处分信托财产的行为足以影响信托目的的实现或受益人利益时，委托人享有可以撤销该行为的权利。委托人的撤销权能够使受托人实施的有害于信托财产权益的行为归于无效。根据委托人这一权利，受托人的责任承担方式有两种：一是恢复信托财产原状，即恢复到无效处分行为发生之前的状态，以消除无效处分行为所造成的不应有的后果。按照恢复原状的要求，如果处分行为尚未完全实施，则因处分行为无效而不必也不应再予实施；如果已经完成了处分行为，则应取回处分的信托财产，恢复信托财产的原来状态；二是赔偿信托财产的损失。受托人处分信托财产的行为被撤销后，受托人有过错的，应当赔偿信托财产的损失。

（4）解任权。受托人违反信托目的处分信托财产或者管理运用，处分信托财产有重大过失的，委托人有权依照信托文件的规定解任受托人，或者申请人民法院解任受托人。委托人拥有保护信托财产、维护信托目的并促使信托目的实现的权利。正是基于这种法律地位，委托人有解任受托人的权利。

委托人在两种情况下可以行使解任权：一是受托人违反信托目的处分信托财产；二是受托人管理运用、处分信托财产有重大过失。委托人行使解任受托人权利的方式有两种：第一种是直接行使解任权。在信托文件对解任受托人的具体条件、程序等有规定时，委托人可以按照信托文件的规定行使解任权；第二种是通过诉讼方式行使解任权，即委托人可以申请人民法院解任受托人，不论信托文件对解任受托人的内容是否作出规定，委托人都可以申请人民法院解任受托人。

委托人的义务。委托人在享有上述权利的同时也要承担一定的义务。主要义务有：在信托合同依法生效后，委托人要立即转移信托财产，并协同受托人依法办理信托登记。这是委托人的一个重要义务。此外，还负有向受托人支付报酬的义务。但当受托人违反信托目的处分信托财产或者因违背管理职责、处理信托事务不当致使信托财产受到损失的，在未恢复信托财产的原状或者未予赔偿前，不给付报酬。

2. 受托人

受托人是委托人设立信托的相对人，他依法持有从委托人那里接受的信托财产权，并负有按照信托目的管理处分信托财产的义务。受托人在信托关系中处于十分重要的地位，这主要表现在：委托人对受托人予以完全的信任，将信托财产转移给受托人，使受托人能以自己的名义管理和处理这部分财产；而且，委托人是以信托财产运用后的实际经济效果来计算信托收益的，在受托人无过失的情况下，信托财产的经营风险由委托人承担。正因为如此，对受托人的资格要求、权限与责任的规定也就更严格。

1) 受托人的资格

受托人应当是具有完全民事行为能力的自然人、法人。可以是一人，也可以是数人，没有行为能力的人和限制行为能力的人不能担当受托人，如未成年人、禁治产人、准禁治产人和破产人等。若自然人作为受托人，要求他必须具备完全民事行为能力；若受托人为法人，该法人应当是依法设立并取得法人资格，可以在核准登记的范围内从事管理、处分信托财产。法人的权利能力和行为能力应受法人设立的目的、任务和业务范围等条件的限制。在我国，信托公司以受托人的身份接受信托和处理信托事务。其组织形式为有限责任公司或者是股份有限公司。

2) 受托人的权利

(1) 管理运用、处分信托财产的权利。这是受托人的基本权利，也是受托人为完成信托目的所应当具有的权限。它由两部分组成：一是固有的权限。这是被委托的权限，它是根据各种不同的业务种类在信托合同中给予的，并随着不同的信托内容而变化；二是受托人的具体权限，一般要以明文规定，以避免受托人在执行中不明确或无法执行。

(2) 要求取得报酬的权利。受托人可以取得报酬，但是不一定都必须有报酬，尤其是民事信托中很多是没有报酬的，一般只有营业信托中才有报酬，所以法律规定是否有报酬及报酬的具体内容都以信托文件为准，按照事先约定的执行。若事先未作约定的，经信托当事人协商同意，可以作出补充约定；若既无事先约定又无补充约定的，不得收取报酬。信托文件中约定的给予受托人的报酬，可以经信托当事人协商同意增减其数额。信托合同中一般都规定受托人优先受偿的权利，但这种权利的产生是有条件的：第一，所产生的费用、债务应由信托财产承担的，也就是受托人因处理信托事务所支出的费用、所负的债务属于信托财产的范畴，从财产性质上都是信托财产的权益和责任，因此，应当由信托财产承担；第二，应当由信托财产承担的费用、债务，但是由受托人以其固有财产承担的，而由受托人先以其固有财产垫付了，从而产生了受托人对信托财产优先受偿的权利。

（3）辞任权。设立信托后，经委托人和受益人同意，受托人可以辞任，但是在公益信托中，在新受托人选出前仍应履行管理信托事务的职责。

3）受托人的义务

基于受托人在信托关系中的重要性，受托人的权利义务范围的界定将直接影响到信托业务的开展和委托人设立信托目的的实现，原则上受托人的义务可以归纳为一句话：受托人不能利用信托为自己牟取私利，不能使自己处于受托人职责与个人利益相冲突的地位。因此，我国的《信托法》对受托人的基本义务作出了规定，使之成为法定义务，主要有：

（1）受托人应当遵守信托文件的规定，为受益人的最大利益处理信托事务。这是受托人必须履行的基本义务，也是受托人必须遵循的行为规范。最大利益就是受托人尽最大的努力管理运用好信托财产，取得最佳效果。为受益人的最大利益处理信托事务，还有一层直接意义，就是受托人任何时候都应当将受益人的利益放在第一位，而绝对不允许将自己的利益置于受益人利益相冲突的地位，甚至将自己的利益置于优于受益人的利益。

（2）受托人管理信托财产，必须恪尽职守，履行诚实、信用、谨慎、有效管理的义务。第一，要求受托人恪尽职守，也就是受托人受托代人理财，必须忠于职守，履行职责，管理运用、处分好信托财产，符合信托目的，不得有失职守。第二是受托人必须履行诚实、信用、谨慎、有效管理的义务。诚实是要求受托人忠诚、切实地履行职责，忠实地对待其他信托当事人的利益；信用是要求受托人信守自己的承诺、重视信誉，不得违反信托文件的规定；谨慎是要求受托人慎重、严谨地处理信托事务，管理信托财产，重视信托财产的安全，避免由于自己的过失使信托财产遭受损失；有效管理是要求受托人管理信托财产是有效率的、能增值的、能为受益人谋取应得的利益。

（3）受托人除依照信托合约的约定取得报酬外，不得利用信托财产为自己谋取利益。如果受托人违反这项规定，利用信托财产为自己谋取利益，所得利益归入信托财产。这是受托人管理信托财产时必须履行的义务，除取得报酬外，受托管理运用信托财产只是为了受益人的利益。

（4）受托人要保持信托财产的独立性。第一，受托人不得将信托财产转为其固有财产，信托财产只能是受托人受托管理的财产，不是受托人所有的财产，但是信托财产又是在受托人管理之下，因此，受托人不得借机侵占，不得将由其管理的信托财产转为其固有财产。第二，受托人不得将其固有财产与信托财产进行交易或者将不同委托人的信托财产进行相互交易，但信托文件另有规定或者经委托人或者受益人同意，并以公平市场价格交易的除外。

（5）受托人必须保存处理信托事务的完整记录，并应当每年定期将信托财产管理运用、处分及收支情况，报告委托人和受益人，这是为了避免受托人在管理信托财产过程中滥用权力，保护委托人和受益人的利益。

（6）受托人亲自处理信托事务。因为信托法律关系的设立基础是委托人对受托人的信任，因此受托人必须亲自处理信托事务，才符合委托人的愿望，如果交给另外的人去处理，便违背了委托人对自己的信任，只有在信托行为另有规定者或限于迫不得已的情况下，才能让他人代替自己处理信托事务。

从上面受托人的义务中可以看出，受托人是否尽职尽责履行其义务，关系到受益人的收益、委托人的目的能否实现。因此，受托人在信托关系中处于中心地位，受托人的素质和经营能力是全部信托事务运作的关键和整个信托制度优势发挥的基础。

3. 受益人

受益人是在信托中享有信托受益权的人。在信托关系中，受益人成为信托当事人中不可缺少的一方，这是信托制度的一个重要特点。

1）受益人的资格

受益人是由委托人指定的，受益人可以是一人，也可以是数人，委托人既可以指明某人作为受益人，也可以只确定一个选择受益人的标准，凡是符合这个标准的都可以成为受益人。在信托关系中，关于受益人的资格几乎没有限制，除法律规定禁止享受某些财产权的人之外，不论是法人、自然人还是依法成立的其他组织，不论是有行为能力的人，还是无行为能力的人，都可以有资格依法成为信托关系中的受益人，享有信托利益。

在信托当事人中，受益人与委托人和受托人之间的关系如下：一是委托人可以是受益人，也可以是同一信托的唯一受益人；二是受托人可以是受益人，但不能为同一信托的唯一受益人。

2）受益人的权利

享有信托收益的权利，这是受益人的基本权利，或者说是受益人权利的集中体现。信托受益权，是指依法享有受托人管理运用和处分信托财产所产生的全部利益或者部分利益的权利。受益人享受的利益分为三种情况：①本金受益。即受益人只享受信托财产本身的利益；②收益受益。即受益人只享有信托财产运用的收益；③全部受益。即受益人既享受信托财产本身的利益，又享受信托财产运用的收益。受益人享受哪种收益要由委托人在信托契约中予以规定。尽管受益人从信托财产中接受利益，但在信托关系中不直接控制信托财产，受益人在信托中一般只是获得利益。更重要的是，因为信托财产的所有权在受托人的名下，而非受益人，它独立于受益人的个人的财产，并且信托财产的管理与受益人的其他个人财产没有任何关系。

享有权利的起始。受益人从信托生效之日起享有信托受益权，如果在信托文件中另有规定的，则从其规定。采用信托合同形式设立信托的，信托合同签订时，信托成立；采用遗嘱或者其他书面形式设立信托的，受托人承诺的信托成立。在一般情况下，信托成立之日，即为信托生效之日，但是也有附生效条件的信托，这时信托成立之时并非信托生效之日，只有在条件成立时才生效。例如，遗嘱信托，虽然在受托人承诺信托时成立，但是遗嘱在立遗嘱人死亡时方为有效。因此，依法成立的遗嘱信托自遗嘱人死亡时才能生效，受益人自遗嘱人死亡时才享有信托受益权。

享有权利的限定。受托人有以信托财产为限向受益人承担支付信托利益的义务，与此相对应，受益人只应以信托财产为限而享有信托利益。信托利益，就是信托财产管理运用所产生的利益，这种成果应当归属于受益人，受益人的权利应当是充分享有这种成果。

共同受益人的权利。共同受益人就是共同享有信托受益权的人，针对现实中存在的两种情况，《信托法》作出规定：一是信托文件中已对共同受益人分享信托利益的有关事项作出规定的，则按信托文件的规定办理；二是在信托文件中没有对信托利益的分配比例或者分配方法作出规定的，则各受益人按照均等的比例享受信托利益。

信托受益权的享有及所受限制。受益人享有信托受益权，但在特定的情况下也有一定的限制。《信托法》对此作出了两项规定：一是明确受益人不能清偿到期债务的，其信托受益权可以用于清偿债务，但法律、行政法规以及信托文件有限制性规定的除外；二是受益人的信托受益权可以依法转移和继承，但信托文件有限制性规定的除外。

（1）受益人权利的放弃。委托人出于特定目的设立信托并指定受益人，受益人因此享有信托受益权。信托受益权作为受益人的一项权利，可以依法享有，也可以放弃。需要注意的是，如果受益人已经享有了部分信托利益，对受托人因此所担负的债务或义务，则不能同时声明放弃。

关于受益人放弃信托受益权，《信托法》中明确规定：受益人可以放弃信托受益权。如果是全体受益人放弃信托受益权，信托终止，这种法定的终止是由于失去受益人而不再具有信托存在的条件。如果是部分受益人放弃信托受益权，而仍然存有受益人，信托未被终止，对于被放弃的信托受益权按下列顺序确定归属：第一，信托文件规定的人；第二，其他受益人；第三，委托人或者其继承人。

（2）受益人权利与委托人权利的行使。为了保护受益人的权益，在《信托法》中确定委托人享有的权利，受益人也可以享有。当受益人行使这些权利，与委托人意见不一致时，可以通过法律途径由可以申请人民法院作出裁定。当然这也就意味着还可以有其他解决纠纷的方法。

3）受益人的义务

受益人的主要义务是不能妨碍受托人的正常工作，当信托财产不足以补偿正常的费用、债务或损失时，有义务对受托人进行补偿。

■ 1.4　信托的职能和作用

信托的职能是指本行业的专业职能，是其他行业不具有的、只有掌握了信托专业职能的特征，信托才有可能发展和规范，在业务范围上进行新的突破。信托具有不同于其他金融业务的独特职能，并在金融体系中占有特殊地位，对社会经济发展起到了积极的促进作用。

1.4.1　信托的职能

1. 信托的基本职能

财产管理职能。它是指受托人受委托人委托，为委托人处理各种财产事务的职能。信托的职能，严格地讲是财产管理职能，即在信任的基础上，接受社会各经济实体的委托，对其财产进行各种形式的管理和处理。如贷款信托、投资信托、公司债信托、动产与不动产信托、遗嘱与遗产信托等都属于专业信托职能的范畴。信托的财产管理职能是信托的基本职能，这种职能具有以下特点。

（1）管理内容的广泛性。信托的财产管理泛指对一切财产的管理、处理和运用，不单指企业财产，还包括对国家、个人、法人、团体等的各类有形财产及无形财产的管理和处理。

（2）管理目的的特定性。信托机构受托对信托财产进行管理和处理，其特定目的是为了受益人的利益，而不是为了受托人的利益。

（3）管理行为的责任性。信托机构受托对信托财产进行管理和处理时，如果发生损失，只要符合信托合同的有关规定，信托机构可以不承担此种损失。但是，如果是由于信托机构的重大过失而导致的损失，信托机构要承担对委托人的赔偿责任。

（4）管理方法的限制性。受托人虽然得到委托人的授信，接受了财产所有权的转移，但受托人如何管理和处理信托财产，只能按照信托的目的来进行，受托人不能按自己的需要随意利用信托财产。

由上可见，信托的财务管理职能与日常的财务管理有着明显的区别。信托机构通过开办各种业务为市场主体或财产所有者发挥管理、运用、处理、经营财产的作用，为财产所有者提供广泛有效的服务是信托业的首要职责和唯一服务宗旨，并且把财产管理职能体现在其开办的一切业务之中。

2. 信托的派生职能

信托的派生职能是在信托固有的基本职能基础上发展起来的，归根到底是伴随着信托财产管理的发展而产生的。

1）金融职能

因为信托公司的主要职能是代人管理和经营信托财产，使信托财产保值增值。而信托财产大多数表现为货币的形态，这就使信托公司必然派生出金融功能，特别是中长期融资功能。

信托业通过办理自身业务和对信托资金的运用中，融通了资金，从而具有金融机构的性质，发挥着金融职能。但应该指出的是，并非所有的信托业务都能发挥融资作用。信托业发挥金融职能的条件是：当信托财产或收益表现为资金时；当受益权能够流通转让时。我们必须强调，信托业的财产管理职能和金融职能是互相依存的，信托业所具有的金融职能与银行业的金融职能有着本质区别。银行与存款人之间是一种纯粹的债权债务关系，而信托业的财产管理职能的深化体现为金融职能。信托业的金融职能也是以其财产管理职能为基础的，它不可能单独存在。作为妥善管理的方式，信托业者可以将信托资金用以投资和贷款等，由此信托业才发挥了其信用中介的金融职能。信托机构在运用信托资金时，对信托资金虽享有名义上的所有权，但不能将其作为自有资金，也不能将信托资金和自有资金以及其他资金混合。受托人依据委托人指定的信托目的运用信托资金，既不享受利益，也不承担风险，仅收取一定的手续费作为报酬。正是信托所具有的这种受托理财的独特功能，决定了信托业的独立地位。可见信托业的金融职能是其财产管理职能实现的结果形态。如果单纯地视信托业为金融机构，片面地强调其金融职能，势必歪曲信托的本旨，抑制信托职能的全面发挥，从而阻碍信托业务的拓展。

2）沟通和协调经济关系职能

它是一种处理与协调经济关系和提供信任与咨询经济事务的职能，它不同于财务管理职能和金融职能，不存在所有权的转移或让渡与否。信托业务具有多边经济关系，受托人作为委托人与受益人的中介，是天然的横向经济联系的桥梁和纽带。它主要包含如下几个方面：见证职能、担保职能、代理职能、咨询职能和监督职能。通过信托业务的办理，受托人可以与经营各方建立相互信任关系，为经营者提供可靠的经济信息，为委托人的财产寻找投资场所，从而加强了横向经济联系和沟通，促进了地区之间的物资和资金交流，也推进了跨国经济技术协作。

3）社会投资职能

它是指信托机构运用信托业务手段参与社会投资行为所产生的职能，它可以通过信托投资业务和证券投资业务得到体现。信托投资方式运用于那些缺乏投资经营时间与管理专业技术的投资者，信托投资按组织与分配方式的不同又可分为单一信托与集合信托。单一信托是单个投资人为了特定的一个或几个目标，将自身所有的财产委托给受托人进行单独的经营管理并获得收益的信托方式。集合信托是若干投资人为了纯粹的收益目的将各自财产集中委托给受托人进行经营管理，并按出资的比例从集合信托收益中得到相应比例的投资收益方式。

有价证券投资。西方信托机构的大部分业务是从事各种有价证券的管理和应用，随着我国股份制改革的推进，这一投资方式将越来越重要。

4）为社会公益事业服务的职能

这一职能是指信托业可以为捐款者或资助社会公益事业的委托人服务，以实现其特定目的的功能。从各国实践看，从事社会公益活动的组织形态主要有两种：一是法人形态；二是信托形态，即公益信托。通过信托机构对所捐助或募集的资金的管理和运用，不但保证了资金的安全，而且能增加资金的收益，有利于公益事业的规模扩大。公益信托可以不动用公益基金的本金，只用其所增加的收益来达到或满足公益事业所需资金，这样可以使社会公益事业获得持续不断的资金支持。由此可见，信托业对公益事业具有资金运用、管理的职能。

综上分析，得出的结论是：由于信托制度是一种财产转移和管理制度，信托业的本质是财产管理，所以中国信托业的职能定位应当是以财产管理功能为主，以融通资金功能次之，以协调经济关系功能、社会投资功能和为社会公益事业服务功能为辅。

1.4.2　信托的作用

信托的作用是信托职能发挥的结果，它通过具体的信托业务对社会经济产生影响。我国信托业发挥的作用如下。

1. 满足了各种社会组织对财产管理服务的需要

信托作为"受人之托，代人理财"的一种特定的财产管理制度，能够适应经济条件和经济环境发生重大变化后的个人、企业或其他组织委托他人管理和运用其财产的需要，表现在：随着家庭和个人财产的增加，人们将闲置资金转化为投资的愿望日益增强，需要提供投资服务的专业机构代为管理和运用其财产；法人或其他经济组织在生产经营活动中，为了更有效地发挥其资产的使用效益，提高资产质量，也有必要委托他人进行运用和管理，以使其资产得到保值和增值；随着社会保障制度的建立，养老保险、医疗保险、失业保险等社会保障基金，在其积累和管理过程中需要不断地增值，也有必要引入信托的方式进行管理和运用；随着社会的全面进步与精神文明程度的提高，社会公益事业不断扩大，用于特定目的的公益基金日趋增多，在大量的公益基金的管理上，信托是公益基金得到有效管理和运用的比较可靠的方式。

2. 聚集资金，为经济服务

由于信托制度可以有效地维护、管理和运用各种不同所有者的资金和财产，它具有很强的筹资能力，从而为企业筹集资金创造了良好的融资环境。更重要的是，它可以把储蓄资金转化为生产资金。这种把储蓄转化为投资的机制为产业发展和经济增长提供了重要的资金来源，特别是对于某些基础设施建设项目，个人投资者因为资金规模的限制无法参与，但通过信托方式，汇集大量的个人资金投资于实业项目，不仅增加了个人投资的渠道，同时也为基础设施融资提供了新的资金来源。随着信托业的发展壮大，这种作用将越来越大。

实践证明，通过信托方式筹集资金，既能尊重企业单位和个人的资金所有权和自主权，又能使企业单位获得较好的经济利益，因而广受欢迎。无疑，信托业的开办，为聚集资金、增加积累开辟了一条新途径。目前，社会上不仅存在拥有自主支配的各项资金、财产的法人代表，而且存在拥有资金、财产所有权的一部分自然人，这些人大都属于善于经营管理的企业家，也有的是遗产的合法继承人。这些资金、财产的拥有者或支配人，在管理其资金和财产时，一方面，要保存价值，使之不因客观环境的变化或物价涨落而遭受损失；另一方面，许多人有尽可能使其发挥更大效益的愿望，包括支援国家、振兴经济的要求。但是，在如何发挥其最大效益以便更能充分合理地运用资金和财产方面，有些人知识有限，信息不灵，运用能力较差；而金融信托业者，则是专门研究聚财和用财之道的金融从业人员，可以更快地增加财富，它们不仅在资金的调剂、融通方面具有较多的专业知识和经验，而且掌握了资金供求关系方面的大量信息，熟悉国家投资和融资政策，把一定时期可以支配运用的资金、财产，委托信托业者代为保管运用，这无论对拥有者个人，还是对维护国家利益，都是大有裨益的。

3. 促进开展对外经济技术交流

在我国经济建设中，需要同国际经济联系起来，扩大对外贸易，引进先进技术，利用外资，发展国际经济技术合作。在这些经济活动中，许多企业急于寻找客户并了解资信，了解国际市场行情；同时不少国外客户也提出要了解我国企业资信和建设方面的情况。金融信托可为国内外有关方面提供信息，开展咨询服务，沟通并协助国内外双方达成协议，签订经济合同，接受外商委托，引进国外资金，经营其他代理业务，开展对外经济技术交流。

在国际贸易业务往来中，资本和财产的运动占主流，金融信托业务以其既融资又融物的特有形式，在国际贸易中促进各国经济的交流沟通。金融信托机构积极开展国际信托业务，开办境内外外汇信托存、贷款和投资租赁业务、外汇租赁和见证业务，以及境内外的其他业务，成为筹集和运用外国资金、引进先进技术设备、促进资本市场形成及发展经济合作交流的主要渠道和手段。在市场经济和社会分工的条件下，市场主体对财产的管理、处理等完全由自己进行是不可想象的，市场主体利用信托制度来管理、处理财产不仅可以达到自己对财产处理的目的，而且可以有更多的时间和空间寻求更大的发展或满足自己对其他发展的需要。同时，由于信托业者是专业理财机构，所以，能够使委托人的目的得到充分实现。

4. 金融体系的发展与完善

长期以来，我国金融市场一直以银行信用为主，存在制度性、结构性缺陷。主要表现为：缺乏具有代人理财性质的金融品种和金融机构、缺乏财产管理制度的创新、无法满足社会对外部财产管理和灵活多样的金融服务的需要。而信托制度的确立满足了社会日益增长的对专业化的外部财产管理制度和机构的需要。由于社会财富的日益增长和社会财富的分散化，造成了社会财富所有者的多元化、个人化。个人不仅成为自身劳动力的所有者，也成为部分社会财富的所有者，进而也就要求成为投资者。他们在社会扩大再生产中既要求按劳分配，还要求按资分配。同时，由于诸多社会的、经济的、技术的因素，而要求专业性投资代理服务人的出现，即要求受人之托、代人理财、提供服务的信托业出现。而社会扩大再生产的内在要求，决定了要把分散的民众富余资产集中起来，转化为生产资本。集中的方式，从大类上分只有两种：一是债权债务式；二是委托或代理投资式。从提供服务的金融机构上分，即商业银行与信托机构两类不同性质的金融机构。

随着资金供给者要求投资与服务的多样化，以及资金需求者获得资金方式的多样化，同时为满足资金供求双方对风险与收益不同的偏好，逐步产生了有别于商业银行债权债务经营方式以外的金融业务和金融机构，其中主要是信托机构：①投资由资金管理者代理经营、代理服务、提供咨询等，不是由资金供给者借款，不构成借贷式的债权债务的关系。投资者的风险与收益都由资金供给者承担与享受，利润是事后计算的，而且是变化的，不像商业银行那样承担风险，而且收益也是事先确定的，即到期必须支付存款本息。②委托投资人与代理人之间的分配关系十分明确，代理人既不承担风险，也不参与利润分配，只向委托人收取服务费与咨询费。

信托业是发达社会与发达市场经济阶段的产物，它一方面为那些愿意冒风险者提供专业服务，另一方面又为那些想降低风险者提供专业服务，尤其在出现了为中小投资者提供集合信托服务的投资基金信托以后，信托体系就更加丰富、壮大与完善。

5. 信托制度构筑社会信用体系

在市场经济的建设过程中，信用制度的建立，是市场规则的基础，信用是信托的基石，信托行为都是基于信任基础之上的。从制度设计上来看，委托人之所以将财产的所有权转移给受托人，就在于对受托人的信任。受托人在对信托财产进行管理时所享有的自由权力是其他制度不能相比的，这也就使其在信托财产运作过程中来自外界的干预是最弱的。可见在受托人那里集中了最大的权力和最弱的监管，受托人理应对委托人诚实守信用。由此可见，信托作为一项经济制度，它以诚实信用原则为基础，没有诚实信用原则支撑，就谈不上信托。信托制度的回归，不仅促进金融业的发展，而且有助于构筑整个社会的信用体系。

■本章小结

信托是指委托人基于对受托人的信任，将其财产权委托给受托人，由受托人按委托人的意愿以自己的名义，为受益人的利益或者特定目的，进行管理或处分的行为。理解信托这一定义，可以从以下几个方面把握其基本特征：委托人对受托人的信任，是信托关系成立的前提；信托财产及财产权的转移是成立信托的基础；受托人以自己的名义管理、处分信托财产是信托的一个重要特征；信托是一种由他人进行财产管理、运用或处分的财产管理制度。

信托关系的建立是当事人之间通过一定的方式设立信托。信托目的是影响信托关系的产生、存续、消之的基本要素；信托财产是设立信托必须具备的要件之一；设立信托应当采取书面形式，并依法办理信托登记；信托成立后信托关系不得随意变更，但依法可变更当事人和信托行为；信托的终止是信托关系归于消灭，除法定或约定外，信托不因委托人或受托人的死亡、丧失民事行为能力、解散、破产或被撤销而终止，也不因受托人辞任而终止。

信托关系是一种法律关系，任何一种法律关系都是由主体、客体和内容所组成的。信托关系的主体是委托人、受托人和受益人；信托关系的客体是信托财产；信托关系的内容是委托人、受托人和受益人之间所形成的权利、义务。

信托具有不同于其他金融业务的独特职能，因此在金融体系中占有特殊地位，对社会经济的发展起到了积极的作用。信托的基本职能是财产管理职能，在此基础上派生出金融职能、社会投资职能、沟通和协调经济关系的职能、为社会公益事业服务的职能。

信托起源于古希腊和古罗马的遗嘱执行。"尤斯制"是信托的雏形，双重"尤斯制"中的第二个"尤斯"是现代信托的真正结构，是现代信托的真正由来。

➤ **思考题**

    1. 试述银行业、保险业、信托业的联系与区别。

    2. 信托法律关系是如何设立、变更和终止的。

    3. 试述信托法律关系的主体、客体和内容。

    4. 信托财产的"独立性"及"独立性"的体现。

    5. 信托三方当事人的权利和义务有哪些？

    6. 信托具有何种职能？在经济活动中能发挥哪些作用？

第 2 章

信托的种类与特点

【本章提要】 本章主要介绍信托的种类、信托的特点，信托与托管、银行信贷、委托代理的区别，发达国家信托业的特点以及我国信托制度的特殊性。

科学地划分信托种类，有助于确定信托学研究的范围，了解信托的发展变化及其规律。同时，也是研究其业务特点、分析信托业务与其他经济业务之间联系与区别的基础。通过对信托种类与特点的深入分析与了解，可以改进信托经营方式，加强信托经营管理，建立健全与信托形态相适应的信托法律制度，对促进信托事业的健康发展具有重大意义。

■ 2.1 信托的种类

2.1.1 按照信托关系建立的法律基础不同分类

按照信托关系建立的法律基础不同分类，信托可分为自由信托和法定信托。

1. 自由信托

自由信托是指信托当事人依照信托法规，按自己的意愿自由协商而设立的信托。又因其意思表示在此订立的文件上，故称为"明示信托"，这类信托是信托中最为普遍的一种。此种信托又可分两种：契约信托和遗嘱信托。契约信托是依照委托人和受托人所订契约而设立的；遗嘱信托是依照个人遗嘱而设立的。这种信托的事务范围、处理方针等均在信托契约或遗嘱中明确订立。自由信托中的意思表示以委托人的意思表示为最重要的依据。但是，也必须是受托人同意受托，受益人乐于受益。

2. 法定信托

法定信托是指司法机关依其权力指派确定信托关系人而建立的信托。这类信托的成立，由于缺少信托关系形成的明白表示，所以须经司法机关根据该项关系的内容，考查有关文件资料来确定当事人的信托意思表示，以此测定确要成立信托的真正意思表示，然后断定各当事人之间是一种真正的信托关系。这种法定信托是英美法上的一种特有现象。

法定信托又分鉴定信托和强制信托。由司法机关从现实情况推定当事人之间的信托关系效力（无须当事人原来意思表示），即是鉴定信托。为制止某些人以欺诈行为取得他人财产，司法机关依公平正义的观念，不考虑信托关系人的意愿，按照法律政策行使强制的解释权，而强制性建立的信托。这种十分勉强的信托关系，称为强制信托。

2.1.2　按照信托财产的性质不同分类

按照信托财产的性质不同分类，信托可分为资金信托和财产信托。

1. 资金信托

资金信托也叫金钱信托。它是指在设立信托时委托人转移给受托人的信托财产是货币形态资金，受托人给付受益人的也是货币资金，信托终了，受托人交还的信托财产仍是货币形态资金。在资金信托期间，受托人为了实现信托目的，可以变换信托财产的形式。目前，资金信托是各国信托业务中运用比较普遍的，也是最重要的一种信托业务。

在我国，资金信托的基本分类是单一资金信托和集合资金信托。单一资金信托是指受托人接受单个委托人委托，单独管理和运用信托资金的信托业务。集合资金信托是指受托人接受两个以上（含两个）委托人委托、共同管理和运用信托资金的信托业务。

在日本，资金信托称为金钱信托。金钱信托根据金钱运用的方式不同，划分为以下几种：特定金钱信托，即该项信托中金钱的运用方式和途径由委托人特别具体指定；指定金钱信托，在这种信托形式中，委托人只指定金钱运用的主要方向，其运用的具体方式则由受托人决定；非指定金钱信托，是指委托人对金钱的运用方式、运用范围不作任何限定，而是由受托人决定。另外，在日本还有一种有别于以上金钱信托的信托形式，即"金钱以外的金钱信托"，这种信托形式是指委托人在信托开始时转移给受托人的信托财产是金钱，信托终了时，受托人交付给受益人的是其他形式的财产。

2. 财产信托

财产信托是以非货币形式物质财产权的管理、处分为目的的信托业务，主要包括动产信托和不动产信托。

动产信托是指信托公司接受的信托财产是动产的信托，其目的是管理和处分这些财产。能够进行受托的动产种类主要有车辆及其他运输设备、机器设备。用来信托的运输设备有铁路车辆、船舶、飞机、海上运输用的集装箱等。用来信托的机器设备有电子计算机、建筑机械、机床等。

不动产信托是指不动产的所有者（即委托人），将其不动产的财产权转移给信托机构，而信托机构根据委托人的要求，按照所签订契约内容，对不动产进行买卖、租赁、交换、转让等管理和处理业务。

不动产信托，是动产信托的对称，是历史上最悠久的一种信托业务，由最早的土地财产的遗嘱信托，逐步扩展到修筑铁路、开采矿产、不动产交易、转让等方面。目前，已形成了种类繁多、灵活多样、适合不动产开发经营管理的各种需要的不动产信托体系。

3. 有价证券信托

有价证券信托是指委托人将有价证券作为信托财产转移给受托人，由受托人代为管理运用。比如，委托受托人收取有价证券的收益、行使有关的权利；股票的投票权；或以有价证券作抵押从银行获取贷款，然后再转贷出去，以获取收益。

4. 金钱债权信托

金钱债权信托是指以各种金钱债权作为信托财产的信托业务。金钱债权是指要求他人在一定期限内支付一定货币金额的权力，具体表现为各种债权凭证，如银行存款凭证、票据、保险单、借据等。受托人接受委托人转移的各种债权凭证后，可以为其收取款项、管理和处理其债权，并管理和运用由此而获得的货币资金。例如，西方国家信托机构办理的人寿保险信托就属于金钱债权信托，即委托人将其人寿保险单据转移给受托人，受托人负责在委托人去世后向保险公司索取保险金，并向受益人支付保险金。

2.1.3　按照受托人对财产处理方式不同分类

按照受托人对财产处理方式不同分类，信托可分为担保信托、管理信托、处理信托、管理和处理信托。

1. 担保信托

担保信托是指以确保信托财产的安全、保护受益人的合法权益为目的而设立的信托。当受托人接受了一项担保信托业务后，委托人将信托财产转移给受托人，受托人在受托期间并不运用信托财产去获取收益，而是妥善保管信托财产，保证信托财产的完整。

2. 管理信托

管理信托是指以保护信托财产的完整、保护信托财产的现状为目的而设立的信托。这里的管理是指不改变财产的现状、性质，保持其完整。在管理信托中，信托财产不具有物上代位性。如果管理信托中的信托财产是房屋，那么受托人的职责就是对房屋进行维护，保持房屋的原貌，在此期间，也可以将房屋出租，但不得改建房屋。如果是动产，如以机器设备为对象设立管理信托，那么受托人可以将设备出租获取租金收入，但不可以将动产出售变卖，换成其他形式的财产。

3. 处理信托

处理信托是指改变信托财产的性质、原状以实现财产增值的信托业务。在处理信托中，信托财产具有物上代位性，即财产可以变换形式，如将财产变卖转为资金，来购买有价证券等。若以房屋为对象设立处理信托，受托人就可以将房屋出售，换取其他形式的财产；若以动产为对象设立处理信托，受托人就可以将动产出售。

4. 管理和处理信托

管理和处理信托，这种信托形式包括了管理和处理两种形式。通常是受托人先管理财产，最后再处理财产。例如，以房屋、设备等为对象设立管理和处理信托，受托人的职责就是先将房屋、设备等出租，然后再将其出售，委托人的最终目的是处理信托财产。这种信托形式通常被企业当作一种促销和融资的方式。企业在销售价值量巨大的商品，如房屋、大型设备的时候，若采用一次性付款方式很难将产品销售出去。若采用分期付款方式，企业又不能及时收回成本。企业以这些商品为对象设立管理和处理信托，把商品的所有权转移给信托机构，信托机构则通过各种形式为企业融通资金。这样，商品可以顺利销售，企业的资金又可以顺利回收。

2.1.4 按信托事项的法律立场不同分类

按信托事项的法律立场不同分类，信托可分为民事信托和商事信托。

1. 民事信托

民事信托，是指信托事项所涉及的法律依据在民事法律范围之内的信托。民事法律范围主要包括民法、继承法、婚姻法、劳动法等法律，信托事项涉及的法律依据在此范围之内的为民事信托。例如，涉及个人财产的管理、抵押、变卖，遗产的继承和管理等事项的信托，即为民事信托。

2. 商事信托

商事信托是指信托事项所涉及的法律依据在商法规定的范围之内的信托。商法（也叫商事法）主要包括公司法、票据法、海商法、保险法等。信托事项涉及的法律依据在此范围之内的为商事信托，如涉及公司的设立、改组、合并、兼并、解散、清算，有价证券的发行，还本付息等事项的信托为商事信托。

2.1.5　按照委托人的不同分类

按照委托人的不同分类，信托可分为个人信托、法人信托以及个人法人通用的信托。

1. 个人信托

个人信托是指以个人（自然人）为委托人而设立的信托。个人只要符合信托委托人的资格条件就可以设立信托。个人信托的开展与个人财产的持有状况及传统习惯有很大的关系。个人有生命期的限制，由此个人信托又可以分为两种：一是生前信托；二是身后信托。

生前信托是指委托人生前与信托机构签订信托契约，委托信托机构在委托人在世时就开始办理有关的事项。生前信托签订的契约在委托人在世时即开始生效。生前信托都与个人财产的管理和运用有关，但具体到每个人目的不同，呈现出多种多样的形态。委托人设立生前信托可以指定他人为受益人，也可指定自己作为受益人。

身后信托是指信托机构受托办理委托人去世后的各项事务。身后信托与生前信托的区别在于信托契约的生效期。生前信托的契约在委托人在世时即可生效，而且生前信托的事项可以延续到委托人去世以后；身后信托的契约有些是在委托人在世时就与信托机构签订，但契约的生效却是在委托人去世后，还有一部分身后信托的发生并不源于委托人的意愿，而是在委托人去世后，由其家属或法院指定的。身后信托大多与执行遗嘱、管理遗产有关，身后信托的受益人只能是委托人以外的第三者。

2. 法人信托

法人信托是指由具有法人资格的企业公司、社团等作为委托人而设立的信托。法人信托大多与法人的经营活动有关，如企业发行债券、销售设备等。法人信托中的财产价值巨大，个人作为受托人难以承担这样巨大的责任，因此法人信托中的受托人也都是法人，如信托公司、银行等金融机构。从信托发展的历史过程看，信托发展早期主要是个人信托。后来，随着各种企业公司等法人机构的出现，法人信托业务也逐渐发展起来，并成为信托公司的重要业务。法人设定信托的目的都与法人自身的经营有密切关系，但具体形式各异，主要包括附担保公司债信托、动产信托、雇员受益信托、商务管理信托等。

3. 通用信托

通用信托是指既可以由个人作委托人，也可以由法人作委托人而设立的信托业务。随着公司法人的涌现，法人信托成为主要的信托业务，个人作为受托人不能适应信托业务要求。信托财产所有者多元化，信托机构业务的多重化开创了通用信托业务，通用信托主要包括信托投资、不动产信托业务、公益信托、年金信托等。

2.1.6　按照受托人承办信托业务目的的不同分类

按照受托人承办信托业务目的的不同分类，信托可分为非营业信托和营业信托。

1. 非营业信托

非营业信托是指受托人不以收取报酬为目的而承办的信托业务。信托产生的早期，主要是个人信托，委托人寻找的受托人也大多是自己的亲朋好友，受托人承办信托业务大多是为了私人情谊，而不是赢利。委托人有时也向受托人支付一定的报酬，但这只能看作是一种谢意的表达。从受托人角度看，他并不以收取这种报酬为目的。这样的信托就是非营业信托。

2. 营业信托

营业信托是指受托人以收取报酬为目的而承办的信托业务。营业信托是在信托发展到一定阶段以后出现的。在信托发展的早期，受托人大多是个人，所以不存在营业信托，后来出现了专门经营信托业务的私营机构，这类机构承办信托业务的目的是收取报酬获得利润。信托机构的出现是信托业发展的必然结果，同时它又促进了信托业的发展。目前，世界各国绝大部分的信托业务属于营业信托。

2.1.7　按照委托人与受益人是否为同一人分类

按照委托人与受益人是否为同一人，信托可分为自益信托和他益信托。

1. 自益信托

自益信托是指委托人将自己指定为受益人而设立的信托。从信托性质上看，信托主要是为了他人利益，信托也是源于为他人利益而产生的。信托早期主要是他人受益，后来，由于社会的发展，委托人开始利用信托为自己谋利益，也就出现了委托人将自己定为受益人的情形。通过这种形式，委托人可以把自己不能做、不便做的事项委托给信托机构去做，利用信托机构的专门人才和专业设施，使财产获取更大的收益。

2. 他益信托

他益信托是委托人指定第三人作为受益人而设立的信托业务。信托发展早期主要是他益信托，利用这种形式使他人也能享受自己财产的收益，如身后信托就是一种他益信托。

2.1.8　按照委托人设立信托目的分类

按照委托人设立信托目的的不同，信托可分为私益信托和公益信托。

1. 私益信托

私益信托是指委托人为了特定受益人的利益而设立的信托。所谓特定的受益人是从委托人与受益人的关系来看的。如果受益人与委托人之间有经济利害关系，委托人为受益人设立的信托可以使委托人因此而获取一定的利益，那么这种信托可视作私益信托。例如，雇员受益信托是企业为本企业职工设立的，它的受益人有时是全体企业职工，但这种信托仍属于私益信托，因为企业为职工设立信托的目的是使职工更好地为企业服务，最终使企业获利。

2. 公益信托

公益信托是指委托人为促进社会公共利益的发展而设立的信托。例如，为促进社会科学技术的发展、为社会文化教育事业的发展、为社会医疗卫生保健事业的发展等目的而设立的信托。公益信托的发展不仅是社会进步的一种表现，同时也极大地促进了公益事业的发展和社会的进步。

公益信托与私益信托的最大区别是受益人不同，公益信托的受益人为非特定的多数人，凡是符合公益信托受益人资格的均可作为受益人。

2.1.9　按照信托涉及的地理区域的不同分类

按照信托涉及的地理区域的不同分类，信托可分为国内信托和国际信托。

1. 国内信托

国内信托是指信托业务所涉及的范围限于一个国家境内，或者说信托财产的运用只限于一国范围之内的信托，即是国内信托。

2. 国际信托

国际信托是指信托业务所涉及的事项已超出了一国的范围，产生了信托财产在国与国之间的转移。

2.1.10　按照信托业务范围的不同分类

按照信托业务范围的不同分类，信托可分为广义信托和狭义信托

1. 广义信托

广义信托包括信托和代理两类业务。它们同样都是财产代为管理制度，信托机构也都办理这两类业务。但严格地说，信托与代理是不同的。从当事人来看：信托有三个当事人，而代理只有两个当事人，即代理人和被代理人，代理人也称受托人，被代理人也称委托人；从财产上看，信托需要转移财产权，代理则不需要转移财产权；从权限上看，信托业务中受托人以自己的名义处理业务，并有较大的权限，而代理业务中代理人以被代理人的名义处理业务，直接受被代理人的制约。

2. 狭义信托

狭义信托仅仅指财产所有权需要转移的信托业务，即委托人将财产权转移给受托人，受托人依信托文件（或信托契约）的约定，为受益人或特定目的而管理或处分信托财产的财产管理制度。

除了以上种类外，信托还包括其他种类，如金融信托，是指拥有资金或财产的单位和个人，为了更好地运用和管理其资金或财产，获得更好的经济效益，委托信托机构代为运用、管理和处分的经济行为。它具有融通资金、融资与融物以及融资与财产管理相结合的金融性质的信托业务。贸易信托，是以商品的买卖为主要内容的信托业务。它是一种接受客户的委托从事商品代买、代卖并收取一定手续费的业务。宣言信托，是指委托人兼任受托人的信托方式。具体地说，委托人以向社会公开宣告的方式将自己财产的一部分列为信托财产由自己来占有、管理或者处分，并将该财产上的收益分配给受益人。

■ 2.2　信托的特点

2.2.1　信托的特点

信托起源于英国，自从它产生以来，在长期的发展过程中，已形成了其自身独有的特点。尽管后来信托经历了美国、日本等国的本土化改造，信托品种不断推陈出新，但基本上都继承了信托的基本特点。信托的特点主要表现在以下几个方面。

1. 信托的基础是充分信任

信托与其他信用关系最大的不同是，信托更强调当事人之间的充分信任，这种充分信任表现在：在信托期间委托人将财产的所有权授予和转移给受托人，并在信托期间不再拥有对这部分财产的处置权，受托人按照信托契约的规定自主运用信托财产，在不违反信托目的的前提下，对信托财产的运用不受任何人的干涉。而放弃财产的所有权对任何人来说，都是一件非常重要的事情。由此可见，信托的基础是充分信任，信托是在信托关系人取得相互充分信任的基础上设立的。一方面，委托人把信托财产转移给受托人管理和处置，体现了其对受托人的充分信任；另一方面，委托人必须根据信托契约的规定，保证受托人能够自主运用信托财产，这也需要受托人对委托人的充分信任。

2. 信托财产的权利主体与利益主体相分离

信托财产的权利主体与利益主体相分离，正是信托区别于类似财产管理制度的基本特征。委托人将信托财产设立信托后，这笔财产就成为信托财产，它不再属于委托人所有，也不属于受益人所有，是被置于受托人名下，由受托人以自己的名义管理、运用和处分信托财产。委托人和受益人无权管理和处分信托财产时，信托所产生的利益归受益人享有，受托人不得利用信托财产为自己谋利，委托人也不再享有信托利益。受托人按照法律和信托文件，享有信托财产的财产权，受益人根据法律和信托文件享有信托财产的受益权。信托的这一特点告诉我们，必须同时兼顾两方面的利益：一方面，受托人对于财产享有的充分支配的权利，以利于对信托财产进行更有效的管理；另一方面，又要考虑到受益人对于这部分信托财产本身所获得的利益的保障，而不是单纯强调某一方面。

3. 信托经营方式灵活，适应性强

信托在运作过程中，信托业务既可以投资，也可以贷款；既可以采用直接融资方式，也可以采用间接融资方式；既可以同客户建立信托关系，也可以建立代理关系；既可以为企业服务，也可以为个人服务；既可以为公益目的服务，也可以为私益目的服务。其业务经营面之宽广、方式方法之灵活多样，是其他金融业都望尘莫及的。信托业务方式的多样化，使其业务活动具有灵活性，并伴随着经济的发展，不断有新的信托业务方式创立，以适应社会各方面的需要。信托业之所以有这种特殊之处，正是由于信托这种财产管理制度本身所具有的优越性。

4. 信托财产具有独立性

信托一经有效设立，信托财产便从委托人、受托人以及受益人的自有财产中分离出来，信托财产不属于其固有财产，也不属于其遗产或清算财产，仅服务于信托目的。这就促使受托人更加公正、合理地处置信托财产。信托财产的独立性和破产隔离效应，使信托财产的安全性有了保障，从而使受益人的利益在制度上得到保护。

5. 信托管理具有连续性

在信托关系中，信托财产的运作一般不受信托当事人经营状况和财务关系的影响。受托人的死亡、解散、破产、辞职、解任不影响信托关系的存续，某些信托，如公益信托和养老金信托等甚至没有期限限制。所以，信托是一种具有长期性和稳定性的一种财产管理制度。它为受托人长期管理和运用财产，为委托人实现转移和管理财产的长期安排提供了制度上的保障，从而也使信托具有中长期融资功能。

6. 受托人不承担损失风险

受托人是按照委托人的意图对其财产进行管理和处理。损益按实际结果进行核算。若有收益，则获得的经营收益归受益人享有；如有亏损，也由委托人或由受益人承担。受托人在自身没有过失的情况下，对信托业务产生的损失不承担任何责任，并依据信托协议，向委托人或受益人收取处理该项信托业务所发生的费用。

7. 信托损益的计算遵循实绩原则

在受托人按照信托契约的规定尽职尽责管理信托财产的前提下，信托财产的损益根据受托人经营的实际结果来计算，而不是根据事先确定的损益标准来计算，这构成了信托的另外一个显著特点，同时也是信托存款与银行存款的一个重要的区别。后者按照固定的收益率（利率）来支付收益，前者如果没有收益，受益人就不享有收益。如果信托财产运用中的支出大于收益，受托人还有权要求受益人委托人给予补偿，也就是说，在受托人本身没有过错的情况下，受托人不承担信托财产运用的任何风险和损失。这一原则充分体现了委托人对受托人的充分信任。当然，由于受托人管理运用信托财产有过错而造成的信托财产的损失，受托人必须要承担信托财产损失的赔偿责任。

2.2.2　信托与托管的区别

托管是指受托人接受委托人的委托，按照预先规定的合同，对托管对象进行经营管理的行为。从法律上看，托管是信托范畴的延伸和发展，信托是托管的前提。但在具体内涵上，两者又有区别。信托的内涵是资产的委托管理，而托管的内涵是企业的委托经营。两者虽然遵循相同的机理，但因经营领域和方式不同，正在逐步趋向专业化，形成各自不同的专业特色。

（1）相同点。从托管的本质来看，托管与信托基本相同，它们都是资产经营权的暂时转移；从托管的关系来看，托管关系与信托关系基本相同，两者都有三方当事人，即委托人、受托人和受益人。它们的委托人和受益人可以完全是同一主体；从托管的特征和遵循的原则来看，托管的特征和遵循的原则与信托基本相同。托管与信托一样具有三大特征，即信托契约、所有权与利益分离、信托财产的独立性。它们还都必须坚持三大原则：预定契约原则、委托自主性原则和分开管理原则。

（2）不同点。信托与托管之间也存在一些较大区别，主要表现在以下几个方面：①受托对象不同。信托的受托对象比托管的对象宽泛，托管对象主要指与企业有关的财产、产权或债权的托管。如对主权权属不明的土地的托管、对企业财产的托管、陷入经营困境或产权关系重大变动的企业委托专门的托管机构经营管理、对特殊历史时期的银行不良债权进行托管。而信托的受托对象不仅指与企业有关的财产、产权或债权，还包括个人的财产、产权或债权。②受托人不同。信托的受托人一般是信托公司或信托银行等具有信托业务资格的信托机构；而托管的受托人一般是专业托管公司或具有托管能力的大型企业或企业集团。③受托方式不同。托管的受托方式是托管方与委托方签订托管协议，约定将委托方欲托管资产或子企业（公司）委托给托管方经营管理，委托方支付相应的报酬，该项报酬可约定为定期支付的定额管理费用或因托管经营而产生的利益的相应百分比。

所以，托管侧重于企业财产的委托管理，而信托侧重于金融资产的委托管理，信托机构具有金融机构的性质。

2.2.3　信托与银行信贷的区别

信托和银行信贷同属信用范畴，但两者有很大的区别，不能混淆，表现在如下方面。

1. 所体现的经济关系不同

信托是按照"受人之托，代人理财"的基本特征来融通资金，管理财产，涉及受托人、委托人和受益人三个当事人，其信托行为体现的是多边的信用关系。而银行信贷则是作为信用中介筹集和调节资金供求，是银行与存款人和贷款人之间发生的双边信用关系。

2. 基本职能不同

信托的基本职能是财务管理职能，是对信托财产的管理、处理和运用。而银行信贷的基本职能是融通资金，通过借贷行为，银行作为信用中介来调剂社会资金的余缺。

3. 业务范围不同

银行信贷以吸收存款和发放贷款为主要内容，主要是融通资金，因此银行信贷的业务范围较小。而信托业务集融资与融物于一体，除存款、贷款外，还有许多其他业务，并不断拓展业务领域，所以信托的业务范围较广。

4. 融资方式不同

信托机构作为受托人代替委托人充当直接筹资和融资的主体，起直接金融作用。而银行信贷的主体——银行是信用中介，它把社会闲置资金筹集起来，转而贷给需用者，起间接金融作用。

5. 承担的风险不同

信托一般按委托人的意图经营管理信托财产，因此信托的经营风险，一般由委托人或受益人承担。而银行信贷是由银行根据国家金融政策和制度办理业务，自主经营，因而银行承担整个信贷资金运营风险。

6. 收益分配不同

信托的收益是按照信托上的约定获得的。无论发生赢利或亏损，都由受益人承担，所以，原则上受托人不直接获得由于经营信托财产所产生的收益，受托人的收益是按协议规定所收取的手续费。而银行信贷则按银行规定的利率计算利息，存款、贷款的利差是银行的收益，盈亏相抵后归银行所有，存户不可分割。

7. 意旨主体不同

信托业务的意旨主体是委托人。在信托行为中，受托人要按照委托人的意旨开展业务，为受益人服务，其整个过程，委托人都占主动地位，受托人被动地履行信托契约，受委托人意旨的制约。而银行信贷的意旨主体是银行，银行自主地发放贷款，进行经营，其行为既不受存款人意旨的制约，也不受借款人意旨的强求制约。

2.2.4　信托与代理的区别

代理是指代理人以被代理人的名义，在授权范围内与第三者进行的法律行为，这种行为的法律后果直接由被代理人承担。信托与委托代理的区别主要表现在以下几方面。

（1）当事人不同。信托的当事人是多方的，至少有委托人、受托人和受益人三方。而代理的当事人，仅有委托人（或被代理人）和受托人（或代理人）双方。

（2）财产的所有权变化不同。在信托业务过程中，信托财产的所有权发生转移，信托财产的所有权要从委托人转移到受托人，由受托人代为管理、处理；而代理财产的所有权始终由委托人即被代理人掌握，并不发生所有权的转移。

（3）信托财产的控制不同。信托业务的受托人在执行过程中，一般不受委托人和受益人的监督，只受法律和行政上的监督。而在代理业务中，代理人则需要接受被代理人（本人）的监督。

（4）掌握的权限不同。信托类业务的受托人拥有为执行信托业务所必需的广泛权限，法律另有规定或委托人有所保留和限制的除外。而代理业务的代理人权限则比较狭小，仅以被代理人的授权为限。

（5）期限的稳定性不同。信托行为一经成立，原则上信托契约不能解除，即使委托人或受托人死亡，对信托的存续期限一般也没有影响，因而信托期限有较大稳定性。而委托代理关系，被代理人可随时撤回代理关系，并因代理人或被代理人任何一方的死亡而终止。因而，代理合同解除比较容易，委托代理期限的稳定性较差。

■2.3　发达国家信托业的特点

英国是现代信托的发源地，后来信托又传入美国、日本及世界其他国家。由于各国文化、历史、政治、经济制度的不同，信托业在各国的发展中呈现出不同的特点。

2.3.1　英国信托的特点

1. 信托与封建制度关系密切

英国是信托的鼻祖，最初信托纯为拥护宗教和规避法令而引起，且标的物十分单一，只限于土地，当时的信托目的主要是解决土地权益问题。它起源于封建时代土地间接遗赠的"尤斯制"，且持续时间长达 200 多年。英国的土地遗赠习俗是封建制度的产物，正是由于土地的间接遗赠，才有信托的产生。因此，英国的信托与封建制度的关系甚密，这与美国和日本创始信托的时代背景很不相同。

2. 从无偿信托到有偿信托过渡时间较长

从信托方式（受托人）来看，英国的信托是作为非营业信托发展起来的，即由个人充当受托人并以无偿为原则，从英国的信托发展史上可以发现，这种无偿信托持续了 100 多年。以赢利为目的的信托，即信托公司直到 1899 年公司法公布后予以承认。这是由于英国人长期处于基督教的荣誉感和传统的良心观念的熏陶之下，比较注重个人间的信赖，因此，在英国充当信托的受托人被视为一种莫大的社会荣誉，受托人实际上也通常由社会地位比较高的牧师、律师或值得他人信赖的人担任。而有些国家开始创办信托就实行有偿信托，从酌情收费发展到以赢利为目的，很少存在无偿信托服务。

3. 个人受托多于法人受托

英国虽是现代信托的发源地，信托发展的历史比别国悠久，但其信托制度仍保持着丰富多彩的历史传统。英国的信托是从个人受托向法人受托发展的，法人受托远不如美国和日本发展快。例如，以法人身份承受信托业务的银行信托，其业务量只占英国全部信托的 20%，另外 80% 的信托业务是个人信托。英国个人受托业务集中于执行遗嘱和管理遗嘱方面。无论从委托人还是受托人看，现代英国的信托业务都仍偏重于个人信托。在委托人方面，信托的内容多是民事信托和公益信托，信托的标的物以房屋、土地等不动产为主。这是传统习惯的延续，是英国较之美、日及其他国家不同的显著特点之一。

4. 法人受托集中经营

英国法人受托的信托业务所占整个信托业务比例不大，但却集中在四大商业银行——国民威斯敏士特银行、巴可莱银行、密特兰银行和劳埃德银行设立的信托部门中，这四大银行的信托业务占了全部银行信托资产的 90%。除了银行信托外，英国在第二次世界大战后还成立了不少证券公司，这种公司往往与其他金融机构交织在一起，承销各种证券业务。

5. 土地信托经营普遍

英国是信托事业的发源地，民事信托制度也得以在英国建立。而民事信托如遗嘱信托、财产管理信托中所托的信托财产均以土地等不动产为主，至今英国仍保留这一传统，其土地等不动产信托至今较其他国家发达。但现代英国不动产信托的目的，已由过去较多限于土地信托财产的权益问题转变为以赢利为目的、以社会经济发展为目标了，不再是以对抗封建君主的《没收条例》为目的。

6. 投资信托业务远及海外

英国是老牌资本主义国家和殖民大国，有着极为广阔的海外发展空间。应用信托方式进行投资是英国在 19 世纪 60 年代开始创设的，这种投资方式最适应中小投资人的需要。英国的投资信托，其特点是采取"契约型"投资信托，与美国采取"管理公司型"（公司型）投资信托不同。目前，英国国内产业饱和，而伦敦仍然是世界首屈一指的国际金融中心。海外投资成为运用国内信托资产、追求利润最大化的有效途径之一。

2.3.2 美国信托业发展的特点

美国的信托业虽然是从英国学来的，但并没有囿于观念，一方面，美国继承了公民个人间以信任为基础、以无偿为原则的非营业信托；另一方面，一开始就创造性地把信托作为一种事业，用公司组织的形式大范围地经营起来。美国最早（即比英国早 80 多年）完成了个人受托向法人受托的过渡、民事信托向金融信托的转移，为现代信托制度奠定了基础。作为当今世界金融业最发达的资本主义国家，其金融机构形式之多，金融工具与金融业务之繁荣，金融实力之强大，均居世界首位。所以，美国信托业的发展自有其本身的许多特点。

1. 有价证券信托业务开展普遍

美国的信托业务中有价证券信托业务开展普遍，这是由美国的具体国情而决定的。美国是世界上证券交易最发达的国家，也是世界上资产证券化程度最高的国家，但美国不允许商业银行买卖证券及在公司中参股，所以商业银行为了逃避这种限制而设立信托部来办理证券业务。因此，几乎各种信托业务机构（包括兼营信托业务的商业银行）都办理证券信托业务，既为证券发行人服务，也为证券购买人或持有人服务。通过商务管理信托，代表股东执行股东的职能，并在董事会中占有董事的席位，从而参与控制企业。特别是在 1861 年南北战争结束后，兴起经济建设的热潮，筑铁路、开矿山的公司纷纷成立，所需的巨额资金大部分通过发行股票和公司债券来筹集，这大大推动了有价证券信托业务的发展，于是有价证券逐渐取代了原来以土地为主的信托对象。随着产业资本的发展，社会上涌现出大批的富人，促进股票和公司债券发行量日益增多，这在客观上需要有更多的代理经营机构。信托公司不断增加，并扩大规模以社团法人为对象，为生产企业代办有价证券的发行、流通以及付息还本等业务。直到现在，美国信托业仍是以有价证券为主要信托对象。1990 年全美信托财产中，仅普通股票投资占比就达 48%，企业债券占比 21%，国债和地方政府债券占比 18%，其他信托财产占比 13%左右。这是美国金融信托业务发展中的一个显著特点。

2. 信托公司与银行在业务上的相互兼营

美国创办信托公司之初，只限信托本业，除了传统的信托业务，如管理遗产、执行遗嘱等信托事项外，严格限制其兼营有关商业银行的业务。后来，美国政府对信托业的管理逐渐放宽，允许信托公司兼营银行业务，同时银行兼营信托。因为信托与储蓄的关系比较密切，两者兼营可以节约顾客的费用、时间和手续，还可在信托业务的处理上提高效能，为信托公司与顾客双方所欢迎，这顺应了美国当时的宏观经济环境，是信托业发展的自然趋势。正是因为信托业兼营银行、银行业兼营信托的业务竞争，促进了美国信托业的大发展。虽在兼营开始之初，在信托与银行业务上各有侧重，但随着时间的推移，美国各大银行与各大信托公司在业务经营上几乎已无重大区别，这是美国信托业在发展中形成的最大的特点，是与日本及其他各国的信托业不相同的地方。

3. 美国信托业财产集中程度较高

由于大银行资金实力雄厚，社会信誉良好，而且可以为公众提供综合性一揽子金融服务，竞争的结果使社会信托财产进一步集中到大银行手中。目前，位居美国前 100 名的大银行管理的信托财产占全美信托财产的 80% 左右，处于无可争议的垄断地位。信托银行，除了从事信托、投资业务外，还通过其信托部经营各种有价证券，以持股方式控制了许多公司的股票。美国的信托业务基本上由大的商业银行设立的信托部所垄断。

4. 个人信托与法人信托共同发展

美国从个人受托转变为法人受托，承办以赢利为目的的商务信托，比信托的发源地（英国）还早。美国的个人信托业与法人信托业发展都很迅速，并随着经济形势的变化出现交替变化的现象。遇到经济发展不景气时，个人信托会迅速超过法人信托办理的业务量；如果经济回升，法人信托又会超过个人信托的业务量。因此，从个人信托与法人信托业务的起伏变化，可以大致了解美国经济形势的变化情况。

5. 经济立法中尚无统一的信托立法

美国没有对信托单独立法，有关信托的法律规定大都列入《联邦储备银行法》与各州的银行条例之中。在有关法律中，如银行经办商业票据和公司债、地方债法案，银行经办货币市场互助基金法案等，对民事、商事、公益等信托制度都有所约束与规范，而这些法律规定具有很大的弹性。所以，根据美国的法律，信托的多方面功能容易得到发挥，这对活跃美国金融市场起到了积极作用。

美国虽然没有全国统一的信托法，但其法律协会已将各州判例法整理汇编成信托法案例大全，它网罗信托法案例并附加评注，这是今天美国信托法具有成文形式的唯一可遵循的法律。美国为联邦国家，各州有各州的独立法律，信托法律也是如此。例如，纽约州、密歇根州、威斯康星州、明尼苏达州、加利福尼亚州、南达科他州、北达科他州、佑治亚州、路易斯安那州、得克萨斯州、宾夕法尼亚州等，均制定有信托法的单行法。

6. 信托业务与银行业务分别管理、分别核算

美国法律虽然允许信托公司兼营银行业务，银行兼营信托业务，并逐渐形成了金融信托业务大多集中在美国商业银行信托部的局面，但信托业务和银行业务在内部是严格地按部门职责进行分工，即实行分别管理、分别核算、信托投资收益按实绩原则分红。从信托业务的种种特性出发，对信托从业人员严格管理，并制定从业人员守则和禁忌事项。同时，还禁止银行工作人员担任受托人或共同受托人，防止信托当事人违法行为的发生。

7. 信托业的民办性、开放性

美国的各种企业向来主张民办，由私人经营，公办的极少，这是美国经济的一个特征。1837~1863 年，美国银行史上曾有过一段"自由银行"时期，任何一个人与社团，只要有充足资本，就可领到银行执照，开办银行。美国信托业创始是从民办信托机构发轫的。与英国相比，美国没有英国早期的"官办信托局"，或后来的"官办出口信贷保证局"之类的公营信托机构。

美国的民族性格相对比英国要开放得多，较少有保守思想，信托业务经常创新。美国从个人信托转变为法人信托，承办以赢利为目的的商事信托，比信托发源地的英国还早，且各类信托品种多有创新之处。

2.3.3　日本信托的特点

日本的信托制度是从美国引进的，日本的信托自开办以来，特别是第二次世界大战后，发展很快，自成特色。

1. 有较健全的法律作为依据

除了有一般的信托法即《信托法》《信托业法》和《兼营法》外，还有根据不同信托种类而设立的信托特别法，如《贷款信托法》《证券投资法》和《抵押公司债券信托法》等。每一种信托业务都有法律依据，除了与特别法相配合的业务外，其他的业务都依一般信托法办理。同时，很多新设的信托业务都与政府颁布的其他法律有密切关系，大多依据相关法律而创办。如年金信托中的退休金信托、福利养老金信托，分别依据修订的《法人税法》《福利养老金保险法》而设立；财产形成信托则依《继承税法》修订案而创设等。由于严格按照法律办理信托业务，除了第二次世界大战期间及其结束后短暂阶段因战争需要信托业务变动较大外，日本金融信托业务一直是稳定而迅速发展的。可以说，法制的健全是日本金融信托业务健康发展的基础。

2. 不断开发适合本国特色的信托业务

由于日本经济起步较晚，加之国土狭小，山地多，可利用的信托土地少。另

外，日本人家庭观念很强，若发生孩子年幼而父亲去世留下财产的情况，习惯由本家族中有才干的亲戚照看，一般不愿委托他人代管，故日本金融信托业务从一开始就大力发展金钱信托。贷款信托就是日本首创，其对国民经济从第二次世界大战后恢复到高速成长，直至目前的发展都产生了极大的影响。此外，财产形成信托、年金信托、职工持股信托、特定赠与信托，以及适应公众对利息多少的选择趋向，特别是为创造更有利的储蓄，于 1981 年改进了的收益期满兑取型贷款信托等新开创的信托业务，使日本的信托业务形成了范围广、种类多、方式灵活、经营活跃的特点。

3. 信托业行业垄断经营

日本信托业的经营机构随着 1922 年和 1943 年的两次法制规范而急剧集中。1950 年之后，由于政府严格控制信托业的审批，日本的信托业便一直集中在主要七家信托银行手中。近年来随着日本经济、金融持续萧条，日本的信托业不断合并重组，有进一步集中的趋势。日本信托业的这种寡头垄断的市场格局不仅有利于行业规模效应的发挥，而且还便于政府的集中管理和控制，为日本信托业的创新和稳步发展起了积极的推动作用。

4. 重视信托思想的普及

创立了信托协会。信托协会是日本经营信托业务的银行团体，协会成立的目的在于发展信托制度，增进公共利益。因此，为达到这一目的，信托协会致力于：①信托观念的普及和业务的推广；②研究和改进信托事业的理论和实务；③促进信托业者相互间的交往与合作；④进行达成目的所需的其他事项。信托协会创办了《信托》杂志普及信托观念。信托协会还通过举办讲习会及其他各种新闻媒介的宣传来普及信托观念。更值一提的是，现在日本高等小学课本上已普及有关信托的一般知识。

5. 创立信托研究奖励金制度

该制度于 1962 年为纪念贷款信托创设 10 周年而建，目的在于鼓励各大学、各研究机构以及其他有为人才从事信托研究，对其赠送奖励金，以使信托制度普遍化。20 世纪 70 年代后奖励金主要以大学教授、副教授、讲师、学生和各研究机构的专门研究员为发放对象。

此外，信托银行开办的年金信托、财产形成信托、职工持股信托等集团信托（委托人为多人）与国民大众密切相连，也起到了对信托事业间接宣传的作用。

2.3.4　德国信托公司的特点

德国很早就有信托，但没有像英国那样发展起来。在很长一段时期里，德国人处理遗产时一般不采取像英国那样的信托方式，即明确地把自己的财产交给他人管理，而多采用让通晓经济的人当监护人或管理人进行照看的方法。因此，从

19世纪末起德国才开始模仿英、美的信托办法并建立了信托公司。到第一次世界大战前,随着德国经济的腾飞,信托公司大力从事海外投资业务并得到了很大的发展。20世纪90年代以来,德国信托业的发展呈现以下特征:

银行兼营信托业务十分普遍。尽管在银行内部,银行与信托两个部门是明确分开的,但信托所提供的金融产品和金融服务,却与银行提供的无明显区别。银行趋向于把信托业务和其他银行产品分开交易,重新组合,以向客户提供更新的金融服务;信托业务与证券业务的关系也日益密切,两者之间在同一业务范围的竞争也相当普遍;由于信托职能的多元化,在继续强调信托基本职能的同时,对信托的其他职能,如融资职能、投资职能和金融职能也愈加重视;兼理公司的财会账务事宜。其起因是当德国银行准备对企业贷款和投资时,为了安全,采用了首先让信托公司检查对方企业财会状况的做法。从此以后,信托公司把它作为基本业务之一,对公司来说,接受信托公司的检查会提高在社会上的信用程度,公司债券和股票出售情况也会看好。因此,信托公司以其丰富的经济知识和经验经办财会检查,是德国信托公司的一大特色。

2.3.5　西方其他国家的金融信托业的特点

1. 加拿大信托业的特点

加拿大是资本主义国家中信托业发展较早的国家之一。加拿大原属英联邦成员国,所以信托业务继承了英国的信托原理。但由于又和美国接壤,所以发展受到美国信托业的很大影响。其信托业的主要特点如下。

1) 信托业务品种齐全、规模不一

早在1835年加拿大就制定了人寿保险及信托公司法,但直到1868年加拿大才成立了第一家信托公司,而真正开办信托业务是在1882年。加拿大信托业经过100多年的发展,现在业务品种已经比较齐全,一些财团混业经营的特征比较明显,另外一些规模不大的信托公司则形成了比较专业的经营方向,如道明加拿大信托、加拿大合作信托公司和权益信托公司。

道明银行财务集团原本名列加拿大第五大银行,于2000年2月1日成功完成收购CT Financial Services Inc.的行动,跃升为业内的领导。截至2000年4月1日,以市场资本总值计算,道明银行财务集团为加拿大全国最大的银行,拥有资产超过2600亿元,更是全球首屈一指的网上财务机构。道明银行财务集团亦是全球第二大优惠投资证券公司宏达理财集团有限公司的最大股东。道明加拿大信托是集团以下五项主要业务之一:道明加拿大信托(零售银行服务)、宏达理财(优惠投资服务)、道明证券(企业及投资银行服务)、道明资产管理(互惠基金及投资管理)、道明商业银行服务。

加拿大合作信托公司成立于1952年,最初是为满足加拿大信用合作社和其他金融合作机构扩展金融服务的需要而设。目前，公司拥有覆盖全国的分支网点，管理资产超过 8 亿美元，托管资产逾 80 亿美元。公司主要产品是储蓄、抵押及个人和公司信托服务。公司通过提供灵活多样的金融设计和创新产品取得了巨大成功，并积极与具有相似经营理念的组织机构发展战略伙伴关系。

权益信托公司的经营范围更加专业，只投资抵押业务。公司建立于 1970 年，开始经营担保投资证书，为期 30 天到 5 年不等。这些证书直接出售或通过网络销售给储蓄者。目前公司的所有资产都投资在居民财产抵押业务上，包括投资在加拿大抵押和住房公司（CMHC）发行的多单位居民抵押券上。除了公司自己的账户，权益信托控制着大量的抵押证券组合，包括单个的或多户的 CMHC 抵押券。

2）全球化经营

加拿大的许多信托公司都注重把业务扩展到全球各个地区。例如，皇家信托（Royal Trust）把全球私人银行作为一项重要业务来经营，在 22 个国家设立了 28 家全球私人银行办事处，帮助客户进入国际网络。公司办事处位于北美、欧洲、亚洲、中东、南非以及拉丁美洲。通过选择经济政治稳定、保密措施严密的地点作为办事处中心，帮助客户管理其国际信托业务。如道明银行财务集团总部设于加拿大多伦多，分行遍布全球，旗下包括道明银行及业务广泛的附属公司，为全世界约 1300 万顾客提供一系列财务产品及服务。

通过全球化经营，信托投资能够在处于多个发展阶段的经济和市场里分散投资，降低风险；同时，全球市场能够提供一些加拿大没有的接触高增长地区的机会，从而获得高收益。

3）注重并购

加拿大信托公司在发展过程中并购频繁，不仅国内大公司之间进行合并重组，如道明银行财务集团，其他信托公司也通过并购扩大自身业务，同时还可能被别的公司收购和整合，如蒙特利尔信托。

蒙特利尔信托的成长过程伴随着一系列的收购重组活动，在 1989 年，公司被 BCE 公司的动力集团购买；在 1992 年，蒙特利尔信托购买了中心担保信托公司的股票过户、企业信托和抵押支持证券管理业务；在 1993 年，公司又购买中心担保信托公司的石油、天然气财产管理业务。这些对核心业务的收购将蒙特利尔信托整合为加拿大最大的股票过户代理机构；1994 年，丰业银行（Scotia Bank）从 BCE 公司处购走蒙特利尔信托，进一步加强了自身的国内业务组合，提高了丰业银行的品牌；到 2000 年 4 月，丰业银行又将蒙特利尔信托的股票过户业务和美国证券的过户及信托公司（ASTT）一起售给了计算机股份公司（Computer-Share），价值 7500 万加元。同年 6 月，计算机股份公司同意出价 8000 万加元购买蒙特利尔信托的企业信托业务。接踵而至的收购使得蒙特利尔信托的身价越来越高。

4）发展电子化交易

随着互联网时代的到来，信托公司纷纷开设了网上服务，如电子银行、电子商务、网络银行等。道明银行财务集团现为全球首屈一指的网上财务机构，共有260多万名网上客户，被列为全球三大网上财务机构之一。加拿大信托的轻松Web银行服务被美国的在线银行业务协会命名为最佳国外银行在线程序，同时也是第一家加入AOL加拿大因特网在线服务中心的金融机构，为顾客提供金融调研、在线个人理财工具、利率、股市查询以及金融信息，并能通过轻松Web进入加拿大信托账户的服务。

2. 瑞士信托特点

1）瑞士信托业的起源

瑞士处于西欧之中心，有发达的交通运输网，健全的法律、财政和社会保险制度，政治和经济也比较稳定，在国际事务上是永久中立国，有强有力的国际储备和充分可兑换的货币，以及资本自由流动政策。这些条件使瑞士成为资本主义各国每逢发生战争或国际经济危机时的最佳避难场所。在第一次世界大战前后，为了便于那些资本避难者因税法上（以此为多）、政治上或经济上的原因所导致的资金流入，设立了许多资本避难的公司——俗称"居所公司"或"屋顶公司"。这些公司均以管理或支配财产为目的，但是这些公司大多是家族式的持股公司，或单纯是家庭财产管理公司，不具有社会性。如果将这些公司视为信托机构，那么瑞士的信托业务是欧洲大陆上最古老的。

2）瑞士信托业的特点

瑞士真正的现代信托业始于1930年前后。当时，瑞士6家大银行联合投资125万瑞士法郎，成立了国家投资公司。1938年几家主要银行又投资设立了投资信托公司。这两家信托投资公司于第二次世界大战后，设立了基金型证券投资信托和不动产投资信托。到20世纪70年代，已占全瑞士投资信托（包括证券和不动产投资信托）的60%，成为瑞士投资信托的主要机构。

瑞士是信托投资发展较早的国家，并且和英国、德国等国一样，都是对外信托投资比重较大的国家。瑞士的信托投资在国际金融市场上居于重要地位。信托投资对象和投资者均具有国际色彩。在全部信托投资业务中，国际信托投资的比重要远远超过国内信托投资。销售的信托投资受益证券也主要以外国人购买为主体。瑞士信托资产的运用，国内以不动产信托为主，国外以股票投资为主。

瑞士的投资基金为契约型。契约有两方当事人，一方为投资人，另一方为保管银行和管理公司。保管银行和管理公司依契约规定，对投资人有直接义务，其义务的具体内容则因基金的功能而异。管理公司指示基金的运用事务，保管银行则负责保管基金及监察管理公司。根据瑞士的证券投资信托法律，证券投资信托基金在法律上是管理公司的财产，管理公司应本着全体受益人的利益，依照契约规定管理基金。当管理公司不能清偿债务时，证券投资信托基金应与管理公司分开，各自独立，为全体受益人而存在，不受管理公司不能清偿的影响。受益人与管理公司之间仅存契约关系，故对管理公司内部业务事项和基金的管理无影响力，而只能请求其受益凭证的买回。

3. 荷兰信托的特点

荷兰早在 1894 年就有信托机构的设立，该信托机构设立的目的是对荷兰所属东印度大公司股票进行投资。荷兰的信托业真正得到发展是在第二次世界大战以后。勒倍可集团是荷兰信托业中市场占有率最高、历史最古老的信托投资机构。

荷兰的证券投资信托采用"投资公司"和"投资基金"两种类型。投资公司依照证券投资信托公司法的规定设立，其组织形式为有限公司。为了维持其股票的价值不降，投资公司往往大量买回自己的股票，因而荷兰法律规定了投资公司买回自己股票的最高数额。封闭型的投资公司，不从事买回自己股票的调节性行为，其股票的市场价格与内在价格间往往会产生极大的差距。

本章小结

信托业务种类的划分，根据不同的标准可以有不同的划分，例如，以信托关系建立法律基础划分，信托可分为自由信托和法定信托；以信托目的为标准划分，信托可分为担保信托、管理信托、处理信托、管理和处理信托等。本章根据信托的不同标准将其分为 10 类。当然无论信托如何划分，每一种划分都有其相互交叉的地方。

信托最早起源于英国，各国信托业的发展有其自身的特点。特别是英、美、日三国信托业的发展，其特色比较明显。英国的信托业具有与封建制度关系密切、从无偿信托到有偿信托过渡时间较长、个人受托多于法人受托、法人受托集中经营、土地信托经营普遍、创设投资信托制度居世界之首等特点。美国率先开创了法人信托的先河，开展由公司组织经营、以赢利为目的的商事业务。美国的信托业具有集团化、证券化的特色，在西方发达国家中独树一帜。在信托业的发展过程中，日本是后起之秀，它借鉴英美国家的经验，结合自己的国情，对信托业务内容和经营方式又有了新的开创和发展。其以较健全的法制作为依据、重视信托思想的普及等，从而使信托业对促进本国经济的发展起到了推动作用。而西方其他国家的信托业借鉴英国的经验，得到了发展和壮大，并进而成为金融资本市场不可或缺的部分和现代市场经济发展的杠杆。

信托的特点主要表现在：信托的基础是充分信任，信托财产的权利主体与利益主体相分离，信托经营方式灵活、适应性强，信托财产具有独立性，信托管理具有连续性，受托人不承担损失风险、信托损益的计算遵循实绩原则等。信托这种信用制度，在日常生活中极易被人们与其他一些信用制度相混淆，本章就是从它与托管、银行信贷、委托代理等方面作了区别，从而使读者能更好地理解信托及其特点。

➤ **思考题**

1. 简述信托业的分类。
2. 试比较西方发达国家如英国、美国与日本信托业的发展特点。
3. 信托业务与托管、银行信贷、委托代理的区别是什么？
4. 我国信托业务与国外信托业务有什么不同？

第 **3** 章

一般信托业务

【本章提要】 本章主要介绍信托公司的一般信托业务，主要有：个人信托业务、发行公司债信托业务、表决权信托业务、有关公司设立变迁事务信托业务、动产与不动产信托业务、雇员受益信托业务、公益信托业务，以及除此之外的其他综合性新型业务。

信托业务的发展是与社会经济的发展相联系的，生产力的发展，物质的丰富，财产管理的复杂化、专业化，都会影响对信托的理解和运用。一般信托业务是信托公司经营的基础，它包括传统的业务和一些新兴的业务，它们都是基本信托原理的运用和发展。同时，信托业务的发展又在一定程度上丰富和完善了基本的信托理论。

■3.1 个人信托业务

3.1.1 个人信托业务及种类

所谓个人信托业务是以个人为服务对象的信托业务。即委托人（指自然人）基于财产规划的目的，将其财产权转移予受托人（信托机构），使受托人依信托契约的本旨为受益人的利益或特定目的，管理或处分信托财产的行为。个人信托设立的基础是个人拥有私有财产和与之相应的一系列权利，如使用权、受益权、分配权、处置权等。从信托的历史看，信托最早是从处理个人财产事务中发展而来的，例如，作为信托制度萌芽的古罗马的遗赠制度，就是为了处理个人身后遗产；被作为遗赠信托制度起源地的英国，也是由于个人财产处理需要而创造了

"尤斯制"。

个人信托种类很多，从信托目的的角度可分为对财产的管理和处理信托、对人的监护信托；从受益人的角度可分为自益信托、他益信托；从信托关系确立的方式的角度可分为任意信托、法定信托；从信托财产的形式角度可分为货币形态的信托、有价证券形态的信托、动产或不动产形态的信托、金钱债权形态的信托；从个人生存期角度可分为身前信托、身后信托；从个人信托的业务内容角度可分为财产处理信托、人寿保险信托、监护信托和特定赠与信托。

3.1.2　个人信托业务的特点

1. 信托目的的多样性

个人信托目的的具体内容是丰富多样的，这与人们在社会经济生活中的多种需要是一致的。不同的人身处不同领域和背景、出于不同的愿望会形成不同的信托目的。对个人来说，由于每个人拥有的财产量不同、财产形式不同，要达到的目的也会不同。可以是为了保持原有财产的价值的信托，也可以是为了追求利润的信托，还可以是为了使自己或家人受益以及处理身后事务等的信托。总之，法律中没有对个人信托目的的内容作出具体的规定，只要信托目的是合法的，即在法律允许的范围内确定信托目的，在法律许可的范围内管理运用财产都可设立信托。

2. 受托人职责的多重性

受托人职责的多重性根源于信托目的的多样性。受托人在接受信托财产后，不但要对财产进行管理运用确保其保值或增值，还常常担当起对受益人本身的责任，如对未成年人和丧失行为能力的人进行监护，照顾他们的生活起居，承担养育责任。所以，在个人信托业务中，受托人承担的不仅仅是对信托财产的责任，还有对受益人的责任。

3. 信托财产管理的专业性

委托人通过签订信托契约，将财产权转移给受托人。由于受托人是专业的信托公司，拥有强大的理财和投资技术力量，能够发挥专长，借助其专业人才的管理、经营能力，促使信托财产创造最大的效益，为委托人创造出更大的价值。

4. 可以做到合法节税

信托财产经过规划，可实现合法节省赠与税及遗产税。现在，我国的个人财产移转大都采取赠与或遗产继承的方式，到目前为止赠与税或遗产税还没有颁布实行，而对照国外相关的法律，两者税率均高达 50%。因此，税赋将成为移转财产所面临的主要问题，而个人信托在降低财产移转的成本方面会起到合法节税的作用。

5. 可以使财产得到妥善存续

人的生命再长，也有终止的时候。因此，如何让财产保持完整性，并使财产权在原所有人生命终止后，仍可依照其意志去执行，让财产权的效益得以持续，就成为财产规划的重心。信托法明确规定，信托关系并不因委托人或受托人死亡、破产或丧失行为能力而消灭。因此信托法律关系的建立为委托人提供了一个让信托财产达到继续经营的目的。

3.1.3 个人信托业务的内容

以下从信托业务的内容角度介绍个人信托业务：财产处理信托业务、人寿保险信托业务、财产监护信托业务和特定赠与信托业务。

1. 财产处理信托业务

财产处理信托业务是信托机构接受个人的委托对信托财产进行管理、运用的一种信托业务。按其设立方式可分为契约信托（合同信托）和遗嘱信托两种。

1）契约信托

契约信托是委托者与受托者订立契约（合同）并在委托者生前发生效力的信托，它属于生前信托。这种信托多为那些事务繁忙或长期身居海外的人以及老年人和心智失常的人设立的，由于他们不愿或不能亲自经营自己的产业，又找不到可靠的人代为料理时，就可委托信托机构代为管理；缺少时间和精力或对市场行情和买卖技术不了解者也可在信托机构开立账户，申请信托，由信托机构，以其或其家属或第三者为在世受益人，来进行日常的财产管理和处理。申请这种信托的目的在于财产增值、保存财产、管理财产和处理财产，其中，保存财产与保管财产是不同的。保管财产是一种代理行为，目的是使该财产不被遗失、偷盗和损害等。代理人对该财产不拥有所有权，一般也无使用权。而保存财产是一种信托行为，是委托者担心自己经营财产发生某种意外或被子女不正当地浪费，而委托信托机构代其或特定的受益人管理保存产业。这类个人信托业务最为普遍，我们常见的产品有退休养老信托、子女保障信托、个人资金（金钱）信托、有价证券信托、不动产信托、证券投资基金等。其中，有价证券信托、不动产信托、证券投资基金，不仅适合个人信托，也适合法人信托。此外，个人资金信托只是资金信托的一种，资金信托也普遍被法人使用。但是，这些业务被个人和法人使用的基本原理是一致的，现仅从个人信托角度进行介绍。

（1）退休养老信托。是由委托人（即客户）和受托人（即信托机构）签订信托合同，委托人将资金转入受托人的信托账户，由信托机构依照约定的方式替客户管理运用的一种信托。委托人和受托人在信托合同中明确约定信托资金用于未来支付受益人（客户或其配偶）的退休生活费用。只要是信托合同持续期间，信托机构就会依照信托合同执行受益分配，让信托财产完全依照委托人的意愿妥善处理，使委托人的退休生活无后顾之忧。其运作架构如图 3-1 所示。

信托机构推出退休养老信托的最主要目的，是让退休者过上安心的晚年生

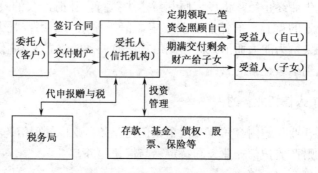

图 3-1 退休养老信托运作图

活。目前信托机构在这方面的业务，主要是帮助委托人在有生之年筹措足够的退休金，并根据其具体的经济条件、收入待遇、家庭负担和预期的投资回报率，为客户作资产累积、保值、有效摊销与转移的信托理财计划。退休养老信托有以下一些特点：第一，委托人对信托合同及退休金具有绝对的操控权，即使是其子女，对信托契约也没有修改权。第二，信托财产具有法律上的独立性，它不会受委托人本身债务的影响，也不会因为受托机构出现不良财务状况而遭受损失，使委托人的晚年生活得到充分保障。第三，委托人可通过信托契约在生前就有效地移转财产，将资产明确规划分配，避免日后产生纠纷。第四，委托人可用信托财产定期支付安养机构的费用，委托人还可预先指定信托管理人，在委托人发生重病或急需看护时，由信托管理人对受托人下指示，动用信托财产支付费用，最终保护委托人的利益。

（2）子女保障信托。由委托人（即父母、长辈或子女本人）和受托人（即信托机构）签订信托合同，委托人将财产（一般为金钱）转入受托人信托账户，由受托人依约管理运用，通过信托机构的专业管理及信托规划的功能，定期或不定期地向受益人（子女）给付信托财产，满足其生活、教育和创业的需要。其运作架构如图 3-2 所示。

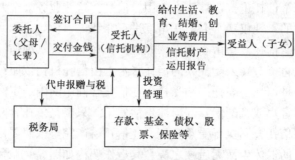

图 3-2 子女保障信托架构图

　　子女保障信托通过信托机构（即受托人）妥善管理、运用委托人所交付的信托财产，为受益人提供抚养、教育及创业所需资金，以确保其生活和发展。该信托具有明显的优势：通过分年赠与财产，可以合理节税；财产受信托法保障，产权独立可避免恶意侵占；受托金融机构需遵守各项法规，使客户权益有保障；信托机构具备专业资产管理能力，可以使受托人的资金得到增值。在我国有重视子女教育的传统。目前，国家把教育作为一个产业来发展，我国的人口基数大，所以子女教育信托市场的空间很大。保险公司已经推出了子女教育保险产品，信托公司要想进入有一定的难度，这种产品具有储蓄功能，有很强的针对性，成长性看好，它主要针对的是中产阶层的家庭。

　　（3）个人资金（金钱）信托。委托人基于对信托机构的信任，将自己合法拥有的资金委托给受托人（信托机构），由受托人按委托人的意愿以自己的名义，为受益人的利益或者特定目的管理、运用和处分资金的信托。资金信托业务是信托机构一项重要的信托业务，也是信托机构理财业务的主要存在方式。其信托流程如图 3-3 所示。

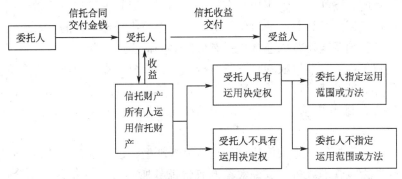

图 3-3　个人资金信托流程图

　　个人资金信托业务可分为单独管理资金信托和集合资金信托。信托机构在办理资金信托业务时，可以按照其要求，为委托人单独管理信托资金。为了使受托资金达到一定的数额和规模，也可以将不同委托人的资金集合在一起管埋，即形成集合资金信托。单独管理资金信托又可分为特定单独管理资金信托和指定单独管理资金信托。集合资金信托业务按照接受委托的方式可分为两种：第一种是以社会公众或者社会不特定人群作为委托人，以购买标准的、可流通的、证券化合同为委托方式，由受托人统一集合管理信托资金的业务。第二种是以有风险识别能力、能自我保护并有一定的风险承受能力的特定人群或机构为委托人，以签订信托合同的方式，由受托人集合管理信托资金的业务。

　　（4）有价证券信托。有价证券所有人（即委托人），将有价证券所有权移转给受托人，由其依据信托契约为受益人的利益管理运用有价证券的信托关系。有价证券信托成立交付财产时，委托人交付给受托人的信托财产必须是有价证券，但到信托合同结束归还信托财产时不一定要保持有价证券的形式，还可采取其他形式，如一定量的货币。有价证券信托的运作架构如图 3-4 所示。

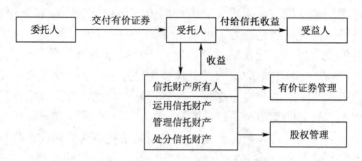

图 3-4　有价证券信托运作架构图

有价证券信托有许多优点：对委托人而言，将有价证券交付信托，由专业信托管理机构代为管理、运用及处分，更能达到有效管理、增加运用收益和处分交易安全的目的，委托人也不用担心有价证券的灭（遗）失及何时收益到期和保管问题。该信托还能结合财产交付信托的优点，保障指定受益人的利益。有价证券信托的财产管理及运用范围通常包括有价证券的借出或收回、股权的管理（行使股东表决权，或董、监事权利）以及有价证券的处分。在我国，作为有价证券信托的有价证券种类通常包括政府债、国内上市或未上市公司股票、公司债券、开放式基金、封闭式基金、国外有价证券及经上级主管机关核定的其他有价证券。

有价证券信托的形态按信托目的可分为管理型、运用型、处分型。管理型信托是指那些无暇管理或持有多种大量的有价证券所有人，将证券委托给受托人，由受托人代为保管有价证券、收受利息、缴纳增资股款、行使表决权，并将收益分配给受益人的信托。运用型信托是指有价证券所有人，将证券委托给受托人，受托人除了代为管理证券外，还可对证券加以运用以获取收益，并最终将收益再分配给受益人的信托。处分型信托是指单纯以处分有价证券为目的的信托。通常是与管理或运用型信托人进行综合利用，一般不单独存在。

（5）不动产信托。不动产信托又称为房地产信托，它包括两个方面的含义：一是不动产所有权人（即委托人），为受益人的利益或特定目的，将所有权移转给受托人，使其依信托合同来管理运用信托财产的一种法律关系。它是以不动产如建筑物、土地（不含耕地）等作为信托财产，由受托人按照信托合同，对不动产进行开发、管理、经营及处分，以提高不动产的附加价值，并最终将受托成果归还给受益人的信托业务。二是房地产开发商借助信托公司的专业理财优势和运用资金的丰富经验，通过实施信托计划，将指定管理的开发项目的信托资金集合起来，形成具有一定投资规模和实力的资金组合，并将信托计划资金以信托贷款的方式运用于房地产开发项目，为委托人获取安全、稳定的收益。无论个人还是法人组织，凡是涉及房地产的建设开发、买卖租赁或其他有关房地产的业务，都可借用不动产信托进行有效管理。所以，无论个人或是法人都可以从事该项业务。此处是从个人信托的角度进行介绍的，有关不动产信托的具体内容见第五节。

(6) 证券投资基金。证券投资基金是指一种利益共享、风险共担的集合证券方式。它通过发行基金证券，集中投资者的资金，交由专家管理，以资产的保值增值等为根本目的，从事股票、证券等金融工具投资，投资者按投资比例分享收益并担当风险。它既可以被个人使用，也可以被法人使用。证券投资基金的特点有：首先，从性质上看，证券投资基金是一种金融市场媒介，它存在于投资者与投资对象之间，起着把投资者的资金转换成金融资产的作用，并通过专门机构在金融市场上再投资，使货币资产得到增值。其次，证券投资基金是一种金融信托形式。它与一般金融信托关系一样，主要有委托人、受托人和受益人三个关系人，其中受托人与委托人之间签订信托契约。但是证券投资基金作为金融信托业务的一种形式，又有自己的特点：从事有价证券投资的主要当事人中还有一个不可缺少的托管机构，它不能与受托人（基金管理公司）由同一机构担当；基金托管人一般是法人；基金管理人并不对每个投资者的资金分别加以运用，而是将其集合起来，形成一笔巨额资金再加以运用。再次，证券投资基金本身属于有价证券的范畴。它发行的凭证即基金券（或受益凭证、基金单位、基金股份）与股票、债券一起构成有价证券的三大品种。由于证券投资基金与股票、债券所反映的关系是不同的，所以它们带来的收益和风险也是不同的。最后，证券投资基金反映的是一种信托关系，除公司型基金外，购买基金券并不是取得所购基金券发行公司的经营权，也不参加证券的发行、销售工作。

2）遗嘱信托

遗嘱信托是根据个人遗嘱设立并在立遗嘱人死后发生效力的信托业务，属于身后信托。遗嘱信托可以使财产顺利地传给后代，并可以通过遗嘱执行人的理财能力弥补继承人无力理财的缺陷。同时它还可以减少因遗产产生的纷争。因为遗嘱信托具有法律约束力，特别是中立的遗嘱执行人的介入，使遗产的清算和分配更公平。遗嘱信托一般可分为遗嘱执行信托和遗产管理信托。遗嘱信托示意如图3-5所示。

遗嘱执行信托是为了实现遗嘱人的意志而进行的信托业务。信托机构在受托之后，依遗嘱或有关的法院裁决，根据遗嘱人的死亡事实，代遗嘱人办理债权债务的收取、清偿，遗嘱物品的交付以及遗产的处理和分割等有关遗嘱的执行事宜。遗嘱执行信托的设立大多是因为遗嘱人财产较多，遗产的分割处理关系比较复杂，且缺少可靠的执行人等原因。

管理遗产信托是信托机构受遗嘱人或法院委托，在某一时期内代为管理遗产

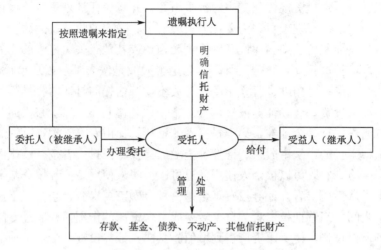

图 3-5　遗嘱信托示意图

的信托业务，这种业务又分为"继承未定"和"继承已定"两种情况。"继承未定"是由于下列原因造成的：有的遗产没有立遗嘱，而且各方意见分歧，经久不好解决；有的遗产分割继承虽然有遗嘱可依，但继承人一时找不到；还有的遗产既无遗嘱可依，按法律继承，又一时找不到继承人，在这些情况下，遗产不能没人照管，只得委托信托机构办理遗产信托。"继承已定"是由于下列原因造成的：继承人继承遗产后，不能立即接管分得的财产或本人事务繁忙未去立即接受遗产；也可能是经验不足或者一时心情抑郁悲痛，不愿立即接受遗产，在这些情况下，只得办理管理遗产信托来解决。

遗产管理信托在表面上虽与遗嘱执行信托的内容有交叉，但前者侧重在管理遗产方面。遗嘱信托的设立程序比较复杂，它涉及以下几个关键步骤。

（1）鉴定个人遗嘱。信托机构执行遗嘱规定的任务完全以遗嘱为依据，如依据的遗嘱不实，信托必误入歧途。首先，鉴定个人遗嘱的真伪，采用法院鉴定遗嘱的真实性和合法性。如果有遗嘱保管人的，由其提交有关亲属共同鉴定；无保管人的，由继承人发现遗嘱者，由继承人提供有关亲属共同鉴别；若为密封遗嘱，必须在有关亲属前当面展示，鉴别其真伪；若为口述遗嘱应有见证人。其次，要验证遗嘱人是否死亡。再次，遗嘱中必须明确财产和该财产用于建立信托，这是遗嘱信托成立的必备条件。

（2）确立遗嘱信托。首先，要确认财产所有权。信托机构作为遗嘱信托的受托人，首先要确知死者对于财产的所有权。其次，确立遗嘱执行人和遗产管理人。信托机构要成为遗嘱执行人或遗产管理人，必须由法院正式任命。再次，通知有关债权人和利害关系人。信托机构在被正式任命为遗嘱执行人或遗产管理人之后，应在报纸上刊登公告向死者的债权人发出正式通知，要求债权人在指定的期限（一般通知发出后的 4~6 个月）之内出示其对死者的债权凭证，据以掌握和清偿债务。同时，信托机构还要向死者的继承人和被遗赠人及利害关系人发出正式通知。

（3）编制财产目录。受托人应在被正式任命后的较短时间内（通常为 60 天左右）与遗嘱法庭一起完成对遗产的清理、核定、估价，并仔细地将死者的财产集中起来，并记录在登记簿上。对于贵重财产，通常还雇用若干估价方面的专家，与他们一起对死者的财产作出准确的计算。但应注意，在整理死者的财产时，要对财产中的贵重物品妥善保管，比如要防止房屋、设备的被盗或失火等损失。如果在这一期间财产受损，则信托机构应负责赔偿。

（4）安排预算计划。信托机构在受托管理遗产和执行遗嘱的过程中，会发生一系列的支付，为此，信托机构须拟订一个正式而详细的预算计划，将现金来源与运用逐项列示出来，若遗产的流动性差，现有的和可能的现金来源不足以支付债务、税款、丧葬费、受托人初期的管理费用等，则信托机构应制定一个出售部分财产的预算方案和计划。

（5）结清税款和清偿债务。信托机构应付清与遗产有关的税款，这些税款主要有遗产所得税、财产税和继承税。遗产所得税是从死亡到财产处理这段期间内，对死者的财产获得的某些收入，如股息、红利和利息等所征的所得税。在财产处理过程中，对于财产税和继承税要合理的缴纳。在先交国家的赋税后，然后清偿被继承人的债务。

（6）确定投资方案。如果遗嘱中涉及为了受益人的利益而必须对财产进行再投资的条款的话，受托人在准备税收申报单的同时，应该制定适当的投资政策和计划，选择既安全灵活又赢利的投资工具进行投资。信托机构受托进行投资，要像对待自己的财产或投资一样进行决策。投资决策应合理、及时、谨慎，需经得起主管部门的定期检查。

（7）编制会计账目。信托机构在执行遗嘱阶段，即在办理完各项遗产所得和债务、费用支付后所作的会计账目，必须上交法院，经其核定后，寄发给受益人若干副本，允许受益人在一定时期内向法院提出异议。若无异议，法院则批准信托机构的该种会计账目。但对于遗嘱信托，在后阶段信托机构办理的有关投资和代理等业务而产生的会计账目，就无须向遗嘱法庭上交了，只要得到专门的会计、审计部门和其他有关人士批准即可。

（8）进行财产分配。上交法院的会计账目获准后，由法院签发一份指示信托机构进行财产分配的证书。信托机构在收到该证书后，视遗嘱信托办理的进度决定行使分配权。若遗嘱信托已经办完，则着手对财产进行分配；若仍有部分的投资或其他业务未结束，则等办完之后再行分配。

在我国，由于遗产税法律没有建立，使得市场开展遗嘱信托条件尚未成熟，但潜力巨大，直接的客户是富有人士，间接的客户是律师。遗嘱信托要扩大营销网络，树立专业品牌信誉，等到市场成熟时快速切入并发展与专业律师队伍的战略合作关系。

2. 人寿保险（也称保险金）信托业务

这是一项结合保险与信托的金融信托服务产品。它以保险金给付为信托财产，由人寿保险的投保人和信托机构签订保险金信托合同书，当被保险人身故发生理赔或期满保险金给付发生时，由保险公司将保险金交付受托人（即信托机构），并由受托人依信托合同的约定管理、运用保险金的一种信托。由于人寿保险的目的在于被保人的遗嘱所指定的受益人将来可以得到生活赡养费，所以信托机构还需按信托合同约定方式，将信托财产分配给受益人，并于信托期间终止或到期时，交付剩余资产给信托受益人。其信托流程如图3-6所示。

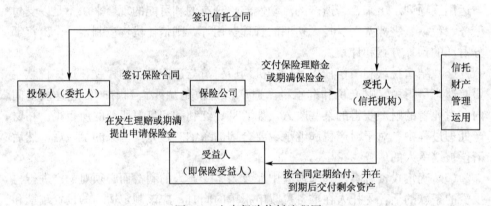

图 3-6　人寿保险信托流程图

人寿保险信托有以下一些优点：①信托机构依照信托契约领取、分配赔款或支付保险金，为被保险人和受益人减少了相关事务，同时还可协调争端，为其排忧解难。②信托机构依客户的个别需求签订信托合同，为无能力管理财产的年长、未成年或禁治产者依信托目的管理、运用及分配保险金，可使被保险人对日后的生活更加放心。③信托机构通过专业人员管理运用保险金，可以充分保障受益人的利益。同时还可以结合有财源保险信托，对其管理运用来增加委托人的财产。例如，委托人将在遗嘱中指定信托机构将其财产与死后寿险赔款一并受托管理、运用，这可使受益人的财产得到统筹计划、通盘管理，获得更大收益。④信托财产与信托机构自有财产分别管理，信托机构定期报告信托财产内容，可确保信托财产的安全性。

保险金信托大体上可分为四种。

（1）被动信托，又称消极人寿保险信托。在这种信托下，信托机构只为委托人（被保险人）代交保险费和代为受益人领取保险金。通常委托人在生前就将保险单的权利移转给信托机构，由其代为保管。在委托人去世后，信托机构即向保险公司领取保险金，并依据信托契约，分配保险金给受益人，一旦款项分配完毕，信托关系即宣告终止。

（2）不代付保费信托。这种信托与上述被动信托很相似，只是信托公司在收到赔款后，并不将此直接分配给受益人，而是妥善管理并运用，使其增值，最终将增值收入交与受益人。信托到期时信托机构再将本金交还给受益人，信托关系宣告终止。

（3）代付保费信托。委托人生前除将保险单的权利移转给信托公司，委托其代为保管保险单外，还将一定金额的证券或资金交存信托公司，并以证券或资金的收入，委托信托公司按时交付保险费。如果委托人死亡，信托公司按信托契约领取保险金，并将所存的证券或资金，一同管理、运用，然后把赔款以及这些证券或资金的收益交付受益人。等信托有效期限终了时，再将赔款及前存的证券或资金交于受益人。

（4）累积保险信托。在上述代付保险费信托中，委托人所存放在信托公司的证券或资金的收益只够信托公司按时交付保险费。但在累积保险信托中，委托人除将保险单权利转移给信托公司、由信托公司代为保管外，还将一定金额的证券或资金交存信托公司，以证券或资金的收益委托信托公司代付保费。它与代付保费信托所不同的是：当每期证券或资金的收益，比应付的保费要多时，信托公司将付完保费后所剩的利润投资于较稳妥的领域，使所存的资金或证券会逐渐积累增多，所以它被称为累积保险信托。一旦委托人去世，信托公司将领取的保险金，连同累积的证券或资金一并管理，并以运用收益按时交付给受益人。等信托期满时，再将保险金及前存的证券或资金付还给受益人，信托关系宣告终止。

3. 监护信托业务

1）监护信托的概念及类型

监护是指依法对某人的人身、财产以及其他一切合法权益加以监督和保护的一种法律行为。监护信托是利用信托方式由信托机构对未成年人或禁治产人人身、财产及其他权益进行监督和保护的行为。所以监护信托可分为未成年人监护信托和禁治产人监护信托。监护信托的最大特点是对充当监护人的信托机构来说，对人的责任重于对物的责任。

监护人按监护的标的物分为财产的监护人、身体的监护人、财产和身体的综合监护人；未成年人监护信托，也相应地分为财产监护信托、身体监护信托、综合监护信托等业务；监护信托按受益人的不同又可分为未成年人监护信托、禁治产人监护信托。当今监护信托业务中很少有单独的身体监护，所有的监护信托一般都与财产的监管、保护、营运有关，是一种财产和身体的综合监护信托。

2）未成年人监护信托

（1）未成年人及未成年人的监护。信托未成年人是指按法律规定不足"法定年龄"而无民事行为能力的人。对于"法定年龄"问题，世界各国法律规定的标准都不一样。在中国凡不是"法定年龄"的人是指年龄未满18周岁的公民。由于未成年人是不具民事行为能力的人，很多国家从法律上规定了设立和保护未成年人的制度，在《中华人民共和国民法通则》（以下简称《民法通则》）中规定"未成年人的父母是未成年人的监护人"；《中华人民共和国婚姻法》（以下简称《婚姻法》）中规定："父母有管教和保护未成年子女的权利和义务"，但是在特殊情况下，如未成年人的父母死亡、离异或父母都失去对其未成年子女的监护能力时，就不得不由其他监护人为其治产、给予帮助和关照。

对监护人的确认和指定：一是"法定监护"。如父母死亡，法律按顺序规定未成年人的监护，首先是祖父母、外祖父母为监护人；其次是兄、姐为监护人；再次以关系密切的亲属为监护人。二是"指定监护"。如缺乏法定监护人或承担监护人发生争议时，由法院或有关机关指定为未成年人实施监护的人。无论"法定监护"还是"指定监护"，都可办理监护信托。

（2）未成年人监护信托关系的成立。未成年人监护信托是指信托机构受托办理未成年人的监护事宜。在这种信托关系中，信托机构既是受托人，又是监护人；未成年人既是受益人，又是受监护人。

未成年人监护信托成立的依据，可以是未成年人的监护人的遗嘱，遗嘱中指定信托机构为监护人，也可以是法院的裁决书。此种遗嘱和裁决书均可视同其与信托机构订立的一种信托契约，有同等的法律效力。如果是通过亲属协商选定和未死的父或母为委托人的监护信托，就应与信托机构订立信托契约为信托依据，共同遵守。此种契约称为"未成年人监护信托契约"。或者虽有遗嘱和命令，为便于信托事务确切办理，也可附立"监护信托契约"，用来补充遗嘱或命令有关内容的不足。但其基本精神与主要内容不得与遗嘱或命令相抵触。

（3）未成年人信托监护人的职责。信托监护人（即信托机构）最大的职责，在于管理受监护的未成年人产业或其他财产，并承担受监护人的养育责任。信托机构应按契约规定，将信托财产运用所得的利益，支付未成年人的托养费用和教育费用。对监护信托的财产管理，信托机构应严格遵守有关遗嘱、命令或监护信托契约的有关规定。

3）禁治产人监护信托

（1）禁治产人及禁治产人的监护与监护人。禁治产人是指在法律上规定的丧失了独立掌握和处理自己财产能力的人。这种财产的所有人识别能力不健全，无法照顾或管理其财产，为保护此种人的合法权益，可由其家属或其他利害关系人向法院请求鉴定，为不能亲自独立掌握和处理自己财产的人，如精神病人、神志不清的人，指定监护人。对于禁治产人的确定是十分严肃的，不能随意指定，不能随意剥夺其财产所有权或管理、使用和受益权，禁治产人经法院宣告才能确认。

《中华人民共和国民法通则》（以下简称《民法通则》）规定，对无民事行为能力的精神病人和限制民事行为能力的精神病人，都属禁治产人，都要实行监护，以便保障其人身权利和物质利益，不受第三者的侵害。中国禁治产人的监护人可按《民法通则》中规定的人员和顺序来确定：禁治产人的配偶；禁治产人的父母；禁治产人的成年子女；其他近亲属；与禁治产人关系密切并且愿意承担监护责任的其他亲属或朋友。但是在这种亲友担任监护人时，应事先征得禁治产人所在地居民委员会或村民委员会的同意。

如果在上述人员中没有合适的监护人，则可由禁治产人居住所在地的居民委员会、村民委员会或民政部门担任监护人。

（2）禁治产人监护信托关系的成立。禁治产人监护信托关系中，信托机构既是受托人，又是监护人；禁治产人既为受益人，又是受监护人。委托人应视不同的信托成立的方式而定：一是禁治产人的配偶或父母，通过与信托机构订立合同或以遗嘱指定信托机构为监护人，则配偶或父母为委托人；二是禁治产人的监护人无法确定时，可由法院征求有关亲属的意见进行协商，指定信托机构为监护人，则信托机构为受托人，法院就是委托人。

信托机构受托办理禁治产人监护信托具有许多优势：信托机构具有丰富的财产管理经验，禁治产人的利益能得到保障；信托条款可视当事人的需要来拟定，具有较大的弹性，监护人服务于受益人比较周到便利。

（3）对禁治产人的监护职责。对禁治产人的监护职责主要是按受监护人的财产状况，护养其身体和治疗其疾病。信托机构要保证财产的安全，同时妥善安排财产的运用，获取收益，不得进行风险性投资。禁治产人信托的终止：一是受监护人的身心健康因进行治疗而恢复；二是受监护人宣告死亡；三是信托过程中另易新的监护人，则信托机构应将信托财产交还受监护人或受监护人的继承人。以上这些都应有医院的证明。更换监护人时，信托机构应负责将财产转给新监护人。

4）财产监护信托

财产监护信托的主体主要有：①委托人。财产监护信托的委托人可以是被监护人的父母或亲友；也可以由法院指派；还可能是被监护人自己。②受托人。财产监护信托的受托人通常就是监护人。它多由信托机构担当。监护人的指定有两种方式，一是先由信托机构申请，然后经法院指定。二是由法院根据被监护人或其亲属、朋友等有关人士的提名列出监护人候选名单，然后与这些机构联系、商讨，最后确定某一信托机构为监护人。③受益人。财产监护信托的受益人就是未成年人或禁治产人，即被监护人。这些人要么是持有财产却无法保护财产；要么是因无行为能力可能导致财产受损；要么是只有靠别人来监护和运用这些财产才得以提供自身的生活和教育费用。财产监护信托的客体即被监护人的财产，对于被监护人的财产所有权是否要转移到监护人手中，不同的法律有不同的规定。

财产监护信托的程序是指信托机构（监护人）管理和运用被监护人财产的程序，其主要内容如下。

（1）编制财产目录。监护人对被监护人的财产进行逐项整理，并将财产目录单呈交法院备案。

（2）管理和运用财产。监护人管理和运用财产的首要原则是保证财产的安全。监护人要严格按照职责和被监护人的要求办事，对被监护人的财产进行合理运用。具体讲，它包括对不动产和贵重物品的管理、抵押、出租或出售，对有价证券的投资和调整，支付各项税费，支付被监护人所需费用（医疗费、生活费、教育费等）和管理现金等。监护人还应及时向有关部门汇报业务状况，接受检查和监督。

（3）编报会计报表。会计报表是按照规定报表填制的，内容应详细反映期初的财产目录、该会计期间的收入和支出以及期末的财产状况。资本所得还要单独做账，会计报表应上报法院及有关人士检查。

（4）结束监护和分配财产。结束监护和分配财产可分为以下几种情况：一是被监护人死亡，监护业务应立即停止，并由监护人进行财产分配。二是被监护人达到法定成人年龄时，监护人结束监护，并将财产交还被监护人。三是当被监护人身心康复后向法院提出结束监护的申请，监护人也得到法院的结束申请通知后，应立即结束监护业务，并将财产交还给被监护人。监护人结束监护业务并将财产转移后，应向法院出具财产转移证明，再通过法院注销监护关系。

4. 特定赠与信托业务

该信托以资助重度身心残废者生活的稳定为目的，以特别残废者为受益者，个人委托人将金钱或有价证券委托给信托机构，委托其对受托财产作长期、安全的管理和运用，并根据受益者生活和医疗上的需要，定期以现金支付给受益者。这种信托业务在日本比较普及，我国目前尚未开设此类业务。日本对于残疾者的赠与，一般以3000万日元为限，凡3000万日元以下的，可免交赠与税，所以这是一种非课税的信托。

特定赠与信托的主体有：①委托人。任何个人均可以成为该信托的委托人，一般主要是亲属或义务抚养人，但法人不能成为该信托的委托人。②受托人。受托人在日本仅限于信托公司或兼营信托业的银行。受托人必须妥善地运用信托财产，以确保财产能取得稳定收益并定期地、切实地根据受益人的实际需要进行支付。③受益人。在日本，作为受益人的特别重残废人按规定是指下列人员：重度的精神衰弱者、一级或二级身体残废者、原子弹炸伤者、常年卧床不起并需要复杂护理者中的重度者、年龄在 65 岁以上的重度残废者以及符合有关规定的重度战伤病者。

特定赠与信托的财产必须是能够产生收益并可以变卖的财产，所以该信托的客体一般限定为：金钱、有价证券、金钱债权、树木及其生长的土地、能继续得到相当代价的租出不动产、供特别残废者（受益人）居住用的不动产。

3.2　发行公司债信托业务

3.2.1　发行公司债信托的概念

发行公司债信托，简称为公司债信托，是证券发行信托的常见的一种，由于公司债多为抵押或担保公司债，因此发行公司债信托也称抵押公司债信托或担保公司债信托或附担保公司债信托。在美国和日本，公司债信托一般就是指抵押公司债信托。抵押公司债信托既不是公司债券即有价证券本身的信托，也不是公司债权的信托，而是为了确保公司债债权而设立的信托。抵押公司债信托是一种在物或权利之上所设立的质权或抵押权的信托关系。抵押公司债信托，以公司债发行人（公司）为委托人，以信托公司为受托人，以公司债债权人为受益人，以未来所有公司债债权人享有共同的抵押担保利益为目的，由发债公司与信托公司之间订立信托契约，在发行公司自己的一定财产上，以受托人（信托公司）为担保抵押权人，设立抵押权而成立的信托关系。信托公司为所有公司债债权人取得物上的担保抵押权，同时承担为受益人管理与处分抵押权的责任。

3.2.2　发行公司债信托的特征

1. 发行公司债信托以物上抵押权为信托财产

一般信托的信托标的物是可以转让或处分的财产权，范围极其广泛，凡可以转让或处分的财产权都可以作为信托财产。而发行公司债信托的标的物仅以物上抵押权为限，而且发债公司提供的抵押担保品在范围上一般都有严格的限制。

2. 发行公司债信托实现了担保权人与债权人的分离

发行公司债信托的抵押权归信托公司受托人所有，分散于社会的各债权人只掌握着与其持券额相称的债权，其抵押权已转移于信托公司名下，债权和抵押权发生了分离，债权人为购券人或持券人，抵押权人为信托公司。而对于一般信托而言，若委托人移交受托人的信托财产是带抵押的公司债，那么受托人在信托成立时同时取得了法律上的债券债权和债券担保权，即公司债债权人和担保权人或抵押权人统一为受托人。

3. 发行公司债信托中的受托人一般不具有财产的所有权

一般信托中，委托人将信托财产交受托人，受托人就拥有了财产的所有权。而发行公司债信托则不同。一般情况下设立抵押权的担保品的所有权并不转移给受托人，受托人也不得处理这些起抵押担保作用的财产，只有在发券公司违约不偿付债券本息时，受托人才具有这方面的权力。

4. 发行公司债信托的受益人在设立信托时一般无法特别指定

一般信托，通常在设立信托之际委托人就特别指明了具体的受益人，且受益人均存在。而发行公司债信托在设立之际，委托人无法指明具体的受益人，因为抵押公司债是依据委托人（发券公司）与受托人（信托公司）之间所订立的信托契约而发行的，在时间上信托的设立必然先于公司债的发行，所以不能事先确定具体的债权人，只能笼统地指明债权人为受益人。

5. 发行公司债信托是他益信托和私益信托

发行公司债信托中，委托人（发券公司）并非为自己，而是为他人（全体公司债债权人）的利益而设立信托。同时，发行公司债信托也不是为增进社会之间的公共利益而设定的一类信托，所以它属于私益信托。

6. 发行公司债信托的受托人负有双重信托职责，办理两类信托业务

发行公司债信托中的受托人同时对发券公司和公司债债权人负有双重信托职责，对债权人负有保管抵押品、保存并实行抵押权的职责。而一般信托中，受托人只代表受益人的利益。同时，在一般情况下受托人承办的同一人同时委办的业务，要么是信托类业务，要么是代理类业务，而发行抵押债的公司通常总是同时把发行公司债信托业务和代理发行公司债业务委托或交由同一信托公司办理。

3.2.3 发行公司债信托的意义

1. 为债券发行公司提供了举债便利

发行企业由于受自身资信的限制，单独发行债券难以得到公众的信任，同时也无力应付发行过程中的各种烦琐事务，所以需要信誉卓著的信托机构给予担保，并协助其办理推销、发行、还本付息等事宜。因此设立公司债信托能够使企业较为方便地筹集到资金，同时也为企业节省了大量的人力和物力。

2. 有利于保护债权人的利益

在公司债信托业务中，债权人即投资者对所抵押的信托财产有相应的抵押权，即在发行企业不能按时还本付息时，可以要求将抵押物拍卖。由于公司债发行的总金额原则上不超过抵押物的价值，因此在信托机构拍卖抵押物后，可以基本保障债券的偿还，这样投资人的风险就被大大降低了。

3.2.4　抵押公司债信托的种类

（1）根据抵押方式的不同，可分为开放抵押型公司债和闭锁抵押型公司债。开放抵押型公司债是指发行公司与信托机构在缔结信托契约时，先确定公司债的发行总额，并设定以同一资产为抵押的公司债信托，发行公司有权在原定公司债总额的限定内，分数次发行附有同一顺序抵押权的公司债。闭锁抵押型公司债是指在发行抵押公司债时，发行公司按信托契约所定的公司债总额一次性发行完毕，该信托所提供的抵押只能作该公司债抵押之用，日后不得以同一抵押发行其他公司债。

（2）根据抵押担保品的不同，可分为以实物财产作抵押的公司债和以有价证券作抵押的公司债。以实物财产作为抵押的公司债是指以不动产即房地产的产权，或者大型机械设备、交通工具等实物财产作抵押，由信托机构发行的公司债。以有价证券作抵押的公司债是指以有价证券为抵押，通过信托机构发行的公司债。这里的有价证券是指其他公司的债券、股票，特别是政府债券。政府债券由于信誉高、风险低、流动性好，成为信托机构承办有价证券抵押公司债发行的首选抵押物。

（3）根据债券物上担保权的顺序不同，可分为第一顺序担保权公司债券、第二顺序担保权公司债券和第三顺序担保权公司债券。第一顺序担保权公司债券是指在债券的清偿顺序中，债权人拥有首先获得支付的权利。第二顺序、第三顺序担保权公司债券又称为次级顺序担保权公司债券，它对债务的清偿处理在第一担保权公司债券之后。

（4）根据公司债券的还本付息方式的不同可分为：①可随时收回的债券。该债券虽明文规定了借债期限，但是发行债券的公司有权根据其自身的经济实力以及市场筹资成本的变化提前清偿债务、赎回债券。②设立偿债基金的债券。由发行公司按规定每年从经营盈余中提取一定比例的偿债基金，并逐年积累，待债务到期时一次性支付。③可转换债券。这是一种可以按一定条件转换成公司股票的债券。债券持有人有权按照自己的判断在合适的时机将债券转换成股票。如果债券持有人在预计到该公司的股票收益率可能上升并超过债券收益率时，就可以按规定的条件将债券转换成股票；如果预计到该公司的股票收益率低于债券收益率时，债券持有人可以一直持有债券获取稳定的债券利息收益。④定息债券与分红债券。定息公司债券是按规定给付固定利息的一种债券。分红债券也有固定的利息，但是这种债券在企业赢利大幅增加时可使投资者享受额外的好处，即投资者除了获得固定债券利息外，还可以按比例参与红利分配。这对投资者来说无疑是很有吸引力的。

3.2.5　抵押公司债信托的发行程序

1. 发行人向信托机构提出办理抵押公司债信托的申请

发行人按照信托机构的要求，提供必要的财务报表，如最近几年的资产负债表、损益表、现金流量表等，以便信托机构进行核实。发行公司大多选择那些与本公司渊源深厚、业务联系广泛的信托机构作为公司债信托的受托人，这样不仅易于取得信托机构的信任，而且在费用收取及业务操作上可以获得一定的灵活性。对信托机构来说，接受有业务往来的客户的公司债信托，不仅易于掌握信托财产的真实内容，而且便于信托机构的管理监督。

2. 信托机构审查核实发行人的相关情况

在抵押公司债信托中，信托机构作为发行人与投资人之间的中介，负有无可推托的重要责任。一方面，它为发行公司提供举债的各项便利，辅助其发行推销，促成公司债券在市场上的流通转让；另一方面，它还要为信托受益人保管抵押物，并向投资者保证其投资的安全与收益。因此，信托机构要对举债公司进行详细调查，调查的主要内容包括：审核发行人的条件是否合法；调查举债公司经营业绩、资信水平、还款能力等状况；核实举债企业将要抵押的财产的真实情况，保证该抵押品必须是可以转让、处理、拍卖抵债的财产权。

3. 签订抵押公司债信托契约

信托机构通过细致调查和审慎研究，同意发行人的申请，并与发行人签订正式的信托契约，该信托契约必须明确约定信托各方当事人的权利和义务，保证债券投资人的利益。承接公司债信托的信托机构可以是一家，也可以是多家共同受托。共同受托有许多优点，如减少债券认购人的风险，提高发行公司信誉等。

4. 转移信托财产

转移的信托财产即发行抵押公司债券所抵押的物品。在签订信托契约后，发行公司应立即办理有关抵押品的所有权转移手续，信托机构只有在完全掌握了抵押公司债券的抵押物品之后，才能充分履行受托人的职责。发行公司债券抵押品必须是具有现实价值并且便于转让的财产，各国对作抵押的财产都有一定的限制。

5. 信托机构协助下发行抵押公司债

抵押公司债券的发行一般都通过信托机构发售，信托机构可以采用包销或代销的方式协助发行债券。包销是指信托机构先认购包销全部或一部分债券，然后再进入资本市场销售，到发行结束时信托机构负责向发行公司交纳全部筹资款项。代销是指信托机构代为销售，但能否及时销售并收回所有发行资本，信托机构不负任何责任。

6. 发行公司偿还利息并到期支付本金

保证债权人获得如期偿付是信托机构的一项重要职责，信托机构应该借助其与发行公司的特殊业务联系，监督发行公司及时偿付债务。如果发行人不能还本付息，信托公司应召开公司债权人大会，变卖抵押财产对债权人进行支付。由于公司债权人大会相当于股东大会，涉及人数过多，缺乏可行性，所以通常的做法是：在发行公司无力还本付息时，由受托公司将债券过户，并变卖抵押财产，折款后根据每一债权人持有债券的份额按比例偿还。

3.3　表决权信托业务

3.3.1　表决权信托的概念

表决权即股东表决权，是指股东拥有的对股东大会提案作出意思表示的权利，表决权的大小与其所持的公司股份相对应。股东表决权在《中华人民共和国公司法》（以下简称《公司法》）中有明确规定，它实际上是股利收益权、董事监事选举权、公司重大事务决定权等。表决权信托也叫商务管理信托，它是指公司股东依据他们与受托人（信托机构）之间签订的信托契约，将其所持有的对该公司股份作为信托财产转移给受托人，由受托人集中行使约定的权利，通过选举董事或其他方法，来控制公司业务活动的一种制度设计。原股东对公司仍享有股东应享有的一切权力，只是没有投票权。

3.3.2　表决权信托的功能

在现代经济生活中，由于企业经营不善或者竞争对手恶意攻击，使兼并收购活动越来越频繁，企业股权分散的弊端逐渐暴露。因此，为了确保原股东对企业的控制权，实现企业长期发展目标，有必要设立表决权信托，它能发挥如下功能。

1. 保证公司管理的稳定和延续

表决权信托是将股东对于公司的控制权等集中于受托人，由受托人通过董事的选举或其他办法，以控制公司业务的一种法律手段。即受托人行使集中起来的分散的股东表决权去左右公司的政策。由于公司的控制权集中于同一受托人手中，而且一般持续多年，从而保证了董事会成员和监事会成员的相对稳定，便于公司实现其长远经营计划，避免由于公司股权频繁变动带来的不利影响，确保企业稳定发展。

2. 协助公司重整，保障债权人利益

当一个公司经营遇到困难、债权人的利益受到威胁时，为了保障债权人投资资金的安全，必须要求公司在管理上、政策上有所改进。这时，公司的股东为使公司重新整顿，保障债权人资金清偿、避免公司破产，可将公司的表决权转移于公司的债权人或其他可靠的人作为受托人。订立的信托契约须载明，直到公司经营转入正轨、债务得到清偿时，该信托宣告终止。

3. 防止在竞争中受其他公司的控制

股份公司可以通过收购另一公司发行的新股或旧股，取得对这个公司的控制权。为了避免这种情况，公司的原有股东可以设立表决权信托，将表决权集中、分离并委托出去，使竞争对手只能获得无表决权的"信托证书"，以保护原有股东的利益。

4. 保护小股东的权益

一些大的股份公司，其经营管理权往往为少数大股东控制，小股东没有发言权。这时，可利用表决权信托方式使股份适当集中，彼此联合起来，以抗衡大股东操纵，控制公司事务，维护自身利益。

3.3.3　表决权信托的特点

（1）表决权信托是将股票持有者拥有的两项重要的权利：获取红利、股息和参与企业管理以及行使股份表决权分开。公司股东代表与信托机构签订协议，将集中起来的股份表决权委托给受托人管理，原股东享有除股份表决权以外的一切权利。受托人在信托期间代表股东行使行政权。

（2）信托机构能够独立行使表决权。表决权信托中，信托机构完全取得股东的表决权，并以自己的名义参加股东大会行使投票表决权。受托人的行为只要不违背委托人的意愿和信托目的以及法律的规定，就可以"自由"选择管理财产、行使财产权的各种方式，委托人和受益人不得随意干涉受托人的活动。

（3）信托关系比较稳定。在表决权信托期间，除非在信托协议中明确规定委托人可保留撤销权，否则委托人一般无权终止信托关系。但委托人即原股东持有的信托机构签发的"股份表决权信托收据"在信托期间可以像股票一样自由流通转让。在股份表决权信托终了时，"表决权信托收据"持有人可以凭此收据向信托机构换回原股票。

3.3.4　表决权信托中的表决权范围

表决权信托合同生效后，受托人因持有作为信托财产的股份可以向上市公司主张股东所拥有的全部权利，具体的权利范围为：①依照其所持有的股份份额对股东大会的各项决议事项行使表决权。②依照法律、上市公司章程的规定推荐董事、监事以及其他管理人员，参加或者委派代理人参加股东会议。③对上市公司的经营行为进行监督，提出建议或者质询。④依照法律、上市公司章程的规定获得有关信息。但是受托人不得行使下列权利：①转让、赠与或质押其所持有的信托财产。②上市公司终止或者清算时，受托人按其所持有的股份份额参加公司剩余财产的分配。③未经委托人书面特别授权而对上市公司的合并、分立、解散和清算等事项进行表决。

3.3.5 表决权信托的操作流程

表决权信托的操作流程为：①上市公司股东与受托人签订表决权信托契约，并向受托人转移股份；②原股东和受托人共同到证券登记机构办理股份变更登记手续；③证券登记公司向受托人换发新的持股凭证，并在持股凭证上标注"表决权信托"字样；④受托人取得持股凭证后，上市公司股东与受托人之间的信托契约生效，表决权信托成立；⑤受托人在信托期间代表股东行使行政权，并负责保管股票、代股东处理公司事务、将每年股息收入转发给信托收据的持有人等事务；⑥表决权信托终了，"股份表决权信托收据"持有人凭此收据向信托机构换回原股票。

3.4 有关公司设立、变迁的信托业务

信托公司受托为公司代行办理公司设立、公司解散清算、公司改组合并以及管理破产财产中的一切事务统称为有关公司设立、变迁事务的信托。此类信托业务虽名曰信托，实则多为代理业务，但又不同于典型意义上的一般代理业务，只是广义上的一般信托而已。

3.4.1 公司设立信托业务

1. 公司设立信托业务概念

公司设立信托，是信托公司受委托人（一般为公司的发起人）委托代其办理有关公司设立事项的信托。信托公司根据公司的设立方式（发起设立或募股设立）办理有关公司设立的法律手续，报送有关文件。如果采取发起设立方式，信托公司只负责监督发起人的认购情况。如果采取募股设立方式，信托公司一般负责向社会募集股票。待公司依法宣告成立后，信托关系即告结束。公司设立信托实际上是一种代理业务，信托公司为代理人，代理公司办理有关筹建的事务。

2. 公司设立信托业务内容

根据被代理人的实际需要，由代理人（信托机构）与被代理人（委托人）共同商定，内容大体上包括：①代理其建立内部财务制度和核算体系。包括为被代理人设计、制定有关财务会计规章制度；拟订编制有关财务、会计等专业文件办

法；审核、检查、清理财务会计科目、报表和业务记录；提出审核和清理的专题分析报告；建立会计账簿、编制预决算报告、培训会计人员等。②代理其建立内部管理制度。如劳动用工制度、人事制度、组织机构等。③代理其办理有关的外部事务。如向工商行政管理部门办理申请营业执照事宜、代向税务机关申请税务登记事宜、代向银行开立账户等。④代募股款。⑤代理双方商定的其他事务。

3. 信托机构代办的程序

(1) 委托人向信托公司提出代理申请，填写代理申请书。在申请书中要说明公司的性质、经营范围、种类、方式、资金来源，还要有主管部门的批文等。

(2) 信托公司接到委托人的申请后，对申请人的资格及设立新公司的条件进行审查。

(3) 审查合格后，双方在公证部门监督下，签订"代理协议书"，以明确代理事务的范围、程序及双方相应的权利、责任和义务。

(4) 信托公司依照"代理协议书"的规定代理新公司设立的各项事务。

(5) 新建公司经有关部门验收合格后，信托公司按照"代理协议书"的有关规定，收取代理手续费，双方委托与代理的信托关系宣告终结。

3.4.2　公司改组合并信托业务

1. 公司改组合并信托含义

公司改组合并信托，是信托公司受委托人委托，代其办理有关公司改组和合并的事项，其中委托人即是参与改组或合并的各公司。信托公司的责任是负责有关文书的起草，负责对参与改组或合并的各公司进行协调与调节，负责有关法律手续的办理。有时还负责对原公司的债务人向全社会进行公告。通过信托公司办理改组合并，可以使公司避免许多不利因素的影响，各项业务基本上照常进行，公司还可节省改组合并的费用。信托公司的此项业务，实际上为代理类信托业务。

2. 信托机构办理公司改组合并信托业务的职责

(1) 代办公司改组事项。公司的改组可分为三种情形：一是因营业需要而改组；二是因法定的程序而改组；三是因经济困难而改组。

(2) 改组时集中管理证券。公司改组时需要首先集中股权、债权。由于董事会和各种债权人委员会不能专司股票、债券的保管，也无这方面的专长和经验，故将其收集的股票、债券交信托公司统一集中保管，当公司改组完毕时，信托公司代为其办理凭原收据换发新股票或新债券的手续。信托公司办理的此种代保管证券业务能推进公司改组的进程。

(3) 代办公司合并事项。公司的合并是指两个以上的公司合并为一个公司。公司合并的方式有两种：一种是将现存的两个以上的公司同时解散，共同成立一家新的公司；另一种是将一个或一个以上的公司予以解散，将其财产转归到另一家现存的公司。无论何种原因、何种方式的公司合并，都要履行一定的法律手续，而且烦琐不易，并非所有参与合并的公司都能自己顺利办理。在国外，公司合并有关的事务一般都委托信托公司代为办理。

3. 信托公司代办公司合并的程序

信托公司接受代办公司合并事项，第一，应分辨与其他公司合并的公司的组织形式，合并是否取得了合法的依据，即公司合并是否取得了股东、股东会或股东会决议的同意。无限公司与其他公司的合并应取得全体股东的同意；股份有限公司与它公司的合并，应有股东大会通过的决议。信托公司必须查阅股东会的议案，一是为了证实公司合并的合法性，二是为了证明在该公司（委托公司）的合并上是否拥有办理合并事务的法律权限。同时，信托公司还需查明合并公司的资产负债表及财产目录，通知和公告债权人、充当监事人。第二，公司合并之后，应依法向有关主管部门进行登记，在代为申办登记时信托公司应按不同情形申办登记：为因合并而存续的公司申办变更登记；为因合并而消失的公司申办解散登记；为因合并而另立的公司申办设立登记。除此之外，还需办理公司合并过程中的合并公司间的财产的估价、条件的磋商及权利的分配、营业的划分、对债权人提供清偿或担保等有关的繁杂事项。

3.4.3 公司解散清算信托业务

1. 公司解散清算信托业务含义

公司解散清算信托，是信托公司受委托人委托，代为其办理有关公司解散清算事宜的信托。这里的委托人既可以是待解散清算的公司，也可以是法院。信托公司在接受委托人委托后，即可代委托人向主管部门申办解散手续。信托公司对公司进行清算，是指信托公司对公司的资产、债权和债务等关系进行清理，为公司偿还债务、收取公司的对外债权、缴清公司应纳税款并对公司的剩余财产按公司章程或公司的有关规定进行处置等。清算结束后，信托公司要提交清算报告和有关的财务报表并送交委托人和法院。

2. 信托机构办理公司解散清算信托的职责

（1）代办公司的解散。公司的解散须办理解散登记及各种必备的手续。如果是破产则另有破产程序，它通常不在普通办理的解散手续之中。如果酝酿解散的公司只是因一时资金周转困难，但它的股东还希望它继续经营下去，公司可以向信托公司进行咨询，如果信托公司认为它还有生存希望，就可对公司进行资金支持或提供其他救助。如果信托公司认为没有转机，可以接受委托，办理解散事务。

（2）代办公司的清算。清算与解散紧密相连：清算手续因解散而发生，解散手续必须经过清算才可得以了结，所以公司解散事务与清算事务一般都是委托同一信托公司代为办理。信托公司办理公司清算，首先应取得清算人资格。信托公司由选任者选任后成为清算人，选任者同时具有解任信托公司清算人职务的权利。信托公司被选任或被解任，都需在一定的时日（一般为 15 天）内将其住所、名称及就任、解任日期向法院呈报。若信托公司成为清算人是由法院选派的，还应公告其受任或解任。信托公司一旦被选任或选派为清算人，则具有代表公司一切行为的权力。信托公司作为清算人的主要职责有：检查公司的财产状况、了结公司现有的业务、收回公司的债权、偿还公司的债务、分派清算公司的剩余财产、请求承认清算结果。

3.4.4　管理破产财团信托业务

破产财团就是破产财产，它是一个集合概念。破产财产的构成与适用范围，应有法律明确规定，这是保障债务人与债权人利益所必需的。破产法规定的破产财产一般包括宣告破产时破产企业经营管理的全部财产、破产企业在破产宣告后至破产程序终结前所取得的财产、应由破产企业行使所有权的其他财产。同时，破产法规定作为担保物的财产不属于破产财产。但担保抵押物的价款超过其所担保的债务数额的部分属于破产财产。破产企业受托为他人代管的财产，不属于破产财产，应由该项财产的权利人通过破产管理人按规定收回。

管理破产财团信托，是信托公司接受法院或破产企业（公司）债权人会议的委托，执行破产管理人所承担的各项职务的一种信托。在该种信托关系中，委托人为法院或破产企业债权人；受托人为信托公司，即破产管理人；受益人为破产企业债权人；信托的标的物即信托财产为破产企业的破产财团，破产财团即是破产人的财产。信托公司接受委托人委托后，破产企业的剩余财产（破产财团）就移转到了信托公司（即受托人或破产管理人），信托公司对破产财团拥有财产权，由其代表债权人的利益进行管理和处分。因此，管理破产财团信托是典型的信托类业务。该种信托的目的很明显，在于保障破产企业（公司）债权人的利益。借助于此种信托也可以使债务人清偿的数额仅限于破产财团的数额，从而避免破产债务人遭受进一步清偿债务的困难。因此，管理破产财团信托为社会的稳定发挥着积极的作用。信托机构作为破产管理人的职责主要包括：清查债务人的财产、查明债务人的债权债务、管理破产财产、保障债权人合法权益、分配破产财团、抵偿债务、办理终结手续。

3.4.5　企业托管信托业务

企业托管是指企业法人财产权以契约形式部分或全部让渡，即作为委托方的企业财产权法人主体通过一定的契约，在一定期限内按一定条件将本企业法人财产的部分或全部让渡给受托方，从而实现财产经营权和处置权的有条件转移，并以此达到企业资产保值、增值的目的。企业托管在本质上属于金融信托范畴，所不同的是托管职能主要集中于企业债权和物权的管理和处置，其直接目的在于有效实现资产的保值、增值。在金融信托的经济关系上，托管是通过契约形式而缔结的信托关系，体现着一种特殊的经济关系。

3.5　动产与不动产业信托业务

3.5.1　动产信托

1. 动产信托含义

所谓动产，是指可以移动的财产，如交通工具、设备、原材料等一切可以搬运、移位的财产。因此，动产信托又称设备或动产设备信托，它是财产信托的一种，主要是以动产（主要指契约设备）的管理和处理为目的而设立的信托。即由设备的制造商及出售者作为委托人，将设备受托给信托机构，并同时将设备的所有权转移给受托人，由受托人将设备出租或以分期付款的方式出售给资金紧张的设备使用单位的一种信托。动产信托的标的物，通常是价格昂贵、资金需要量大的产品。通过动产信托，不论对于这类产品的生产者、销售者（通常是动产信托的委托者），还是产品的用户，都有许多好处，能为设备的生产和购买企业提供长期的资金融通。其信托流程如图 3-7 所示。

图 3-7　动产信托流程图

2. 动产信托的种类

在动产信托的信托关系中，生产单位是委托人和最初受益人，信托机构是受托人，使用单位与社会投资者是第二位受益人。

1）根据所运用信托财产的不同，可将动产信托分为两种类型

（1）运输设备信托。铁路车辆信托是最早的运输设备信托，铁路车辆与一般动产、不动产不同，不是谁都能使用，通常只有那些经授权的铁路公司才能租用。实际上是铁路公司利用信托的形式以分期付款的方式购买铁路车辆；动产信托除了铁路车辆外，还可以对船舶、飞机等设备进行信托。目前世界各地的船舶信托非常普及，运用动产信托购买的船舶也从普遍货船发展到大型油轮，船舶信托已成为动产信托的主要类型之一。

（2）机械设备信托。机械设备信托中的机械设备一般仅限于能够独立使用、并有较高价值、且不易损坏的设备，如建筑机械、机床、印刷机、计算机等。随着计算机的普及，计算机信托业务将成为继船舶信托之后的第二大动产信托业务。

2）根据对动产的不同处理方式，可将动产信托分成三种类型

（1）管理动产信托。指由信托机构对动产设备进行适当的管理，并将动产设备出租给用户使用，用所获收入扣除信托费用后作为信托收益交给受益人的一种动产信托。这种动产信托的特点是用户只需租用有关设备而不需购买，待信托终了时，信托财产返还给委托人。其具体内容如下。

由动产生产或销售公司与信托投资机构签订基本协定，同时签订信托契约，将有关设备信托给信托公司；动产生产或销售公司作为受益人取得与信托价格相同金额的信托受益权，信托机构出具证明信托受益权存在的内容的信托收益权证书，交给受益人；信托机构根据信托契约，与动产生产或销售公司签订有关设备的"租借契约"；委托人兼受益人经信托投资机构同意后将信托受益权出售，从而收回设备价款；动产设备的使用者在信托契约期限内，定期向信托机构支付租用费。此项租用费由相当于设备的折旧费和利息构成；信托机构收取租用费后，扣除规定的信托报酬，将余款作为信托资本和收益分配给最终受益人。受益人以此收回投资金额，取得运用的收益；动产信托与传统的设备租赁相似，如两者的标的物都是价值昂贵的机器设备，使用者只获得设备的使用权而不具有设备的所有权；在合同终了时，不管是信托还是租赁的设备都要原样还给委托人等。

（2）处理动产信托。指信托机构在接受信托的同时，以分期付款的方式将动产出售给用户的一种动产信托（类似于抵押贷款）。它与管理信托的区别在于：第一，信托目的是出售设备及收回货款。第二，动产设备的所有权一开始就转移给使用单位，使用单位根据买卖契约以分期付款的方式偿付货款。处理动产信托在实务中类似于抵押贷款，即两者都是借助金融手段实现购买的行为，其实质都是一种举债。所不同的是在融资额度上，抵押贷款只能获得部分融资，因为银行在接受抵押品时要承担市场风险，为确保贷款价值的安全，要求借款人提供高于贷款价值的抵押物。处理动产信托却能获得百分之百的融资便利。比较而言，购买者更愿意使用处理动产信托的方式。其操作程序如下：

由设备制造商或销售商、信托机构、用户三者签订基本协议；制造商或销售商与信托投资机构签订信托契约，其目的是向用户出售有关设备，并在信托期间内收回出售的货款；信托机构出具信托受益权证书，制造商或销售商取得信托受益权；信托机构根据信托契约与用户之间签订有关设备的买卖契约，将有关设备出售给用户。这是与管理处理方式的不同之处，即有关设备的所有权在签订信托契约后，通过买卖契约又转移给了用户。有时，信托机构为了对用户所拥有买卖货款的债权进行担保，就以有关设备取得抵押权，或者以转让有关设备取得担保；委托人兼受益人（即制造商或销售商）经信托机构同意，将信托受益权出售或转让，收回货款；在信托期间和终了，信托机构将从用户那

里收取的分期支付的货款和利息扣除规定的信托报酬后，作为资本和收益分配给受益人（最终受益人）。受益人以此收回投资资金并取得收益。在这种处理方式中，由于被信托的动产设备立即卖掉，所有权转移给买主，可以省略信托登记，买主有权自由地使用设备，取得收益。这同向银行借款买进设备，分期偿还贷款几乎完全一样。

（3）管理和处理动产信托。指将动产以出租的方式经营，信托终结时再由使用单位购入的一种动产信托形式。它结合了管理动产信托和处理动产信托的特点，信托机构不仅负责动产设备的出租管理，而且还负责出售设备。在整个信托期间使用单位只有设备的使用权而没有所有权，所有权一直属于信托机构，只有在信托结束后用户才取得动产所有权。该信托有两种方式：出让"受益权证书"方式和发行"信托证券"方式。

第一，出让"受益权证书"方式。"受益权证书"是一种由信托机构根据设备厂商转移的信托财产开立的有价证券，持有者可以在金融市场上转让，到期可凭此证书要求信托机构偿还本金并支付利息。在这种动产信托方式中，信托机构在接受设备生产厂商（委托人）的动产设备时，发给它"受益权证书"，生产厂商然后将"受益权证书"出售给社会上的机构投资者，收回货款。业务程序如图 3-8 所示。

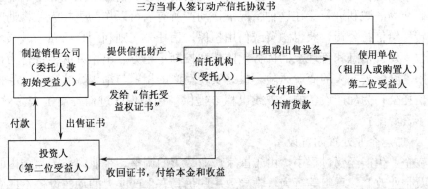

图 3-8　出让"受益权证书"方式的管理和处理动产信托业务程序图

第二，发行"信托证券"方式。"信托证券"是指由信托机构向社会投资者公开发行的一种特殊有价证券，筹措资金的目的是用于支付生产厂商的货款。它与出售"信托受益权证书"的动产信托方式相比，区别在于：由信托机构直接向社会公众发行信托证券，筹集的资金可立刻用于支付货款，使生产厂商及早得到销售货款，避免了生产厂商到处寻找投资人的麻烦。业务程序如图 3-9 所示。

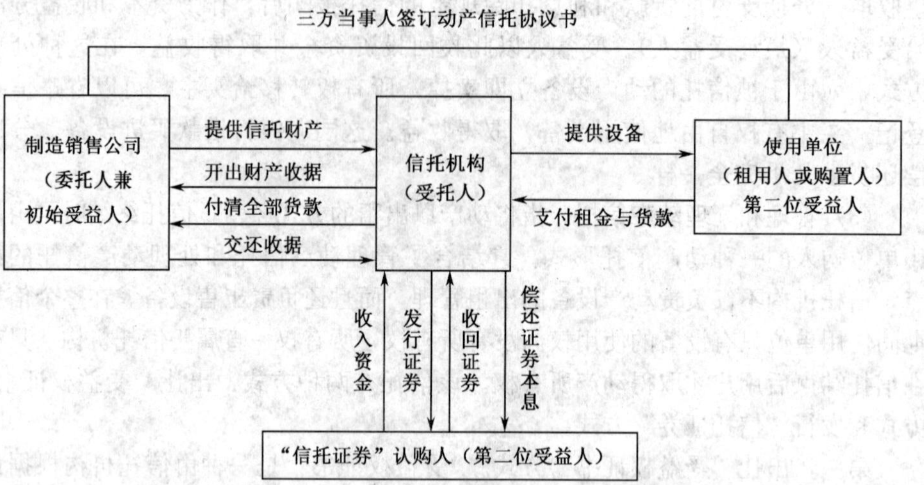

三方当事人签订动产信托协议书

图 3-9　发行"信托证券"方式的管理和处理动产信托业务程序图

3. 动产信托的功能

1)为企业融通资金,提供信用担保

在动产买卖、租赁等交易过程中,一方面,租赁方或买方资金不足,取得担保困难;另一方面,卖方或出租方对对方的资信状况、信用等级不够了解,这都会阻碍交易的顺利进行。在这种情况下,动产所有人可以作为委托人,将动产所有权转移给信托公司,获得融资或信用担保。信托公司则利用自己在金融领域里的地位,发挥信息和管理上的优势,监督和控制承租方、出租方的经济行为,以最大限度降低委托人的商业风险,最终实现动产的租赁与销售。这一信托品种实质是信托公司为动产设备的卖方或出租方提供信用担保,进而提高了交易效率,优化了资源配置。

2)加速企业处置闲置设备

在企业生产经营过程中,由于国家产业政策的调整,企业内部产品结构的调整以及企业改制、重组等行为,常导致一些仍具有生产能力的动产设备不适应新的企业发展规划,而进行变现处理又难以取得满意的现金回报。因此,可以通过信托公司将上述闲置的动产设备按类组合、补充配套,以进一步开发其功能,提升其生产赢利能力,并进行出租或出售,最终解决动产所有人闲置资产的浪费问题,节约维护、储存的管理费用并创造出新价值。这一信托品种适用于信托公司所在地的企业、事业单位之间实现闲置动产设备和其他财产的相互调剂,互通有无。

3.5.2　不动产信托

1. 不动产信托的含义

不动产信托简单说，就是不动产所有权人（委托人），为受益人的利益或特定目的，将所有权转移给受托人，使其依信托合同来管理运用不动产的一种法律关系。它是以不动产如建筑物、土地（不含耕地）等作为信托财产，由受托人按照信托合同，将不动产通过开发、管理、经营及处分等程序，提高不动产的附加价值，并最终将受托成果归还给受益人的信托业务。其运作架构如图 3-10 所示。

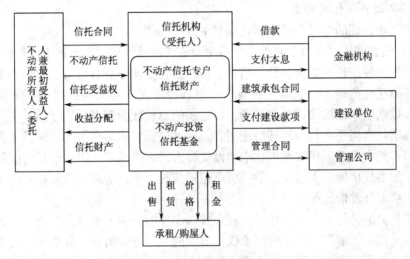

图 3-10　不动产信托架构图

在不动产信托中，通常受托人代为管理和处理的业务是多种多样的，如不动产的买卖、租赁、收租、保险，有价证券或不动产的登记、过户、纳税，房屋水电费的代付，法律手续的代办等。此外还可受理土地的丈量，建筑物的设计和绘图，建筑工程的承包，不动产的鉴定、评价等业务。在不动产信托中，委托人转移的财产，其初始状况为实物形态的不动产。但在信托终了时，信托财产可能会以货币、证券等形式出现，具体情况以信托合同的约定为准。

2. 不动产信托的意义

（1）免除了不动产业主因专业知识不足而遭受经济损失的风险。不动产的管理和处理，需要有相当的专业知识，如识图、用图的知识、土地面积量算知识、土地经济评价与土地估价等知识。如果委托人（即业主）本人亲自管理和处理，由于认识水平的限制，极易蒙受损失。通过不动产信托方式，可以利用信托机构专业人才的丰富经验，以及信托机构的规模和信誉，免除上述风险并收到较好的效益。

（2）为改良不动产提供了资金的方便。如果业主对部分土地需要开发利用，即在其土地上新盖或增建建筑物，但是受资金缺乏的困扰，就可将其原有土地或土地使用权以抵押的方式作为担保物，发行不动产债券，为不动产改良提供资金融通。

（3）提供信用保证，实现不动产的销售。在不动产的销售过程中，如果买方资金不足或卖方对买方的信用不够了解，就会阻碍交易。如果将财产所有权转移给受托人，并从受托人处获得融资或信用担保，就能最终实现不动产的销售。

3. 不动产信托的种类

不动产信托的分类方法很多，而且中外分类的标准也有很大差别。

1）根据信托财产的不同类型，不动产信托可分为房屋信托和土地信托

（1）房屋信托，也称房地产信托。房屋信托是建筑业者将自己承包建造的房产委托给信托机构，领取信托收益权证书。房屋使用者从信托机构那里租借房屋，并按期向信托机构交付租赁费。在房屋的总价额全部支付完毕后，房屋信托便告终结，房屋所有权即转移给使用者。这种信托方式多在生产厂家扩大生产规模，而不具有承担厂房和职工住宅建设资金力量时所采用。房屋信托的业务种类较多，如委托房屋买卖信托、委托房屋租赁信托、委托房屋估价信托、房屋投资信托、房屋开发信托等。

（2）土地信托。土地信托是在日本发展起来的一种土地开发信托，是针对地价不断上涨、土地保有、遗产继承税负增加的一种有效措施。其基本形式是，土地所有者为了有效地利用土地，取得高额收益，将土地委托给信托银行或其他信托机构。信托机构根据契约规定，负责建设资金的筹措、房屋建设、募集用户、租赁、房屋的维修、管理以及分宅出售等工作，其管理和营运成果作为信托收益交付给土地所有者。土地信托主要有租赁型和处理型两种类型。

2）根据信托部门是否提供融资服务，不动产信托可分为融资性不动产信托和服务性不动产信托

（1）融资性不动产信托，是指信托投资机构受托将委托方的不动产转让或出售给购买方时，为购买方垫付款项，购买方可以分期付款定期归还信托投资机构。信托投资机构为了保证垫款的收回，一般可要求购买方按照按期付款的期限及金额向其开户行申请开具相同期限与金额的银行承兑票据或要求购买方办理担保。

（2）服务性不动产信托，是指信托投资机构为不动产购销双方在转让、出售过程中代为办理有关手续和监督付款，提供中介信用保证，而不是提供融资性服务。此时信托公司监督购销双方在交易中按照合同规定交货付款。

3) 国外的不动产信托分为传统的不动产信托和开发性不动产信托

（1）传统的不动产信托。传统的不动产信托主要包括第二次世界大战以前发展起来的宅地分块出售、不动产管理以及第二次世界大战后发展起来的中介业务、公寓分宅出售、合作业务、鉴定业务、海外不动产业务等。

以上传统业务又可分为管理信托和处分信托。管理信托是指代收地租或房租一类的信托。这种信托有时还要承担交付固定资产税、房屋火灾保险费以及修缮房屋等工作。处分信托是指出卖土地或建筑物等的不动产信托。

（2）开发性不动产信托。是发达国家出现的不动产信托的新形式，它是指涉及土地开发环节或房地产开发环节的不动产信托。表现为不动产流动性信托和不动产投资信托、土地信托等。不动产流动性信托实际上是通过资产证券化手段开展的不动产信托业务，而不动产投资信托实际上是一种集合资金信托业务。

我国信托业界所称的房地产信托或不动产信托，大多数情况下指的是信托资金运用于房地产开发的资金信托业务，主要分为委托类业务、代理业务、租赁业务、兼营业务等。

4. 不动产信托的优点

（1）为小额投资者提供机会。为了筹措资金，不动产投资信托机构可出售不动产投资信托收益权证书，这种证书就相当于一种有价证券。小额投资者通过购买这种证书，可实现其投资不动产的愿望。

（2）由专家进行管理。可以发挥具有丰富经验和知识的专家的管理能力，而委托手续费仅占不动产投资信托总费用的很小一部分，大部分收益都会到达直接投资者手中。

（3）流动性。不动产投资信托的收益权证书是可以流通的，在各种交易所里都可以进行交易，这是不动产投资信托的最大优点。不动产投资信托使不动产投资证券化，从而使不动产投资的流动性大大增强。

（4）投资资产的多样化。大多数不动产投资信托机构的投资方针是实现投资资产的多样化，包括资产种类的多样化和区域分布的多样化。这就使信托机构有可能以某些地区或种类的不动产价格的上扬所带来的收益补偿其他地区或种类的不动产价格的下跌所带来的损失。不动产投资的丰富多样使得不动产投资信托不易遭受经济上的打击，减少了投资者的风险。

（5）可能享受税收上的特别优惠。美国联邦税法规定，在满足严格限定的某些条件的情况下，对不动产投资信托机构不征税，而只在信托机构分配收益给各个投资者时，对投资者征收个人所得税。

5. 不动产信托的运作程序

（1）信托机构要与委托人即土地所有人签订基本土地信托协议。首先受托人对将信托的土地进行详细调查（包括土地及周围的地域环境），同时对城市规划法、建筑法的有关限制条件、租赁业市场状况、土地的最有效利用方式进行深入研究。在此基础上按照委托人的意图作出详细计划。但是该项基本土地信托协议也可不鉴订而直接签订土地信托契约。

（2）信托机构与委托人签订正式的土地信托契约。受托人就土地信托的内容及受托条件等与土地所有者进行充分的协商，取得一致意见后，与土地所有者签订土地信托契约，并进行土地所有权的转移登记和信托登记。

（3）信托机构获取信托土地后，向土地受益人签发土地信托受益权证书。土地受益人即同时取得信托受益权，成为信托受益人。土地信托受益权可以让渡，它的让渡价格以不动产的价格为基准，具体说是从构成信托财产的积极财产（土地、建筑物等）的时价中扣除消极财产（借入款、保证金等）后所剩余的部分。对于土地信托，作为受托人的信托机构既不对保存本金作出保证，也不必对红利分配作出保证。

（4）信托机构选定一家建筑公司，签订建筑承包合同。

（5）信托机构从金融机构借入资金，用于建造房屋。

（6）信托机构向建筑公司支付建造费用，待建筑完工后，建筑公司向信托机构交付房屋，同时还须办理建筑物的所有权保存登记和信托登记。

（7）信托机构募集房屋的使用人。可采取租赁的方式，也可采用出售的方式。

（8）受托人与管理公司签订关于建筑物维持和管理的契约，对建筑物进行管理。

（9）信托机构用租赁收取的租金或出售得到的款项，支付税金、利息、火灾保险费、管理费，并偿还金融机构的借款利息和本金。

（10）信托机构在支付各种费用和偿还银行借款之后，在信托契约规定的决算日进行决算，扣除信托酬金，剩余的部分作为信托红利交给土地所有人。

（11）受托人在信托终了时，在得到受益人的认可后，把信托财产以现有状态交给受益人。此时，信托机构与承租人的租赁契约可以在受益人与承租人之间继续有效。土地、建筑物的信托登记取消后，所有权转移给受益人并进行登记。

■ 3.6　雇员受益信托

3.6.1　雇员受益信托的概念

雇员受益信托是雇主为了雇员的利益而设立的信托。雇主设立这种信托的目的是要通过实现真正有益于职工的行为来达到调动雇员的积极性、更好地为雇主服务的目的。该信托的委托人一般是雇员所工作的公司，公司为其雇员提供利益而设立信托，或者设置基金并以基金设立信托。但在形成财产信托中，公司只起委托代理人的作用,而真正的委托人是雇员自己。雇员受益信托的受托人一般是信托机构,受托人的一切活动必须服务于为雇员提供利益,正确管理投资事务。雇员受益信托的受益人是雇员本人,且受益人并不是委托人所指定的少数几个人,而是根据公司规定的方式,获得受益人资格的多数员工。雇员受益信托的信托财产,主要是金钱和有价证券,信托财产与公司的资产完全分开,这才能有利于公司的经营和维护雇员的利益。

3.6.2　雇员受益信托的起源及发展

雇员受益信托是适应经济发展的需要而产生的。一方面,西方国家经济发展迅速,市场竞争十分激烈,各大公司为了增加自身的竞争力,大力吸引优秀人才并使之安心为公司工作,积极强化员工的利益保障机制;另一方面,发达国家的人口老龄化问题越来越严重,需采取有效的措施解决。由此,西方政府纷纷推出财政性的公共年金事业。企业为了合理地、稳定地储存和负担日益增多的退休金,也出现了企业年金事业,养老金信托便产生了。雇员受益信托产生后,由于其自身的优点和各国政府的鼓励便得到了长足的发展。政府制定了各种与雇员受益信托相关的法令和制度,并颁布实施,大大促进了该业务的发展,尤其是税法的改革对雇员受益信托采取了一系列优惠的税收政策,为其提供了良好的发展环境。

3.6.3　雇员受益信托的种类

雇员受益信托可根据设立的目的不同分为养老金信托、自我雇佣者退休计划、员工持股信托(职工持股计划)、储蓄计划信托、财产积累信托、利润分享信托。以下分别加以介绍。

1. 养老金信托

养老金信托又称退休金制度、年金信托,是指信托机构接受委托人定期交纳的养老基金,负责基金财产的管理运用,并在雇员退休后定期向其支付退休金的一种信托业务。养老金信托以养老金制度的建立为基础。养老金制度是关于如何积累并分享退休金的一种制度,即由职工个人、企业、政府或者三方共同定期积累一定数目的资金,等养老金制度参加者年老退休后,向其支付养老金。养老基金可以为每个雇员单独设立,也可以把所有雇员当作一个整体设立一个养老基金。许多国家的养老金制度是与其社会保险的发展有密切关系的。

美国的养老金信托按受托人办理的方式分为三种:①信托机构收到委托者的财产后立即购买保险公司的个人养老金契约,待雇员退休后再交给雇员。②信托机构按照信托契约的规定将信托财产加以运用,到雇员退休后再为之购入保险公司的个人养老金契约。③信托机构对信托财产进行投资运用和管理,当雇员退休或致残时,从信托财产中向雇员支付养老金,即"金额受托计划"。

日本的养老金主要分为两种:①法定退休养老金信托。它是一种单独指定金钱信托,企业是委托者,信托机构是受托者,职工是受益者。委托者既不保留也不能取消受益者的变更权。该信托的信托契约必须规范化和格式化,要取得国税厅长官的确认并与养老金章程具有一致性。该信托中的受益权禁止转让和质押。②福利养老基金信托。它是由基金作为委托者与受益者的自益信托形式,福利养老基金是依法设立的公共法人,作为公共养老金的代行者给予必要的公共权利,具有独立的保险者的机能。该信托是一种单独指定金钱信托,在以管理运用基金的财产为目的的信托契约的基础上再加上业务委托契约,具有混合契约的性质。

2. 自我雇佣者退休金信托

自我雇佣者也就是公司的资产所有者,虽然公司的税后利润都归其所有,但当公司经营不善时,其所有者在晚年也可能得不到必要的生活保障,因此他们也存在着积累养老金的问题。20世纪60年代初,美、日等国都通过了《自我雇佣者税收养老金法案》,允许资产所有者为自己设立利润分享计划。当然设立这一计划是有条件的,必须受三方面的约束:①公司内所有全日制雇员都享有雇员受益信托,其中对"全日制"的定义是年工作量超过1000小时。②自我雇佣者退休金信托交金融信托机构管理,与公司的雇员受益信托分账管理。③该信托年出资额不得超出其所得总额的15%。

3. 员工持股信托(又称职工持股信托、职工持股计划)

员工持股信托是指将员工买入的本公司股票委托给信托机构管理和运用,待员工退休后再享受信托收益的一种信托安排。交给信托机构的信托资金一部分来自于员工的工资,另一部分由企业以奖金形式资助员工购买本公司的股票。企业员工持股信托的观念与定期小额信托较为类似,其不同之处是企业员工持股信托的投资标的为所服务的公司的股票,且员工可额外享受公司所提供的奖励金。但是员工一旦加入持股会,除退休、离职或经持股会同意的事项外,不得将所购入的股票领回。员工持股信托是以员工持股制度为基础的,员工持股制度鼓励员工用工资和奖金定期地买进本公司的股票,并且设立"员工持股会"具体管理所有员工购入的股票,待员工退休或者离开本企业时才能获取投资收益的一种制度。

职工持股信托按当初的信托财产的形态可分为两种:一是金钱信托以外的职工持股信托。即信托机构接受职工的资金和公司对职工的奖金,买进本公司的股票并代其进行管理。待信托终了时,信托机构将股票交还给职工。它也被称为金外信托方式的职工持股信托。二是管理有价证券信托方式的职工持股信托。即职工用工资和奖金购入本公司的股票后将股票委托给信托机构进行管理，在信托终了时信托机构将股票归还于职工。

随着企业的快速发展，企业界竞相争取熟练员工的情形日趋激烈，开办员工持股信托制度，不仅增加了企业的竞争力，还可以减少外界对公司股价的炒作，稳定企业的经营方针，增加企业经营管理的效益，所以它对企业及其员工都具有积极的作用：①奖励员工储蓄，作好理财规划。员工每个月自薪资所得中提存一小部分资金，交付予受托人购买自己所服务公司的股票，作为员工长期性的理财计划/形式，不但可达到储蓄的目的，也可获取投资收益的效果，为员工提供一个踏实的理财规划。②提高热爱公司的精神，对公司的发展有利。通过取得、持有自己服务公司的股票，员工对于公司的经营会寄予关心，同时提高员工的劳动生产率。③降低人员流动率，减少对新人的训练成本。人力资源是企业经营最主要的资源，熟练的员工更是企业赖以生存、成长的主力军。企业实施员工持股信托制度，使员工福利得到更稳定的保障，使员工能安心工作，降低员工流动率，进而节省对新人的训练费用。④确保友好安定的股东层，以维护企业的健全经营。员工成为公司的股东后，与其他一般股东相比，更有助于公司经营权的稳定。员工持股方式，可减少外力介入，保证企业既定的经营方针。

职工持股信托通过公司职工成立职工持股大会，充当职工的代理人。加入职工持股大会的职工与职工持股大会签订代理委托契约，职工按契约约定的金额出资。职工持股大会代理职工与信托机构签订信托契约，并将职工出资加上公司发给职工的奖金，一并交存给信托机构，形成购股储存金。由信托机构受托买进股票，代职工对公司行使表决权和代公司对职工支付收益金。当职工自愿解约或停止持股信托时，其已购的股票和未购剩余金，要返归职工本人。这种方式也被称为金内方式的职工持股信托。此外，还有金外方式的职工持股信托，即信托机构接受职工的资金和公司对职工的奖金，买进本公司的股票并进行管理，待信托终了时，将股票交还给职工。

4. 储蓄计划信托

该信托是公司将养老金计划和储蓄计划结合在一起而设立的一种信托。委托者是公司，信托财产来自职工的储蓄和公司的捐款两部分。职工的储蓄数量不像养老金信托有强制性规定，公司捐款部分也不固定，数额一般为职工储蓄额的25%～100%。这两部分款项由公司出面，一并交与金融信托机构负责管理和运用，在职工退休时支付收益。如果职工死亡，所有收益将一次性支付完毕。这种信托最大的好处是具有灵活性，它允许职工撤资。一旦职工撤资，公司的捐款也将撤回，职工在金融信托机构中的个人账户也将不复存在。

5. 财产积累信托

它是指把职工的财产积累储蓄委托给信托机构管理运用，以便将来能形成一项财产（如住房）的一种指定金钱信托业务。一些国家在经济取得高速发展的同时，国民的收入没有同步增加，个人的财产积累有一定难度，这就会反过来制约社会的总需求，使国内经济需求疲软。因此，许多国家开始以立法形式鼓励公民积累财产。如日本政府于1971年制定了《促进职工财产积累法》，该法确定财产积累制度是以国家和雇主援助职工增加储蓄和房产的一项制度，具体包括职工财产积累制度、职工财产积累养老金制度、职工财产积累奖金制度、职工财产积累补助金制度和职工财产积累基金制度。在这些制度基础上相应形成了财产积累信托、财产积累养老金信托、财产积累奖金信托、财产积累补助金信托、财产积累基金信托。

6. 利润分享信托

利润分享信托是为职工将来分享公司利润而设立的一种信托。公司作为该信托的委托人，每年将净利润的一定比例委托给金融信托机构管理和运用，并由其在一定时期后将信托本金及收益支付给公司的职工。这一信托的主要特点是：①信托本金和收益是不确定的。公司根据比例提取的赢利是变化的，因而信托本金不确定，信托收益也就随之变动。②信托本金和收益与职工的年龄和工龄无关，职工出资额只按年补偿额的比例在雇员账户间进行分配。③职工可以较灵活地支取款项，即职工在退休、死亡、致残、辞职、被解雇等任何时候都可要求支用信托本金和收益。④法律对该信托当事人的资格要求较为灵活。

3.7 公益信托

3.7.1 公益信托的概念

公益信托，国内法学界也称之为慈善信托，是指出于公共利益的目的，为使全体社会公众或者一定范围内的社会公众受益而设立的信托。具体来说，就是为了救济贫困、救助灾民、扶助残疾人，发展教育、科技、文化、艺术、体育、医疗卫生事业，发展环境保护事业、维护生态平衡，以及发展其他社会公益事业而依法设立的信托。公益信托通常由委托人提供一定的财产并将其作为信托财产委托受托人管理，信托机构将信托财产用于信托文件规定的公益目的。在英美等国家，公益信托运用很广泛，在社会生活中，特别是在发展社会公益事业方面，发挥了非常重要的作用。英美许多著名大学、博物馆、美术馆、艺术馆和各种基金会都属于公益信托。公益信托流程如图3-11所示。

公益信托的名称是批准后专用的，不得随意运用公益信托的名义从事活动。

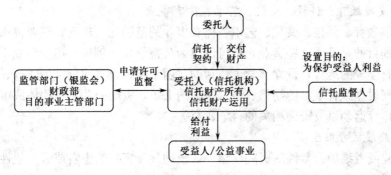

图 3-11　公益信托流程图

因为用公益信托的名义进行活动具有很多便利条件，容易得到社会公众的理解、信任和支持。如果对公益信托的名称不加以控制，社会上的不法之徒就会利用公益信托的名义，欺世盗名，牟取私利。

公益信托具有深远的意义，它不但能够节约人力物力，提高办事效率，保证公益事业的持久稳健发展，促进社会进步；还可以通过信托机构的专业化管理，保证公益信托资金的安全，并获得稳定的收益。此外，信托机构的介入将更有利于公益信托接受公众的监督。公益信托在发达国家发展很快，在我国也有很大的发展空间，但还缺乏充分发展的法律空间、政策空间和市场环境。

3.7.2　公益信托的内容

根据《中华人民共和国信托法》对于公益信托的定义，公益信托包括以下几项内容。

1. 救济贫困

救济贫困是各国信托法公认的一项重要公益目的。通过公益信托帮助贫困的人，是维持社会稳定的一个重要手段。一般来说，下列行为都属于救济贫困：①对贫困者、孤寡老人和其他生活困难的人提供一般性经济资助，或者资助其生活费、医疗费等费用，或者给予其物质资助；②直接收养、照顾孤寡老人、孤儿、弃婴等；③为穷人建立免费食物处、济贫院、护理所等。

2. 救助灾民

发生自然灾害或者其他灾害时，直接向灾民提供资金、物质帮助，或者通过其他机构提供经济或物质资助，帮助灾民解决生活、生产困难。

3. 扶助残疾人

残疾人是社会的弱势群体，由于身体的障碍，生活一般比较困难。帮助残疾人是整个社会的责任，因此，通过提供财物设立信托来扶助残疾人属于公益信托。

4. 发展教育、科技、文化、艺术、体育事业

发展教育、科技、文化、艺术、体育事业的范围比较广泛，只要提供财物设立信托的目的是发展这些事业，都可以成为公益信托。例如，出资设立学校或者维持现有学校的运行，设立奖学金、帮助贫困学生，设立或资助新学科、新课程等，出资设立或者维护博物馆、美术馆、图书馆，资助公共艺术团体或组织，资助公共体育运动以及资助相关的科学研究等。

5. 发展医疗卫生事业

设立或者维护公益性的医院、诊所，救助某种疾病的患者或者一般性的救助病人，资助医学研究等。

6. 发展环境保护事业，维护生态平衡

《中华人民共和国公益事业捐赠法》已经明确，发展环境保护事业、维护生态平衡属于公益事业。建立和维护公众休闲设施，保护动物，增强国家的防御力量，发展宗教等，也被看成是公益事业。其目的在《信托法》中又再次得以确认，一般来说，出资或者捐物设立信托，用于防止或清除环境污染，植树造林，采取措施防止沙漠化危害，科学处理工业废料和生活垃圾等致污物，进行环境保护方面的科学研究等都属于此类信托。

7. 发展其他社会公益事业

由于公益事业的范围随着社会、经济的发展而变化，采用列举的办法确定公益事业的范围，显然难以适应这种变化。为此增加这项规定，以便今后增加相应的公益目的。在一些发达国家，有许多事业，如建立和维护社会公众休闲设施、保护动物、增强国家的防御力量、发展宗教等，也被看成是公益事业。

3.7.3　公益信托的特点

1. 公益信托的目的必须是完全为了社会公共利益

公益信托不仅以公益为目的，而且公益目的的实现确实能促进公共利益。公益信托的目的必须具备下列条件：一是需有利益存在；二是利益需合法；三是利益需有公共性；四是受益人的不确定性。其中公共性是指对人民群众方便实用，有助于社会的安定。有些信托目的从表面上看具有公益性，但实质上不具有公共利益，对这种信托，不能认定为公益信托。公益信托要具有绝对的公益性，即信托目的必须具有明确的公益性，如果包含多个信托目的，必须全部具备公益目的，不能兼具私益目的，同时不能因公益信托的管理而使私人获利（合理报酬除外）。因此，概括地讲，公益信托的目的必须具有绝对的、排他的公益性，不得包含非公益目的或从中获取私利。

2. 公益信托的受益人是不完全确定的

公益信托与私益信托的最大区别是，设立私益信托时必须有明确的受益人，否则信托不能成立。而公益信托成立时的受益人必须是不特定的社会公众，即使委托人限定某一特定类层或团体的受益人也必须有增进公共利益的效果，所以公益信托没有具体受益人，是社会公众或社会公众中的一部分人，根据信托契约规定的受益条件来确定每一时期的受益人。公益信托的委托人可以对受益人的范围或者人数作出规定。

3. 公益信托设立时要经特别批准

由于公益信托涉及社会公共利益，因此，对公益信托的管理和监督要严于私益信托。就私益信托的设立环节，英美等国只要求向有关机关履行登记注册手续。如英国规定，公益信托的设立应当由受托人向公益委员会办理登记手续。公益信托一经登记，即具有"公益性"，可享受法律上的优惠。该项登记工作，要受到公众的公开监督，任何人可以查阅公益信托的登记事项。日本、韩国等大陆法系国家规定，设立公益信托必须经有关机关的批准。如《日本信托法》规定，就公益信托的发售，其受托者须经主管官署批准。其目的是防止利用设立公益信托为自己牟取不正当利益，避免委托人钻公益信托享有的税收优惠政策的空子。

4. 公益信托受到更多的监督

公益信托中设置信托监察人是公益信托区别于私益信托的特别规定。设置信托监察人是为了保证信托目的的实现，加强对受托人信托活动的监督。公益信托在执行过程中，由于受益人范围比较广泛，由广大受益人直接对受托人的信托活动进行监督是难以操作的，所以在公益信托中设置信托监察人是为了加强对公益信托的监督，保证公益信扎目的的实现，以保护社会公众利益。信托监察人既是受益人利益的代表，又是对受托人的信托活动实施监督的人。日本、韩国的信托法对公益信托也规定了这一制度。

5. 力求近似原则

公益信托本身是为了公共利益，可以无限期的存续，即使信托目的已实现，也适用类似原则，将剩余的财产用于类似的公益目的，使信托继续存在下去，其目的是在尽可能尊重委托人意愿的前提下，让公益资金发挥最大的公益效能。

6. 公益信托的政策优惠

公益信托因有利于国家、社会，所以国家鼓励发展公益事业，主要体现在对公益信托的税收优惠上。在捐助阶段，公益信托享受税收减免，旨在鼓励委托人从事公益活动。例如，在英国，公益信托是在委托人生前设立的，委托人可以享受下列税收优惠：财产交易税、财产交易所得税以及所得税抵扣权。在营运阶段，即公益信托设立后，信托财产已让渡给受托人。在此阶段，信托财产所产生的孳息，无论是利息收入、租金收入或投资所得，只要所得都用在从事公益目的上，英美等国都是免税的。我国由于刚刚引进公益信托制度，尚未有配套的税收优惠，但相关税法中已经有对基金会等公益法人的公益活动的租税优惠规定。

3.7.4 公益信托的种类

1. 根据公益信托财产管理方法的不同进行划分

根据公益信托财产管理方法的不同，可将公益信托划分为：

（1）运用收益型的公益信托。它以信托财产所生孳息（利息或其他收益）作为公益事业活动资金来源。由于不动用本金，故信托财产的管理，一般都选择以期间固定、利率（收益率）较高的运用方式较为适宜。

（2）动用本金型的公益信托。它以信托财产的本身作为公益事业活动资金来源。动用本金型因定期提取本金，作为活动费用，故信托财产的管理，以运用于提取或变现容易的方式较为适宜。

（3）筹集资金型的公益信托。即公益信托活动所需资金，除来自信托财产所生孳息外，也接受外来金钱追加或捐赠。筹集资金型的信托财产及筹措所得资金，应分别情形，以获取高收益率或提取简便的方式运用。

2. 根据对公益目的有无特别限制进行划分

根据对公益目的有无特别限制，可将公益信托划分为一般目的公益信托和特定目的公益信托。一般目的公益信托，是指信托目的是一般公益目的，没有特定的限制；特定目的公益信托是指信托目的局限于特定的公益目的，如扶助某个地区的残疾人。

3. 根据公益目的不同进行划分

根据公益目的不同，可将公益信托划分为环保信托、救济贫困信托、救助灾民信托、扶助残疾人信托、教育信托、奖助信托和事业经营型信托等。

4. 美国公益信托一般可分为公众信托、公共机构信托和慈善性剩余信托

1）公众信托

公众信托是指对某一特定范围内的居民，为了对该范围内的人的利益而捐赠的款项进行管理和运用所产生的信托。这一特定范围的含义是很广泛的，它既可以是某个市、县或镇；也可以是某个州、国家，甚至可以是整个世界。该信托的委托人是捐献款项的人，而受益人可以是该特定范围内的所有人，因此，这一信托的实质是为某一特定范围内的公众服务。

公众信托的特点是：①公众信托服务的内容很广，几乎包括了所有的慈善性或公益性服务。委托人的决议案、信托协定、信托通知书等文件都对公众信托所提供的服务有具体规定。除此之外，有时还有"普通福利条款"用以补充制定各种信托文件时没有想到的和以后产生的种种福利需求。②在公众信托中，对捐款的运用具有一定的灵活性，虽然委托人对捐款的使用可能会有很多具体要求，然而在信托设立时，受托人和委托人通常达成一致意见：即随着时间的推移和环境的变化，如果委托人的要求不可能达到或变得不切合实际的话，对捐款的使用将根据公众信托的宗旨来决定。③公众信托设立专门的委员会，负责对信托资金进行合理的分配。对信托资金——不论本金还是本金运用所得的收益进行有利于受益人的分配，一般都由专门的分配委员会具体管理，尤其是分配政策的制定。④公众信托的受托人可以是一家信托机构，也可以是多家信托机构。目前，越来越多的公众信托倾向于由多家信托公司共同承担，所有决策都由受托人共同制定。在过去设立的由单一信托机构管理的公众信托中，很多也吸收了其他信托机构，形成共同受托。利用共同信托形式，可以减少舞弊，增加基金的安全性。

公众信托的优点是：①不管慈善性捐款的数额多少，来源如何，都可以由公众信托机构统一管理，从而可以使这些资金合理地用于公益性事业，更好地为社会服务。②公众信托不仅能够有效地使用这些慈善性捐款，而且还可以更好地将它用于投资，在保值的基础上使这项资金得到增值。③相对于捐款人自行运用资金，借助公众信托在合理分配和有效运用资金方面更加灵活便利，而且这样也便于政府进行管理。

2）公共机构信托

公共机构信托是为了公共机构的利益而设立的信托。委托人通常是公共机构，主要有学校、医院和慈善组织等，有时也可以是个人。但无论是谁，只要其设立信托的目的是为了宗教、科学、文化教育以及保护儿童和大自然的协会、团体、基金和其他公共机构的利益，而且只要信托纯收益并不是为了私人利益，那么都可称为公共机构信托。

公共机构信托的优点是：①可以提高公共机构的工作效率，即可以使公共机构摆脱许多投资和管理方面的职责，节省大量开支；又可使工作人员的精力、时间、能力专注于公共机构业务的开展，提高公共机构的工作效率。②可以提高捐款资金的经济、社会效益。信托机构扬其所长，灵活自主地运用和管理信托财产，并使之不断增值，源源不断地用于慈善事业，取得良好的经济社会效益。③可以吸引更多的人对公共机构捐赠。当拥有财富的人得知他们的捐赠被信托机构经营得十分得当时，会更加激发他们向公共机构捐款的热情。

3）慈善剩余信托

慈善剩余信托是一种由捐款者设立的、形式较特别的慈善性信托。捐款者在设立信托时要求获得一定比例的信托收益以维持自身和其家庭日常生活开支的需要，而将剩余部分全部转给某个特定的慈善机构。

慈善性剩余信托的种类分为慈善性剩余年金信托、慈善性剩余单一信托和共同收入基金。

（1）慈善性剩余年金信托。指个人为了其生前自身的利益，或者其死后遗嘱中被指定人的利益而设立的一种慈善性剩余信托。这种信托的受益者称为年金受益者，是捐款者自己或遗嘱中被指定的人。年金受益者生前可获得以年金形式的不低于信托财产5%的信托收益。当年金受益人死后，剩余的所有信托财产归某一特定的慈善性机构。

（2）慈善性剩余单一信托。该信托是慈善性剩余年金信托的特殊形式。与前者所不同的是：它规定年金受益者生前每年可以得到一定比例的（不低于5%）按当年市价计算的信托财产的净值，死后信托剩余全部划归协议中指定的慈善机构。

（3）共同收入基金。它是为小额捐款人提供的一种慈善性剩余信托。该慈善性机构将小额捐款集中起来，构成共同收入基金，统一管理。每个捐款人生前得到一定比例的收益以维持生活，死后所有信托剩余将转给这一特定的慈善机构。共同收入基金的意义在于通过信托管理，避免了对小额捐款单独管理的不便和高额费用。

3.7.5 公益信托业务流程

1. 提出设立公益信托的申请

由于公益信托是为了一定公益目的设立的信托，所以委托人、受托人均可以向公益事业管理机构提出设立申请，目的是为了简化手续，方便当事人设立公益信托。当委托人只有一个或数人时，可以由委托人直接向公益事业管理机构提出设立公益信托的申请。当委托人人数众多或者是不特定的社会公众时，最好由受托人提出申请。

2. 信托资产转移和信托设立

公益信托的设立申请经公益事业管理机构批准后，信托财产将由委托人转移给受托人，信托也即宣告成立。

3. 信托财产管理与运用

基于对信托财产保值增值的目的，受托人管理运用信托财产时，每年应编制信托事务处理情况及财产状况报告。经信托监察人认可、公益事业管理机构批准后，予以公告。同时按照信托文件规定将信托资产或（和）收益交给受益人。

4. 信托监管

信托监管包括对信托财产运用的监管和对受托人的监管。公益事业管理机构有义务检查受托人处理公益信托事务的情况及财产状况。对公益信托受托人的监管包括：受托人未经公益事业管理机构批准不得辞任；受托人违反信托业务或者无力履行职责时，应由公益事业管理机构变更受托人。

5. 信托终止

信托期满，公益信托即宣告终止，受托人应当及时将终止事由和终止日期报告给公益事业管理机构。公益信托终止后，受托人应当作出清算报告。

6. 公益信托的管理

公益信托的管理主要体现在公益信托的监察人的选定和权利的内容。我国关于信托监察人的选任应首先由信托文件规定；信托文件未规定的，由公益事业管理机构指定。所以，委托人在设立公益信托时，如果决定自己选任信托监察人，就应当在信托文件中作出规定。如果在信托文件中未规定信托监察人，就应当由公益事业管理机构指定。《日本信托法》规定，受益人不特定或尚不存在时，法院可根据利害关系人的请求或依职权选任信托管理人，但已经依信托行为指定了信托管理人时，不在此项。《韩国信托法》规定，无特定或尚没有受益人时，法院须依据有关利害关系人的请求，或以职权选任信托管理人。但是，以信托行为选任信托管理人的除外。我国之所以这样规定，是因为公益事业管理机构是我国对公益信托实施管理的机关。公益事业管理机构在审查信托文件时要看是否规定了信托监察人，如未作规定，应当对该公益信托指定信托监察人。

信托监察人是受益人利益的代表，我国对信托监察人权利的规定是：信托监察人有权以自己的名义为信托受益人的利益提起诉讼或者实施其他法律行为。这一规定的主要含义是：①信托监察人行使权利时是以自己的名义进行，信托监察人是一个独立的法律主体。②监察人行使权利的目的是为了受益人的利益，这是信托监察人作为利益代表的具体体现。③信托监察人行使权利的方式是进行诉讼或者实施其他法律行为。

3.8 其他信托业务

本节主要是对前几节内容的补充，就近年来国外和国内的新型信托业务进行介绍。

3.8.1 MBO 业务

MBO（management buy-outs）即经理层收购，它是指目标公司的管理者或经理层购买本公司的股份，从而改变本公司所有者结构、控股权和资产结构，进而达到重组目的并获得预期收益的一种收购行为。由于 MBO 通常以融资方式实现，所以它实际上是杠杆收购（LBO）的一种，即利用借债等融资方式所得资金购买目标公司的股份，从而取得公司的控制权，进而改变公司的所有权结构、控制权格局以及公司的资产结构。一般而言，利用杠杆收购来重组目标公司的实施主体，既可以是其他公司、合伙人、个人以及机构投资者，也可以是目标公司内部的管理层。当杠杆收购的实施主体是目标公司内部的管理层时，一般意义上的杠杆收购就成了管理层融资收购。

从公司的角度看，MBO 是解决现代企业因所有者与经营者分离而引起的委托代理问题、内部人控制问题、信息不对称问题、道德风险问题的良方。实行 MBO 后，管理层持有很大比例的公司股份，掌握控制权和利润分享权，企业的利益也就成为管理层的利益，企业成功与否关系着他们的切身利益，所以这种股权结构可以吸引优秀的人才，留住优秀的管理人员。MBO 还可以提高企业生产效率，改变股东结构和权力结构，提供合乎企业发展的产权结构，进而通过经济手段整合公司内外资源，淘汰低效的管理方式和管理者。所以 MBO 自 20 世纪 70 年代在美国产生以来，很快风行一时，并被很多企业所效仿。在我国，它还可以成为国企改革的一种重要实现方式。

国外的 MBO 有多种实现方式，其中一种通行的方式就是利用信托机制来实现。具体的操作方式为：先由公司管理层与信托公司制定一个 MBO 的信托计划。由信托公司和管理层利用信托计划向商业银行或其他投资者进行贷款融资，信托机构可通过自己的中介作用利用股权作借款担保。公司管理层与信托公司（有时还包括相关利益人和战略投资者）共同签订正式的信托合同。信托公司利用融到的资金以自己的名义购买目标公司的股权，这样管理层收购基本完成。管理层持有的股份可以根据信托合同所约定的权限由信托公司持有、管理、运用和处分。管理层按照信托计划将股权作为偿还本息的质押物，并通过信托公司将持股分红所得的现金逐年偿还贷款。管理层将股权转让变现归还完贷款后，信托公司将现金或股权归还给信托合同指定的受益人，信托目的就得以实现。

3.8.2 银行不良资产信托

信托财产是信托制度的核心。债权是企业的资产，它属于《信托公司管理办法》规定的财产权范畴。所以，从信托业和银行业的关系看，可以充分发挥信托的财产管理功能和中长期融资功能，解决银行的不良资产问题。目前，我国通过资产管理公司解决四大国有商业银行的不良资产，虽然取得了一些比较好的成果，但四大资产管理公司是为了特定目的而成立的特许公司，只限于处理对应的国有银行剥离的不良资产。其他股份制银行的不良资产，也已经成为各个银行发展的痼疾，还没有找到相应的验方。当前，股份制银行既不能委托四大资产管理公司处置不良资产，也不可能联合设立专门的资产管理公司。而在美、日等国，有重整信托公司（RTC），它们整理回收银行，处理银行不良资产。这正是对信托机制的灵活运用，这些公司在性质上是一种信托投资公司。

3.8.3 国有资产信托

国有资产属于国家所有，但国家作为所有人不可能亲自管理。信托正是解决这一矛盾的良好机制。国有企业可以在对资产进行清产核资量化的前提下，采取信托方式，委托有管理能力且值得信赖的资产管理公司或信托公司为国家管理和运用一部分国有资产。一方面，可将国有资产通过信托方式转移到非行政化的受托人名下，由受托人为了国家利益行使管理和处分这部分资产的权利，使国有资产有了明确具体、市场化的产权主体；另一方面，信托制度中委托人、受托人和受益人之间定型化、法律化的权利、义务和责任体系，又能充分保障受托人对于受益人利益的忠实，使国家利益得到维护。

3.8.4 外币信托

外币信托，也称指定用途信托，资金投资国外有价证券业务。投资于外币的投资者为了规避汇率兑换的风险，为了使资金能无国界地高效率运作，为了使资产组合更具多样化，并达到分散资金风险和创造更多利润的目的，委托人（投资者）将一定量外币信托资金交付给受托人（信托公司），双方签订信托契约，以受托人名义投资于指定的国外有价证券。受托人核发《买卖确认书》或基金存折给委托人，作为委托人权益的保证。这种信托业务利用了信托公司专业的投资理财优势，方便了投资者在全球范围内进行投资。随着我国加入世界贸易组织（WTO）后资本账户的全面开放和人民币的完全可自由兑换，该业务将会有很大的发展空间。

3.8.5 环境保育信托

环境保育信托属于公益信托的一种，它长久以来一直在欧美日等国的环境与自然保育方面发挥着重大的作用。同时，它也是汇聚社会力量的一种重要渠道。环境保育信托产生于1895年，起源于英国，由湖区国家公园附近的地主与民众，为了维持该地优美的人文与自然景观所发起。通过1907年国家信托法案的授权成立国家信托（national trust，或译为国民信托），它准许民众或机关团体委托或捐赠遗产、土地、房地产等给信托组织，由信托机构经营与管理。如今国民信托会员超过了200万人，是英国最具规模的环境自然文史保育团体。日本的国民信托运动引自英国的经验，它起源于1965年，是当时作家大佛次郎和镰仓市的居民为了拯救美丽的古都免于无节制的开发而设立的。日本至今已有48个信托组织加入从事自然环境及人文史迹等文化资源的保存运动。1992年，日本又成立了国民信托协会，将该信托进一步进行了推广。目前，国民信托已扩展至全球，如美国、加拿大、巴拿马、荷兰、马来西亚、中国台湾地区、韩国、斐济、新西兰、澳大利亚等。

环境保育公益信托在自然保育或环境保护工作中有重要的意义：首先，它具有特定的目的，也就是说财产的管理或处分可以专注于环境保育方面，免除了一般捐赠行为发生后无法有效控制其资金使用的问题。其次，它受政府与信托监察人的双重监督，可以充分保障信托财产、受益人与公益的目的。再次，由于公益信托可以进一步留存累积，使资金的运用弹性得到了增强。最后，它具有税赋上的优惠。这些措施不仅可以取信那些有意奉献自己财产于环境保育公益事业的个人或团体，还能保障他们的利益不受损害，从而提高社会大众对环境保育事业的投入意愿。

3.8.6 特定收费权益信托业务

特定收费权益信托是以经营公用事业，并具有收费权的企业作为委托人，以其所拥有的关于电信、交通、能源等公用事业收费权作为信托标的的一种信托业务。受托人通过为委托人代理收费，建立基于该收费权稳定现金流量的投融资合约及其他产品，目的是改变委托人的现金流量结构，从而满足委托人对投资回报的变现需求。该信托业务是由委托人通过与受托人签订《特定收费权益信托协议》而建立权益信托关系。受托人通过发行特定收益凭证募集资金，用于向委托人一次性支付其在委托期限内由于项目收费权所产生的现金流量的折现值。受托人在委托期限内代理收费，并以收费所得资金定期支付特定收益凭证的利息或红利，并在委托期限结束时完成还本付息。受托人的管理费按照信托权益价值，以一定的百分比计提，具体比例由双方协商确定，在受托人向委托人就收费权的现金流量作一次性支付时，从中予以扣除或由委托人另行支付。

3.8.7 企业无形财产管理信托业务

该信托方式是以信托公司为受托人，企业的无形财产为受托财产，企业为委托人和受益人的信托。受托人具体管理的是委托人的无形财产，如发明专利权、著作版权、设计使用的商标权等。设定权利信托的目的是保护投资人的权利不受侵犯，并使这种权利商品化，在信托结束时，受托人交给受益人的是由这种权利带来的经济利益。这种信托业务不但能加强企业对其无形财产的管理，使其合法利益不受侵犯；还能通过信托机构的专业化管理来增加无形财产对企业的收益。

3.8.8 信用账户信托业务

该信托业务是以买方企业为委托人，卖方企业为受益人，信托机构为受托人的信托。买方开立一个信托账户，专门用来支付货款，由信托公司负责在货物验收完毕后支付货款。该信托一般要求信托机构有一定的资金实力，并具有专业的中介信誉与良好的律师合作关系网络。该业务利用信托机制，消除了交易中的不确定性，保证了交易双方的安全，充分发挥了信誉中介的服务功能。这种信托方式在国外应用非常普遍，很多企业之间的交易都采用这种方式进行。目前我国的企业信用状况较差，买卖双方对信用风险的顾虑往往影响交易的效率。对此，信托公司可以提供一个很好的解决方案。可见，该业务在我国目前的信用环境下意义将更为深远。

■本章小结

一般信托业务作为信托机构经营的基础，可以划分为个人信托业务、公司债信托业务、动产与不动产信托业务、雇员受益信托业务、公益信托业务和其他新兴的信托业务。

个人信托业务是以个人为对象的信托业务，委托人与受益人都是个人。它一般包括财产处理信托业务、人寿保险信托业务、财产监护信托业务，以及特定赠与信托业务。发行公司债信托也称抵押公司债信托，它是为了确保公司债债权而设立的信托，它是一种在物或权利上所设立的质权或抵押权信托关系。抵押公司债信托为债券发行公司提供了举债便利，并有利于保护债权人利益。表决权信托也叫商务管理信托，它是公司股东依据他们与受托人签订的信托契约将公司股权作为信托财产转移给受托人，由受托人集中行使约定的权利。有关公司设立、变迁事务信托是信托公司代理公司设立、解散清算、整改组合以及管理破产财产中的一切事务的统称，该信托实质为信托公司的代理业务。动产信托是财产信托的一种，它是以动产的管理和处理为目的设立的信托，它能为设备的生产和购买企业提供长期的资金融通。不动产信托也称房地产信托，它以土地或土地上的建筑物为信托财产设立信托，通过信托机构对其进行开发管理、经营和处分，来提高不动产的附加值。雇员受益信托是公司为雇员提供各种利益的信托，信托的根本目的是保障职工的根本利益。它通常有养老金信托、自我雇佣者退休金信托、员工持股信托、储蓄计划信托、财产积累信托及利润分享信托。公益信托是以公共利益为目的、为将来的不特定的多数受益人设立的信托，它在国外发展的程度很深远，在我国也有很大的发展空间。

除以上业务外，随着经济和信托业自身的发展，越来越多的新兴综合信托业务也随之发展起来。它们充分体现了信托作为"金融百货公司"的灵活性和创新性。

➤ 思考题

1. 个人信托业务具有哪些特点？它包含哪些内容？
2. 抵押公司债信托的含义是什么？它具有什么意义？

3. 公司设立表决权信托是出于哪些目的?

4. 公司如何利用动产信托来融资? 不动产信托有哪些种类?

5. 谈谈养老金信托的意义和作用, 试述我国应如何发展这一业务。

6. 请结合我国现状谈谈在我国发展公益信托有哪些意义。

7. 试述目前国内外都有哪些新兴信托业务。

第 **4** 章

基金信托业务

【本章提要】 本章的主要内容包括：投资基金的相关概念，投资基金的产生、特点与分类，投资基金的治理结构，我国投资基金的设立、发行与交易，投资基金的费用、收益分配与税收等问题。

投资基金是资本市场的重要力量，是稳定市场的中流砥柱。我国基金业经过了近二十年的探索发展，在治理结构、行业监管和投资运作上较产生阶段都有了质的飞跃。到目前为止，资本市场基金种类繁多，运作规范，已经与国际基金业的发展步伐接近。交易所交易基金和货币市场基金更是不甘落后，前者已于 2004 年 7 月获准推出，后者已于 2003 年 12 月正式发行。可以预见，在不远的将来，我国基金业必将成为金融产业的一大支柱，也将成为家庭理财的最重要工具。

■ 4.1 投资基金的概念与产生

4.1.1 投资基金的概念

投资基金是一种利益共享、风险共担的集合投资方式，即通过发行基金证券，集中具有共同目的的不特定多数投资者的资金，由基金托管人托管，由基金管理人管理和运用资金，在分散风险的同时满足投资者对资产保值增值要求的一种投资制度或方式。它是一种投资者通过购买基金进行投资的间接方式，投资的对象包括各类有价证券、金融衍生产品及房地产、贵金属等。投资基金在不同国家或地区形式不尽相同，称谓也有所不同，如在美国称为"共同基金"（mutual fund）；英国和中国香港地区称为"单位信托基金"（unit trust）；日本和中国台湾地区称为"证券投资信托"（securities investment trust）等。尽管称谓不一，形式不同，其实质都是一样的。投资基金运作流程如图 4-1 所示。

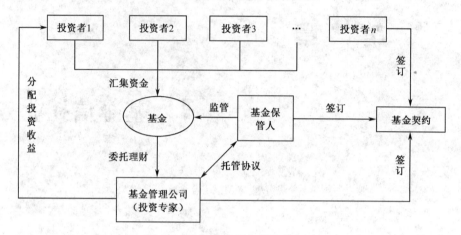

图 4-1　投资基金运作流程示意图

投资基金运作内容：

（1）投资者资金汇集成基金。

（2）该基金委托给投资专家——基金管理人投资运作。其中：①投资者、基金管理人、基金托管人通过基金契约方式建立信托协议，确立投资者出资（享有收益、承担风险）、基金管理人受托负责理财、基金托管人负责保管资金三者之间的信托关系。②基金管理人与基金托管人（主要是银行）通过托管协议确立双方的责权。

（3）基金管理人经过专业理财，将投资收益分予投资者。

在我国，基金托管人必须由合格的商业银行担任，基金管理人必须由专业的基金管理人担任。基金投资人享受证券投资基金的收益，也承担亏损的风险。

投资基金的概念有广义和狭义之分。广义的投资基金包括证券投资基金和产业投资基金。产业投资基金，又称直接投资基金，是指以企业的非上市股权为主要投资对象的基金。按照投资阶段与领域的不同，产业投资基金可以分为创业投资基金（风险投资基金）、企业重组投资基金和基础设施投资基金。其中，创业投资基金主要对尚处于创业阶段的、未上市的高新技术企业作长期股权投资，以期在未来所投资企业上市后实现高额回报。与其他融资方式相比，风险投资基金在支持高新技术企业发展方面作用十分突出，功能显著；企业重组基金是指专门投资于需要重组的企业，并积极参与企业重组活动的产业投资基金；基础设施投资基金是指主要投资于交通、公用事业、邮电通信、能源等基础设施领域的未上市企业的一种产业投资基金。

狭义的投资基金指的只是证券投资基金，本章内容针对范围是狭义的投资基金，因此，本章内所提到的投资基金，除了有特殊说明的以外，指的全部都是证券投资基金。

4.1.2　投资基金与股票、债券以及一般意义上的基金的区别和联系

1. 投资基金与股票、债券的联系与区别

投资基金是一种有价证券。虽然它自身没有价值，但由于它代表着证券持有人的资产所有权、收益分配权及剩余资产分配权等权益，因此能够在市场上进行交易，并在交易过程中形成自己的价格。作为有价证券，基金证券有着与股票、债券共同的特征，即三者都是资本市场上主要的投资工具。

但基金证券又与股票、债券有着明显的区别，主要体现在以下几个方面。

(1) 反映的权力关系不同。基金证券是由基金发起人发行的。发行人与管理人、托管人之间完全是一种信托契约关系；股票持有人对公司是一种产权关系；债券的投资者与发行者之间形成的是一种债权债务关系。

(2) 投资者的经营管理权不同。通过发行股票筹集的资金，完全可以由发行股票的股份公司掌握和运用，股票持有人也有权参与公司的经营管理决策；而投资基金与二者有很大的区别。无论哪种类型的基金，其发起人和投资人都不直接从事基金的运作，而是委托基金管理人运营。

(3) 风险和收益不同。从风险程度的比较看，对基金证券的投资风险要小于股票投资，而大于债券投资。从收益水平看，基金证券的投资收益一般小于股票投资，但大于债券投资。也就是说，投资基金的风险和收益一般小于股票投资，而大于债券投资。

(4) 存续时间不一致。封闭式基金都规定有一定的存续时间，期满即终止。这一点类似于债券，与债券投资不同的是，投资基金经持有人大会或公司董事会决议，可以提前终止，也可以期满后再延续。开放式基金没有固定的存续期，这一点类似于股票，但与股票不同的是，开放式基金可以随时增加或减少基金券，持有人可以按基金资产净值向公司要求申购或赎回其所持有的单位或股份。

2. 投资基金与一般意义上的基金的区别

投资基金与人们平时所说的一般意义上的基金有很大的不同，主要体现于以下几点。

(1) 从资金来源看。一般意义上的基金是通过集资方式或政府拨款方式形成的具有专门用途的资金，如发展基金、各种福利基金、救济基金等。而投资基金是通过投资者认购基金证券来筹集的资金。

(2) 从投资方式上看。一般意义上的基金通常有专门的业务，而不以投资获利为主要目的，强调资金使用的安全性。与此相反，投资基金的目标就是要通过

投资赚取收益，其投资风险随投资基金赢利目标而有所不同。

（3）与一般意义上的国际基金组织不同。国际上的许多基金组织，如国际货币基金组织（IMF）、联合国资本发展基金等，它们相当于跨国性的协调、互助机构。之所以称为"基金"，是因为每个组织都有一笔来自成员国的资金。这些资金的用途不是为了投资有价证券赚取收益，而是为成员国的建设服务。从根本上说，它们与投资基金毫无共同之处。

4.1.3　投资基金的起源与发展

1. 证券投资基金起源于英国

英国是现代投资基金的发祥地。19 世纪中期，英国产业革命接近终场，国内投资机会锐减。同时，海外对资本的需求高涨，追求利润的人们开始把资金投向海外，其中，既无知识又不具备调查能力的中小投资者寻求如何能够尽量回避风险而享受利益的投资方式，投资信托由此应运而生。

1868 年，世界上第一个投资信托"外国和殖民地政府信托"在英国诞生，该基金成立时募集 100 万英镑。其操作方式类似于现代的封闭式契约型基金。另一位投资信托的先驱者是苏格兰人富来明，1873 年，富来明创立了"苏格兰美国投资信托"，开始计划代替中小投资者办理新大陆的铁路投资。1879 年英国《股份有限公司法》发布，从此投资基金从契约型进入股份有限公司专业管理时代。第一个具有现代开放式基金雏形的基金出现于 1931 年。1943 年，英国成立了"海外政府信托契约"组织，该基金除规定基金公司以净资产价值赎回基金单位外，还在信托契约中明确了灵活的投资组合方式，标志着英国现代证券投资基金的发展。

英国的封闭式基金一般以投资信托公司股份的形式向公众募资，而开放式基金一般以单位信托基金的形式存在。单位信托基金向投资者出售基金单位，并承诺以基金净值赎回基金单位。单位信托基金的普及性和管理资产总量，超过了投资信托公司。截至 1997 年年底，英国已有单位信托基金管理公司 154 个，管理单位信托基金近 1600 个，管理资产超过 1500 亿英镑；而投资信托公司有 570 多个，管理资产 580 亿英镑。

2. 证券投资基金盛行于美国

美国投资基金的发展起源于 20 世纪 20 年代中期。第一个具有现代证券投资基金面貌的开放式基金"马萨诸塞投资信托"，1924 年诞生于波士顿。1940 年制定的《投资公司法》是世界上第一部系统地规范投资基金的法律，为美国投资基金的发展奠定了基础。

第二次世界大战后，美国经济在 20 世纪 50~60 年代的高速增长，带动了投资基金的发展。1970 年时，美国已有投资基金 361 个，总资产近 500 亿美元，投资者逾千万人。80 年代后，尤其在 80 年代中后期，投资基金的发展出现了一个很大的飞跃。进入 90 年代,世界经济一体化的迅速发展使得投资全球化的概念主导了美国投资基金的发展,同时克林顿执政时代国内经济的高速增长使得股市空前高涨,股票基金也得以迅速膨胀。今天,美国的证券投资基金(在美国称为共同基金)的资产总量高达 4 万亿美元,大约有 4000 万持有者。

美国的共同基金分为封闭式和开放式。封闭式基金的起源略早于开放式基金,但开放式基金以其方便投资者的优点很快超过了封闭式基金。目前,封闭式共同基金大约只有 500 个,多为债券基金和国家基金。而开放式基金的数目则高达 5000 余个,种类多种多样。

与英国模式相比,美国的投资基金模式具有三个基本特点:①证券投资基金的组织体系由原先英国模式的契约型改为公司型。②证券投资基金的运作制度由原先英国模式中的封闭式改为开放式。③证券投资基金的回报方式由原先英国模式中的固定利率方式改为分享收益、分担风险的分配方式。

3. 日本证券投资基金发展概况

投资基金在日本称作证券投资信托基金。证券信托投资业务在 20 世纪 30 年代已在日本出现,但在 50 年代之前发展极不规范。日本于 1951 年 6 月公布实行了证券投资信托法,确立了以战前的投资信托结构为参考的契约型投资信托制度,日本四大证券公司野村、日兴、大和和山一率先注册开展基金业务。因此,日本投资信托的产生有强烈的政策性,与英美等国在经济发展的过程中自然发生的背景大不相同。

1957 年信托投资行业的自律机构"日本投资信托协会"成立,为日本现代投资基金的进一步发展铺平了道路。1959 年 12 月基金业务从证券公司分离,四大投资信托公司由此诞生。1970 年投资基金开始对海外投资,20 世纪 90 年代初,日本泡沫经济崩溃,投资基金资产急剧减少,投资基金行业面临严峻局面,从而导致 1994 年的投资基金制度改革。改革措施主要包括:加强对投资者的保护,放宽对基金资产运用的限制,以及允许投资基金管理公司兼营专项代理投资业务等,以便促进投资基金的复兴。

日本的投资基金以契约型、开放式为主,绝大部分不上市交易。政府的监管指导力较强,投资信托协会的自律管理较为有效。

4. 中国基金业发展概况

我国证券投资基金业伴随着证券市场的发展而诞生,依主管机关管辖权力的不同可分为两个阶段。

第一阶段,1992~1997 年。该阶段为中国人民银行作为主管机关管理的阶段。这一阶段发起设立的基金简称为"老基金",这些老基金绝大多数直接投资于产业,其中大部分是在 1992 年前成立的。此阶段基金发展的特点是由地方人民银行批准发起设立,由下至上,自发性较强。具有专业化基金管理公司管理运作的基金较少。大部分基金由证券和信托机构的基金部负责运作，这种情况后来得到逐步规范。

第二阶段，1997年至今。该阶段是由中国证监会作为基金业主管机关的阶段，以1997年11月4日颁布的《证券投资基金管理暂行办法》为标志，这是规范我国基金业的第一部法规。此阶段投资基金发展的特点是基金管理高度集中在国家主管机关，基金发行规模较前阶段大。有关的投资基金法陆续出台，法律环境逐步完善。封闭式基金处于停滞状态，开放式基金得到空前的发展。

2003年是中国基金业突飞猛进大发展的一年。基金产品与基金管理公司数量均获得空前发展。2月10日，第一只标准指数基金——天同180指数基金发行，拉开了2003年基金产品发行序幕。全年共有39只开放式基金发行，首发规模678.45亿元，远远超过2001年117亿元（3只）、2002年448亿元（14只）。基金的产品逐步完善，从股票基金到债券基金，再到保本基金、准货币市场基金，基金的产品贯穿高中低风险各个系列，为社会大众提供了更加广泛的选择。截至2003年12月31日，国内共有基金110只，4只准货币市场基金正在发行中。2003年基金管理公司也以前所未有的数量在发展，全年共有29家基金管理公司开业或获准筹备，超过过去4年的21家基金管理公司数量。截至2003年12月31日，基金管理公司的总数已达50家。50家基金管理公司中，37家为中资公司，13家为中外合资基金管理公司，中外合资基金管理公司占基金管理公司总数的26％。2003年12月，首只准货币市场基金发行。2003年10月26日，《证券投资基金法》经十届全国人大常委会第五次会议表决通过，2004年6月1日正式实施。《证券投资基金法》以法律形式确认了基金业在资本市场以及社会主义市场经济中的地位和作用，构建了基金业发展的制度框架，为基金业的发展创造了广阔的空间，对资本市场的健康发展和社会主义市场经济的完善产生深远的影响。它的颁布和实施，是中国基金业和资本市场发展历史上的又一个重要里程碑，标志着我国基金业进入了一个崭新的发展阶段，必将对中国基金业以及资本市场和金融业的健康发展带来深远的影响。

随着《证券投资基金法》颁布实施，各类基金产品相继面世，基金公司的运作与管理也逐步完善。2005年以来，基金业进入快速发展阶段，伴随着资本市场改革的深化，投资人信心增强，资本市场发展开始提速，基金业也在这一时期快速发展，资产管理规模迅速扩张，截至2007年9月，我国基金业管理资产总规模已超过3000亿欧元，基金持有的股票市值占股市流通市值的比例已达25％。同时，我国基金收益水平也不断提升，2007年上半年，我国基金投资收益超过了之前7年收益的总和。基金产品也得到了极大丰富，已形成较为丰富的产品线，既包括传统的股票、债券、混合型基金和货币市场基金，也涵盖了ETF、LOF、保本基金、指数基金和QDII基金等，为广大投资者提供了丰富的投资选择。

随着时间的推移，许多国家的政府也认识到证券投资基金的重要性以及在金融市场中的作用，相继制定了一系列法律、法规，在对证券投资基金加强监管的同时，也为证券投资基金提供了良好的外部环境，极大地推动了证券投资基金的发展。20 世纪 80 年代以后，证券投资基金在世界范围内得到了普及性发展。

目前，证券投资基金在全球的发展主要有以下特征：证券投资基金的数量、品种和规模增长很快，在整个金融市场乃至国民经济中占据了重要地位；证券投资基金的增长与金融市场呈正相关发展；证券投资基金发展成为一种国际性现象；开放式基金成为证券投资基金的主流产品；基金市场竞争加剧，行业集中趋势突出。

从国际经验看，证券投资基金之所以对投资人有较大的吸引力并且在 20 世纪 80 年代以后发展迅速，主要原因是：第一，证券投资基金在运作中的专业管理、制衡机制、组合投资等特征，有利于分散基金运作中的风险，并能够给投资人以稳定的回报，从而使投资人认可并选择这一投资工具；第二，证券投资基金对证券市场的稳定和发展有一定的积极作用，对市场的支撑力度大；第三，证券投资基金对金融产品创新、社会分工和社会稳定也有积极的促进作用。

4.2　投资基金的特点与分类

4.2.1　投资基金的特点

投资基金从 19 世纪起源发展到今天，在全球经济活动中的地位越来越重要，尤其是在金融领域，基金不但在欧美发达国家成为非常重要的金融投资品种，而且在一些新兴的工业国家和地区也得到了迅猛的发展。投资基金的蓬勃发展是和基金投资的优越性紧密联系的。一般来说，基金投资主要有以下一些特点。

1. 发挥专家理财作用，提高了投资效率

我国于 2003 年出台、2004 年 6 月 1 日正式实施的《证券投资基金法》规定，证券投资基金投资于股票、债券的比例，不得低于该基金资产总值的 80%。基金资产由专业的基金管理公司负责管理。因为证券投资是一项对专业技术要求较高的业务，特别是投资一些复杂的衍生金融产品对专业知识的要求更高，所以基金的操作一般都是由熟悉专业的基金经理或投资顾问来进行。他们相对一般投资者而言，实际操作经验丰富，对国内外的宏观经济形势、产业发展和政策、上市公司的基本情况都较为了解。同时，信息渠道比较广泛，并能够利用研究方面的优势，及时对信息进行分析处理，把握最佳的投资机会，获得较好的投资回报。而投资者通过基金投资，不但可以在很大程度上免除上述的繁重劳动，也能充分利用基金管理人的信息优势，大大提高投资的效率。所以，投资者通过基金投资，能享受到基金专家理财的好处。

2. 集中小额资金，规模经营

投资基金汇集众多小投资者的资金，形成一定规模的大额资金，在参与证券投资时能享有规模效益。首先在信息资料的搜集和处理方面，这部分成本可以说是相对固定的，与投资金额关系不大，通过基金的大规模投资，能降低单位资金量的研究成本，获得规模经济。同时，国外一些市场买卖证券的佣金是可变佣金制，交易量越大，交易佣金费率就越低，因而基金买卖证券时的佣金支出比投资者直接买卖证券所付出的要少，减少了投资的成本。

3. 组合投资、分散风险

任何投资都是有风险的。根据投资专家的经验，要在投资中做到起码的分散风险，通常要持有 10 个左右的股票。投资学有一句谚语："不要把所有的鸡蛋放在同一个篮子里。"而大多数普通投资者不能对风险有正确的认识，即使意识到风险的存在，也可能因为资金量的限制或风险控制工具的欠缺，不能采取分散投资或其他适当的风险控制措施。而基金管理人凭借自身的专业知识，能够较为准确地判断投资面临风险的种类、性质、大小，从而采取相应的风险控制措施。另外，法规也都要求基金在投资时采取分散投资的原则来控制投资风险。

4. 投资小、费用低

在我国，每份基金单位面值为人民币 1 元。证券投资基金最低投资额一般较低，投资者可以根据自己的财力，多买或少买基金单位，从而解决了中小投资者"钱不多、入市难"的问题。

基金的费用通常较低。根据国际市场上的一般惯例，基金管理公司提供基金管理服务，收取的管理费一般为基金资产净值的 $1\%\sim2.5\%$，而投资者购买基金需缴纳的费用通常为认购总额的 0.25%，低于购买股票的费用。此外，由于基金集中大量的资金进行证券交易，通常也能在手续费方面得到证券商的优惠；为了支持基金业的发展，很多国家和地区还对基金的税收给予优惠，使投资者通过基金投资证券所承担的税赋不高于直接投资于证券须承担的税赋。

5. 流动性强、变现能力高

基金的买卖程序非常简便，对开放式基金而言，投资者既可以向基金管理公司直接购买或赎回基金，也可以通过证券公司等代理销售机构购买或赎回，或委托投资顾问机构代为买入。国外的基金大多是开放式基金，每天都会进行公开报价，投资者可随时据此购买或赎回。我国的封闭式基金都在证券交易所上市交易、买卖程序与股票相似。开放式基金更是发展迅速，在基金品种和运作不断完善的同时，又于 2003 年 12 月推出了中国首只货币市场基金，交易所交易基金（ETFs）也于 2004 年 7 月获准推出，由此基金的流动性和变现能力将进一步提高。

6. 方便小额投资者和境外投资者投资

普通投资者由于自身的资金量有限，直接投资于证券市场会受到制约。例如，在我国，证券营业部对投资者开设股票账户的起点资金要求较高，对于普通老百姓来说，仅凭自己少量的资金很难参与投资。同时，在国外的期货、期权市场和货币市场，市场本身对参与者的资金量要求很高，普通投资者凭借单独的资金不可能投资该类市场。但是投资基金所要求的资金起点一般都较低，投资者用少量的资金就可以投资于基金，然后基金再将大量投资者的资金集中起来投入证券市场或其他市场，投资者通过基金的分红享有投资的收益。所以，投资基金是方便小额资金进行投资活动的工具。

此外，投资者要想直接投资于境外资本市场，由于信息不灵，交易不便，存在着许多现实困难。但如果通过基金投资，一切就变得简单易行了。从投资基金的起源来看，其产生就是由于跨洋投资的需要。

7. 投资基金存在风险

证券投资基金作为一种独特的金融产品，能够提供专家理财等服务，对普通投资者来说是参与证券市场、节省时间的较好工具。但是，基金与其他任何金融产品一样，也是有风险的。证券投资基金只能降低、但不能消除证券投资风险。因为：首先，基金不能消除市场固有的风险，基金投资于股票和债券市场的收益会因为整个市场状况的变化而不确定，它不能消除股票市场和债券市场的风险。其次，基金管理人并不能减低投资风险，他只能获得与该风险水平相对应的回报。也就是说，基金管理人并不能在较低的风险程度上获得与其他投资者相同的回报，也不能在风险相同的情况下，获取比其他投资者高的收益率，他只能控制基金投资的风险水平，而不能消除投资的风险。另外，我国的法规和基金契约的限制，以及目前的市场状况制约了基金管理人对风险的控制能力。

4.2.2　投资基金的分类

1. 基本类型

1) 开放式基金与封闭式基金

根据基金单位是否可增加或赎回，投资基金可分为开放式基金和封闭式基金。

(1) 开放式基金。开放式基金是指基金设立后基金规模不是固定不变的，投资者可以随时根据市场供求情况发行新份额或赎回的投资基金。基金经理人也应按照招募说明书上的规定，随时准备按基金净值计算的价格向投资者出售或赎回基金单位，申购和赎回时的价格反映了当时基金市场的供求状况。

开放式基金无预定存在期限，理论上可无限期存在下去，而且开放式基金的投资目标比较灵活，这也要求投资市场的规模要大，便于基金迅速地调整投资结构和投资品种。开放式基金主要特点如下：

第一，市场选择性强。如果基金业绩优良，投资者购买基金的资金流入会导致基金资产增加。如果基金经营不善，投资者通过赎回的方式撤出资金，导致基金资产减少。由于规模较大的基金整体运营成本并不比小规模基金的成本高，因此，规模大的基金业绩往往更好，愿买它的人更多，规模也就更大。这种优胜劣汰的机制对基金管理人形成了直接的激励约束，充分体现了良好的市场选择结果。

第二，流动性好。基金管理人必须保持基金资产充分的流动性，以应付可能出现的赎回，而不会集中持有大量难以变现的资产，减少基金的流动性风险。

第三，透明度高。除履行必备的信息披露外，开放式基金一般每日公布资产净值，随时准确地体现出基金管理人在市场上运作、驾驭资金的能力，对于能力、资金、经验均不足的小投资者有特别的吸引力。

第四，便于投资。投资者可随时在其托管银行的网点等销售场所申购、赎回基金，十分便利。良好的激励约束机制又促使基金管理人更加注重诚信、声誉，强调中长期、稳定、绩优的投资策略以及优良的客户服务。

（2）封闭式基金。封闭式基金是相对于开放式基金而言的，是指基金规模在设立时就已经限定，在发行期满后和规定的期限内，基金规模固定不变的投资基金。此后，投资者无论是想购买或赎回基金证券，都不能向基金公司提出要求，只能通过证券经纪人在证券交易所里买卖。封闭式基金的交易价格是根据市场供求状况来确定的，这里包括两方面的因素：一是证券市场整体的价格水平，二是基金自身投资业绩的好坏。

与开放式基金相比，封闭式基金更适合于发展水平较低的发展中国家市场。这类市场规模小，资金的周转速度较慢，投资工具少而灵活性差，不适合大规模的资金运作。封闭式基金正好适合于这种市场，它既可以防止国际游资对正在发展的资本市场带来冲击，又可以保证资金总额的稳定，让基金从事长期的投资从而获得比较稳定的收益，还可以避免赎回的压力，降低投资成本。

（3）开放式基金和封闭式基金的主要区别：

第一，基金的存续期限不同。封闭式基金均有明确的存续期限，目前我国封闭式基金的存续期限为10年或15年，期满后一般应予清盘，除非在经基金持有人大会通过并经监管机关同意的情况下，可以延长存续期。而开放式基金无预定存在期限，理论上可无限期存在下去，除非基金运作出现危机导致投资者大量赎回基金，最终导致基金破产倒闭。

第二，基金规模的可变性不同。封闭式基金在存续期限内，已发行的基金单位不能被赎回，虽然特殊情况下此类基金可进行扩募，但扩募应具备严格的法定条件。因此，在正常情况下，基金规模是固定不变的。而开放式基金的规模是不固定的，一般在基金设立三个月后，投资者随时可以申购或赎回新的基金单位。投资者一般会申购业绩表现好的基金，赎回业绩表现差的基金，所以业绩差的基金会遭到投资者的抛弃，规模逐渐萎缩，直到规模小于某一标准时被强制清盘。

第三，基金单位交易价格的决定方式不同。封闭式基金因在交易所上市，其买卖价格直接受基金供求关系、其他基金的价格以及股市、债市行情等的共同影响，一般总是偏离基金的资产净值，产生基金价格和基金资产净值之间的"折价"或"溢价"现象。而开放式基金的买卖价格是以每日计算的该基金的资产净值为基础计算的，加上必需的申购赎回费用，这一价格可直接反映基金单位资产净值的高低。

第四，基金单位的交易方式不同。封闭式基金在证券交易所挂牌上市交易，交易是在基金投资者之间进行，只是在基金发起接受申购时和基金封闭期满清盘时交易才在基金投资者和基金经理人或其代理人之间进行。而开放式基金一般不上市［不包括交易所交易基金（ETFs）］，其交易一直在基金投资者和基金经理人或其代理人（如商业银行、证券公司的营业网点）之间进行，基金投资者之间不发生交易行为。

第五，基金的投资策略不同。由于封闭式基金在整个封闭期的相当长时期内资本规模固定，募集得到的资金可全部用于投资，这样基金管理公司便可据以制定长期的投资策略，取得长期经营绩效。而开放式基金则必须保留一部分现金，以便投资者随时赎回，而不能全部用于长期投资。一般投资于变现能力强的资产。所以在基金资产的流动性要求方面，开放式基金远远高于封闭式基金。

第六，信息披露要求不同。封闭式基金不必按日公布资产净值，只需每周公布一次单位资产净值。而开放式基金要求基金管理公司每个开放日公布基金单位资产净值，并以基金单位资产净值为基础确定交易价格，受理基金的认购和赎回业务。表 4-1 是两者的比较。

表 4-1 开放式基金与封闭式基金比较

项目	开放式基金	封闭式基金
存续期限	不确定,理论上可以无限期存续	有确定的存续期
基金规模	不固定	固定
交易价格	依照每日基金单位资产净值确定	根据市场行情变化,相对于单位资产净值可能折价或溢价
交易方式	一般不上市,通过基金管理公司认购或赎回	上市流通
投资策略	强调流动性管理,基金资产中要保持一定量的现金及流动性资产	可以进行长期投资
信息披露	每日公布基金单位资产净值,每季度公布资产组合	每周公布基金单位资产净值,每季公布资产组合

2）契约型基金与公司型基金

根据组织形态的不同，投资基金可分为公司型投资基金和契约型投资基金。

（1）契约型投资基金。契约型基金也称信托型投资基金，是根据一定的信托契约而组建起来的代理投资行为，是由基金发起人和基金管理人、基金托管人订立基金契约而组建的投资基金。基金管理公司依据法律、法规和基金契约负责基金的经营和管理操作；基金托管人负责保管基金资产，执行管理人的有关指令，办理基金名下的资金往来；投资者通过购买基金单位，享有基金投资收益。

契约型基金依据其具体经营方式又可划分为两种类型：①单位型。它的设定是以某一特定资本总额为限筹集资金组成单独的基金，筹资额满，不再筹集资金。它往往有一固定期限，到期停止，信托契约也就解除，退回本金与收益。信托契约期限未满，不得解约或退回本金，也不得追加投资。如中国香港的单位信托基金就属于此类。②基金型。这类基金的规模和期限都不固定。在期限上，这类基金是无限期的；在资本规模上，可以有资本总额限制，也可以没有这种限制。基金单位价格由单位基金资产净值、管理费及手续费等构成，原投资者可以买价把受益凭证卖给代理投资机构，以解除信托契约抽回资金，也可以卖价从代理投资机构那里买入基金单位进行投资，建立信托契约。日本的开放型投资信托或追加型投资信托属于基金型投资信托。

目前，契约型基金主要分布于英国、日本、韩国、东南亚地区和我国，我国的基金目前全部属于契约型基金。

(2) 公司型基金。公司型基金是依据一国或地区公司法而成立的投资基金，是具有共同投资目标的投资者组成的以赢利为目的的股份制投资公司，并将资产投资于特定对象（如各种有价证券、货币）的股份制投资公司。基金持有人既是基金投资者，又是公司股东，按照公司章程的规定，享受权利，履行义务。公司型基金成立后，通常委托特定的基金管理公司运用基金资产进行投资并管理基金资产。基金资产的保管则委托另一金融机构，该机构的主要职责是保管基金资产并执行基金管理人的指令，二者权责分明。基金资产独立于基金管理人和托管人的资产之外，即使受托的金融保管机构破产，受托保管的基金资产也不在清算之列。美国的基金多为公司型基金。

(3) 契约型基金和公司型基金的主要区别，详见表4-2。

表4-2　契约型基金和公司型基金的主要区别

区别内容	契约型基金	公司型基金
法律依据	组建的法律依据是信托法	组建的依据是公司法
信托财产的法人资格	不具有法人资格	本身就是具有法人资格的股份有限公司
基金资产的运用依据	凭借基金契约经营基金财产	依据公司章程来经营

续表

区别内容	契约型基金	公司型基金
融资渠道	不具有法人资格,一般不向银行借款	具有法人资格,在资金运用状况良好、业务开展顺利、又需要扩大公司规模、增加资产时,可以向银行借款
投资者的地位	投资者作为信托契约中规定的受益人,对基金如何运用所作的重要投资决策通常不具有发言权	投资者作为公司的股东有权对公司的重大决策进行审批,行使股东权利
筹资工具	通过发行受益凭证筹资	公司型基金可以发行股票,也可以发行债券筹资
基金运营方式	契约型基金依据基金契约建立、运作,契约期满,基金运营也就终止	公司型基金像一般的股份公司一样,除非依据公司法到了破产、清算阶段,否则公司一般都具有永久性

　　从投资者的角度看，这两种投资方式孰优孰劣很难断定，因为它们各有长处。至于一个国家采取哪一种方式好，要根据具体情况进行分析。因为公司型基金的优点是具有永久性，不会面临解散压力，有利于长期发展，特别是公司型基金在保护投资者利益方面较为有效。契约型基金的优点是比较灵活，可以根据不同的投资偏好设立不同的投资政策，投资者还可以免除所得税负担。因为契约型基金没有法人资格，所以其运作不受公司法限制。因此，从基金的大众化程度和经营成本以及销售的难易程度等微观方面看，契约型基金优于公司型基金。从稳定国民经济、保护投资者利益或运用信托资产所具备的条件看，公司型基金又优于契约型基金。所以，目前许多国家和地区都采用两种形态并存的办法，力求把两者的优点都利用起来。

　　2. 基金的其他分类

　　(1) 根据投资风险和收益的不同，投资基金又可分为成长型基金、收入型基金和平衡型基金。

　　成长型基金 (growth funds)。成长型基金追求资本长期增值并注意为投资者争取一定的收益。因此，其投资的对象主要是市场中有较大升值潜力的小公司股票，有时也投资于一些新兴、但目前经营还比较困难的行业股票。这类基金的投资策略是尽量充分运用资金，当行情较好时，甚至借入资金进行投资。

　　收入型基金 (income funds)。收入型基金是指以能为投资者带来高水平的当期收入为目的的投资基金。这类基金注重当期收入最大化和基金券价格增长。因而其投资对象主要是那些绩优股以及派息较高的债券和可转让大额存单等收入较高而且比较稳定的有价证券。

　　平衡性基金 (balanced funds)。平衡型投资基金是指既追求长期资本增值，又追求当期收入的投资基金。这类基金主要投资于债券、优先股和部分普通股，其风险和收益状况介于成长型基金和收入型基金之间。

（2）根据投资对象的不同，投资基金可分为股票基金、债券基金、货币市场基金、期货基金、期权基金、指数基金和认股权证基金等。

股票基金是指以股票为投资对象的投资基金；债券基金是指以债券为投资对象的投资基金；货币市场基金是指以国库券、大额银行可转让存单、商业票据、公司债券等货币市场短期有价证券为投资对象的投资基金；期货基金是指以各类期货品种为主要投资对象的投资基金；期权基金是指以能分配股利的股票期权为投资对象的投资基金；指数基金是指以某种证券市场的价格指数为投资对象的投资基金；认股权证基金是指以认股权证为投资对象的投资基金。

（3）根据资本来源和运用地域的不同，投资基金可分为国内基金、国际基金、离岸基金和海外基金。

国内基金是指资本来源于国内，并投资于国内市场的投资基金；国际基金是指资本来源于国内，投资于国外市场的投资基金；离岸基金是指资本来源于国外，投资于国外市场的投资基金；海外基金是指基金的发行对象为境外投资者，投资方向是国内的有价证券组合。

（4）根据投资货币种类的不同，投资基金可分为美元基金、日元基金和欧元基金等。

美元基金是指投资于美元市场的投资基金；日元基金是指投资于日元市场的投资基金；欧元基金是指投资于欧元市场的投资基金。

除此之外，证券投资基金还有伞形基金、基金中的基金、交易所交易基金（ETFs）和对冲基金等多种类型。

4.3　证券投资基金的治理结构

4.3.1　投资基金治理结构的概念

证券投资基金的相关利益方主要包括基金持有人、基金管理人和基金托管人，这三者构成"基金金三角"。基金的治理结构就是协调基金相关利益方之间经济关系的一套制度安排，其目的在于为基金的金三角找到一种平衡的治理结构，使所有权、经营权和保管监督权在持有人、管理人和托管人中得到合理的分配，并在持有人利益最大化的前提下，提升治理效率，降低治理成本。根据基金组织制度的不同，基金治理结构分为公司型基金的治理结构和契约型基金的治理结构。

基金持有人与基金管理人之间是所有者与经营者的关系。基金持有人是指基金股份或受益凭证的持有人，也是基金的受益人。而基金管理人则是指凭借专门的知识与经验，运用所管理基金的资产，根据法律、法规及基金章程或基金契约的规定，按照科学的投资组合原理进行投资决策，谋求所管理的基金资产不断增值，并使基金持有人获取尽可能多收益的机构。所以，基金持有人与基金管理人的关系实质上是所有者与经营者之间的关系，类似于上市公司中的股东与管理层的关系。前者是基金资产的所有者，后者是基金资产的经营者。前者是一般的社会投资人，既可以是自然人，也可以是法人或其他社会团体。后者则是由职业投资专家组成的专门经营者，是依法成立的法人。

基金管理人与托管人之间是经营与监管的关系。基金管理人由投资专家组成，负责基金资产的经营，本身绝不实际接触和拥有基金资产；托管人由主管机关认可的金融机构担任，负责基金资产的保管，依据基金管理机构的指令处置基金资产，并监督管理人的投资运作是否合法合规。基金管理人和基金托管人均对基金持有人负责。这种相互制衡的运行机制，极大地保证了基金信托财产的安全和基金运用的高效。但是，这种机制的作用得以有效发挥的前提是基金托管人与基金管理人必须严格分开，由不具有任何关联的不同机构或公司担任，两者在财务上、人事上和法律地位上应该完全独立。

基金持有人与托管人之间是委托与受托的关系。基金持有人把基金资产委托给基金托管人管理。对持有人而言，把基金资产委托给专门的机构管理，可以确保基金资产的安全，对基金托管人而言，必须对基金持有人负责，监督基金管理人的行为，使其经营行为符合法律法规的要求，为基金持有人勤勉尽职，保证资产的安全，提高资产的报酬。

有效的基金治理结构就是通过对构成基金的有关当事人的行为进行必要的激励和约束，使基金能以最小的成本获取相应的投资回报，而且治理结构对基金运作的安全和效率有着重要影响，从而影响着基金业的发展。不同国家和地区根据自己的法律传统和经济环境，选择不同的基金法律形式。基金的法律形式不同，其治理结构也不同。

1. 公司型开放式基金的治理结构

在美国，共同基金根据其所在州的法律，以公司、商业信托或有限合伙的形式组成，其中，开放式投资公司是其主要的组织形式。典型的投资公司由发起人（sponsor）组织设立，该发起人可能是一个经纪商、投资顾问、保险公司或其他金融机构。当然，基金治理结构与公司治理结构还是有一定的区别。在契约型基金框架下，基金本身并不是一个独立的实体，没有相应的组织体系；而在公司型的框架下，基金虽然是一个公司，但是除了董事会之外，也并无其他的机构，基金经理公司通过合约与基金公司发生联系。因此，对于基金治理结构，应该有一种更为宽泛的认识。美国公司型开放式基金的治理结构如图 4-2 所示。

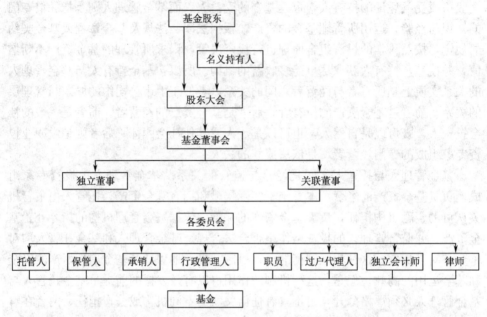

图 4-2 美国公司型开放式基金的治理结构
资料来源：李曜，《证券投资基金学》，上海财经出版社，2003 年

　　美国公司型基金的治理结构分为股东、董事会、服务主体三个层次。股东享有一定的选举权，大多数共同基金设有每年的股东大会。董事会由关联董事和独立董事组成，对股东负责。而且几乎所有的共同基金都是由外部管理的，没有自己的雇员，基金所有的运作一般由发起人及其关联人或与基金有合约关系的其他单位执行。基金通过董事会与向股东提供服务的这些机构签订合同。为基金提供服务的主体主要有基金投资顾问、行政管理人、承销人、保管人、过户代理人和独立会计师等。

　　从组织体系上说，公司型基金应该是目前世界上各类投资基金中组织制度相对比较完善的一种，它与现有契约型基金最直接的区别是，在公司型基金中存在一个代表并维护基金持有人权益的有形机构——基金公司。美国公司型基金的治理结构中最值得一提的是其独立董事制度。因为不论在公司型基金中的基金公司内还是在基金管理公司内，以及上市公司内，独立董事作为一个特别的群体，被赋予了重大的职责，即保护公司的股东权益和严格监督经营管理层的运作。随着公司型基金治理模式的不断发展，独立董事制度在其中发挥着越来越重要的作用，目前已经成为公司型基金治理结构的核心组成部分。

　　公司型基金一般由基金管理机构发起设立，在其设立后即独立于发起人。根据《ICA 1940》的规定，美国投资公司董事会中必须至少有 40％ 的董事为独立董事。独立董事由法律明文规定的责任是，保障投资者免受基金经理及其关联单位违规行为的损害。作为股东利益的监督者，独立董事参与决定基金管理人、基金会计师以及基金分销商的聘用，对基金管理人和基金的其他关联人进行监督和检查。

2. 信托型开放式基金的治理结构

信托型开放式基金以英国和我国香港为代表。英国单位信托主要根据信托法规成立，管理人和受托人都有信托义务，并以受托人作为信托关系的核心成立信托。这一治理结构主要包括：单位持有人大会、受托人、管理人。在中国香港地区，单位信托业务受信托法、单位信托及互惠基金守则等相关规则约束，其主要的治理结构包括持有人大会、受托人、管理人。

3. 我国信托契约型基金的治理结构

与公司型基金不同，契约型基金本身并不是一个独立的实体，没有相应的组织体系，因此并不存在基金的董事会。目前某些契约型基金所设立的独立董事制度并不是其治理结构的必要结构，而只是在它发展到一定阶段以后，为了改善其治理结构而在基金管理人的内部所增设的附属性机构。

目前，我国《公司法》规定不可以设立可变资本公司，并原则上禁止公司收购本公司的股份。因此，投资基金不可能采用公司的法律形态。由于我国封闭式基金一直采取的是契约型的基金形态，经过近十年发展，已经积累了丰富的经验。以目前我国发行的封闭式基金和开放式基金为例，我国信托契约型基金的治理结构包括基金持有人大会、基金管理人、基金托管人和其他利益相关主体。

近年来，随着开放式基金的推出，我国基金业取得了可喜的成就，伞形基金、指数基金、货币市场基金相继诞生，极大地丰富了我国资本市场的基金工具种类。而且，国外的成功基金品种——交易所交易基金（ETFs）在我国也已获准推出，特别是其与股指期货配合推出的预期让人们看到了基金业发展的又一个春天。尽管国内基金业的发展取得了可喜成就，但与基金业成熟市场上的状况相比，仍有巨大的发展空间，需从基金治理结构方面进一步加以完善。

4.3.2　基金发起人

基金发起人是以基金的设立和组建为目的，并采取必要的措施和步骤来达到设立和组建基金目的的法人，它在基金的设立过程中起着重要的作用。

契约型基金的发起人在基金成立以后一般成为该基金的管理人，或组建一家专门的基金管理公司去管理该基金，而发起人将成为基金管理公司的主要股东。在公司型基金中，发起人是基金管理公司的主体，它以发行股票的方式筹措资金，其股东就是基金股份的持有人。国外基金的发起人大多为有实力的金融机构，可以是一个，也可以是十多个。在我国，根据《证券投资基金法》规定，基金的主要发起人为按照国家有关规定设立的证券公司、信托投资公司以及基金管理公司，基金发起人的数目为两个以上。

基金发起人的职责如下：

（1）制定有关法律文件并向主管机关提出设立基金的申请，筹建基金。基金的发起人在基金的设立过程中，主要负责向主管机关申请批准基金的设立。在基金设立获得批准后，负责基金的募集工作，使基金能够成功地募集设立，进入投资运作。按照《证券投资基金法》的规定，在我国契约型基金的设立过程中，基金发起人应当负责签订在基金的发行和运作过程中起着重要作用的文件，这些文件包括：发起人之间发起设立基金的协议，基金管理人及托管人签订的基金契约，与基金托管人签订的托管协议和招募说明书。基金发起人在制作以上文件时应当保证它们的真实性、准确性和完整性，并且格式和内容都要符合中国证监会的要求。

（2）认购或持有一定数量的基金单位。基金发起人须在募集基金时认购一定数量的基金单位，并在基金存续期内保持一定的持有比例，从而使基金发起人与基金持有人的利益结成一体，保证基金发起人以维护投资人的合法权益作为其行为准则，不从事有损于投资者利益的活动，以切实保护投资者的利益。

（3）基金不能成立时，基金发起人须承担基金募集费用，将已募集的资金并加计银行活期存款利息在规定时间内退还基金认购人。

（4）在基金的设立获得批准后，基金发起人应当负责基金的发行和募集工作。按照管理办法的规定，发起人应在基金募集前3天，在中国证券监督管理委员会（以下简称证监会）指定的报刊上公开基金的募集说明书，然后按照证监会批准的募集方案发售基金单位。如果基金的募集达不到法定的要求，基金发行失败，基金发起人应当负责将已募集的资金和按照银行活期存款利率计算的利息在30天之内退还给基金认购人，同时基金发起人还应负担所有的发行费用。

4.3.3　基金管理人

基金管理人，是指凭借专门的知识与经验运用所管理基金的资产。根据法律、法规以及基金章程或基金契约的规定，按照科学的投资组合原理进行投资决策，谋求所管理的基金资产不断增值，并使基金持有人获取尽可能多收益的机构。基金管理人在不同的国家（地区）有不同的名称。例如，在英国称投资管理公司，在美国称基金管理公司，在日本多称投资信托公司，在中国台湾地区称证券投资信托事业。但其职责基本上都是一致的，即运用和管理基金资产。

我国的《证券投资基金法》对证券投资基金管理公司发起主体范围的规定较以前有所拓宽，同时也赋予了证券投资基金管理公司更大的业务发展空间和更深的内涵，原来证券投资基金管理公司业务较单一，只局限在基金的设立和对旗下基金的经营管理上，而现在可以进行基金的销售业务、资产的委托管理等。但设立基金管理公司的门槛抬高了，要求实收资本不低于 1 亿元，而原先的要求是1000 万元。

1. 基金管理公司的发起人及资格要求

基金投资者能否取得较好的回报，完全取决于基金管理人的投资运作。基金管理人作为委托人，在符合法规和基金契约的条件下投资相对自由。所以，为了保护基金投资者的利益，世界各国和地区对基金管理人的资格都有严格的规定，基金管理人资格的取得必须经监管部门的批准。在美国，基金管理公司必须经美国证券与交易委员会（SEC）核准，而在日本，从事基金管理业务必须取得大藏省的许可证。基金监管当局一般会从基金管理人的资本大小、资产质量、经营业绩、董事的资格、主要业务人员的素质经验以及是否有投资管理计划等方面来对基金管理人的资格进行审查。

我国的基金管理公司须经中国证监会批准。基金管理公司经批准，可以从事基金管理业务和发起设立基金。设立基金管理公司应当具备以下条件：①主要发起人为按照国家有关规定设立的证券公司、信托公司；②主要发起人经营状况良好，最近 3 年连续赢利；③每个发起人的实收资本不少于 3 亿元；④拟设立的基金管理公司的最低实收资本为 1 亿元；⑤有明确可行的基金管理计划；⑥有合格的基金管理人才。

2. 基金管理人的权利和义务

基金管理人的基本职责是充分运用和管理基金资产。按照我国《证券投资基金管理暂行办法》的规定，基金管理人的主要职责有：①按照基金契约的规定运用基金资产投资并管理基金资产；②及时、足额向基金持有人支付基金收益；③保存基金的会计账册、记录 15 年以上；④编制基金财务报告，及时公告，并向中国证监会报告；⑤计算并公告基金净资产值及每一基金单位资产净值；开放式基金的管理人还应当按照国家有关规定和基金契约的规定，及时、准确地办理基金的申购和赎回；⑥在适当的范围内可以进行基金的销售业务、资产的委托管理等。

3. 基金管理人更换及退任的条件及程序

为了加强对基金管理人的监管和制约，《证券投资基金法》规定基金管理人在以下情况下经中国证监会批准必须退任：①基金管理人解散、依法被撤销、破产或者由接管人接管其资产的；②基金托管人有充分理由认为更换基金管理人符合基金持有人利益的；③代表 50% 以上基金单位的持有人要求基金管理人退任的；④中国证监会有充分理由认为基金管理人不能继续履行基金管理职责的。只有在新的基金管理人经中国证监会批准后，原基金管理人方可退任，如果原基金管理人管理的基金无新的基金管理人承接的，基金应当终止。

4.3.4　基金托管人

在基金的运作中，有两个重要的机构，即基金管理人和基金托管人。基金托管人是基金资产的保管人和名义持有人。基金管理结构中引进基金托管人，目的在于监督基金管理人，保护基金持有人的利益，防止基金资产被挪用。因而基金托管人一般由具有一定资产规模，享有盛誉的商业银行、投资银行和保险公司来担任，确保这一内部监管机制得到彻底执行。

1. 托管人的资格

由于基金托管人在基金的运作中处于联系的枢纽地位，各国的监管法规都对基金托管人的资格有严格的要求。从基金资产的安全性和基金托管人的独立性出发，一般都规定基金托管人必须是由独立于基金管理人并具有一定实力的银行、保险公司和信托投资公司等金融机构担任。我国 2003 年出台的《证券投资基金法》取消了原有法规对投资基金托管人的资产必须在 80 亿元以上的规定，降低了基金托管人的门槛，除国营商业银行可以担当基金托管人外，其他被认可的银行也可以担当。

基金托管人和基金管理人在财务上必须互相独立，高级管理人员不得在对方兼职。而且基金托管人必须具备：①设有专门的基金托管部；②具备安全、高效的清算、交割能力；③有足够的熟悉托管业务的专职人员；④具备安全保管基金全部资产的条件。按照上述条件，目前我国有 12 家商业银行具备了成为基金托管人的资格，它们分别是中国工商银行、中国建设银行、中国农业银行、中国银行、交通银行、兴业银行、华夏银行、中国民生银行、中信银行、上海浦东发展银行、招商银行、中国光大银行。各个银行具备基金托管人资格的时间见表 4-3。

表 4-3　基金托管人一览表

序号	基金托管人	获得基金托管资格的时间
1	中国工商银行	1998 年 2 月
2	中国农业银行	1998 年 6 月
3	中国银行	1998 年 7 月
4	中国建设银行	1998 年 3 月
5	交通银行	1998 年 7 月

续表

序号	基金托管人	获得基金托管资格的时间
6	中国光大银行	2002 年 10 月
7	招商银行	2002 年 11 月
8	上海浦东发展银行	2003 年 9 月
9	中国民生银行	2004 年 7 月
10	中信银行	2004 年 8 月
11	华夏银行	2005 年 3 月
12	兴业银行	2005 年 5 月

资料来源:基金营销网。

2. 基金托管人的权利和义务

在公司型基金运作模式中,托管人是基金公司董事会所雇用的专业服务机构;在契约型基金运作模式中,托管人通常还是基金的名义持有人。按照国际惯例,托管人承担的主要职责一般有:①资产保管。基金托管人应对基金资产设立独立的托管账户,保证基金资产的安全;②执行基金的投资指令,并办理基金名下的资金往来;③复核审查管理人计算的基金净资产;④监督基金管理人的行为是否符合基金契约的规定。

与中国香港地区和台湾地区、英国以及世界其他地区不同,美国的基金托管机构的职责比较有限,它并不负责监督基金管理人在基金的管理活动中是否遵守基金契约的有关规定,这种监督的职责由基金指派的一个董事会承担,该董事会的成员独立于基金管理人和基金本身。

我国 2004 年 6 月 1 日起正式实施的《证券投资基金法》中规定的基金托管人的职责是:①安全保管基金的全部资产;②执行基金管理人的投资指令,并负责办理基金名下的资金往来;③监督基金管理人的投资运作,发现基金管理人的投资指令违法、违规的,不予执行,并向中国证监会报告;④复核、审查基金管理人计算的基金资产净值及基金价格;⑤保存基金的会计账册、记录 15 年以上;⑥出具基金业绩报告,提供基金托管情况,并向中国证监会和中国人民银行报告;⑦基金契约、托管协议规定的其他职责。

管理办法同时要求基金托管人必须将托管的基金资产和托管人的自有资产严格分开,对不同的基金分别设置账户,实行分账管理。独立的账户制度,使得即使基金托管人破产,基金资产的安全也不会受到影响,从而保护了基金投资者的利益。

3. 托管人更换及退任的条件及程序

关于基金托管人的退任,不同国家和地区的法律规定有所差异。如中国香港地区规定，除非委任新的托管人，而且有关的人选获得证监会的批准，否则现有的基金托管人不得退任。而中国台湾地区的法规要求基金托管人因解散、核准撤销等事由而不能从事基金托管业务的，基金应由证监会核准的其他托管机构承担。

如果无其他机构愿意承担托管业务，则必须终止基金。我国的《证券投资基金法》规定有以下情形之一者，经中国证监会和中国人民银行批准，基金托管人必须退任：①基金托管人解散、依法被撤销、破产或者由接管人接管其资产的；②基金管理人有充分理由认为更换基金托管人符合基金持有人利益的；③代表50%以上的基金单位的基金持有人要求基金托管人退任的；④中国人民银行有充分理由认为基金托管人不能履行基金托管职责的。按照法规的要求，只有在新的基金托管人经中国证监会和中国人民银行审查批准后，原基金托管人方可退任，若原任基金托管人托管的基金无新的基金托管人接任的，该基金应当终止并予以清盘。

4.3.5　基金持有人

基金持有人是基金受益凭证的持有者。作为基金的受益人，基金持有人享有基金资产的一切权益。按照通行做法，基金的资产由基金的托管人保管，并且一般以托管人的名义持有，但是，基金最后的权益属于基金的持有人，持有人承担基金投资的亏损和收益。

1. 基金持有人的权利

基金持有人的基本权利包括对基金收益的享有权、对基金单位的转让权和一定程度上对基金经营的决策权。在不同组织形态的基金中，对基金决策的影响渠道是不同的。在公司型基金中，基金持有人通过股东大会选举产生基金公司的董事会来负责公司的决策，而在契约型基金中，基金的持有人只能通过召开持有人大会对基金的重大事项作出决议，而对基金在投资方面的决策一般不能有直接的影响。按照法规的规定，我国的基金持有人享有以下权利：①出席或委派代表出席基金持有人大会；②取得基金收益；③监督基金经营情况，获得基金业务及财务状况方面的资料；④申购、赎回或者转让基金单位；⑤取得基金清算后的剩余资产；⑥基金契约规定的其他权利。

2. 基金持有人的义务

基金持有人在享有权利的同时，也必须承担管理办法所规定的义务，这些义务包括：①遵守基金契约；②交纳基金认购款项及规定的费用；③承担基金亏损或者终止的有限责任；④不从事任何有损基金及其他基金持有人利益的行为。

3. 基金持有人大会

基金持有人大会是契约型基金的最高权力机构。基金持有人一般通过基金持有人大会来行使自己的权利。我国契约型基金反映的是一种信托关系，这与股票持有人所反映的产权关系有很大的不同。尽管基金持有人不能像股东那样通过股东大会来参与公司的经营管理，但基金持有人大会仍然是基金持有人行使自己权力的重要形式。

基金持有人大会可以对以下的重大事项作出决议并报中国证监会批准：①修改基金契约；②提前终止基金；③更换基金管理人；④更换基金托管人。

4.4　证券投资基金的设立、发行与交易

4.4.1　证券投资基金的设立

基金的设立是基金运作的第一步，世界上各个国家和地区对基金的发起设立都有一定的资格要求和限制。不同的国家和地区对基金设立形式的要求也不一样，但主要有两种形式：注册制和审批制。

1. 注册制

基金发行注册制遵循的是公开制的原则。美国采取的是注册制，在注册制的框架中，投资基金法无须规定基金发行的实质性条件，只要具备最基本的条件即可注册。而且基金发行上市使各基金都可以获得平等待遇，基金主管机关除了保证基金严格的信息披露外，不保证所发行的基金的质量，投资者投资与否以及收益风险完全由投资者自己负责。所以，注册制充分发挥了市场机制的作用，有利于加强公司法人治理结构和它们的自律管理。但是，注册制也不是十全十美的，这一制度要求投资者以实现自我保护为前提，要求投资者"买者自慎"。注册制在对投资者的利益保护上就不可避免地存在着巨大的不足，不能达到保护投资者的目的。

2. 审批制

基金发行的审批制能否成为一种独立的基金发行制度，学术界存在着争论。我国《证券投资基金管理暂行办法》规定，我国的基金发行必须经过中国证监会审批检查，所以我国的基金发行应该是审批制。审批制与核准制不同，核准制应该是一种介于审批制与注册制之间的发行制度，这是我国基金发行制度由计划审批制向市场化的注册制逐步过渡的转轨方式。审批制最大的特点是由一种无形或有形的"计划额度"影子在起着支配作用，人为地干涉、否定市场机制的作用，从而导致了许多不公正现象的发生。

4.4.2　基金的发行

1. 基金的发行方式

证券投资基金的发行也叫基金的募集。是指基金发起人在发起设立或扩募基

金的申请获得国家主管机关批准后，向投资者推销基金单位、募集资金的行为。发行方式就是基金募集资金的具体办法。

证券投资基金的发行方式主要包括三种类型：①公募与私募发行。基金的公募发行与私募发行的主要区别为两者选择了不同的投资者作为发行对象。公募发行又称公开发行，是指发行人通过中介机构向不特定的社会公众广泛地发行基金券，所有合法的社会投资者都可以参加认购。与公募相对应，私募基金则是面向特定投资者募集设立的基金，规模虽小但门槛很高，一般是为富人和一些大机构投资者量身定做的投资工具。像巴菲特、索罗斯这些国际上最著名的基金经理掌管的都是这类私募基金。我国 2004 年 6 月 1 日正式实施的《证券投资基金法》回避了对私募基金的具体规定，没有对私募基金等作出具体规范，不过私募基金的存在是客观事实，有必要对其进行规范和监管。②自办发行与代理发行。基金的自办发行即基金不通过券商或其他中介机构而直接发行。这种发行方式手续简便，费用少，但发行范围有限，募集时间长，容易造成认购集中，所以，一般只是在发行额较少时才采用这种方式。基金的代理发行指由发行者委托第三者（承销者）办理基金券的发行。③网上发行与网下发行。网上发行方式是指将所发行的基金单位通过与证券交易所的交易系统联网的全国各地的证券营业部，向广大社会公众发售基金单位的发行方式。网下发行是指将所要发行的基金通过分布在一定地区的证券或银行营业网点，向社会公众发售基金单位的发行方式。

2. 基金的发行价格

上市基金与股票一样有许多不同的价值表现形式，票面面额和发行价格是其中最主要的两种，票面面额和发行价格通常是不相等的。根据发行价格和票面面额的关系，可以将基金发行分为溢价发行、平价发行和折价发行三种：①溢价发行。是指发行时按高于面额的价格发行基金券，因此可以降低筹资成本。溢价发行又可分为时价发行和中间价发行两种方式。时价发行也称市价发行，公开发行通常采用这种方式。②平价发行。也称等额发行或面额发行，是指发行人以票面金额作为发行价格，我国基金券的发行通常采用此种方法。③折价发行。是指以低于面额的价格出售基金券。在我国这种方式是不被允许的。

3. 发行期限

根据我国有关法律，封闭式基金的发行期限是自该基金批准之日起 3 个月，其所募集的资金要超过批准规模的 80%；开放式基金的发行期限是自基金批准之日起 3 个月，净销售额不得少于 2 亿元。

4.4.3　封闭式基金的上市交易

基金上市是专门针对封闭式基金而言的，是指符合证券交易所上市条件的基金，经批准在证交所内挂牌交易。目前我国基金上市的场所主要是上海证券交易所和深圳证券交易所。基金上市将使基金的运作更加规范，信息披露更及时、更充分，对投资者来说，有利于获取基金运作的各方面资料，便于交易。封闭式基金本身也类似普通股份有限公司，所以其基金受益凭证的交易也很像上市股票的交易，遵循股票的交易原则。

4.4.4　开放式基金的认购、申购与赎回

1. 基金的资产净值

基金的资产净值（net asset value，NAV）是指在某一基金估值时点上，按照公允价格计算的基金资产的总市值扣除负债后的余额，该余额是基金单位持有人的权益。按照公允价格计算基金资产的过程就是基金的估值。

单位基金资产净值计算的公式为

$$单位基金资产净值＝（总资产－总负债）/基金单位总数$$

其中，总资产是指基金拥有的所有资产（包括股票、债券、银行存款和其他有价证券等），按照公允价格计算的资产总额。总负债是指基金运作及融资时所形成的负债，包括应付给他人的各项费用、应付资金利息等。基金单位总数是指当时发行在外的基金单位的总量。基金估值是计算单位基金资产净值的关键。基金往往分散投资于证券市场的各种投资工具，如股票、债券等，由于这些资产的市场价格是不断变动的，因此，只有每日对单位基金资产净值重新计算，才能及时反映基金的投资价值。

2. 开放式基金的申购与赎回

申购是指投资者到基金管理公司或选定的基金代销机构开设基金账户，按照规定的程序申请购买基金。申购、赎回的价格以当日基金资产净值加减一定的手续费为基础。赎回是指投资者把手中持有的基金单位，按规定的价格卖给基金管理人并收回现金的过程，是与申购相对应的反向操作过程。

计算基金单位资产净值有两种常用方法：已知价法和未知价法。已知价又称事前价（backward price），是指基金管理公司根据上一个交易日的收盘价来计算基金所拥有的金融资产，减去其对外负债总值，然后再除以已售出的基金单位总数，得出每个基金单位的资产净值。未知价法又称事后价（forward price），是根据当日证券市场上各种金融资产的收盘价计算的基金资产净值。在开放式基金申购、赎回过程中，用以计算申购和赎回价格的基金单位资产净值应当采用未知价法计算。在采用这种计价方法时，投资者当天并不知道其买卖的基金价格是多少，要在第二天才知道单位基金的价格。采用未知价法，相对于已知价法，可以增加投资者交易基金的不确定性，从而在股市波动时减轻来自投资者交易的压力，对股市的剧烈波动起一种缓冲作用。

3. 开放式基金的认购份额、申购份额与赎回金额的计算

开放式基金的募集通常都有一定的募集期，自募集开始后，当基金募集份额已经超过一定份数且认购基金的投资者已超过一定的户数时，基金管理人通常有权决定提前终止发行期，宣布基金成立。基金宣布成立后，即进入正常申购和赎回期。若募集期结束后，基金仍无法按规定成立，则基金管理公司将负责清退投资者的钱款，并支付规定的利息。

开放式基金申购和赎回价格的确定与股票及封闭式基金交易价格的确定，有着很大的不同。开放式基金申购和赎回的价格是建立在每份基金净值基础上的，以基金净值加上或减去必要的费用，就构成了开放式基金的申购和赎回价格。开放式基金申购时费用及基金份额计算方法如下（假定申购费用与赎回费用由基金申购人与赎回人承担）。

1）认购份额的计算

开放式基金除规定有认购价格外，通常还规定最低和最高认购额。在募集期中投资者一般可以多次认购，但根据有关法律和基金契约的规定，对单一投资者持有基金的总份额有一定的限制，如不得超过本基金总份额的 10％等。

开放式基金认购时费用及基金份额计算方法如下：

基金的认购费用为

$$认购费用＝认购金额×认购费率$$

基金的净认购金额为

$$净认购金额＝认购金额－认购费用$$

基金的认购份额为

$$认购份额＝净认购金额÷基金单位面值$$

2）申购份额的计算

在日常的申购中，基金规模原来的上限仍有效，当基金规模达到其上限时，该基金就只能赎回而不能申购了，这在形式上有点像股票的涨停。而且日常申购是以申购金额为基础。

开放式基金申购时费用及基金份额计算方法如下：

基金的申购费用为

$$申购费用＝申购金额 × 申购费率$$

基金的净申购金额

$$净申购金额＝申购金额－申购费用$$

基金申购的份数为

$$申购份数＝净申购金额/ T 日基金单位净值$$

3）赎回金额的计算

开放式基金成立后，一般有一段时间的闭锁期，在该期间不接受基金的赎

回,闭锁期结束后,投资者就可进行日常的赎回。投资者于 T 日申购的基金如果成交,在 T+2 日就可赎回。且日常赎回以赎回份额为基础。开放式基金赎回时费用及投资者所得的支付金额计算方法如下(假定申购费用与赎回费用由基金申购人与赎回人承担)。

基金的赎回金额为

$$赎回金额 = 赎回份数 \times T 日基金单位净值$$

基金的赎回费用为

$$赎回费用 = 赎回金额 \times 赎回费率$$

投资者得到的支付金额为

$$支付金额 = 赎回金额 - 赎回费用$$

4)开放式基金特殊交易的处理

(1)巨额赎回与暂停赎回。若一个营业日内基金净赎回申请(一般指赎回申请总数扣除申购申请总数后的余额)超过了上一日基金总份额的 10%,即认为发生了巨额赎回。在发生巨额赎回的情况下,一般按照比例,即可赎回的最高限额除以要求赎回的总额,在要求赎回的投资者之间进行分摊。在当日接受赎回比例不低于上一日基金总份额的 10%的前提下,对其余赎回申请延期办理。

此外,开放式基金连续发生巨额赎回时,基金管理公司可按基金契约及招募说明书载明的规定,暂停接受赎回申请;已经接受的赎回申请可以延缓支付赎回款项,但不能超过正常支付时间 20 个工作日,并将在指定媒体公告。

暂停赎回是指由于不可抗力、证券市场停止交易、通信中断、连续发生巨额赎回等原因,基金管理人暂停处理基金持有人的赎回申请。使用暂停赎回手段解决巨额赎回等意外情况时一定要慎重。

(2)基金自行封闭。在开放式基金达到一定规模时,基金管理公司可以决定将基金封闭,即只接受赎回,不接受申购,这就是开放式基金的自行封闭。开放式基金自行封闭的原因是基金管理公司需要对基金规模进行控制,否则基金规模过大会对基金业绩产生不利的影响。开放式基金宣布自行封闭并不等同于封闭式基金,一般来说,随着市场条件的变化,自行封闭的基金会重新开放。

(3)基金自动投资计划与自动再投资计划。自动投资计划是指基金管理公司与投资者签订委托协议,投资者授权基金管理公司定期从投资者的银行账户划出定额资金进行投资。自动再投资计划是指投资者将在基金投资过程中应分配的基金红利,自动转成基金单位进行投资。

4.4.5 基金相关信息的披露

为了让基金持有人或潜在的基金投资者能够及时了解基金真实的经营运作情况,并依此进行投资决策,证监会规定,基金管理人和基金托管人必须向公众披露与基金有关的一切信息。一般来说，基金的信息披露包括以下三种。

1. 基金在发售时的信息披露

基金在发售时，应当对基金的基本情况进行充分披露，使得投资者能在掌握充分资料的情况下，就是否进行投资作出决策。在该阶段，基金的发起人应当公开披露的信息主要包括两个重要的文件：基金组成文件，即契约型基金的基金契约或公司型基金中的公司章程，它是组成基金的法律基础；基金的招募说明书，披露基金本身的情况和基金发行等情况。

2. 基金运作中定期向基金持有人披露的信息

定期的基金信息披露主要是为了让基金的持有人及时地了解基金的经营业绩、基金资产的增长以及基金的投资组合是否符合基金承诺的投资方向。按照我国的规定，证券投资基金定期披露的信息包括年度报告、中期报告、基金资产净值和投资组合情况等。

3. 临时公告与报告

基金在运作过程中发生可能对基金持有人权益及基金单位的交易价格产生重大影响的事项时，应按照法律、法规及中国证监会的有关规定及时报告并公告。这些事项主要包括：基金持有人大会决议，基金管理人或基金托管人的变更，基金管理人或基金托管人的董事、监事和高级管理人员变动或受到重大处罚，重大关联事项，基金上市、基金提前终止等。

4.4.6　基金终止和清算

1. 基金终止

投资基金的终止是指投资基金因各种原因不再经营运作，将进行清算解散。基金终止须依据有关法规和基金契约（公司型基金为基金公司章程）的规定，由基金持有人大会通过，并报证监会批准。

基金终止可以归纳为三种形式：基金存续期限届满终止、基金延期终止和基金提前终止。存续期届满终止是指基金按照基金契约的规定，在存续期届满时终止基金运营，打入清算程序。延期终止是指根据基金的经营状况，在基金持有人大会作出特别决议，并报主管机关批准之后将基金的存续期延长。提前终止是指不等基金存续期届满，提前终止基金运营，并着手进行清算。在实务中，提前终止的情况较为少见。

2. 基金清算

基金清算是指基金终止后，在中国证监会的监督下，自基金终止之日起 3 个工作日内成立清算小组，对基金资产进行保管、清理、估价、变现和分配，并将清算结果进行公告。基金清算小组成员由基金发起人、基金管理人、基金托管人、具有从事证券相关业务资格的注册会计师、具有从事证券法律业务资格的律师以及中国证监会指定的人员组成，清算小组作出的清算报告，必须经注册会计师审计、律师书面确认并报国务院证券监督管理机构备案后公告。

基金清算小组在进行基金清算过程中发生的所有合理费用称为清算费用，清算费用由基金清算小组从基金资产中支付。基金清算后的全部剩余资产扣除基金清算费用后，按基金持有人持有的基金单位比例分配给基金持有人。基金清算账册及有关文件由基金托管人保存 15 年以上。

4.5　基金的费用、收益分配与税收

4.5.1　基金费用

因基金是以委托方式请他人代为投资和管理，故从设立到终止都要支付一定的费用。基金所支付的费用可按发生时间的先后，在整个存续期里分为期初费用、期中费用和期终费用。期初费用主要是指发行费用；期中费用主要包括管理费、托管费和证券交易费等；期终费用主要是指清算费用。

1. 基金的期初费用

期初费用是指为发行基金单位支付的费用，以及由募集基金产生相关的其他费用，主要包括开办费用和固定资产购置费。开办费用指的是基金在成立前所支付的一切费用，包括发起费、成立费、调查咨询费，发行时各网点的手续费、注册费、宣传广告费、承销费等。期初费用按面值的 4% 列入发行价格，不计入基金资产，由认购者在认购基金时一并支付。但基金上市后新开支的费用按实际支出计入基金成本。固定资产购置费指的是基金管理公司购买固定资产所支付的费用。

2. 基金的期中费用

期中费用是基金运营过程中发生的一切费用。包括基金管理费、基金保管费，以及上市月费、投资人会议费、会计报表鉴证费、收益分配委托手续费等应由基金负担的费用。

(1) 管理年费。指管理公司提供专业化管理服务而每年从基金资产中提取的管理费。它是基金公司的主要收入来源。管理费的提取通常按基金资产净值的一定比例每月月末提取。在国外，基金管理费通常按照每个估值日基金净资产的一定比例（年率），逐日计算，定期支付。管理费费率的高低因基金类别的不同而有所差别；同时，不同地区或基金业发展程度不同也导致其高低不一。风险程度越高的基金其管理费率也越高。其中年费率最高的基金为证券衍生工具基金，如认股权证基金的年费率高达 1.5% ～ 2.5%。最低的是货币市场基金，其年费率仅为 0.25% ～ 1%。中国香港投资基金公会公布的其他几种基金的管理年费率

为：债券基金 0.5%～1.5%，股票基金 1%～2%。在基金业发达的国家或地区，基金的管理年费率通常为 1%，但在一些发展中国家或地区则略高于 1%。在我国，基金业刚起步，管理费年费率为 1.25%～2.5%。

为了激励基金管理公司更为有效地运用基金资产，有的基金还规定可向基金管理人支付业绩报酬。基金业绩报酬通常是根据所管理的基金资产的增长情况规定一定的提取比率。至于提取的次数，中国香港地区规定每年最多一次。

（2）基金托管费用。指托管人为基金（或基金公司）提供托管服务而向基金（或基金公司）收取的费用。它是按基金资产净值的一定比例，逐日计算并累计，至每月月末时支付给托管人，此费用也是从基金资产中支付，不需另向投资者收取。基金的托管费计入固定成本。基金托管费收取的比例与基金规模和所在地区有一定关系，通常基金规模越大，基金托管费率越低。新兴市场国家和地区的托管费收取比例相对要高。托管年费率国际上通常为 0.2% 左右，美国一般为 0.2%，中国内地和中国台湾地区、中国香港地区则为 0.25%。

必须指出的是，基金管理费和托管费是管理人和托管人为基金提供服务而收取的报酬，是管理人和托管人的业务收入。管理费和托管费率一般须经基金监管部门认可后在基金契约或基金公司章程中载明，不得任意更改。基金管理人和托管人因未履行或未完全履行义务导致的费用支出或基金资产的损失，以及处理与基金运作无关的事项发生的费用，不得列入基金管理费和托管费。

（3）操作费用。操作费用包括支付的与基金相关的会计师费、律师费、基金持有人大会费、基金信息披露费用、证券交易费用以及季（年）报及公开说明书等的印刷制作费。这些开销和费用是作为基金的运营成本支出的，统称"操作费"。基金的操作费用所占的比例较小，一般是按有关规定或当事人的收费标准从基金资产中适时提取支付的。投资基金操作是否有效率，主要看其是否经济，看其操作费用是否偏高。因而，操作费用比重高低也是投资者衡量基金表现的一个重要依据。

（4）其他费用。如美国的 12b-1 费用，即持续性销售费用，是开放式基金的运营费用，是美国根据证券管理部门 1980 年核准的 12b-1 规则收取的费用。此规则准许基金管理公司动用小部分的基金资产，用来促进基金收益凭证的发行与承销，吸收新的投资人，这类费用包括广告费、宣传费、支付给销售人员的佣金费等。12b-1 费用每年支付，一般不超过净资产的 0.75%。

销售佣金（前收或后收申购费用）和 12b-1 费用一起构成总的分销成本。在美国，不收申购佣金（无论前收费还是后收费），并且持续性销售费用不超过 0.25% 的基金称为免佣基金。

（5）封闭式基金的上市费用。封闭式基金往往在证券交易所上市交易，基金上市须经一定的审批手续，付一定的费用。另外，基金还须付给负责办理上市的机构（如投资银行）一定的佣金，上市后还要交纳上市年费。

（6）开放式基金的认购、申购和赎回费用。开放式基金与封闭式基金不同，其基金的规模并不固定，可视投资者的需要追加发行，因此，开放式基金的交易可分为基金的初次发行和基金日常申购和赎回。对基金从发行到正式成立这段时期的基金份额的购买费用称为认购费。开放式基金宣布成立后，经过规定的日期，基金便可进入日常的申购和赎回。申购和赎回费指投资者申购或赎回基金份额时按赎回金额的一定比率向投资者收取的费用。它仅对开放型基金而言，而且没有特定的标准，越复杂的投资工具，收取的费率会越高，但也有某些基金甚至没有赎回费，如货币市场基金。

除上述费用外，管理人和托管人机构的日常管理费用和业务费用均由其本身负担，由所收取的管理费或保管费列支。

3. 基金的期终费用

期终费用为基金清算所需费用，按结算时实际支出而从基金资产中提取。

从以上可以看出，基金运营的费用由多方支付，需要由投资人支付的费用有开办费、首次购买费以及认购、申购、赎回费用；需要由基金资产支付的费用有管理年费、保管年费、操作费、上市费、业绩报酬、清算费以及其他费用；需要由基金管理公司支付的费用主要是固定资产购置费。由于基金资产的所有者是投资人，所以由基金资产支付的费用实际上是由投资人支付的。

4.5.2　基金的收益与分配

1. 基金收益的构成

基金收益是基金资产在运作过程中所产生的超过自身价值的部分。具体地说，基金收益包括基金投资所得红利、股息、债券利息、存款利息、资本利得和其他收入。

（1）利息收入。可以说任何类型的投资基金，其收益中都包含有利息收入，因为无论是封闭式基金还是开放式基金在任何时刻都必须保留一定数额的现金。封闭式基金保留现金是为寻求更好的投资机会或者在遭遇风险时能作出相应的补救；而开放式基金为应付投资者日常赎回的要求，更是必须经常性地保留一部分现金。

基金的利息收入来自两个方面：一是存款利息收入；二是投资于有价证券的利息收入。利息收入占总收益的比例因基金的类型和投资目标的不同而不同，对于货币市场基金来说，利息收入是其收益的主要来源。

（2）红利和股息收入。除了以追求利息收入为目标的债权基金和货币市场基金外，大部分基金并不以利息收入为主要来源，而是将大部分资金投资于股票市场。这样，股息和红利即为其主要的收益。股息的支付方式有现金和股票，或是两种形式的结合。红利的支付方式通常有三种：现金、股票和实物，或者是其中几者的结合。

（3）资本利得。资本利得是指股票或其他有价证券因卖出价高于买入价而获得的那部分收入，资本利得是股票基金的主要收益来源。基金管理人投资水平的高低直接影响到基金获得资本利得的多少。

（4）资本增值。基金的市场价格是以基金的净资产为基础的，而基金的净资产会随基金的运作状况而发生变动。而投资者在低价位买入基金份额后，再高价位卖出或赎回而获得的收入称为资本增值。

资本增值和资本利得是不同的。资本利得是由基金通过低价位买入证券后伺机高价卖出而赚取的，其大小取决于基金管理机构的操作是否得当。资本增值则取决于两个因素：一是基金的经营状况；二是投资者买入和卖出基金的时机。

（5）其他收入。指运用基金资产而带来的成本或费用的节约额，如基金因大额交易而从证券商处得到的交易佣金优惠等杂项收入。这部分收入通常数额很小。因运用基金资产带来的成本或费用的节约计入基金收益。

2. 基金收益的分配

基金的收益分配是以年度为单位进行的，一般而言，基金当年的净收益应先弥补上一年的亏损后才能进行当年的收益分配。如果基金当年净亏损，则不应进行收益分配。我国的《证券投资基金法》明确规定，基金收益分配不得低于基金净收益的90％。基金可分配收益的计算公式为：

$$基金可分配收益＝基金净收益－应纳税所得额$$
$$基金净收益＝基金收益－各项费用支出$$

纵观中外各种基金的收益分配方式，一般都采用以下三种方式中的一种或几种的结合：①以现金形式发放，这是基金收益分配的最普遍形式。②派送基金单位，把应分配的净收益折合成等额的基金单位送给投资者。这种分配方式实际上是增加了基金的资本总额和规模。③不分配。既不派现金，也不送基金单位，而是将收益列入本金进行再投资，体现为基金单位净资产值的增加，同样增加了资本总额。

4.5.3 基金的税收

基金投资所得的收益在进行分配以前必须按规定纳税。由于基金是以募集资金从事证券投资的形式获得投资收益，基金的税收主要是指对基金投资收益征收的所得税。当然，基金管理公司对基金资产进行经营，应依法缴纳营业税以及其他规定的税种。各个国家和地区根据其鼓励基金发展的程度不同，税收标准也不尽相同。但一般地说，基金投资的税赋比股票投资要轻得多。我国现行的投资基金税收从纳税主体上来看，主要包括三方面：基金管理公司、基金投资者和基金。我国为了加快投资基金业的发展，培育市场上成熟、规范的机构投资者，鼓励中小投资者通过投资基金间接投资于股票市场,国家给投资基金一系列的优惠政策,其中也包括在基金税收方面的优惠。具体见表 4-4。

表 4-4 我国证券投资基金税收政策一览

纳税人	有关税收规定
基金组织	(1)募集的资金。以发布基金方式募集资金,不征收营业税 (2)基金的所得。基金从证券市场中取得的收入,包括买卖股票、债券的差价收入;股票的股利收入、债券的利息收入以及其他收入暂不征收企业所得税 (3)开放式基金代销机构从事基金管理活动取得的收入,征收营业税、企业所得税以及其他相关税收
基金管理人	(1)证券交易行为。运用基金买卖股票,征收印花税 (2)证券交易收入。封闭式基金管理人在 2000 年底前与开放式基金管理人在 2003 年底运用基金买卖股票、债券的差价收入,暂免征营业税 (3)管理活动收入。从事基金管理活动取得收入(如基金管理费),征收营业税、企业所得税以及其他相关税收
基金托管人	管理活动收入。从事基金管理活动取得的收入(如基金托管费),征收营业税、企业所得税以及其他相关税收
个人基金投资者	(1)基金交易行为。买卖基金单位,不征收印花税 (2)基金交易收入。买卖基金价差收入,不征收营业税 (3)应税所得。从基金分配中获得的企业债券差价收入,储蓄存款利息收入、股息及红利收入(减按 50%计算应纳税所得额)、企业债券的利息收入,征收 20%的个人所得税 (4)免税所得。买卖封闭式基金的价差收入与申购和赎回开放式基金单位期的所得差价收入、从基金分配中获得的国债利息收入以及买卖股票差价收入,从开放式基金分配中获得的收入暂不征收个人所得税
金融机构基金投资者	(1)基金交易行为。买卖基金单位,不征收印花税 (2)基金交易收入。买卖基金价差收入,征收营业税 (3)应税所得。买卖封闭式基金的价差收入与申购和赎回开放式基金单位取得价差收入,征收企业所得税 (4)免税所得。从基金分配中获得的买卖股票价差收入,债券价差收入,国债利息收入,储蓄存款利息收入、股息及红利收入、企业债券的利息收入从开放式基金分配中获得的收入暂不征收企业所得税
非金融机构基金投资者	与金融机构基金投资者的区别仅在于买卖基金价差收入,不征收营业税,其他均相同

注:表中所述税收政策若无特别指明,则对封闭式基金与开放式基金均适用。

资料来源:www.tax800.com/main/? action-viewnews-itemid-3 我国现行证券投资基金的税收政策中翰税务 2007.10.08

■本章小结

投资基金是一种利益共享、风险共担的集合投资方式。它通过发行基金证券，集中具有共同目的的不特定多数投资者的资金，由基金托管人托管，由基金管理人管理和运用资金，在分散风险的同时满足投资者对资产保值增值要求的一种投资制度或方式。

投资基金具有专家理财、规模经营、组合投资、分散风险；投资小、费用低；流动性强、变现能力高和方便小额投资者和境外投资者投资的特点。

投资基金的基本类型有两种：①根据基金单位是否可增加或赎回，投资基金可分为开放式基金和封闭式基金。②根据组织形态的不同，投资基金可分为公司型投资基金和契约型投资基金。除此之外，基金还有许多其他分类方式。

基金的治理结构是指协调基金持有人、基金管理人和基金托管人关系的一套制度安排，使所有权、经营权和保管监督权在持有人、管理人和托管人中得到合理的分配。根据基金组织制度的不同，基金治理结构分为公司型基金的治理结构和契约型基金的治理结构。

基金的设立主要有两种形式：一是注册制；二是审批制。基金的募集过程包括基金的发行方式、基金的发行价格和发行期限。此外，证监会规定，基金管理人和基金托管人必须向公众披露与基金有关的一切信息。一般来说，基金的信息披露包括三种：一是基金在发售时的信息披露，主要是披露基金的组成文件和招募文件；二是基金在运作中定期信息披露，包括对基金经营状况的披露和基金投资组合的披露；三是基金的不定期公告，即发生对基金影响重大事项的披露。

基金所支付的费用可按发生时间的先后，在整个存续期里分为期初费用、期中费用和期终费用。基金的收益包括基金投资所得红利、股息、债券利息、存款利息、资本利得和其他收入。

➤ 思考题

1. 试述投资基金与股票、债券以及一般意义上的基金的区别和联系。
2. 开放式基金与封闭式基金的主要区别有哪些？
3. 根据投资风险与收益的不同，投资基金又可分为哪几种类型？
4. 基金的治理结构有哪几种？各有什么优点？请举例说明。
5. 基金的发行方式有哪些？
6. 简述基金的发行价格。
7. 融通新蓝筹在前端收费条件下设计了四档费率，见下表：

M<100 万	费率 1.5%
100 万≤M<1000 万	费率 1.2%
1000 万≤M<1 亿	费率 1.0%
1 亿≤M(超出部分)	免收

(1) 如果投资者认购金额为 10 万元,则相关费用是多少? 如果认购了 500 万元认购费用又是多少? 如果认购了 7000 万元和 1 亿元呢?

(2) 如果博时价值增长基金 2004 年 6 月 25 日的基金单位净值为 0.998 元,有三笔申购,金额和相应费率如下,请试填下表:

项目	申购 1	申购 2	申购 3
申购金额/元	10 000	1 000 000	10 000 000
适用费率/%	1.5	1.2	1.0
申购费用			
净申购金额			
申购份数			

8. 开放式基金的特殊交易主要指哪些?

9. 基金的运营费用有哪些? 什么是 12b-1 费?

10. 简述基金收益的来源及收益的分配方式。

11. 我国现有基金组织制度存在的主要问题有哪些?

第5章

信托业务的创新与规范

【本章提要】 本章主要介绍资产证券化、房地产投资信托基金（简称 REITs）、私募股权投资基金（简称 PE）、银信合作业务的概念及产生，以及它们的组织形式、业务特点、运作流程、基本原理等。

本章阐述的理财产品，在很多方面利用信托制度及其功能来参与解决其运作中所遇到的障碍。这些业务已成为国际金融市场上最具活力的成熟产品，被广泛运用于财富增值和管理中。在我国已经有银行信贷资产证券化的实践；对REITs产品有些地方进行了试验；PE业务早就有探索尝试；银信合作业务在政策的引导下，今后会有一个大的发展。因此，借鉴发达国家理财产品成功的经营管理经验，结合我国信托业的现状和发展需要，开发和完善信托产品是信托发展的重要环节。

5.1 资产证券化业务

5.1.1 资产证券化的概念及诞生

资产证券化是指将缺乏流动性但可以产生稳定的可预见未来现金流的资产，按照某种共同特征分类，形成资产组合，并以这些资产为担保发行可在二级市场上交易的固定收益证券，据以融通资金的技术和过程。这种证券有两种形式：抵押贷款证券化（mortgage-backed securitization，MBS），资产支撑的证券化（asset-backed securitization，ABS）。狭义的资产证券化主要指信贷资产的证券化即 MBS，我们通常所讲的资产证券化是指信贷资产的证券化。

被称为"证券化之父"的美国耶鲁大学法博齐教授认为资产证券化可以被广泛地定义为一个过程，通过这个过程将具有共同特征的贷款、消费者分期付款合同、租约、应收账款和其他不流动的资产包装成可以市场化的、具有投资特征的带息证券。

具体而言，资产证券化就是指将缺乏流动性但能够产生可预见的稳定现金流的各种资产，通过一定的结构安排，对资产中风险与收益要素进行分离与重组，进而转换成为在金融市场上可以出售的流通的证券的过程。

资产证券化作为近三十年来国际金融市场最重要的金融创新之一，源于美国20 世纪 70 年代末的住房抵押贷款。之后，证券化技术被广泛运用于汽车贷款、信用卡贷款、企业应收账款、不良债权处置等领域。20 世纪 80 年代以后，资产证券化技术开始被欧洲、亚洲等国家逐步采用，并在全球范围内不断蓬勃发展。

5.1.2　资产证券化的运行机制

1. 确定证券化资产并组建资金池

确定证券化资产并组建资金池是资产证券化的首要环节。原始收益人根据自身资产证券化融资需求的目的，通过发起程序确定用于资产证券化的资产，并据以对所拥有的能够产生未来现金流的资产进行清理、估价，确定可以证券化的资产数额，将这些资产汇集形成一个资产池。其一般做法是，发起人聘请专业机构，对发起人被证券化的资产和其他资产进行法律上的剥离，使被证券化的资产的未来现金流直接作为资产支持证券还本付息的保证。购买证券的机构投资者，特别关注基础资产组合，因为只有购买以基础资产组合为担保发行的证券，才能实现风险的分散，增强流动性，降低投资的非系统性风险。

2. 发起人向特殊目的机构（SPV）出售资产

证券化资产从原始债权人向 SPV 转移是证券化运作流程中非常重要的一环，一般要求这种转移"真实销售"。要实现以真实出售的方式转移证券化资产，就必须满足下列条件：第一，证券化资产必须完全转移到 SPV 手中，这保证了原始权益的债权人对已经转移的证券化资产没有追索权；第二，由于资产控制权已经由原始权益人转移到了 SPV，因此应当将这些资产从原始债益人的资产负债表上剔除，使资产证券化成为一种表外融资方式。其目的是为实现证券化资产与原始债权人之间的"破产隔离"。这个环节会涉及很多法律、税收和会计处理问题。

3. 信用增级

资产证券化中的信用增级是指资产证券化过程中发行人为了吸引更多的投资者，改善发行条件，通过证券结构的设计或外部的信用担保等形式，提升公开发行的资产支持证券信用等级的金融技术处理。信用增级是资产证券化的核心技术之一，是资产证券化得以成功的重要保证。资产支持证券除以基础资产作为担保外，还要内部信用增级和聘请信用担保机构提供外部信用增级。

内部信用增级有多种方式，但最主要的有：①优先与次级结构。优先与次级结构是根据偿付顺序的先后发行不同级别的证券，证券级别随偿付顺序的先后由高到低排列，优先与次级结构同时发行两个档次的证券，次级证券只有在优先级的本息获得足额偿付后才获得清偿。由此可见，次级证券实质上充当了优先证券的信用担保，为资产证券化提供信用增级。②超额抵押。超额抵押是指在发行资产支持证券时保证资产池的总价值高于证券发行的总价值，这样资产池中的超额价值部分可以为所发行的证券提供超额抵押，在发生损失时，首先以超额价值部分予以补偿。③利差账户。利差是指基础资产组合的利息流入量减去支付给资产支持证券投资者的利息和各种资产证券化所需费用之后的净收入。利差账户是一个专门设置存放收益超过成本部分金额的账户。发行人可以在利差积累与信用损失之间进行时间上的合理匹配。④现金储备账户。现金储备账户是由发起人或SPV建立的一个账户，由发起人或SPV在发行证券前预先存入部分现金，在发生损失或不能按期偿付时，用来支付本金和利息。

外部增级又称第三方信用担保，是指由债权债务人以外的第三方提供的信用担保。这里的第三方可以是政府机构、保险公司、金融担保公司、金融机构、财务公司。外部担保的质量主要取决于担保机构的信誉和担保的数量。

4. 信用评级

在完成了风险隔离和信用增级后，需要由专门的信用评级机构来对增级后的独立资产进行正式的发行评级，以便据此对该金融产品进行定价和发行，并为投资者提供风险评定的依据。证券定级后，评级机构还要进行跟踪监督，分析经济金融形势，发起人和证券发行人的信用情况、基础资产债务履行情况、信用增级情况及提供信用增级机构财务状况等因素的变化，对资产证券信用级别进行调整，作出监管报告并向外公布。

5. 发售证券

信用评级完成，SPV将经过信用评级的证券交给证券承销商去承销，可以采取公开发售或私募的方式进行。这些证券经过增级和评级后，一般来说证券具有了高收益、低风险的特点，使得证券的信用等级大大提高，它的主要购买者是机构投资者，如保险公司、投资基金和养老基金。

6. 向发起人支付资产购买价款

SPV从证券承销商那里获得发行现金收入，然后按事先约定的价格向发起人支付购买证券化资产的价款，此时要优先向其聘请的各专业机构支付相关费用。

7. 管理资产池

发起人指定一家资产管理公司管理资产池，负责收取、记录由资产池产生的现金收入，并将现金收入存入受托管理人的收款专户。受托管理人按约定收取资产池现金流量，并按期向投资者支付本息，向专业服务机构支付服务费。由资产池产生的收入在还本付息、支付各项服务费之后，若有剩余，按协议规定在发起人和特殊目的载体之间进行分配。服务人是专门负责资产证券化后的运行管理工作的机构。

8. 证券进入二级市场进行交易

资产证券化的证券多为中长期证券。资产支持证券一级市场发行之后，通过一定的方式使一级市场的投资者与其他投资者进行资产支持证券的交易过程。基本方式是资产支持证券的上市交易或柜台交易。在通常情况下，以公募方式发行的资产支持证券，投资者多为散户或小额投资者，他们对证券的流动性有较高的要求，希望在二级市场上随时变现，对于这部分证券 SPV 必须向交易所申请上市。在证券挂牌上市交易期间，SPV 每年需要向交易所缴纳一定的上市费用。以私募方式发行的证券投资者多为机构，他们对证券的流动性要求比较低，因而这部分一般不必申请上市。资产证券化的运行机制如图 5-1 所示。

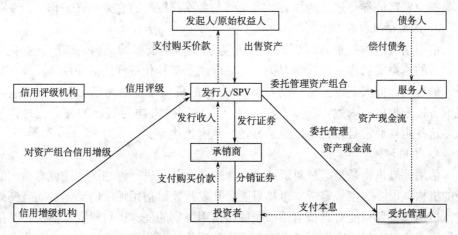

图 5-1　资产证券化的基本结构及运作流程

注：实线表示当事人行为关系；虚线表示现金流。

5.1.3　资产证券化的主体

1. 资产发起人

发起人是指拥有可证券化资产的原始产权的经济主体，即原始权益人。凡是具有稳定现金流收入的企业均可作为资产证券化的发起人，发行人根据资金的需要，资产的质量和规模、资本市场的状况、决定用于资产证券化的资产和融资规模。国际上发起人主要是金融机构、制造业和服务业，如商业银行、财务公司、保险公司、航空公司、运输公司等。在我国发起人主要集中在商业银行、基础设施建设单位、电厂等大中型国有企业。

2. 特殊机构（SPV）

SPV 是专门为证券化交易的运作而设立或存在的一个特殊机构。兼具证券产品设立人、管理人身份，可以收取管理费和财务顾问费用。为保证和提升基础资产的信用，在制度上就要有效隔离可能影响基础资产质量的风险，其中最主要的是要隔离发起人的破产风险，为使基础资产与发起人的风险相隔离，最有效的手段就是将基础资产从发起人处剥离出来，使其具有独立的法律地位。但因为资产本身没有人格，即没有权利，于是需要构建 SPV 这一载体作为法律外壳。在法律上，SPV 应该完全独立于包括发起人在内的其他交易主体，应确保支持资产不受包括发起人在内的任何第三人是否破产倒闭的影响，以实现投资人与发起人以及其他交易参与者的风险相隔离的目的，从而保障投资人的权利。

在国际上，（SPV）可以是公司、信托机构或合伙组织，作为资产证券化的载体，它必须是一个不能破产的实体。SPV 在资产证券化中具有特殊的地位，它是整个资产证券化过程的核心，各个参与者都将围绕着它来展开工作。

3. 信用增级机构

信用增级机构是指为 SPV 发行的证券提供信用增级的机构。资产证券化中投资者的利益能否得到有效地保护，主要取决于证券化资产的信用保证。资产债务人的违约、拖欠或债务偿付期与 SPV 安排的资产证券偿付期不匹配，都会给投资者带来损失。因此，需要有实力并享有信用的机构为资产的证券化提供增级，这些机构通常是银行、保险、公司、政府机构等。

4. 信用评级机构

信用评级机构是指通过对资产证券化的各个环节进行评估而评定证券信用等级的机构。很多国家规定资本市场只能公开发行经过信用评级的票据，而且还规定，机构投资者只能对具备信用级别或高信用级别的证券进行投资。信用评级是对发行人按时支付资产担保证券本息风险的评价。国际资本市场上公认的评级机构主要有：标准普尔（Standard & Poor）、穆迪（Moody）、惠誉（Fitch）、达夫菲尔普斯（D&P）；国内公认的评级机构主要有大公、中诚信等。

5. 投资银行

SPV 不能独立承担起证券的构建和发行工作，这个职能是由投资银行完成的，其主要承担融资顾问和证券销售商。

6. 服务人

服务人是指负责按期收取证券化资产所产生的现金流，并将其转移给 SPV

或 SPV 指定的信托机构的实体。

7. 投资者

资产证券化的投资者是对资产支持证券具有需求的经济主体。一般的分散投资主体（主要是自然人）很少有能力直接参与，它们多数是通过基金的形式进行间接投资。同时，由于资产证券化具有信用级别高、利率水平低等优点，对机构投资者的吸引力很大。因此，资产证券化的主要投资主体是机构，即银行、保险公司、基金公司和其他法人实体。

5.1.4　资产证券化的特点

1. 能够实现风险隔离

所谓 SPV 的风险隔离包括三方面的含义：其一资产证券化基础资产池与资产证券化发起人之间的风险隔离，发起人任何财务、法律、税务等风险甚至是发起人的破产风险均不能殃及资产证券化的基础资产，由此可以绝对保证资产证券化的基础资产收益支付给投资人，因此投资人可以获得稳定的回报；其二 SPV 自身的破产隔离，SPV 自身是不能破产或破产的可能性很低，以免资产证券化基础资产池的现金流因 SPV 的破产而遭清算，从而危及资产证券化债券持有人的利益；其三证券购买者只承担基础资产的风险，不连带承担基础资产所有者的其他风险。风险隔离的特性在证券卖方、证券发行人和投资者之间构筑了一道坚实的"防火墙"。这是资产证券化的重要特点。而要实现风险隔离的首要条件是：证券化资产的真实出售和在证券化交易结构中设立破产隔离的 SPV。

2. 能够实现资产重组

能够实现资产重组是指资产的所有者或支配者为实现证券的发行目标，运用一定的方式和手段，对其资产进行重新配置与组合的行为。资产证券化中资产重组的核心在于选择资产池。基础资产的内容不同，会直接影响到资产的现金流和资产的风险和收益，因此不是所有的资产都可以证券化。一般来说，具体的一项资产证券化业务要求基础资产重点满足下列其中几项要求，而放弃其他要求，即资产可以产生稳定预期的现金流；原始债权人持有该资产有一段时间，该资产信誉良好；资产具有较高的同质性、有标准化合约；资产抵押物易于变现，且变现机制较高；资产违约率和损失率较低；基础资产的数据容易获得；债务人的地域分布广泛。

3. 能够实现信用增级

在资产证券化中，基础资产信用状况各异，将其组织起来发行的证券信用状况很难与投资者的需要相吻合。为了吸引更多的投资者并降低发行成本，SPV 必须对发行的资产支持证券进行信用增级，以提高证券的信用级别。通过信用增级，提高了证券的信用等级，使现金流更好的满足投资者的需要，同时资产证券化过程达到在会计制度、监管规定和融资目标方面的要求。其次通过信用增级增强了证券的安全性和流动性，既降低了发行成本又有利于销售。

4. 能够大大降低融资成本

在资产证券化的过程中，虽然有多项费用的支出，如除向投资者偿还本息外，还要向托管机构支付托管费，向证券承销商支付承销费等。但资产证券化总的融资成本低于传统的融资方式，首先资产证券化过程中证券经过风险隔离和信用增级后，改善了证券发行条件，不必折价发行，而是以较低的利率出售给投资者。其次资产证券化的各项费用占交易总额的比率很低，资产证券化交易的中介体系收取的总费用比其他融资方式收取的费用要低。

5.1.5　我国资产证券化中的税收处理

2006 年 2 月 20 日，国家税务总局颁布《国家税务总局关于信贷资产证券化有关税收政策问题的通知》（财税 [2006] 5 号）（以下简称通知），落实了资产支持证券的税收政策。体现了以下特点：一是充分考虑资产证券化业务环节多，操作复杂的特点，税收上力求中性，避免重复征税；二是充分考虑与现行税法的衔接和资产证券化业务发展的需要，政策上维护了税法的一贯性，也充分考虑了资产证券化各环节税收负担；三是充分考虑税收征管需要，有利于堵塞征管漏洞。

资产证券化过程中涉及的税收，主要有印花税、营业税、所得税。

1. 印花税

信贷资产证券化的发起机构转让信贷资产将实施信贷资产证券化的信贷资产信托授予受托机构时，双方签订的信托合同，受托机构委托贷款服务机构管理信贷资产时双方签订的委托管理合同暂不征收印花税。发起机构、受托机构在信贷资产证券化过程中，与资金保管机构、证券登记托管机构以及其他为证券化交易提供服务的机构签订的其他应税合同，暂免征收发起机构、受托机构应缴纳的印花税。受托机构发售信贷资产支持证券以及投资者买卖信贷资产支持证券，发起机构、受托机构因开展信贷资产证券化业务而专门设立的资金账簿暂免征收印花税。

2. 营业税

对受托机构从其受托管理的信贷资产信托项目中取得的贷款利息收入应全额缴纳营业税。在信贷资产证券化的过程中，贷款服务机构取得的服务费收入、受托机构取得的信托报酬、资金保管机构取得的报酬、证券登记托管机构取得的托管费、其他为证券化交易提供服务的机构取得的服务费收入等，均应按现行营业税的政策规定缴纳营业税。对金融机构投资者买卖信贷资产支持证券取得的差价收入征收营业税；对非金融机构投资者买卖信贷资产支持证券取得的差价收入，不征收营业税。

　　3. 所得税

　　对信托项目收益在取得当年向机构投资者分配的部分，在信托环节暂不征收企业所得税；在取得当年未向机构投资者分配的部分，在信托环节由受托机构按企业所得税的政策规定申报缴纳企业所得税；在信托项目暂不征收企业所得税期间，机构投资者从信托项目分配获得的收益，在投资者环节按照权责发生制的原则确认应税收入，按照企业所得税的政策规定计算缴纳企业所得税。此外，通知还对在信贷资产证券化的过程中，发起机构转让、赎回、置换信贷资产等涉税业务，贷款服务机构、受托机构等资产证券化过程所涉及的机构的所得税政策问题予以明确。同时，通知还对信贷资产证券化业务涉及的税收管理问题做出了具体规定。

5.2　私募股权投资基金

5.2.1　私募股权投资基金的概念和产生

　　1. 私募股权投资基金的概念

　　私募股权投资基金（简称 PE）：通过私募形式获得资金，对非上市企业进行权益性投资，然后通过各种方法使得被投资企业快速发展，实现股权的快速成倍增值，并在交易实施过程中考虑了将来的退出机制，即通过上市、并购或管理层回购等方式，最终出售所持股份获利。

　　2. 私募股权的产生

　　私募股权投资基金始于第二次世界大战以后。1946 年，世界上第一个私募股权投资公司——美国研究发展公司（ARD）成立，从此私募股权投资开始专业化和制度化。为了克服高技术创新型企业资金不足的障碍，美国国会通过了《小企业投资法案》（Small Business Investment Act），规定由小企业管理局审查和核发许可的小企业投资公司可以从联邦政府获得非常优惠的信贷支持，这极大地刺激了美国私募股权投资基金的发展。进入 20 世纪 60 年代，相当一批由私募股权投资基金投资的公司获得成长并开始上市。到 1968 年，受私募股权投资基金资助的公司成功上市的数目已愈千家。

　　1976 年，华尔街著名投资银行贝尔斯登的三名投资银行家 Henry Kravis、George Roberts 和 Jerome Kohlberg 合伙成立了一家投资公司（KKR），专门从事并购业务，是最早的私募股权投资公司。至 20 世纪 80 年代，私募股权投资基金业继续高速成长，此时机构投资人尤其是养老基金取代个人和家庭投资人成为私募股权资本的主要来源。1992 年以来，美国经济的复苏再次带来了私募股权投资基金的繁荣，私募股权投资基金的筹资和投资在近年来都达到高峰。

众多的私募股权基金在经历了 20 世纪 90 年代的高峰发展时期和 2000 年及 2008 年全球金融危机的发展挫折期之后，目前已经重新进入上升期。美国目前有 600 多家专业私募股权基金，管理着超过 4000 多亿美元的投资基金。从投资总额来看，美国私募股权基金的资本市场占据了全球私募股权资本市场的 40%的份额，其中黑石、新桥资本、IDG 资本、华平投资集团、KKP、摩根士丹利、摩根大通、贝恩、阿波罗、德州太平洋、高盛、美林等机构是美国私募股权基金的佼佼者。美国是当今世界私募投资业最为发达的国家，经过了将近一个世纪的发展，其私募股权基金成为仅次于银行贷款和 IPO 的重要手段，并业已形成了一套比较规范、科学的运作机制。

5.2.2　私募股权投资基金的特点

（1）投资运作期限较长，收益丰厚。首先，PE 属中长期投资，一般可达 3 至 5 年或更长，对非上市公司的股权投资，因流动性差被视为长期投资，所以投资者会要求高于公开市场的回报；对引入私募股权基金的企业来说，私募股权融资不仅有投资期长、补充资本金等好处，还可能给企业带来管理、技术、市场和其他企业所急需的专业技能和经验。如果投资者是大型知名企业或著名金融机构，他们的名望和资源在企业未来上市时还有利于提高上市的股价、改善二级市场的表现。其次，相对于波动大、难以预测的公开市场而言，私募股权资本市场是更稳定的融资来源。第三，在引进私募股权投资的过程中，可以对竞争者保密，因为信息披露仅限于投资者而不必像上市那样公布于众，这是非常重要的。

（2）在资金募集上，主要通过非公开方式面向少数机构投资者或个人募集，它的销售和赎回都是基金管理人通过私下与投资者协商进行的。另外在投资方式上也是以私下协商形式进行，绝少涉及公开市场的操作，一般无需披露交易细节。资金来源广泛，如富有的个人、风险基金、杠杆收购基金、战略投资者、养老基金、保险公司等。

（3）多采取权益型投资方式，绝少涉及债权投资。反映在投资工具上，多采用普通股或者可转让优先股，以及可转债的工具形式。PE 投资机构也因此对被投资企业的决策管理享有一定的表决权。

（4）组织形式以有限合伙型为主。这种企业组织形式有很好的投资管理效率，并避免了双重征税的弊端。

（5）投资退出渠道多样化，有 IPO、售出（trade sale）、兼并收购（M&A）、标的公司管理层回购等。投资回报方式主要有三种公开发行上市、售出或购并、公司资本结构重组。在国外，私募股权基金大多以优先股（或可转债）入股，通过事先约定的固定分红来保障最低的投资回报，并且在企业清算时有优先于普通股的分配权。另外，国外私募股权融资的常见条款还包括"卖出选择权"和转股条款等。卖出选择权要求被投资企业如果未在约定的时间上市，必须以约定价格回购私募股权基金的那部分股权，否则私募股权基金有权自由出售所持公司股权，这将迫使经营者为上市而努力。转股条款是指投资者可以在上市时将优先股按一定比率转换成普通股，同享上市的成果。

5.2.3 私募股权投资基金的组织形式

私募股权投资基金必须以法律所认可的某种法律主体的形式从事活动。成立一个公司；成立有限合伙企业；也可以一种信托关系。目前国际上，私募股权基金通常采取的组织形式有：有限合伙型、公司型和契约型。

1. 合伙制 PE

典型的私募股权投资基金是一个有限合伙企业，包括有限合伙人（LP）和普通合伙人（GP）。有限合伙人是指为基金提供资本的机构或个人投资者，其责任以其出资额为限；LP 有限合伙人，是某些合格投资者如养老基金、金融机构、富有的个人投资者；有限合伙人通过基金管理人投资于企业而不是直接投资。普通合伙人通常是私募股权投资基金的管理人；对外承担无限责任；具有专业投资经验和股权增值管理能力；GP 认缴基金总股本的 $1\%\sim2\%$，负责基金的投资管理，对有限合伙企业的负债承担无限责任；获取基金最终收益的 $20\%\sim30\%$；普通合伙人（GP），要具备下列条件：国际化的视野和海外资源；政府的资源和人脉；各类基金、行业协会和企业资源；具有丰富的投资经验；企业运行的专家能力；投行、法律、会计的专家能力。

有限合伙制私募股权基金的实质是一种信托关系。有限合伙人作为合格投资者，可以理解为委托人。普通合伙人一般为专业的投资公司或具有资深投资经验的自然人，接受有限合伙人的委托，负责基金的投资决策和投资项目管理。

有限合伙制私募股权基金一般不设立股东大会、董事会、监事会，只设立合伙人大会，对有限合伙制私募股权基金行使权力。这种形式具有反应迅速、责权清晰、避免重复征税等优势。

2. 公司制

公司型私募股权投资基金是以公司的形式组织，以发行股份的方式募集资金。投资者以"购买基金股份"的方法认购基金，成为基金公司的股东。它的设立程序，类似于一般的股份公司，是法人实体，在治理结构上设有股东会、董事会、监事会等，但是基金公司不设经营管理组织，而是委托投资管理机构或外部管理团队管理运营，资金也委托专业的保管人保管，便于资金进出的监管。

公司制股权投资基金的最大优势在于：公司制基金本身是法人主体，能够建立完善的法人治理结构，股东承担的是有限责任。最大的弊端在于，它在个别方面有悖于私募股权基金存在的依据和运作基本规律。私募股权基金的价值就在于专业分工，在于专家理财。其本质要求在投资人和管理人之间应当存在一个关于管理权划分的屏障，充分保障管理人的自主投资，才能实现专业化投资。而公司制投资人是股东，很容易介入投资决策，使得基金又回到投资人自己管钱的传统模式，而且极有可能造成股东意见不一致时的决策僵局。

3. 契约制

契约制私募股权投资基金是依据《信托法》、《信托公司集合资金信托管理办法》等相关法规设立的投资基金。契约制基金是指不具有实体的、以契约为基础和载体的集合资金形式。基金是相关方（主要包括发起人、投资人、管理人、托管人等）根据一定的信托契约关系建立起来的代理投资制度，基金由一定的组织者发起，对外募集资金后，通过信托关系，将基金委托给专业的风险投资基金管理公司管理，基金管理公司通过收取一定的管理费或收益分成，其余的全部收益分配给基金所有人。

这种模式的特点是基金所有人以出资额承担有限责任，基金管理公司依照信托协议负责基金的管理。可以说契约制是介于公司制和有限合伙制之间的一种组织形式，相对于公司制，能够更好的隔离投资人和管理人，而且运作更加灵活。但相对于有限合伙制，则隔离效果较差，不过契约制私募股权投资基金具有专业化管理，运作成本更低，灵活性更大的优点。

5.2.4 私募股权投资基金的募集、投资模式及退出

在组织形式确定以后，私募股权投资基金就面临筹资问题。

1. 私募股权投资基金的募集

私募股权基金的本金是由投资者提供的。投资者包括个人投资者和机构投资者。当承诺的出资者达到基金设立的要求时，再按照统一的方式签约、注册、入资、成立机构等，一只新的私募股权投资基金就诞生了。

2. 私募股权投资基金的投资模式

基金成立后，通过对投资项目的市场调查、筛选、评估，当做出参股决策后，就会派驻董事等高级管理人员、提供技术咨询和技术服务等战略支持、参与目标企业决策等投资管理行为。私募股权基金决策投资于某一项目或企业时，其投资的模式主要有以下几种。

（1）增资扩股。私募股权投资中的增资扩股与一般的企业内部增资扩股有所不同，后者主要是简单地增加企业注册的资本，改变股权结构。私募股权投资中的增资扩股实质上是对拟投资企业进行资产评估，以现有的资产和私募股权基金

的出资资本成立一个新的公司，私募股权基金在新公司以其出资额拥有相应的股份，而企业不能以原始出资额作为增资扩股的依据。

（2）股权转让。股权转让是指公司股东依法将自己的股份让渡给他人，使他人成为公司股东的民事法律行为。在股权转让中，程序的合法对转让的效力产生重要影响，有关法律的强制性规定必须遵守，如果不符合法定程序要求，股份转让行为对公司不产生效力。

（3）增资扩股和股权转让相结合。一般来说是购买企业原有股东的股份，形成新的股东结构，再按照新的股东构成进行增资扩股，增加企业的资本，改变企业股东持股比例，形成新的股权结构。实践中私募股权投资基金参与增资扩股和股权转让相结合的投资事例并不少见，这种投资方式有利于新公司符合未来首次公开发行股票时适当的注册资金要求和合理的股权结构要求。

3. 私募股权投资的退出

私募股权投资的退出是 PE 在筛选项目时就十分注意的因素，在对项目作出投资决策之前就必须对退出的方式和时机做好安排，并落实到合作协议中去。一般来说，退出的方式包括公开上市、协议转让、产权交易所挂牌上市、回购、清算等。公开上市是投资回报最高的退出方式，通过这一方式，企业也可以摆脱投资者的控制，获得独立的决策权。同时由于公开上市是金融市场对公司的一种认可，这有助于树立企业形象及保持持续的融资渠道等。

（1）公开上市。公开上市包括境外上市和境内上市。

境外上市。由于国内股票市场规模较小，上市周期长，难度大，很多内地企业在境外和香港直接上市。境外上市是指直接以国内公司的名义向境外主管部门提出登记注册、发行股票（或其他有价证券）的申请，并向当地的证券交易所申请挂牌上市。我们通常所说的 H 股是中国内地的企业法人在香港首次发行的股票；N 股是指在纽约首次发行的股票；在新加坡首次发行的股票即称为 S 股。

红筹模式。红筹最初是指在中国香港的国有中资企业，红筹上市即在香港上市；后来演变成国内企业利用在海外离岸公司上市的模式。国内企业都会在海外注册一家公司，并通过这家境外公司来控股境内公司，通过红筹模式，以境外注册的公司作为主体在境外上市。

境外买壳上市或反向兼并。它是指非上市公司通过购买一家境外上市公司一定比例的股权来取得上市的地位，然后注入自己的业务和资产，实现间接在境外上市的目的。而反向兼并上市即在"反兼并"上市交易中，境外壳公司以增发新股的形式将控股权出让给希望上市的中国企业。它是中国企业境外上市融资的最快最直接的途径。

境内上市。私募股权投资的企业境内上市主要有主板、中小板、创业板和借壳上市。主板，在我国的上海和深圳交易所交易的市场。中小板，有些企业的条件达不到主板市场的要求，只能在中小板市场上市，中小板是创业板的一种过渡形式。创业板主要服务于中小型民营企业，为中小型民营企业提供直接融资的平台。我国于 2009 年 10 月 23 日最终推出。创业板的推出，是私募股权基金实现投资退出的重要通道。

借壳上市。指未上市公司把资产注入一家市值较低的已上市公司，得到该公司的一定控股权，利用其上市公司的地位，使注入资产的公司上市。广义的借壳上市还包括买壳上市。实践中，私募股权投资通过借壳上市实现资本退出是一种行之有效的方法。

(2) 股权转让。股权转让也是私募股权资本退出最常用的方法。当私募股权基金觉得公开上市没有可能时，会选择股权转让的方式退出。常见的股权转让的方式包括协议转让、产权交易所挂牌上市和柜台交易、购并等。协议转让是指股权转让由交易双方通过洽谈、协商后鉴定交易协议，一方支付价款，另一方转移股权的交易方式。股权的转移要有很多手续，如要征得股东的同意，对企业进行包装、股东变更登记手续，有的还要经过有关部门的批准。产权交易所挂牌上市实质上就是拍卖，静待第三方询价转让。目前，我国多数省、市、自治区都有产权交易所。柜台交易是指在证券交易所以外的市场所进行的股权交易，它具有零散、小规模、无烦琐的上市程序以及较低的操作费用等特征。柜台交易也为私募股权投资提供了股权退出的另一渠道。

总体来说，无论是在产权交易所挂牌交易，还是柜台交易，股权交易的价格比较低，流动性也比较差，对于私募股权投资来说，并不是十分理想的退出方式。

购并。私募股权投资通过购并的方式实现资本的退出，是指项目公司作为整体被其他企业收购兼并，私募股权投资基金按照持有的股份取得收益及权益。购并是私募股权投资最终退出的一个不错的方式，它是私募股权投资基金和目标公司的管理者将企业做大后，整体卖掉了。

(3) 回购。是私募股权投资人所持有的股份由被投资企业购回。在我国指由管理层或原股东回购的，而企业回购违反了现行的《公司法》。要注意的是原股东或管理层回购与企业回购是性质截然不同的两种交易。原股东或管理层回购只是私募股权投资人将股权转让给企业的创业股东或企业的管理层，而企业回购则是目标公司收回私募股权投资人持有的股份，退回其出资，企业的注册资本要减少。

通过股份回购实现私募股权投资基金的资本退出，投资收益不高，回购的股权价格一般略高于私募股权基金进入时的价格。

(4) 企业清算等其他退出方式。对于私募股权基金投资的不成功的项目，应及早进行清算有助于私募股权投资方收回全部或部分投资本金。可选择延期最多3 年。因此，私募股权基金必须在既定的时间内清算投资，并把所得分配给投资者。所以，在一只基金建立 4~5 年后，就不再进行新投资。

5.3　房地产投资信托基金

5.3.1　REITs 的产生

REITs 产生于美国，第二次世界大战以后，美国的房地产业得到了迅猛的发展，广大投资者对房地产的投资热情逐渐升温。但由于房地产的单笔投资相当巨大，远远超出了一般个人投资者的承受范围，且房地产属于中长期投资，流动性较差，因此阻碍了投资者的投资需求。为此美国国会 1960 年参照共同投资基金的形式立法创立 REITs。其目的是为了给小投资者提供一个参与大规模商业房地产投资的机会，使所有对房地产投资有兴趣的投资者，不受资金的限制和地域的限制，都有机会参与房地产投资。1960 年艾森豪威尔总统签署《房地产投资信托法案》（Real Estate Investment Trust Act of 1960），标志着 REITs 的正式创立。

在开始的 30 年中，REITs 的业务受到了严格的限制，只允许 REITs 公司拥有房地产，但不能运营和管理。因此 REITs 必须委托第三方进行其所投资的房地产项目的运营和管理，并支付管理费用。另外，1960 年的法案还允许REITs公司的亏损可以转移给投资者，用来冲抵其应纳税所得。

到 1986 年，美国国会通过了《税收改革法案》（Tax Reform Act of 1986），从两个方面对 REITs 进行了改革：一是允许 REITs 不仅可以拥有房地产，还可以直接运营和管理，可以直接为其拥有的房地产项目的客户（租户）提供服务。二是取消了投资者可以将 REITs 的损失直接冲抵其应纳税所得的规定。由此可见，REITs 从其产生之日起，它的发展兴衰就与税法密不可分，在美国税收优惠是REITs发展的主要驱动力。到 1993 年，国会又放开了养老基金对REITs 的投资。因此在最近的十几年间，REITs 得到了空前的发展，市值增加了近 15 倍。

5.3.2　REITs 概念

REITs 是一种将按信托原理设计，以发行收益凭证的方式公开或非公开汇集多数投资者的资金交由专门投资机构进行投资经营管理，并将投资综合收益按比例分配给投资者的投资工具。

5.3.3　REITs 的运作模式

REITs 通过在股票市场发行股票募集资金后，持有和管理房地产资金，投资者通过购买 REITs 股票间接投资与房地产，并可以在购票市场上交易，获得资本利得和流动性，其收入主要来源于出租房地产的租金，投资于其他 REITs 股票所得的股利、投资于房地产抵押贷款和短期债务工具的利息收入。REITs 的运作模式如图 5-2 所示。

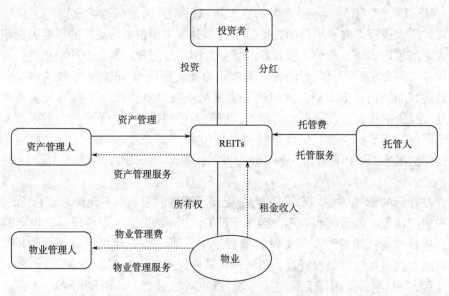

图 5-2　REITs 的基本运作模式

5.3.4　REITs 的基本特征

（1）在投资方向上，REITs 主要投资于可产生稳定收益的成熟物业、如写字楼、商场、酒店、物流中心、厂房、公寓、停车场等，不用于房地产项目的开发投资。新加坡和韩国要求 REITs 总资产的 70％以上必须投资于房地产及有关的资产。日本不但明确要求 REITs 管理的房地产资产占总资产的比例不得低于 75％，而且规定 REITs 资产仅限于房地产、现金或具有高度流动性的现金等价物，至少 50％的资产必须产生收益，且在一年内不会出售。

（2）在收益分配上，REITs 通常要求将税后收益的绝大部分以红利形式分配给投资者。美国、日本、韩国、新加坡及中国香港都规定 REITs 每年将不低于 90％的税后净利润以分红的形式分配给投资者。

REITs 的收益来源于从房地产的采购、发展、管理维护、销售过程中取得租金和销售收入或为个人和机构提供房地产抵押贷款，取得利息收入。其构成有：利息收益、股利、资本利得。REITs 投资人的收益来源于：REITs 的分红、资本增值、REITs 管理公司赠送的 REITs 单位。

（3）在资金的募集上，国际意义上的 REITs 采用公募形式，基金形式即发行信托单位，公司形式即发行股票，并在交易所公开交易，故较私募而言流动性很好。它与我国房地产信托纯粹属于私募性质完全不同。

（4）在资产价值来看，REITs 能够抵御通货膨胀。作为 REITs 价值基础的房地产，不会因为通货膨胀而受到损害，具有很强的保值功能。一方面，通货膨胀来临时，物价上扬，房地产物业的价值升值更快，以房地产物业为资产基础的 REITs 股票价值也会随之上升；另一方面，在通货膨胀时期，REITs 的收益水平也会比平时高，能够在一定程度上起到抵御通货膨胀的作用。

（5）REITs 能有效分散投资风险，但完全避免风险是不可能的。房地产所有权和管理与其他类型的业务或商业行为一样，都会面临各种各样的风险。购物中心房地产投资信托要面临消费者口味和生活情调变化的风险；公寓房地产投资信托也要面临公寓供给过多；医疗卫生房地产投资信托要面临政府缩减医疗卫生补贴的政策风险等。但尽管这样，如果投资者能够使其拥有的商业房地产投资在行业、地理区位和承租人选择方面实现足够的多元化，就可以减少风险，包括减少由于承租人破产带来的相应风险。

5.3.5　REITs 的基本组织形式

1. 契约型 REITs

契约型 REITs 是以信托契约为基础形成的投资行为，本身不具有法人资格。基本结构由投资人（委托人、受益人）、受托人和基金托管公司三方构成。其中三方当事人之间的关系是受托人依照契约负责 REITs 基金的经营和管理操作，同时又委托基金托管公司负责保管基金资产。受益人则依照契约享受投资收益。

2. 公司型 REITs

公司型 REITs 设立一个具有独立法人资格的投资公司进行管理。基本结构由投资人、REITs 投资公司（委托人、受益人）、基金保管公司构成。投资公司发起人通过向社会公开发行股票从广大投资者手中集中基金成立专门从事投资的股份有限公司，从事与房地产相关的各类投资，并将由此获得的收益以股份或红利的形式返还给股东投资者。既可向房地产开发企业贷款获得利益收益，也可通过直接参与管理物业取得租金受益和资本利得，各种收益的组合以分红的形式返还给投资者或指定的人。

契约型 REITs 与公司型 REITs 的比较见表 5-1。

表 5-1　契约型 REITs 与公司型 REITs 的比较

区别	契约型 REITs	公司型 REITs
法律依据	信托法	公司法
法人资格	不具有法人资格	法人
资金属性	信托财产	公司资产
资金的使用	按信托契约规定	按公司章程规定
与投资人的关系	信托契约关系	股东与公司的关系
与受托人的关系	以受托人存在为前提	本身即受托人
利益分配	分配信托利益	分配股利
组织存续	契约期满，即宣告终止	除资不抵债外，可永久存续

5.3.6　REITs 分类

1. 根据资金投向的不同，REITs 一般分为权益型 REITs、抵押型 REITs、混合型 REITs

(1) 权益型 REITs 是直接投资并拥有房地产，以购买、管理、更新、维护和出租、出售房地产物业为主营业务，主要收入来源是物业的租金收入和房地产项目的增值收益。权益型 REITs 通常选择投资于能持续增值的物业，其租金或房价有不断上涨的趋势。权益型 REITs 的最大优点是：通过资金的"集合"，为中小投资者提供了投资于利润丰厚的房地产业的机会；专业的管理人员将募集的资金用于房地产投资组合，分散了房地产投资风险；投资人拥有的股权可以转让，具有较好的变现性。

(2) 抵押型 REITs 是担任金融中介的角色，将所募集的资金用于向房地产项目持有人及经营者提供各种房地产抵押贷款，或房地产抵押支持证券(MBS)，主要收入来自按揭组合所赚取的利益。通常抵押型 REITs 的股息收益率比权益型 REITs 高。抵押型 REITs 的最大优点是为中小投资者提供了介入房地产抵押贷款市场、获得较高借贷利差的机会；专业化的管理人员将募集的资金用于多个房地产项目的抵押贷款，分散了房地产借贷风险；投资人拥有的资产可以转让，具有较好的变现性。

(3) 混合型 REITs 既可以投资于房地产资产，也可以投资房地产抵押贷款；既拥有部分物业资产，又有各种抵押贷款债权。也就是说混合型 REITs 在向股东提供物业增值空间的同时，也能获得稳定的贷款利息。

2. REITs 其他业务种类

(1) 按投资期限 REITs 可分为：有期限 REITs、无期限 REITs。有期限 REITs 是指那些在一定时期后（通常是创立 10 年）可以变现的 REITs，有很强的流动性。无期限 REITs 是投资者成为公司的股东，持有的 REITs 股份除非在二级市场流通，不可以提前变现。

（2）按信托性质 REITs 可分为：UPREITs、DownREITs。UPREITs 是指房地产公司和私人业主将自己的物业以股份兑换而不是出售的方式纳入 REITs，从而避免支付因出售物业获得资本收益的所得税。DownREITs 与 UPREITs 相似，只是要求 REITs 必须是上市公司。

5.3.7 美国 REITs 的运作模式

各国的 REITs 都是从美国学来的，然后将其本土化，因此如果考察各国 REITs 的运作时，可以看出他们有很多共同之处。而美国《房地产投资信托法》对 REITs 的收益来源、分配及管理等运作模式作出如下的规定：

（1）REITs 必须采用公司、信托投资行等组织形式，由董事会或受托人来经营、管理；REITs 至少有 100 位股东，并且份额最大的 5 位股东在 REITs 中的股份应低于 50%。

（2）REITs 所有的股份都一样，没有普通与优先之分，且所有股份都可以在证券市场上自由转让。

（3）REITs 的总资产中须至少 70% 投资于房地产有关的业务中。如房地产运营、抵押贷款、政府债券。

（4）REITs 的总收入中至少应有 75% 来源于房屋租金收入、房屋抵押贷款的利息收入及出售物业的利润；且总收入 95% 以上应来源于房屋租金收入、房屋抵押贷款的利息收入及出售物业的利润及 REITs 公司投资股票红利收入、利息收入和出售证券的资本收益。

（5）REITs 的总收入中最多只能有 30% 来源于持有不超过 4 年的物业的销售收入，这与一般的房地产开发机构通过开发-出售的方式来盈利有本质的区别。

（6）REITs 必须把 95% 以上的经营收入（资本收入不计在内）以红利的形式分配给投资者。

（7）REITs 的高级管理人员必须将大部分个人净资产投资于自己管理的 REITs中，这样管理层与股东的本质一致，避免二者利益冲突。

（8）REITs 的经营收入在公司经营经营层面上无需纳税，从而成为美国最重要的避税工具之一。

5.3.8 房地产信托与 REITs 的区别

（1）REITs 是标准化可流通的金融产品，一般从上市或非上市公司收购地产资产包，且严格限制资产出售，较大部分收益来源于房地产租金收入、房地产抵押利息或来自出售房地产的收益，能够在证券交易所上市流通。中国的房地产信托计划是有 200 份合同限制的集合非标准化金融产品，一般不涉及收购房地产资产包的行为，其收益视信托计划的方案设置而定，尚无二级市场，不能在证券交易所上市流通。

（2）REITs 对投资者的回报需要把收入的大部分分配给投资者，比如美国要求把所得利润的 95% 分配给投资者。中国的房地产信托计划对投资者的回报为信托计划方案中的协议回报，一般在 3%～9% 左右。

（3）REITs 的运作方式是：负责提供资金并组建资产管理公司或经营团队进行投资运营。中国的房地产信托计划的运作方式是：提供资金，监管资金使用安全，或部分或局部参与项目公司运作获取回报。

（4）REITs 的产品周期一般在 8～10 年，更注重房地产开发后，已完工的房地产项目的经营；中国的房地产信托计划产品周期较短，一般为 1～3 年。

（5）REITs 的税制优惠：如信托收益分配给受益人的，REITs 免交公司所得税和资本利得税，分红后利润按适用税率交纳所得税。而中国的房地产信托计划没有相关的税制安排。

（6）中国的房地产信托概念较为宽泛，可以是 REITs 模式，也可以是贷款信托、优先购买权信托、财产权信托、受益权转让信托等。

总之，简单地讲，REITs 就是将投资大众的资金，由专业投资机构投资在商务办公大楼、购物中心、饭店、公共建设等商用建筑物，投资人不是直接拿钱投资不动产，而是取得受益凭证，报酬以配息方式进行，且 REITs 可以挂牌公开交易，因此投资人还可以在公开市场买卖，赚取资本利得。

■ 5.4 银信合作业务

5.4.1 我国银信合作业务的产生和发展。

银信合作业务出现于 2005 年，起初发展缓慢。从 2007 年开始快速升温，这主要有三方面因素：一是集合资金信托计划门槛提高，以单一理财资金信托为主的银信理财产品门槛较低，能更好地满足投资者需求。二是股市持续火爆，当时的银信理财产品资金可直接投资于股市打新股，收益率非常高。三是银信理财产品可避开监管和贷款利率限制，较为自由地向企业贷款，能很好地满足企业融资需求和银行的贷款需求。由于充分利用了银行和信托的优势，而且收益率可观，银信合作业务迅速发展起来。2008 年年底、2009 年年初，政府开始采取一系列积极财政政策和宽松的货币政策，为企业投资提供有利条件，促使国内经济较快地摆脱国际金融危机的阴影。宏观环境的好转，企业融资需求旺盛使得银信合作业务又快速升温，此时信托贷款类产品转而成为主角。此间除偶尔波动之外，银信合作业务一直保持飞速发展。直到 2010 年 7 月，银监会加大对银信合作业务的监管力度，对其带来巨大冲击，发行数量和存量规模快速下滑。

5.4.2　银信合作业务的概念

银信合作业务是信托业务中的一种特色业务形式。其含义有广义和狭义之分，广义的银信合作业务涵盖了银行和信托公司合作开展的所有业务，主要包括两类：第一类是银信理财合作，指银行将理财计划项下的资金交付信托，由信托公司担任受托人并按照信托文件的约定进行管理、运用和处分的行为；第二类是银信其他合作业务，指除理财计划之外的合作业务，包括信贷资产证券化等。目前银信合作业务的主要形式就是第一类银信理财合作业务，这也是狭义上的银信合作业务。

5.4.3　现阶段银信合作的主要形式

1. 传统的资金收付和结算及代售信托计划

信托公司原结算资格取消后，只能作为一般企业在银行开立结算账户，贷款、投资等业务资金往来通过银行账户结算。资金信托业务开办后，必须在银行开立信托专户，银行为信托公司代售信托计划，代理收付资金，代理兑付信托收益。

2. 担保和同业拆借及授信

信托公司为借款人向银行贷款提供担保，银行为信托投资公司借款等提供担保；作为金融同业，双方互为交易对象，进行资金（债券）交易。

3. 其他具体业务领域的合作

这类情况如对项目共同考察、评估，争取好项目，发展高端客户，共同贷款；或银行贷款，信托担保；双方进行资产转让、回购，以达到融资或调整资产负债比例等目的。

4. 信托账户的托管

资金信托实质就是私募基金，为了规范运作，保证银行、信托和客户等各方利益，参照基金托管方法，信托公司为信托资金管理人，银行为托管人，签订《信托账户托管协议》，对信托计划进行管理。

5. 签署战略合作协议

前瞻性合作。为了建立长期稳定的合作关系，寻求更广泛的合作领域，不断推出新的金融品种，双方就可能合作的方面进行探讨，制定框架式条款，并给予对方合作优先权。

■本章小结

信托业务创新应继承和发展传统业务，同时借鉴信托业发达的西方国家的理论研究成果，开发出适应我国财产管理的金融新产品。本章所介绍的资产证券化、私募股权投资基金、REITs、银信合作业务应成为我国未来信托业中的重要业务。

资产证券化有两种形式：抵押贷款证券化（MBS）和资产支撑的证券化。资产证券化是 20 世纪 70 年代末以来国际金融领域中最具影响的金融创新之一，其原因是资产证券化的科学性，主要体现在它的运行机制和演变逻辑过程中，其中包括了以下环节：确定证券化资产并组建资金池、发起人向特殊目的机构（SPV）出售资产、信用增级、信用评级、发售证券、向发起人支付资产购买价款、管理资产池、证券进入二级市场进行交易。从资产证券化的过程中可以看出其运作的主体主要有资产发起人、特设机构（SPV）、信用增级机构、信用评级机构、投资银行、服务人、投资者。同时资产证券化的运作过程中体现出其具有能够实现风险隔离、能够实现资产重组、能够实现信用增级、能够大大降低融资成本的特点。

PE 始于第二次世界大战以后。世界上第一个私募股权投资公司——美国研究发展公司（ARD）成立，从此私募股权投资开始专业化和制度化。到目前为止，私募股权投资基金业经历了高峰发展时期和全球金融危机的发展挫折期之后，已经重新进入上升期。PE 已形成了一套比较规范、科学的运作机制。它具有如下特点：投资运作期限较长，收益丰厚；在资金募集上，主要通过非公开方式面向少数机构投资者或个人募集；投资方式上多采取权益型；组织形式以有限合伙型为主；投资退出渠道多样化，有 IPO、售出、兼并收购、标的公司管理层回购等。私募股权投资基金必须以法律所认可的某种法律主体的形式从事活动，目前国际上，私募股权基金通常采取的组织形式有：有限合伙型、公司型和信托型。在组织形式确定以后，私募股权投资基金就面临筹资问题，PE 的本金是由投资者提供的。投资基金的投资模式有：增资扩股、股权转让、增资扩股和股权转让相结合。私募股权投资的退出是 PE 在筛选项目时就十分注意的因素，公开上市是投资回报最高的退出方式。

REITs 产生于美国，目的是为了给小投资者提供一个参与大规模商业房地产投资的机会，1960 年《房地产投资信托法案》的颁布标志着 REITs 的正式创立。此后，美国放宽对 REITs 的限制，并进行了有关 REITs 的税收改革，允许养老基金对 REITs 的投资使 REITs 得到了空前的发展。REITs 的运作体现了如下的特征：在投资方向上，REITs 主要投资于可产生稳定收益的成熟物业、如写字楼、商场等，不用于房地产项目的开发投资；在收益分配上，REITs 通常要求将税后收益的绝大部分以红利形式分配给投资者；REITs 的收益来源于从房地产的采购、发展、管理维护、销售过程中取得租金和销售收入或为个人和机构提供房地产抵押贷款，取得利息收入；在资金的募集上，国际意义上的REITs

采用公募形式，基金形式即发行信托单位，公司形式即发行股票，并在交易所公开交易，故较私募而言流动性很好；REITs 能够抵御通货膨胀；REITs 能有效分散投资风险。作为 REITs 的基本组织形式有：契约型 REITs、公司型 REITs。REITs根据资金投向的不同，REITs 一般分为权益型 REITs、抵押型 REITs、混合型 REITs。其他的分类方式还有：有期限 REITs、无期限 REITs 和 UPRE-ITs、DownREITs。很多各国的 REITs 都是从美国学来的，然后将其本土化。

　　在我国银信合作业务出现于 2005 年，起初发展缓慢。从 2007 年开始快速升温，但到 2010 年 7 月，银监会加大对银信合作业务的监管力度，使其发行数量和存量规模快速下滑。银信合作业务是信托业务中的一种特色业务形式。广义的银信合作业务涵盖了银行和信托公司合作开展的所有业务，主要包括两类：银信理财合作和银信其他合作业务，指除理财计划之外的合作业务，包括信贷资产证券化等。目前银信合作业务的主要形式就是银信理财合作业务。合作的形式主要有：传统的资金收付和结算及代售信托计划 、担保和同业拆借及授信、其他具体业务领域的合作 、信托账户的托管、签署战略合作协议 。

➤ 思考题

1. 我国资产证券化的难点在哪？其表现在哪些方面？
2. 我国资产证券化运作模式应如何选择？
3. 试述中国私募股权投资发展中存在的问题及对策。
4. 简述美国 REITs 的主要特点及其与我国房地产信托的区别。
5. 试述银信合作业务的概念及方式。

第**6**章

我国信托业务的沿革

【本章提要】 本章主要介绍：信托业在我国的建立和不同时期的发展情况；我国信托公司传统信托业务的主要种类及其发展变化；我国委托业务的主要种类及其发展变化以及我国代理、咨询业务的主要种类。

信托业是金融体制不可缺少的一个重要组成部分，是市场经济体系的有机环节。信托是一种以资产为核心，以信任为基础，以委托方式代人理财的财产管理制度，与银行业、保险业、证券业堪称现代金融业四大支柱。在我国，由于信托概念的历史定位不明以及信托的违规操作，导致信托业几经波折，目前信托业的规范发展离不开理论探讨和经验甚至教训的总结。

■ 6.1 我国信托业的建立与发展

我国信托业自20世纪初诞生以来，经历了艰难曲折的发展过程，大致可分为四个重要的发展阶段：旧中国信托业的产生和发展阶段；对旧中国信托业的社会主义改造和中国社会主义信托业创立阶段；改革开放以来中国信托业的恢复和发展阶段；"一法两规"出台背景下的重新起步阶段。

6.1.1 旧中国的民营和官办信托业

我国的信托业创始于20世纪初商品经济比较发达的上海，最早是以银行兼办信托业务的形式出现的。1917年，民族资本创办的上海商业储蓄银行在上海的总行成立"保管部"，首次开办了代保管业务，1921 年更名为信托部，增办个人信托业务。1918 年，浙江兴业银行开始出租保管箱业务。1919 年，重庆聚兴银行上海分行成立信托部。这是我国最早经营信托业务的三家银行，也是我国现代信托业务的创始。

我国专业信托机构是与交易所的设立同时兴起的，并很快形成争设信托公司和交易所的"狂潮"。1921 年，我国第一家专业信托投资机构——中国商业信托公司在上海成立，继之而来，在上海总共有 12 家信托公司成立。由于当时的信托公司大多以证券投机为主要业务，同时交易所的业务与信托公司的业务交织在一起，互为利用，信托公司以发行股票作为交易所的交易对象，交易所又以自己发行的股票向信托公司抵押借款，导致出现了旧中国金融史上有名的"信交风潮"，除中央和通易两家外，其余的信托公司纷纷倒闭，旧中国民营信托业的发展第一次进入低潮。

自 1928 年开始，民营信托业开始复苏，由低潮走向全面发展阶段，以上海为中心的信托业又重新恢复发展。至 1937 年，全国共有信托公司 12 家，银行兼营信托业务的有 42 家，并在一些大中城市设立了许多分支机构，总资本也超过"风潮"前的数额，达到 1043.6 亿元。

旧中国的官办信托业是在民营信托业初步稳定的基础上产生的。国民党政府于 1933 年开始建立官办信托机构，如上海市政府开办的上海市兴业信托社和 1935 年国民党政府设立的中央信托局，其分支机构遍布全国各地。同时，一些官僚资本金融机构，如交通银行和中国银行等也先后设立了信托部。这一时期，旧中国的信托业在机构和业务上都有了比较大的发展。抗日战争期间，全国又新设信托公司 40 多家，银行信托部 10 余家。抗日战争胜利后，国民党政府对战时在沪新设金融机构进行了整顿，一些信托公司纷纷停业，全国保留信托公司 15 家，资本总额为 91 500 万元法币，大银行仍继续兼营信托业务。

旧中国信托业有如下特点：①信托公司或银行信托部基本上是名不副实的，主要从事股票、债券的投机炒作和代理业务，信托业务从来没有真正成为信托机构的主业；②信托业的经营基础极不稳固，实力薄弱，加上大多从事金融投机，一遇金融风潮往往大批信托机构倒闭。由于整个行业的社会信誉度不高，信托机构往往被社会视为投机机构，其信托本业反而不被社会所了解，也无从发展；③当时的中国政府从法国、德国、日本等国引进了西方的全套法律制度，构建了以大陆法系为基础的法律体系"六法全书"，并投资开办了中央信托局。但当时的政府一直没有制定过"信托法"和"信托业法"，信托业发展的制度基础也就无从谈起。

6.1.2　中华人民共和国成立初期的信托业

我国社会主义信托业始于中华人民共和国成立初期，是在实行银行社会主义国有化进程中，对旧中国信托业进行接管改造的基础上建立起来的。中华人民共和国成立后，为迅速彻底摧毁垄断金融资本的统治，对国民党政府经营的信托机构，包括中央信托局以及中国农业银行、中央合作金库和各省市地方银行附设的信托部，采取了坚决没收的政策，由人民政府接管，并予以清理，对附设于旧中国银行和交通银行的信托部进行了改组和改造，使其成为社会主义信托业的组成部分。同时对民营信托业采取赎买政策，通过严格管理、公私合营等步骤，实现了旧中国民营信托业的社会主义改造和国有化，信托业成为公私合营银行的组成部分。

在接管和改造旧中国信托业的同时，我国也开始试办社会主义的信托业。当时主要有两种业务机构：一是银行信托部；二是投资公司。如1949年11月，中国人民银行上海市分行以旧中国银行信托部为基础，接办了原有的房地产保管、信托和其他代理业务以及旧交通银行的仓库业务，成立了中国人民银行上海分行信托部。1951年6月，天津市由地方集资，成立了公私合营的天津市投资公司等。

但是，进入20世纪50年代以后，由于国内经济形势的发展，信托公司和银行信托业务部的业务都逐渐收缩，到20世纪50年代中期停办。其主要原因是，在中华人民共和国成立初期，我国的商品经济尚不发达，还不完全具备发展信托业的条件。另外，当时推行高度集中统一的计划管理体制，忽视了利用经济杠杆和市场调节的作用，信用高度集中于国家银行，形式趋于单一化。

6.1.3　改革开放后信托业的恢复和发展

1978年12月，中国共产党十一届三中全会以后，我国实行了国民经济调整和经济体制改革，特别是财政体制改革深化，实行利润留成和多种形式的经营责任制以后，地方、企业和主管部门掌握的可自主支配的预算外资金规模增大，客观上要求发展与之相适应的更为灵活的融资服务方式。与此同时，各部门、各单位和个人之间的直接融资活动大量出现，如果不对此加以管理和疏导，将对全社会信用总规模和基建规模的控制产生不利影响。而银行信用手段对这部分资金无法进行有效的管理，信托机构可通过其职能发挥作用，既能提供信用保证和经营管理技能，以维护信托关系人的经济利益，又能发挥监督保障作用。我国的信托业就是在上述背景下恢复和发展起来的。

1.20世纪80年代初期信托业的发展和整顿

1979年，一些地区和部门为适应社会对融资方式、资金需求多样化的需要，开始设立和筹建信托机构。1979 年 10 月，中国国际信托投资公司在北京宣布成立，这标志着中国信托业的正式恢复。同月，中国银行成立，总行也率先成立了信托咨询部，后又在此基础上成立中国银行信托咨询公司。中国人民银行也于 1980 年初在上海、浙江嘉兴等地试办了信托业务。截至 1982 年，全国各类信托机构发展到 620 多家，我国信托业的发展掀起第一个高潮。

随着财政分成制度的实行和企业自主权的扩大，许多地区和部门为了发展地区经济和部门经济，纷纷自行筹款，组成了各种形式的信托投资公司，加上银行所属的信托投资公司，使金融信托机构在短期内迅速膨胀。这些机构一方面与原有的银行抢资金，争地盘，人为地制造了一部分资金需求，加剧了资金供求矛盾；另一方面，这些机构在业务上又超越了信托范围，变相搞银行信贷业务，或吸收短期存款用以发放长期贷款或投资，或用银行存款发放信托贷款、信托投资。其结果是，资金分散、业务混乱、长短期资金相互混用，进一步加剧了短期资金用于长期贷款的超负荷运行，从而助长了固定资产投资规模的膨胀，拉长了基本建设战线。鉴于此，国务院于 1982 年 4 月决定整顿国内信托业务。

2. 20 世纪 80 年代中期信托业的发展和整顿

1983 年年初，中国人民银行颁布了《关于办理信托业务的若干规定》，首次明确了信托业务的发展方向，业务范围和计划管理等问题，并将信托业务的重点放在"委托、代理、租赁、咨询"上，暂停投资性业务。上述规定促进了信托业的稳步发展，各地信托机构在发展地方经济、搞活流通和促进对外开放等方面发挥了积极的作用。

1984 年，我国国民经济持续稳定发展，工农业生产有较大幅度增长，但由于经济发展过热，固定资产投资和消费基金增长过猛，导致出现货币投资和信贷失控的局面。为此，国务院和中国人民银行相继发出紧急通知，要求各地进行贷款检查，同时对信托业务进行整顿，严格控制信托贷款，并抓紧收回不合理贷款。这是信托业的第二次整顿，这次整顿主要是业务整顿。虽然于 1985 年暂停了信托贷款和投资业务，但其他业务未受影响，信托业总体上还是逐步发展的。

3. 20 世纪 80 年代末期信托业的发展和整顿

在 1985 年整顿信托业务的基础上，1986 年 4 月，中国人民银行总行制定并发布了《金融信托投资机构管理暂行规定》。这使金融信托业务的方向和经营范围得到进一步明确，结束了信托工作无章可循的局面。到 1988 年 9 月，经中国人民银行批准设立的信托投资公司达 745 家，资产总额近 700 亿元人民币，其中各类贷款总额为 500 多亿元。信托机构开办了信托、委托、代理、租赁、投资、房地产、证券、咨询等多种业务，并初步形成网络，在用好用活预算外资金，引进外资，支持能源、交通、原材料、出口创汇和人民生活必需品生产以及促进企业技术、设备的更新改造等方面发挥了重要的作用。这一阶段是我国信托业在机构和业务上发展最快的时期。

由于 1988 年中国再次出现经济过热，为此，国务院决定利用行政手段整顿金融秩序，控制信贷规模和货币供给量，压缩固定资产投资规模，对信托投资公司等金融性公司进行清理整顿。1988 年 8 月，第三轮信托投资公司的清理整顿开始。经过一年多的清理整顿，到 1990 年 8 月，信托投资公司只剩下 399 家，信托投资公司的各项存款合计为 581.6 亿元，贷款合计为 760.84 亿元，总资产为 1004 亿元。

4. 20 世纪 90 年代信托业的发展和整顿

从 1992 年开始，中国改革开放步伐明显加快，但在经济高速增长时，也存在一些问题。1993 年，国民经济在高速增长的轨道上继续前进，各地固定资产投资和房地产投资的"圈地运动"有增无减，金融方面的扩张冲动也很强劲。因此，产生了通货膨胀问题，部分城市物价上涨达 20% 以上。随着经济的升温，银行资金又一次通过拆借等途径，绕开了人民银行的信贷规模控制，流入了信托投资公司，并流入了房地产和股票市场，助长了经济的进一步过热增长。同时，信托投资公司也继续增加。随着 1992 年经济发展步伐的加快，信托机构也日益不规范，违章拆借、违规经营现象十分普遍和严重，加剧了当时金融秩序的混乱。所以，从 1993 年 6 月开始，中央决定进行宏观调控，收紧银根，严控货币发行，整顿金融秩序。与此同时，人民银行对信托业的第四次整顿正式开始。这次整顿重申了信托业和银行业"分业管理，分业经营"的金融政策，并于 1994 年开始实施。要求银行与其所属的信托公司合并或通过转让、改制与其脱钩。银行不再经营信托业务，也不再投资于非银行金融机构。

6.1.4 "一法两规"出台背景下的重新起步

尽管经历了四次大的整顿，但我国信托业定位不明、管理混乱、主业不明、经营行为不规范的弊病仍然十分严重，从总体上讲，始终处于一种发展无序、无所适从的状态。在这种背景下，我国对信托业最彻底的一次清理整顿终于在 1999 年启动。1999 年 3 月，国务院下发国发第 12 号文件，宣布中国信托业的第五次清理整顿开始。这次清理整顿的措施包括：①对所有问题严重、地方政府不愿救助或无力救助的信托公司一律实行停业整顿、关闭、撤销，并进入清算程序，由政府和人民银行负责组织成立清算组，承担个人债务兑付、外债偿付和清算工作。②少数经营状况良好或者经营状况尚可、地方政府又有意救助扶持的信托公司，采取政府注入资金、债权转股权、引入新的战略投资者、合并重组等方法化解债务、增加资本金，并全面清理债权债务，解决各类历史遗留问题，然后经人民银行验收和重新登记。③信证分业，信托公司所属的证券资产限期以自组控股证券公司、以评估后的证券资产参股其他证券公司、转让等方式全部剥离。从此，信托公司不再经营证券经纪业务和股票承销业务。这次整顿旷日持久，一方面，在第四次整顿基础上，进一步实行信托业与银行业、证券业的严格分业经营、分业管理，让信托机构回归其本源业务；另一方面，对信托投资机构进行进一步的整顿。2001 年 1 月 10 日，中国人民银行发布实施了《信托投资公司管理办法》（以下简称《管理办法》），规定不能支付到期债务或资不抵债的信托投资公司将被关闭，整顿重组后的信托投资公司将按照《管理办法》进行验收。经过这次大整顿，我国信托投资公司的数量从第四次整顿结束后的 200 多家减少到50 家左右，从而保证了信托机构的质量。

第五次清理整顿的同时，信托制度的建设也在同步进行，历经 8 年的反复修改，2001 年 10 月出台的《中华人民共和国信托法》正式施行。2007 年 1 月中国银行业监督管理委员会（以下简称银监会）又一次修订《信托投资公司管理办法》和《信托投资公司资金信托业务管理暂行办法》，颁布了《信托公司管理办法》《信托公司集合资金信托计划管理办法》及《信托公司治理指导》，这些法规的颁布为信托业的发展确立了法律地位，拓展了生存空间，信托业将面临新的发展机遇，步入新的发展时期。这六个对信托业生存发展至关重要的法律法规，第一次通过制度再造的方式，引导信托公司走上以真正的信托业务为经营主业的发展道路，标志着中国信托业沿用多年的抑制政策和监管模式已经被彻底改变。有理由相信，信托业由此将可能彻底摆脱扩张—整顿—扩张的恶性循环怪圈。

■ 6.2　信托业务

1979 年中国金融信托业再次发展之后，我国金融信托投资公司开办的主要信托业务有信托存款、信托贷款、信托投资、资金信托和财产信托。由于当时实行混业经营，其中信托贷款与银行信贷业务没有什么本质区别，只是资金的来源和运用、资金存放的期限和利率有所不同，它们是银行信贷业务的补充。自1979 年信托业务恢复一直到《信托法》出台，信托行业一直没有正式的法规，只有 1986 年中国人民银行颁布的《金融信托投资机构管理暂行规定》，其内容主要是对信托资金来源作出限定。

6.2.1　信托存款

信托存款是在特定的资金来源范围内由信托机构办理的定期存款业务。其资金来源范围、期限、利率等均由中国人民银行规定、公布和调整。

1. 信托存款与银行存款的区别

1) 资金来源

根据中国人民银行总行 1986 年颁布的《金融信托投资机构管理暂行规定》，信托存款的资金主要有如下来源：

(1) 财政部门委托投资或贷款的信托资金；

(2) 企事业主管部门委托投资或贷款的信托资金；

(3) 劳动保险机构的劳保基金；

(4) 科研单位的科研基金；

(5) 各种学会、基金会的基金；

(6) 个人长期不用的、额度较大的个人特约信托资金等。

与一般银行存款相比，信托存款具有范围窄、金额小、来源特定的特点。

2) 存款期限

一般银行存款多为活期的，亦有定期的，而信托存款都是定期的。

3) 存款利率

信托存款的利率由两部分组成：一是约定的保本保值利率，与银行存款的固定利率相同，由信托机构照章支付；二是分红（或称增补收益），这是信托机构根据各种信托资金实际运用情况，于会计年度决算后支付的。

4) 资金运用

信托存款一般有专门用途，在一定程度上应遵照委托人的意图使用存款。而银行存款是银行信贷资金的主要来源，其运用由银行根据国家批准的信贷计划统一安排，存款单位和个人不过问银行如何运用这笔资金。

2. 信托存款的种类

(1) 单位信托存款。是指委托单位以自有资金和各种预算外资金存入信托公司，委托其加以管理和经营，以获取相应的信托收益的业务。

(2) 公益信托存款。是指企事业单位、社会团体、科研机构或各种协会把社会公益福利事业提取、筹集或受捐赠的公益资金存入信托公司，由其代为管理和运用。

(3) 专用基金信托存款。是指企业主管部门或地方政府委托信托公司代为筹集和使用的专项基金。

(4) 个人特约信托存款。是指信托公司受理个人非储蓄性质的资金，按其特定的要求和用途，代为办理某项特约事务的业务。

信托存款业务是我国信托投资公司的传统业务，是信托投资公司最主要的资金来源。但是，因为分业经营和分业管理的要求，在《信托投资公司管理办法》的第 30 条规定，信托投资公司不得以经营资金信托或者其他业务的名义吸收存款，切断了银行与信托的业务联系。传统信托投资公司在历史上曾广泛开展的所谓信托存款、委托存款等各类存款业务被人民银行彻底否定，不再被允许经营。

6.2.2　信托贷款

信托贷款业务是一种典型的集合运用资金的信托业务，是信托机构运用吸收的信托存款、自有资金和筹集的其他资金发放贷款的业务。

1. 信托贷款与银行贷款的区别

（1）信托贷款的资金来源是按国家规定吸收的信托存款和自有资金等，其范围比银行贷款的资金来源要窄得多，资金量也比较小，因而它是对银行贷款业务的补充。

（2）银行贷款由于现行信贷制度的限制，无法对一些企业的特殊需要予以满足，只能发放正常需要的贷款；而信托贷款恰好可以满足特殊的资金需要。

（3）银行贷款按其贷款对象、期限、用途不同，规定有不同的利率，但不能浮动；按照规定，信托贷款利率可在银行同期贷款利率基础上，用经济手段促使企业合理使用资金。

2. 信托贷款的种类

（1）技术改造信托贷款。是为支持企业技术改造设立的。信托机构应企业的申请，对企业因技术改造临时缺乏必要的资金而发放的技术改造信托贷款。

（2）横向联合信托贷款。是为了支持地区间、部门间以及行业间利用各自的优势，相互协作、实现联合，信托机构应借款者申请而发放的贷款。

（3）联营投资信托贷款。是横向联合信托贷款的一种。其特点是：联营各方的联合方式是共同投资，目的在于开发共同需要的产品，如原材料、能源等，或共同进行效益较高的经营活动。

（4）补偿贸易信托贷款。是信托机构对国内企业在从事补偿贸易活动中为弥补预付资金不足而发放的贷款。

（5）房地产开发信托贷款。是信托机构为支持房地产开发而发放的贷款。

（6）耐用消费品信托贷款。是信托机构为了引导一些价格和档次较高而消费者一时不能全部付清价款的耐用消费品实现销售而发放的贷款。

（7）专项信托贷款。是信托机构从人民银行或财政部门借入或拨入的资金，用于人民银行或财政部门指定范围的贷款。

3. 贷款方式

根据借款单位的不同资金需要，结合信托机构内部贷款管理的要求，通常采用的贷款方式有信用贷款、抵押贷款和票据贴现贷款。

6.2.3　信托投资

信托投资是指信托投资公司用其自有资金和吸收的长期信托存款以及发行债

券等筹集的资金，以投资者的身份，向生产经营企业进行投资，并参与企业经营成果分配的一种信托业务。信托投资业务是信托投资公司重要的融资手段，也是信托公司的一项传统业务。

1. 信托投资与信托贷款的区别

1）性质不同

信托贷款基本上是一种信用活动，向企业贷款只能增加企业的借入资金；而信托投资是一种信托活动，若向企业投资则可增加企业的自有资金或项目的自筹资金。

2）形式不同

（1）资金的投放形式不同。信托贷款的形式主要有信用贷款、抵押贷款和票据贴现；而信托投资的形式有直接投资和间接投资。

（2）资金的运动形式不同。信托贷款的资金运动表现为双重支付、双重归流的资金运动过程，而信托投资则表现为一次性支付、多次分红回流的资金运动过程，前者时期较短，后者时期较长。

3）分配不同

信托贷款以取得利息为目的，收益较稳定；而信托投资以分红的形式参加企业经营成果的分配或从证券交易中谋利，收益较大，风险也较大。

2. 信托投资的种类

（1）按投资对象分为企业项目投资和有价证券投资。按资金的投放方式，前者称为直接信托投资，即信托投资公司直接向企业或项目投入资本；后者称为间接投资，即信托投资公司将资金投资于有价证券，从而间接参与企业融资。我国目前以直接信托投资为主，而国外主要是间接信托投资。

（2）按组织形态分为股权式投资和契约式投资。前者又称为参与经营式，是由信托投资公司委派代表参与对企业的领导和经营管理，并以投资比例作为分取利润或分担亏损的依据。后者又称为不参与经营式，即合同方式，信托投资公司投资后按商定的固定比例，在一定年限内分取投资收益，到期后或继续投资，或出让股权并收回所投资金。后者较前者期限要短。

（3）按投资期限分为长期（合作）投资和短期（合作）投资。长期投资一般事先不规定信托投资的年限，只要合资联营企业存在，信托投资就长期存在；而短期投资则事先规定投资年限，到期由信托投资公司收回投资，同时信托投资公司退出企业。短期投资又称定期投资，目前采用较多。

（4）按分配方式分为固定分成投资、比例分成投资和保息分红投资。固定分成投资是由投资方和企业事先商定利润分成额，信托投资公司按此固定额度分享收益而不受企业实际盈亏的影响；比例分成投资是投资各方事先商定合资联营企业中各方分成的比例，赢利时按此比例分红，亏损时按此比例分担；保息分红投资是投资者在投资时，事先商定由合资企业在投资期间，按照信托投资公司投资金额定期支付利息，年度终了时还要参与一定比例的分红。

此外，还可以按照信托投资的主体分为国家信托投资、地方信托投资、企业和单位信托投资、个人信托投资等四类；按照信托发生的阶段分为新投资和再投资；按照信托投资的经营目的分为政策性投资和经营性投资等。

6.2.4　资金信托

资金信托，又称为"金钱信托"，是指委托人基于对信托投资公司的信任，将自己合法拥有的资金委托给信托投资公司，由信托投资公司按委托人的意愿以自己的名义，为受益人的利益或特定的目的管理、运用和处分资金的行为，信托公司收取一定金额的手续费。目前，在中国信托业务中，资金信托是信托公司的传统业务，所占比重最大，运用最为广泛，是信托公司业务利润的重要组成部分。我国《信托法》颁布和实施的时间不长，原来信托投资公司的资金业务正在清理整顿，新的资金信托业务尚在试点阶段，经营方式和监管措施都在摸索中。

1. 资金信托与银行存款的区别

（1）银行业务的特点是：客户在银行存款，银行给客户固定的存款利息，银行发放贷款所取得的收入归银行所有，造成的损失由银行承担。只要不破产，银行对存款要保本保息，按期支付。资金信托业务的特点是：委托人基于对信托投资公司的信任，将资金委托信托投资公司管理，由信托投资公司以自己的名义，按照信托合同的约定，为受益人的利益管理运用、处分信托资金。如果项目成功，收益归委托人指定的受益人所有；项目失败，其损失（包括本金也受到的损失）由委托人指定的受益人承担，信托投资公司收取的是手续费和佣金。信托投资公司不能保证信托本金不受损失，也不能保证最低收益。如没有按照信托合同的约定管理、运用、处分信托资金，导致信托资金受到损失的，其损失部分由信托投资公司负责赔偿。

（2）银行存款是银行的负债，银行贷款是银行的资产。银行破产时，银行贷款作为破产清算财产统一参与清算。信托投资公司办理资金信托业务取得的资金不属于信托投资公司的负债，因管理、运用和处分信托资金而形成的资产不属于信托投资公司的资产。信托财产具有独立性和连续性。信托投资公司终止时，信托财产不属于清算财产。也就是说，信托投资公司终止了，信托财产的管理运用不终止，而由新的受托人承接继续管理，以保护信托财产免受损失。

2. 资金信托的种类

（1）按照委托人数量不同，资金信托可分为单一资金信托和集合资金信托。

（2）按照委托人对资金用途指定性不同，资金信托可分为指定用途资金信托和非指定用途资金信托。

6.2.5　财产信托

财产信托又称实物信托，在我国主要有动产和不动产信托，是指委托人将其动产（材料、工具和设备等）和不动产（土地、建筑物等）委托信托机构代为向指定或不指定的单位转让、出售或出租，并从中沟通购销双方，搞活财产流通的信托业务。

1. 财产信托的特点

（1）财产信托与资金信托相比较，最明显的区别是信托财产的形态不同。资金信托以货币资金为信托财产，并以管理资金，获得增值为目的；而财产信托以实物形态的财产为信托财产，并以促进财产的出售（或出租）为目的。

（2）财产信托与财产抵押相比较，最明显的区别是业务性质不同。财产抵押属信用活动，财产信托属信托行为。财产抵押的财产包括实物财产和有价证券，抵押期间必须保证其原有形态及价值，财产所有权属取得贷款的人（除非到期不能按约还贷）。财产信托的财产仅指实物财产，信托关系一经成立，财产所有权即属受托人，信托期间不一定要求保持财产的原形。

2. 财产信托的种类

（1）根据对财产处理方式的不同，财产信托可分为管理处理财产信托、处理方式财产信托和管理方式财产信托。管理处理财产信托是将财产的出租与代售两种职能融于一体的财产信托方式；处理方式财产信托是将财产或财产权委托信托投资公司代为出售的财产信托方式；管理方式财产信托是将财产或财产权委托信托投资公司出租或者管理的信托方式。

（2）按受托人是否在信托期间提供融资，可将财产信托分为融资性财产信托和服务性财产信托。融资性财产信托的最大特点就是在财产信托过程中伴随着信托机构所提供的融资服务。即信托机构除了受托将委托人的信托财产转让或出售给经指定或不指定的购货单位外，还要在买卖过程中向使用分期付款方式的购货方融资。具体融资方式可分为卖方财产信托和买方财产信托。

服务性财产信托的最大特点是作为受托人的金融信托机构在信托过程中不提供融资，仅充当信用中介，提供服务，如代办有关手续、提供信用担保等。服务性财产信托一般先由购销双方成交，商定分期付款的期限、金额等有关购销商品事宜，再与信托部门订立财产信托合同，委托信托机构监督和保证购销双方在交易过程中按合同规定交货付款。

（3）根据受托财产的不同，财产信托分为动产信托、不动产信托和其他财产信托。动产信托是指接受的信托财产的标的物是动产的信托。动产信托的目的是管理或处理这些财产。能够进行受托的动产种类包括：车辆及其他运输工具；机械设备；贵金属。动产设备信托是以设备的所有者作为委托人，委托人把动产设备的财产权转移给信托投资公司（受托人），受托人根据委托人提出的一定目的，对财产设备进行管理和处分。根据动产的种类，动产设备信托一般分为车辆信托、船舶信托、汽车信托、贵金属信托等。

不动产信托是指信托投资公司接受拥有不动产所有权或使用权的企业、单位和个人的委托，以房地产、土地使用权及其他不动产的管理、开发、投资、转让、销售为主要内容的信托业务。不动产信托主要有房地产信托、土地使用权信托和其他不动产信托。在不动产信托关系中，作为信托标的物的土地和房屋，不论是保管目的、管理目的或处理目的，委托人均应把他们的产权在设立信托期间转移给信托投资公司。

其他财产信托可以是动产、不动产，也可以是无形资产、知识产权、股权、债权等。委托人可以将以上信托财产委托给信托公司进行管理和运作，以实现信托财产的盘活和变现，达到信托财产最大限度的保值、增值。

6.3　委托业务

我国将委托人向信托机构委托办理信托财产管理和运用时，提出明确的、具体的要求的信托类业务称为委托业务。委托业务是我国金融信托事务中的基础业务，委托业务比较充分地体现了信托"受人之托，代人理财"的特点，受托人必须按照委托人的明确要求办理业务。委托业务具体包括委托存款、委托贷款和委托投资业务。

回顾近三十年来我国信托业的几次整顿，每一次整顿的业务对象都是信托存款和信托贷款及投资，而委托、代理业务一直在平稳发展，几乎没有成为被整顿的对象。从理论上讲，委托和代理业务体现了"得人之信，受人之托，代人理财，履人之约"的信托的基本原理，发挥了财务管理和信托服务的作用，具有信托的基本特征。从实践看，近三十年来这两项业务的开展也确实为我国经济体制改革提供了大量有效的服务。《信托投资公司管理办法》规定："信托投资公司在重新登记前，原有的委托投资、委托贷款业务，经当事人协商一致，可以规范为信托业务。"

6.3.1　委托存款

委托存款是指委托人为了把资金委托信托投资公司运用取得收益，而将资金存入信托投资公司办理的具有特定用途的存款。委托存款是信托投资公司发放委托贷款或办理委托投资的专项资金来源，信托投资公司按委托人指定的具体要求运用存款、并扣除商定的信托手续费后的收益，全部归委托存款人。

1. 委托存款与信托存款的区别

1）存款来源不同

根据金融政策规定，委托存款来源一般没有范围限制，只要委托人资金属于自主支配，来源正当，用途合理，信托投资公司都可以办理委托存款。而信托存款的来源范围仅限于财政、企业主管部门的预算外资金，科研单位的科研基金，学会，基金会的基金，以及个人具有特定用途的资金，一般不得吸收企事业单位存款。

2）存款目的不同

委托存款存款人不以收取利息为唯一目的，而是要委托信托投资公司贷给与之有一定联系的企业，以缓解企业资金周转紧张的需要，其收益可能高于存款利息，也可能低于存款利息；信托存款存款人的目的一般只是为了获得固定的定期存款利息收益。

3）存款运用不同

委托存款由信托投资公司按委托人指明的对象、用途、金额、期限、利率发放委托贷款或办理委托投资，信托投资公司只能按双方商定的标准从中收取信托手续费作为经营收益；而信托存款由信托投资公司自主决策资金运用，可以用来发放信托贷款或办理信托投资、金融租赁，其融资利息收入与存款利息支出的差额全部作为信托投资公司的经营收益。

4）风险责任不同

委托存款中，由于委托人要将委托存款委托信托投资公司按事先指定的对象和用途加以运用，故当存款运用后到期不能实现预期经济效益或出现借款人不能归还时，信托投资公司不承担支付委托人存款本息的责任，风险由委托人自己承担；而信托存款由存款人委托信托投资公司自主决策资金运用对象，当信托存款到期时，不论信托投资公司运用信托存款是否存在风险，取得多少收益，都必须按事先约定的期限和收益率向存款人还本付息。

2. 委托存款的种类

委托存款按资金运用要求不同，可分为两种：特定委托存款和一般委托存款。

特定委托存款是指委托人在交存委托存款时，事先指明存款运用的对象、用途、金额、期限和利率，并委托信托投资公司按其指定的要求对存款加以运用，信托投资公司按约定标准收取信托手续费。

一般委托存款是指委托人在交存委托存款时，只提出存款运用的范围，而不指定存款运用的具体对象和用途，由信托投资公司根据金融信贷政策，代选用款单位并提供委托人审定备案后对存款加以运用，其运用期限在该项存款存期内由委托人与用款单位协商确定，利率按该项存款利率另加信托手续费率执行。

此外，委托存款按运用方式不同，可分为委托贷款保证金存款和委托投资保证金存款；按存款期限不同，可分为长期委托存款和短期委托存款；按委托人身份不同，可分为财政预算外资金委托存款和企业、主管部门自有资金委托存款；按运用时间不同，存款未运用前称为委托准备金存款，运用后的部分则称为委托保证金存款。

3. 委托存款的委托方式

（1）集中存入、分次委托。即委托人先把委托资金集中存入信托投资公司，待其运用对象确定后，再通知信托投资公司按其指定的对象和用途运用资金，这种方式比较适用于财政和主管部门等委托资金数额较大、存款收益要求一致、存款适用项目较多的情况。

（2）逐笔存入、逐笔委托。这种方式比较适用于委托资金数额小、存款使用项目少、且每笔存款收益要求又不相同的委托单位。

由于 2006 年颁布的《信托投资公司管理办法》规定，"信托投资公司不得以经营资金信托或者其他业务的名义吸收存款"，所以，委托存款业务被人民银行彻底否定，不再被允许经营。

6.3.2　委托贷款

委托贷款是委托人将其可以自主支配的资金委托信托机构，按照指定的项目、对象和用途发放贷款，并由信托机构监督资金使用，到期收回本息的委托业务。

信托投资公司办理委托贷款业务，要按照委托人的要求，负责办理贷款的审查发放和监督使用，以及到期收回本金和计收利息等事项。由于贷款对象和用途是由委托人确定的，所以，在发生贷款不能实现预期的经济效益或到期不能收回本息等情况时，其风险由委托人自行负责。关于交存的委托贷款基金和发放委托贷款利息率的大小，由委托人和受托人在国家规定的存贷款利率的范围内商定。信托投资公司可以通过存贷款利差的收益，获取委托贷款的手续费，也可以单独向委托单位或受贷单位计收委托贷款手续费。此项手续费一般可按委托贷款金额的一定比例，并参照委托贷款业务手续繁简以及信托投资公司责任大小等因素具体商定，按月收取。

1. 委托贷款的特点

（1）涉及多方关系人。委托贷款业务通常至少有委托人、受托人、借款人、受益人等四方关系人。办理此项业务前，各方关系人要签订协议或合同。协议或合同的形式有两种：一是各方之间共同签订协议；二是委托人与受托人，受托人再与借款人分别签订协议。无论采用哪种形式，委托内容都必须一致。

（2）受托机构一般不承担风险。由于贷款对象和用途均由委托人事先指定，因而贷款如不能实现委托人预期的经济效益，或者出现借款单位到期不能还款的情况，其风险由委托人自行承担。

（3）受托机构一般不予垫款。委托人办理委托贷款时，必须事先将由其自主支配的资金一次或分次存入信托机构，作为委托存款（即所谓的委托贷款保证金），委托贷款总额不得超过存款总额，委托贷款未到期或未收回，委托人不得提取相应的委托存款；存入的委托存款，委托人若有急用，可以在尚未动用的委托存款余额内支取；委托存款在尚未使用前，信托机构可以按活期存款利率为委托人计息。

（4）委托机构是以提供服务并收取手续费为目的，委托贷款的利息收入则全部归受益人。对于委托基金大于委托贷款的部分，受托机构一般可以比照活期存款标准向受益人或委托人支付利息。

2. 委托贷款的种类

1）甲种委托贷款

甲种委托贷款是指委托单位按规定提留的，确属单位可以自主使用的各种预算外的自有资金，交存信托投资公司，信托投资公司将其作为委托贷款基金，并按委托人指定的对象、用途、期限、利率发放贷款。委托贷款业务由于其名义所有权转移至信托投资公司，所以，甲种委托贷款业务既涉及受托单位的资金来源（吸收委托单位的贷款基金），又涉及受托单位的资金运用（向指定单位发放贷款）。甲种委托贷款的特点是"先存后贷，存大于贷，受托单位不垫款"。亦即信托投资公司受托发放的甲种委托贷款余额不能超过委托人已交存的委托贷款基金的余额；受托发放的甲种委托贷款的期限不能超过委托人交存的委托贷款基金的期限；已经发放的甲种委托贷款尚未收回的部分，委托人不能从信托投资公司取回相应的委托贷款基金。

2）乙种委托贷款

乙种委托贷款是指委托单位在尚未完全确定委托贷款对象或贷款项目细节的情况下，先与信托投资公司原则商定委托贷款事宜，并交存委托贷款基金。对此类已交存的乙种委托贷款的利息率，信托投资公司可以略低于银行定期存款的利息率给付。待委托单位具体确定贷款对象和内容，并要求发放委托贷款时，信托投资公司方能将乙种委托贷款基金转为甲种委托贷款基金。

3）专项委托贷款

这是信托机构参与融资的委托贷款业务，是信托机构受地方政府和企业主管部门的委托，进行专项资金的筹集并按指定对象发放的贷款。所谓"专项"主要是指国家重点支持的特定项目，如当前主要是发展能源、交通事业、开发新技术、试制新产品、设备更新改造等项目。由于这些特定项目属于国家建设重点，因而，在企业遇到资金不足的困难时，由信托机构发放委托贷款予以解决。

专项委托贷款与一般委托贷款的主要区别是：当委托单位交存了一部分委托基金，但未筹集到足够的金额时，信托机构可根据企业的需要按规定予以临时调剂，即以"存一贷二"或"存一贷三"的办法，发放专项委托贷款。由于贷款的发放仍然是按委托人的意志办理，所以金融信托机构不承担贷款风险。对于信托机构垫付的资金应计收信托贷款利息。如果垫付资金在贷款期间不能收回，信托机构应从委托人交存的委托基金中扣还。当委托基金不足以抵补所垫付的资金时，信托机构可向委托人要求另行予以补偿。

6.3.3　委托投资

委托投资是信托机构接受委托单位委托，将委托单位的资金，按其指定的对象、范围和用途进行投放，并负责监督投入资金的使用及接受投资的企业的经营状况、利润分配等事宜的委托业务。

1. 委托投资的特点

1) 委托投资与委托贷款的区别

(1) 委托投资是从投资单位中分取利润，而不以收取贷款利息为目的。

(2) 委托投资一般期限较长，如 10 年以上，或没有限期；而委托贷款的期限一般为 1～3 年。

(3) 委托投资要求信托机构代替委托人参加被投资企业的管理及企业财务核算等方面的事务，而委托贷款则无此要求。

(4) 委托投资包括委托信托机构直接投资于企业单位或委托信托机构购买股票、债券两个方面；而委托贷款则没这些方式。

2) 委托投资与信托投资的区别

(1) 委托投资的资金属于委托单位所有，资金投到哪，投给谁，投多少，都由委托单位决定，信托机构只负责监督资金使用等服务性事宜，不具有决定权；而信托投资的资金属其自身所有，投入资金的投向、数量均由信托机构决定，并且参与投资利润分配，直接承担投资的赢利或风险损失。

(2) 委托投资的收益全部归委托人所有，信托机构只按委托投资的金额或利润总额收取一定比例的手续费；而信托投资的收益全部归信托机构自己。

(3) 委托投资中的信托机构作为委托人的代理人，只是行使对委托资金的投入、经营过程和利润分配的监督，所以投资的企业经营好坏，损失风险均由委托人承担；而信托投资中的信托机构作为投资一方当事人，参与投资企业的赢利分配与责任风险的承担。

2. 委托投资的种类

1) 指定委托投资

指定委托投资是委托人把投资资金交存信托投资公司，委托信托投资公司按其指定的投资方式向特定的企业或项目投资，信托机构根据投资和被投资双方签订的投资协议，办理委托投资中的有关事项。例如，按协议中的期限、金额拨付投资款项，监督使用，检查投资进度和经营状况，审查企业财务，代收赢利分红等。

2）任意委托投资

任意委托投资是由信托机构与投资者签订委托投资协议，委托人提出投资意向，由受托人寻找合作伙伴，并负责审查被投资人的经营能力等，据此，投资人确定是否投资，受托人还可以接受委托参与投资企业的经营管理。在这种委托业务中，由于受托者权力过大，可能产生很大风险，所以我国信托投资公司办理的委托投资业务不属于任意委托投资业务，而属于指定委托投资业务。

■ 6.4　代理业务和咨询业务

代理业务和咨询业务虽然不是信托投资公司主要的利润来源，但它们对信托投资公司在构建多元化的赢利模式、培养客户资源、分散经营风险等方面具有重要的意义，也是信托投资公司不应该忽视的业务。一方面，可以充分利用信托投资公司在这些领域服务的特有优势，为社会提供多元化的服务；另一方面，也可以稳定信托投资公司的经营。

6.4.1　代理业务

代理业务是指信托机构接受客户的委托，以代理人的身份，在被代理人授权范围内，代为办理其指定事务的业务，代理业务是信托机构办理的一项传统业务。代理业务是代理人和被代理人（客户）之间产生的一种契约关系和法律行为，具有代客服务的性质。代理业务一般不要求委托人转移其财产所有权，信托公司在办理代理业务中，不垫资、不承担风险，主要发挥财务管理的职能。

代理的当事人主要包括两个：代理人和被代理人。被代理人即委托人，是指由别人代其办理事务的人，被代理人按照代理合同规定拥有种种权利和义务。委托者最主要的权利是向代理人授权，最主要的义务是向代理人支付各种费用。代理业务的受托者就是代理人。代理人在代理关系中处于极为重要的地位，负有重要的职责，并享有权利。

1. 代理的种类

1）根据代理权产生的原因不同来划分，代理可分为委托代理、法定代理和指定代理

（1）委托代理是指代理人根据被代理人的委托，在被代理人的授权范围内，

以被代理人的名义所进行的代理。委托代理也称授权代理，因为这种代理最主要的特征在于：它是基于当事人的意思表示为前提的，即委托人的授权委托。在委托代理中，被代理人往往称为委托人或本人，代理人则称为受托人。委托代理是代理制度中最重要的一种。委托授权在委托代理中具有决定性的意义，委托代理要与法定代理、指定代理区别开来。后两种代理都不是基于当事人的授权而产生的，而是由于法律的直接规定或指定机关依职权进行指定而形成的。

（2）法定代理是指根据法律特定当事人之间存在的社会关系而设立的代理。法定代理的产生依据是法律的直接规定。法定代理人的代理权限范围也是由法律规定，而且一般都属于全权代理，没有权限范围的特殊限制。法定代理人与被代理人之间往往存在某种特定的血缘或亲缘关系，这种特定的血缘或亲缘关系正是法定代理产生的前提。法定代理的宗旨在于保证无行为能力和限制行为能力的公民能够通过代理行为顺利地参加民事活动，享有权利，履行义务。法定代理都是无偿的。

（3）指定代理是指司法部门依照法律规定进行指定而产生的代理，大都是无偿的。指定代理与法定代理都适用于无民事行为能力人或限制民事行为能力人，但二者在许多方面有区别：①法定代理是由于法律的直接规定而产生的，也就是说，法律对这种代理权和代理关系是有明文规定的。而指定代理是由于指定机关的指定而产生的，没有指定行为便不会有指定代理。②法定代理和指定代理是前后衔接、互为补充的。法定代理人如果是已明确的，则不发生指定代理，只有在没有法定代理人或担任法定代理人有争议或法定代理人有正当理由不能履行代理职责的情况下，才产生指定代理。③法定代理权的证明文件是能够证明代理人与被代理人之间身份关系的法律文件，如户口簿、结婚证等，指定代理权的证明文件是司法机关或其他指定机构出具的指定书。

2）根据代理权限范围的不同来划分，代理可分为一般代理和特别代理

（1）一般代理是指代理人享有一般意义上的代理权，即其代理权没有范围限制，代理人可以代理被代理人进行任何法律允许进行的民事活动。所以在一般代理的场合只存在滥用代理权的可能性，而不发生超越代理权范围的越权代理情形。正由于此，一般代理又称为全权代理或者总括代理。

（2）特别代理是指代理人的代理权限范围受到一定的限制，代理人只能在限定的权限范围内代理被代理人进行民事活动，如超越限定的权限范围，便会发生越权代理，并引起相应的法律后果。故所谓特别，是指代理权限范围的特别限定。特别代理中的代理人不能像一般代理中的代理人可以进行任何法律允许的民事活动，而只能进行部分代理行为，所以也称为部分代理或者特别代理。

3）根据代理人人数的不同来划分，代理可分为单独代理与共同代理

（1）代理人只有一人，代理权由其单独行使的，称为单独代理，或称为独立

代理。

(2) 代理人为二人或二人以上，代理权由二人或二人以上共同行使的，称为共同代理。

4) 根据代理人是否亲自实施代理行为来划分，代理可分为本代理与复代理

(1) 代理人以被代理人的名义亲自实施代理行为的，称为本代理，也称为普通代理。

(2) 不是由代理人自己而是由代理人委托的其他人实施代理行为的，称为复代理，也称为再代理、次代理或转委托。接受代理委托的人称为复代理人。

2. 信托的主要代理业务

(1) 代理收付款业务。是指信托投资公司接受单位或个人的委托，代为办理其指定款项的收付事宜，又称收付信托。它是信托投资公司利用其自身和联行的业务机构、清算手段、专业人才优势，为客户提供服务，并获取一定的手续费收入。

(2) 代理清理债权、债务业务。是指信托投资公司受委托人之托，代为办理财务清算的业务。如代为催收欠款、协助单位解决贷款结算过程中形成的相互拖欠、代收债权、代偿债务、分派剩余财产以及其他各种财务清算事务等。

(3) 代理有价证券业务。是指信托投资公司受企业的委托代为办理有价证券的发行、买卖、过户、代付收益和保管事宜的业务。在代理有价证券业务中，信托投资公司作为债权人和债务人双方的代理人，既为发行单位提供服务和便利，又通过有价证券的审查和监督，维护认购单位和个人的合法权益，从而促进了有价证券业务的发展。

(4) 代理保管业务。是指信托投资公司设置保管箱库，接受单位或个人委托代为保管各种贵重物品及重要凭证的业务。

6.4.2　咨询业务

经济咨询业务指信托投资公司凭借专业的知识、经验、技术和广泛的信息渠道，接受客户的委托，对指定企业、项目、产品、技术、市场、管理、服务、资信等情况进行专门的调查、分析、论证，进而向委托人提供经济信息、数据资料、操作方案和可行性报告的业务。信托投资公司的咨询业务一般是同办理信托贷款、租赁、投资等业务结合进行的。

目前，在我国存在着各种各样的咨询机构。信托机构开办的咨询业务，虽然不是信托投资公司利润的主要来源，但它对信托公司构建多元化的赢利模式、培养客户来源、分散经营风险等方面具有重要意义，所以信托公司也不应忽视此业务。加之信托机构与众多经济单位发生业务往来，可以获得全面系统的信息，具

有办理咨询业务的优良条件。但应注意咨询业有严格的行业规范，要保证咨询的真实性、科学性及对客户商业秘密的保密性。

1. 咨询的种类

1) 按咨询业务的层次划分

(1) 提供信息。提供信息是一种最基本的咨询业务。这种业务是由咨询机构向客户直接提供收集到的基本材料和数据。如客户要求了解企业经营过程中需要涉及的法律法规及有关制度，了解税法的有关内容，了解国家的金融政策及金融机构的基本业务做法，了解客户的资信状况等，信托机构直接把其所获得的有关信息交给客户，由客户自己去分析研究。信托机构只对所提供信息的可靠性和真实性负责。

(2) 总结分析。总结分析是信托机构高一层次的咨询业务，即信托机构根据客户提供的资料和信息，或利用自身掌握的资料和信息，对某一问题进行分析总结，找出原因，得出规律性的结论。比如，企业经营的某环节出现了问题，销售不畅，要求信托机构帮助分析其中的原因，从而采取相应的措施。信托机构的任务就是根据获得的资料进行分析总结。

(3) 预测和决策。预测和决策是咨询的最高层次。信托机构在对客户提供的资料和自己掌握的资料进行分析研究后，作出预测和决策。比如，对投资效益进行预测，对是否进行投资进行决策。要进行这一层次的咨询业务，信托机构必须拥有高水平的专业人员，并掌握科学的预测和决策方法，从而保证预测和决策的正确性。

2) 按咨询的具体内容划分

目前我国信托机构的咨询业务就是按照这种方法划分的，主要分为以下几种：

(1) 资信咨询。是指信托投资公司接受某企业的委托，对其指定业务对象的资信情况进行调查，以决定是否与其发展业务关系。如对委托人拟进行经济交往的对方（自然人、法人或者其他经济组织）资信情况进行调查。如对项目开发者、贸易伙伴、房产销售者、房产中介者、借款人的资信情况进行调查。

(2) 信用等级评估。是指为企业评估信用等级，促进企业提高管理水平。国家工商行政管理总局根据企业的信用指标所反映的信用状况，将其分为绿牌企业（守信企业）、蓝牌企业（警示企业）、黄牌企业（失信企业）和黑牌企业（严重失信企业）。评估要以企业评估期之前三年的经营活动情况为基础，全面反映企业的资金信用、经济效益、经营管理、企业发展前景等四个方面。最后提交评估报告。

(3) 金融咨询。是指信托投资公司承办客户有关金融财务方面的查询事项，主要有政策方面、市场方面和公司理财方面。例如，向客户提供有关金融方针、政策和法规制度（包括国内和国外）的咨询；向客户介绍或选择资金的结算方式；介绍金融领域新开辟业务的基本理论和操作方法；受托分析和预测国外某种货币利率和金价的变化趋势及动态；了解国内金融市场的发展状况及其发展趋势。

（4）投资咨询。是指信托投资公司接受客户委托，为投资者提供投资信息，介绍投资对象，对投资项目进行市场调查和可行性研究，提供可供选择的投资方案，草拟、修订投资项目的合同协议及其他文件。具体包括以下业务：产业分析、投资项目评估与可行性分析、工程顾问、商业及房地产开发咨询、项目融资咨询、合资合作计划与实施支持。

（5）商情咨询。是指信托投资公司受理的，对与信托项目有关的国内动态以及各国、各地贸易商品价格、贸易政策及做法等方面的咨询业务。如提供商品市场的有关信息，调查分析商品的销售情况和趋势等。

（6）介绍客户。是指信托投资公司利用自身业务联系广泛、信息灵通等优势，作为介绍人为国内外客户牵线搭桥，通过联络介绍，沟通双方合作意向，协助进行业务商谈，促进合作双方达成协议。

（7）管理咨询。管理咨询包括两个方面：一是综合管理咨询，即对企业管理全过程的咨询或对企业经营方针的咨询，如企业的调查与诊断、企业的战略规划、机构的设置及它们之间的相互关系、人员的配备与人事管理、生产和业务的组织与管理、项目的可行性分析等。此业务几乎覆盖企业管理的各个方面。二是专题管理咨询。这是指对企业经营管理的一个方面、一个系统的咨询，如组织管理创新、作业额流程改造、财务管理与成本管理的咨询。

咨询机构在进行分析预测和决策时，必须要用科学的态度和方法，不能先入为主，进行主观臆断。否则，可能会给客户造成重大损失。

2. 咨询的程序

1）签订咨询合同，受理咨询业务

客户根据需要，向信托机构提出咨询申请，信托机构对客户的申请进行审查，主要审查项目内容是否符合法律规定，是否违背法律规定的要求，完成咨询的期限是否合适，咨询费用的收取是否合理等。审查通过，信托机构就与客户签订咨询合同，正式受理咨询项目。

2）按合同要求收集资料，分析预测

在正式进行咨询业务的各项工作时，信托机构必须严格按照信托机构的基本要求，保证咨询业务的质量。

3）提交咨询报告

信托机构办理咨询业务的结果是向客户提供咨询报告。根据客户的不同要求，咨询报告的内容也各不相同。但是从一般意义上讲，咨询报告应有其基本的要求，主要表现在：

（1）咨询报告提供的信息和作出的结论必须公正客观、实事求是，这也是咨询业务基本要求的具体体现。

（2）咨询报告的行文表达必须清晰、流畅、充分。即咨询报告的用词要规范，不能使用隐晦的、含糊不清或模棱两可的语言；同时，报告要充分表达最后的咨询结果。防止过分简练的语言容易给客户造成认识上的偏差。

4）收取咨询费用

信托机构向客户提交咨询报告，达到了预定的水平，得到客户的认可，就可以向客户收取咨询费用。咨询费用的收取有的按咨询标的额的一定比例收取，有的按咨询业务的费用成本加上适当的赢利收取，有的按信托机构与客户的特殊约定收取。

3. 担保业务

信托机构可以利用个人和企业信用系统，对符合一定要求的个人和企业等的信用行为提供担保，提高企业和个人在经济交往中的信用水平。尤其是可以对一些处于信托期内的已经委托其从事资金信托业务的受益人，提供一定金额、一定时期的信用担保。

■本章小结

中国信托业自 20 世纪初期诞生以来，走过了曲折的道路。经历了旧中国民营信托业和官办信托业的发展，中华人民共和国成立之后，信托业经历了从试办到停办的曲折道路。十一届三中全会以后，停办了二十多年的金融信托业再次迎来了发展的机会，但是，中国金融信托业缺乏明确的功能定位和有效的法律制约，其发展严重地偏离了正确的轨道，走入了"银行化"的歧途。为了规范信托业的业务范围，引导其向有序的方向运行，自信托业恢复至 1999 年，中国金融当局对信托业先后进行了五次整顿。随着"一法两规"的出台，信托业的发展确立了法律地位，拓展了生存空间，信托业将面临新的发展机遇，步入新的发展时期。

1979 年中国信托业再次发展之后，信托投资公司的信托业务主要有信托存款、信托贷款、信托投资、资金信托和财产信托。在 2002 年 6 月出台的《信托投资公司管理办法》规定"信托投资公司不得以经营资金信托或者其他业务的名义吸收存款"，所以传统信托投资公司曾广泛开展的所谓信托存款、委托存款等各类存款业务被人民银行彻底否定，不再被允许经营。现在信托投资公司的主要业务是资金信托和财产信托。

委托业务是我国信托事务中的基础业务。委托业务具体包括委托存款、委托贷款和委托投资。委托存款是指委托人为了把资金委托信托投资公司运用取得收益，而将资金存入信托投资公司办理的具有特定用途的存款，目前已经停办。委托贷款是委托人将其可以自主支配的资金委托信托机构按照指定的项目、对象和用途发放贷款，并由信托机构监督资金使用，到期收回本息的委托业务。委托投资是信托机构接受委托单位委托，将委托单位的资金，按其指定的对象、范围和用途进行投放，并负责监督投入资金的使用及接受投资企业的经营状况、利润分配等事宜的委托业务。

代理业务是信托机构办理的一项传统业务，是指信托机构接受客户的委托，以代理人的身份，代为办理其指定事务的业务。经济咨询业务是指信托投资公司凭借专业的知识、经验、技术和广泛的信息渠道，接受客户的委托，对指定企业、项目、产品、技术、市场、管理、服务、资信等情况进行专门的调查、分析、论证，进而向委托人提供经济信息、数据资料、操作方案和可行性报告的业务。

➤ 思考题

1. 我国信托业在第五次整顿后的重新定位是什么？
2. 资金信托与银行存款有何区别？有哪些种类？
3. 信托投资与委托投资有何不同？
4. 代理业务与咨询业务都有哪些种类？

第 7 章

信托机构及其管理

【本章提要】 本章主要介绍信托机构的产生、性质与特点；信托机构的设立及组织结构；信托公司的业务范围、业务经营原则和业务管理；信托公司的财务管理。

我国信托机构是指依照《中华人民共和国公司法》、《中华人民共和国信托法》和《信托公司管理办法》设立的主要经营信托业务的信托公司，其性质为非银行金融机构。我国信托机构是在 20 世纪 70 年代末改革开放后恢复出现的，但由于功能定位不清，信托机构的发展几经波折。2007 年 1 月 24 日，中国银行业监督管理委员会印发了新的《信托公司管理办法》，对信托机构进行了全面的规范，使信托业的机构管理、业务管理、财务管理有了新的依据和标准。

■ 7.1 信托机构的设立及组织结构

7.1.1 信托机构的产生及性质

1. 信托机构的产生

英国虽然是现代信托的发源地，但是英国的信托是以个人之间的信托为基础逐渐发展起来的，而把信托作为一种事业来经营并建立机构反而比美国晚了 80 年，现代意义的信托即法人经营信托业务，公认始于 19 世纪 30 年代的美国。当时正是资本主义由自由竞争向垄断发展的时期。法人信托的发展，是在银行由简单的中介变成万能的垄断者的过程中实现的。在资本主义的这一历史必然趋势中，信托机构是金融寡头参与控制资本惯用的做法，尤其是美国的商业银行，法律禁止它们对工业企业进行直接投资，于是大商业银行广泛设立信托部作为控制企业股票的手段。在信托业务中，信托机构受托办理投资，在形式上虽然只是中介人，实际上由于受托者权利的存在，它们执行着股东的全部职能：参加投票、派出自己的代表等。据美国联邦储备银行的调查，到1971年，美国商业银行的信托部门拥有市价2240亿美元的普通股票，占美国发行的普通股票的21.7%；在德国，工业企业发行的股票和债券，约有1/3掌握在大银行的信托部门手中。第二次世界大战后，美国经济迅速发展，信托机构也得到相应的发展，已经成为银行控制工商企业的主要方式之一。信托机构这种与资本主义发展相伴随的现象，从历史发展过程中证明了其客观必然性。

另外，信托机构的发展适应了社会经济发展的要求。在社会商品经济不断发展、社会化大生产规模不断扩大的情况下，个人与个人之间、个人与法人之间、法人与法人之间的各种经济联系日趋频繁与复杂，以私人资格担任受托人办理各种信托业务已经远远不能适应广大委托人的要求。主要原因是：第一，由于委托人办理信托业务目的的多样性，决定了受托人必须具备广泛的各种专业知识，而个人作为受托者无法满足这种要求，只有集中了各种专业人才的法人组织才能承担这种责任。第二，经济的发展使信托业务本身日趋复杂，它要求受托人需要有广泛的社会联系才能完成，而个人与社会各部门的交往和联系是有限的，也只有法人团体利用自己的各种分支机构才能与社会建立广泛的联系。第三，个人担任受托人是建立在委托人对其充分信任与了解的基础上的，同时担任受托人的个人还需要具备一定的专业知识和办事经验，这就造成了委托人选择个人受托人的困难，而法人担任受托人，其信用状况、办事效率较好判断，委托人也容易与之建立关系。第四，信托机构有较强的经济实力，同时它超越了个人生命期的限制。另外，信托机构由于受到各方面的监督和制约，所以信托的受益人的利益确实能得到保障。因此，随着商品经济的不断发展，人们对信托机构的要求也不断增加，信托机构来办理信托业务逐渐成为主体，信托机构本身也在这种客观需要下得到迅速发展。

　2. 信托机构的性质

信托机构是指从事信托业务，充当受托人的法人机构。它具有如下性质。

　1）信托机构主要从事信托业务

信托机构主要从事信托业务，是由信托的基本职能所决定的。国内外信托业发展的经验证明，财产事务管理职能，即"受人之托，为人管业，代人理财"的职能是信托业首要和基本的职能。为有效完成此项职能，信托机构应拥有开办信托业务、提供专项理财服务的经营权力，借以充分发挥为财产所有者经营、管理、运作、处理各种资产的作用，如开办各种贷款信托、投资信托、财产信托、个人信托等业务。另外，为维护金融秩序的稳定，保护委托人、受益人的利益，各国对信托机构的业务经营范围也都进行了一定的限制，主营业务一般规定为信托业务。

2）信托机构是在信托业务中充当受托人的法人机构

在信托业务中，有委托人、受益人和受托人三方当事人，而信托机构一般充当受托人的角色，按照与委托人约定的信托条件，严格遵守信托目的，本着对受益人利益高度负责的精神，受托对信托财产进行管理或处分。由于法人在处理信托业务的经验和能力上，以及信息资料的来源和保证及时完成委托人预定目的上均比个人有更多的可靠性、安全性、效益性，因此，为保证信托业的健康发展，各国一般都规定营业性的信托机构必须是法人。

3）信托机构属于金融机构

由于信托机构的业务范围主要为财产信托、融通资金、代理财产保管、金融租赁、经济咨询、证券发行和投资等业务，因此各国一般都把信托机构定位为金融机构，归中央银行监督和管理。

7.1.2　我国信托公司的设立、变更与终止

信托机构属于金融机构，而金融又是经济的核心，因此，为保证金融市场的稳定和信托业的健康发展，每一个国家对信托机构的设立都有一定的法律规定。但由于各个国家的法律和文化背景不同，经济发展情况也千差万别，因此每个国家对信托机构设立条件的规定也不尽相同。

依据我国《信托公司管理办法》的规定，信托公司的设立、变更与终止应当具备下列条件。

1．信托机构的设立

（1）设立信托公司，应当采取有限责任公司或者股份有限公司的形式。

（2）设立信托公司，应当经中国银行业监督管理委员会批准，并领取金融许可。未经中国银行业监督管理委员会批准，任何单位和个人不得经营信托业务，任何经营单位不得在其名称中使用"信托公司"字样。法律、行政法规另有规定的除外。

（3）信托公司的设立条件：①有符合《中华人民共和国公司法》和中国银行业监督管理委员会规定的公司章程；②有具备中国银行业监督管理委员会规定的入股资格的股东；③具有规定的最低限额的注册资本；④有具备中国银行业监督管理委员会规定任职资格的董事、高级管理人员和与其业务相适应的信托从业人员；⑤具有健全的组织机构、信托业务操作规程和风险控制制度；⑥有符合要求的营业场所、安全防范措施和与业务有关的其他设施；⑦中国银行业监督管理委员会规定的其他条件。

（4）信托公司设立的程序：信托机构的设立，必须经过一定的程序。世界各国多采用"许可""登记"制度，因此信托机构除具备设立的实质要件外，一般

还须经过申请——批准许可——登记三个步骤才能开业经营。

申请。即由拟设立信托机构的发起人向主管机关提出申请并提交有关文件、资料。

批准许可。即主管机关审查信托机构的发起人提交的申请书及附列的申请文件、材料，对符合条件的，批准其成立。审查内容一般着重于信托机构是否有足够资本；是否有具备信托经验的高级职员；其经营管理的特点、能力以及社会对信托业务的需求情况；该机构能占多大份额等。尤其是其组织章程和货币资本的真实充足与否，直接影响到信托机构的信誉，必须予以确切核实。

登记。经主管机关批准许可后，信托业还须向有关部门登记注册才可取得合法的经营权，开展营业活动。不过，在有的国家审批和发给执照是由同一个机构执行的，而有的国家却分属两个机构。

2. 信托机构的变更

信托公司有下列情形之一的，应当经中国银行业监督管理委员会批准：

(1) 变更名称；

(2) 变更注册资本；

(3) 变更公司住所；

(4) 改变组织形式；

(5) 调整业务范围；

(6) 更换董事或高级管理人员；

(7) 变更股东或者调整股权结构，但持有上市股份公司流通股份未达到公司总股份5%的除外；

(8) 修改公司章程；

(9) 合并或者分立。

3. 信托公司的终止

信托公司终止是指信托机构的法律主体资格消失，组织上解散并终止经营活动的行为或事实。信托机构的终止可分为任意终止和强制终止两类。任意终止是指信托公司基于其自身的意愿而终止。任意终止的事由一般包括：公司章程规定的公司经营期限届满；公司章程规定的解散事由出现；公司因合并或分立而终止。强制终止是指基于法律或有关机关的决定或裁判而终止。如被依法撤销、依法宣告破产等。

我国《信托公司管理办法》对两种终止事由分别作出了规定。

(1) 信托公司依法解散。信托公司出现分立、合并或者公司章程规定的解散事由，申请解散的，经中国银行业监督管理委员会批准后解散，并依法组织清算组进行清算。

(2) 信托公司被依法宣告破产的。信托公司不能清偿到期债务，且资产不足以清偿债务或明显缺乏清偿能力的，经中国银行业监督管理委员会同意，可向人民法院提出破产申请。中国银行业监督管理委员会可以向人民法院直接提出对该信托公司进行重整或破产清算的申请。

信托公司终止时，其管理信托事务的职责同时终止。清算组应当妥善保管信托财产，作出处理信托事务的报告，并向新受托人办理信托财产的移交。信托文件另有约定的，从其约定。

7.1.3 信托机构的类型

1. 单一信托机构

单一信托机构，也可称专业信托机构，一般是指具有完全独立法人资格，专门办理信托业务的经济组织。它属于非银行组织，一般不经营银行业务，我国目前单一信托机构主要有两种：一种是国家开办的信托机构，如中国国际信托投资公司和中国对外经济贸易信托投资公司；另一种是地方或主管部门开办的信托投资机构，如各省市的国际信托投资公司。

2. 附属于其他机构的信托机构

附属于其他机构的信托机构，也称兼营信托投资机构，是指既从事信托业务，又从事银行业务的金融机构。兼营信托投资机构根据其从事银行业务和从事信托业务的侧重点不同又可分为以下两种形式。

（1）以从事信托业务为主，同时又从事银行业务的信托机构。如日本的信托投资机构大多是以信托业务为主，同时又兼营银行业务的信托银行。这是因为第二次世界大战之后，日本出现严重的通货膨胀，国民私有财产很少，长期资金又无法吸收，财产金钱信托难以开展，且政府的证券交易法又限制了信托公司的证券业务，使信托公司的经营陷入困境。按照日本当时的法律规定，信托机构不能经营银行业务，而根据《兼营法》，则准许普通银行可以兼营信托业务。于是，政府通过《银行法》使信托公司改组为信托银行，又通过《兼营法》使其得以经营银行业务，形式上似乎是银行兼营信托业务，实际上却是以信托公司的地位，专门经营信托并兼营银行业务，从而使信托公司摆脱了困境，不断开发新业务。1953 年 6 月后，日本实行了长短期金融相分离的政策，使信托银行承担长期信贷业务，于是，一部分兼营信托业务的银行，不再经营信托业务，这样，日本的信托业务就集中到信托银行的手中。

（2）以从事银行业务为主，同时又从事信托业务的银行信托部。一般情况下，银行信托部本身不具有独立的法人资格或本身虽具有独立的法人资格但受到另一机构控制的信托机构。这种组织形式的信托机构也比较普遍。如美国，大部分的信托业务都是由商业银行设立的信托部门经营的。在我国，以前银行系统所属的信托投资机构也属于此种类型，但目前，银行系统的信托机构已经和银行脱钩。

上述两种类型的信托机构各有利弊，在金融市场不够发达、金融法律制度尚不健全的情况下，混业经营的金融体制容易引起各种形式的违规经营、管理混乱、市场失序等问题，并容易引发金融风险。而采取完全的分业制，可能又会导致信托业由于市场狭窄、业务较少或者业务经营手段较单一而制约信托业的发展。日本的信托业在战后之所以由分业制改为兼业制，就与当时日本的信托市场狭窄、信托公司无法维系生存有关。

7.1.4　信托公司的组织机构

所谓组织机构，就是人们为达到共同的目的而使全体参加者通力合作的一种形式。它是为了达到有效的经营管理目的，规定各组成人员的职责，以及各个不同职责间的相互关系。信托公司的组织机构，简单来说，就是进行信托活动的一种组织形式。根据信托业务的特点和科学管理的要求，信托公司要设置不同的部门。这些不同的部门便成了信托公司的组织机构。但是，信托公司的组织机构并非各个部门简单相加的总和，而是一个有机整体。各个部门之间存在着纵向和横向的交叉关系。所以，信托公司组织机构，实质上体现了各个部门的相互关系。信托公司组织机构的建设是否科学、合理，直接关系到其工作效率的高低和生存发展。

信托机构的内部组织机构设置是指信托机构内部组织管理和职能部门的设置。信托机构内部组织设置是否健全和有效率，直接关系到所提供的信托服务的质量以及信托机构自身的赢利能力。现代信托机构的内部组织设置通常有以下三种类型。

1）按职能分工的内部组织设置

职能分工的内部组织设置如图 7-1 所示。这是信托机构传统的组织程序，这

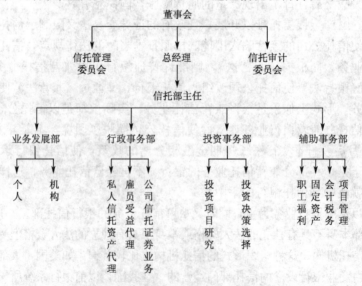

图 7-1　按职能分工的内部组织设置

种结构的优点在于各部门专业实力雄厚，便于作出正确决策，较好地运用信托资产。其缺点是有的信托资产可能涉及两个或两个以上部门为之服务，如果部门之间协调不妥，会给委托人或受益人造成损失。

2）按服务对象分工的组织结构

按服务对象分工的组织结构如图 7-2 所示。这种结构的优点在于任何一个服务对象的信托财产都在一个部门内处理，使业务人员对委托人有充分的了解，提高了业务处理效率。缺点是由于在同一个部门内都要设置相同的服务机构，容易造成人员分散和费用提高。

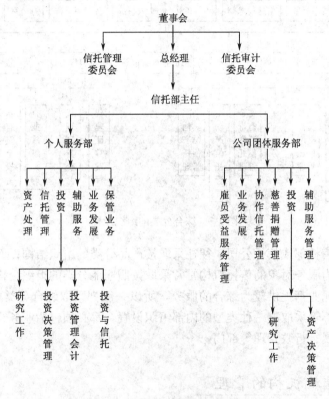

图 7-2　按服务对象分工的组织

3）综合分类的组织机构

综合分类的组织机构如图 7-3 所示。这种结构既采纳了按服务对象分工的优点，又吸收了按职能分工的长处，因此在一定程度上弥补了上述两种结构的不足之处。当然，综合分类的组织机构并不能完全消除信托业内部组织设置所面临的问题，因为即使在这种模式下，仍然存在着一定程度的业务职能与服务对象之间的矛盾。这一点只有通过信托管理部门之间的协调来解决。实际上，信托业采取何种类型的组织结构，完全取决于其业务量的大小和信托服务的性质。提供专业

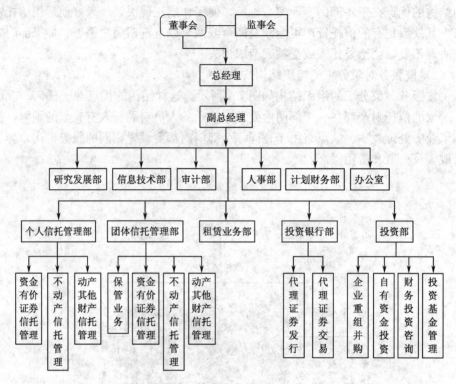

图 7-3   综合分类的组织设置

信托服务的信托部或信托公司，往往采取按产品分类的组织结构；而以某些特定的人或机构为服务对象的信托机构常常采取按照职能分类的组织结构；在大多数情况下，信托业都提供较为综合的服务，所以一般都采取综合分类的组织机构。但信托机构不管采取哪一种类型的内部组织设置，都必须包括业务管理、投资服务、业务发展、行政管理等部门。

7.2　信托机构的管理

　　信托机构管理应以《信托法》的规定为标准。这是因为《信托法》是确认、维护和发展信托所必须规定的一般信托原理和原则的法律，是一切信托活动所必须遵循的基本准则。

　　信托业法是为加强对金融信托机构管理、保证信托业务的健康发展而制定的信托法律规范之一。例如，韩国《信托业法》规定，信托业法是以保护监督信托业、谋求信托机构组织经营的合理化、保护受益者为目的的。其主要作用是通过对关于信托公司的设立、变更和撤销、经营业务的范围、信托业务机构的职责等方面的事宜作出规定，从而对经营信托业务的公司、企业进行法律上的管理和监督。

信托业法是规定信托机构的设立、组织、经营、解散和清算、信托机构权利和义务的法律规范的总称。它有广义和狭义之分。狭义的信托业法仅指信托机构的设立、经营范围、业务管理、信托机构权利和义务方面的规定；广义的信托业法是指除狭义信托业法外，还包括公司法等有关的企业法律，以及与信托机构经营有关的其他法律法规和规章等。具体来讲，狭义的信托业法一般包括：信托业是什么；设立信托业务机构应当具备什么条件；信托业务的经营范围；信托资金的来源；信托业务机构和其他负责人的任务、职责；保障信托人权益的规定等。

我国信托业的法律法规及配套制度。自 2001 年《中华人民共和国信托法》颁布之前，中国人民银行、保监会和证监会等监管机构颁布的各项法规有四十余件，以下列出的是 2001 年至今对各时期信托业产生重要影响的法律和法规：

- 《中华人民共和国信托法》，2001 年 10 月 1 日起施行。
- 《信托投资公司管理办法》，2002 年 5 月 24 日起施行，现已废止。
- 《资金信托管理暂行办法》，2002 年 7 月 18 日起施行，现已废止。
- 《中国人民银行关于信托投资公司资金信托业务有关问题的通知》，2002 年 10 月 8 日起施行，现已废止。
- 《关于信托投资公司开设信托专用证券账户和信托专用资金账号有关问题的通知》，2004 年 10 月 1 日施行。
- 《中国银行业监督管理委员会办公厅关于规范信托投资公司证券业务经营与管理有关问题的通知》，2004 年 11 月 16 日起施行。
- 《关于进一步规范集合资金信托业务有关问题的通知》，2004 年 12 月 7 日起施行，现已废止。
- 《中国银行业监督管理委员会关于信托投资公司集合资金信托业务信息披露有关问题的通知》，2006 年 8 月 1 日起施行。
- 《信托投资公司信息披露管理暂行办法》，2005 年 1 月 1 日至 2008 年 1 月 1 日分步施行。
- 《信托业务会计核算办法》，2005 年 1 月 5 日起施行。
- 《信托公司治理指导》，2007 年 3 月 1 日起施行。
- 《信托公司管理办法》，2007 年 3 月 1 日起施行。
- 《信托公司集合资金信托计划管理办法》，2007 年 3 月 1 日起施行。

上述法律、法规对信托业的管理起了重要的作用，特别是对我国信托业的基本定位、业务范围、主要业务、信托公司的管理规范等方面进行了界定。为了更好地理解信托机构管理的准则，我们必须掌握好以上法律和法规的基本内容。

7.2.1 信托机构管理的内容

上述信托业的法律、法规及配套制度，就信托业的一些问题作出了规定。这些法规及制度对信托业的规定一般涉及信托机构的创设管理，信托机构的业务经营范围，信托机构的业务管理，对信托机构的监督检查，有关信托机构的会计财务处理和财务报告，信托机构的变更、解散和清理等事宜。

我国信托业的监管和管理的部门是中国银行业监督管理委员会。《信托公司管理办法》规定，中国银行业监督管理委员会对信托公司的监管主要有以下几个方面。

1. 信托公司组织架构的管理

信托机构的创设管理

首先，信托法应明确给出运用该法的信托机构的定义，只有明确指出信托机构是一个怎样的组织，才能凸显信托特征；其次，关于信托机构的组织形式问题，即哪几种形式是允许采用的，法律也应当给出明确的规定；再次，法律还应赋予一定机构作为监管部门核准信托机构创设的权限。

法律还应明确设立信托机构的条件，监管部门在核准某一信托机构成立时，应按照法律的规定，认真审核申请单位的组织章程和资本金是否充足。章程中应载明机构名称、组织形式、住址、资本金总额和营业范围等。通过对信托机构的创设管理，达到以下目的：

（1）健全的组织架构，形成科学高效的决策、激励与约束机制。信托公司应当建立以股东大会、董事会、监事会、高级管理层等为主体的组织架构，明确各自的职责划分，保证相互之间独立运行、有效制衡，形成科学高效的决策、激励与约束机制。

（2）形成健全的内部约束机制和监管机制。信托公司应当按照职责分离的原则设立相应的工作岗位，保证公司对风险能够进行事前防范、事中控制、事后监督和纠正，形成健全的内部约束机制和监管机制。

2. 信托机构业务经营范围的管理

信托机构最根本的职能是财产事务管理职能。涉及各项具体事务时，各国信托立法对信托业的经营范围都有明确规定，这要视其所处的社会制度、经济环境和民族习惯来具体规定。一般来说，信托业务应包括资金信托、有价证券信托、不动产信托和动产信托等，至于租赁、担保和居间等，则一般可以归为兼营业务。

3. 信托机构的业务管理

为保障委托人和受益人的权益，法律中应规定其对信托机构业务管理的条文，使作为受托人的信托机构在业务经营方面受到一定的约束。一般包括对业务方法、信托资金的运用和信托财产的经营管理三方面的规范。

4. 对信托机构的监管

法律应明确信托机构的监管部门，实施对信托机构的监督检查。监管部门认为必要时，可随时派员抽查信托机构的业务经营及各项报表文件。凡发现违反法律规定的信托机构，监管部门有权按法律规定予以处罚。

5. 信托机构的会计财务处理和财务报表

目前，西方国家一般采用"财务公开原则"，即信托机构作为独立的法人，其业务经营范围和财务情况应向信托当事人公开；其财务报表在向监督部门和当事人报告前，须经过注册会计师的审计。

6. 信托机构的变更、解散和清算

信托机构的变更包括名称的变更，资本金增减引起的变更和组织形式的变更，无论哪一种变更，均应提请监管部门批准。另外，对于信托机构的解散和清算等事宜，法律也作出了比较明确的规定。

7. 对高管人员及信托从业人员的管理

（1）对高级管理人员实行任职资格管理、离任审计，新法定代表人核准前，原法定代表人不得离任制度。中国银行业监督管理委员会对信托公司的董事、高级管理人员实行任职资格审查制度。未经中国银行业监督管理委员会任职资格审查或者审查不合格的，不得任职。信托公司对拟离任的董事、高级管理人员，应当进行离任审计，并将审计结果报中国银行业监督管理委员会备案。信托公司的法定代表人变更时，在新的法定代表人经中国银行业监督管理委员会核准任职资格前，原法定代表人不得离任。

（2）对从业人员实行信托业务资格管理制度。中国银行业监督管理委员会对信托公司的信托从业人员实行信托业务资格管理制度。符合条件的，颁发信托从业人员资格证书；未取得信托从业人员资格证书的，不得经办信托业务。信托公司的董事、高级管理人员和信托从业人员违反法律、行政法规或中国银行业监督管理委员会有关规定的，中国银行业监督管理委员会有权取消其任职资格或者从业资格。

7.2.2　信托机构管理的形式

1. 由信托监督管理部门实施的管理

信托虽然是一种民事关系，但为了保障受益人的利益，使信托成为一种真正的有益于社会的财产管理制度，世界各国无不以一定的权力介入信托关系的运作之中，并对信托实施某种程度的监督管理。从国外的情况看，监督管理权通常是针对不同的情形由不同的部门行使。在不同情形中监督管理权的具体内容也不一样。但归纳起来，由信托监管部门实施的管理一般有三个方面：①机构合法性问题，机构设立是否具备法律条件和经过法律机构的审批，机构基本事项的变更是否经过法定机构的审核；②业务合法性的问题，机构的各项业务是否合乎法律的规定；③经营安全性问题，防范经营中出现各种意外的风险。

监管的手段主要表现为对公司的业务及财务状况进行审查。对于违反监督管理规则的行为，监管机构有各种形式的处罚权，如罚款、停业整顿、更换主要负责人及吊销营业执照等。

2. 信托机构的内部管理

信托机构加强内部管理时应注意以下几个方面的问题：①信托机构应当建立符合现代企业制度的内部组织机构，健全和完善董事会、监事会及内部职能机构的建设，为信托机构创造一个良好的运行机制。②信托机构应当建立和完善各种符合法律要求的信托业务操作规范，以规范信托人员的行为，保护委托人、受益人的利益，维护信托机构的声誉。③信托机构应当完善信托从业人员的管理制度。信托机构作为专业受托人，其从业人员应具备丰富的财产管理经验、专门的技术和知识以及高度的责任心。谋求信托机构的健康发展，一是必须建立从业者队伍，从业人员必须通过统一的考试；二是建立业务档案制度。从业人员经营业绩不佳，应取消其从业资格；三是建立违法查处制度。如从业人员有渎职行为，不仅应追究其经济责任，还应取消其从业资格。

总之，判断一个信托机构是否高效、内部组织结构是否合理的标准有三个：一是能否充分发挥信托的职能作用；二是能否使信托机构的经营活动得到稳定的发展。三是能否有利于降低经营成本。

7.3 信托公司的业务管理

7.3.1 信托公司的业务范围

信托公司的业务范围不是信托公司自己能够随意确定的，而是由相关法律法规所规定的。因此各国都通过信托立法对信托机构经营范围进行明确规定。如英国的信托立法将信托机构的业务范围划分为两类，即固有信托业务（如执行遗嘱）和辅助信托业务（如银行业务）。日本规定凡是普通银行业务，信托机构均可以经营。日本信托银行的业务范围可分为三类，即银行业务、信托业务和兼营业务，分别通过日本《银行法》《信托业法》和《普通银行兼营信托业务办法》等法律予以规定。

1. 国际上信托机构经营或可以经营的业务

(1) 信托业务类。这是信托机构的固有业务。主要有：①管理生前财产和遗产，管理人身保险的债权；②执行遗嘱信托和充当未成年人、禁治产人的监护人；③受托管理运用各种年金和其他基金；④担任证券投资信托和公司债发行的受托人；⑤受托管理运用各种信托资金（各项信托存款、委托存款、信托和委托投资资金）；⑥管理法院扣押的财产和受任为破产管理人；⑦管理各种债券的担保品和基金；⑧受托办理工商企业的设立、改组、兼并、解散及清算；⑨经营房地产及买卖，代办其他不动产的买卖；⑩承销或代客买卖各类有价证券；⑪担任证券或股票发行的见证人；⑫出租保管箱及办理各类保管业务；⑬经办各种有价证券的登记、过户以及股息红利的发放事项。

（2）投资业务。信托机构主要是受托办理各类投资业务，也有自营投资业务。主要有：①自营买卖各类有价证券；②经营证券投资信托业务；③投资开发兴建企业用房屋和民用住宅；④投资开发工业区。

（3）兼营业务。兼营业务是指以信托机构为主体兼营银行业务及其他各类相关业务。主要有：①办理各类储蓄存款和其他存款；②承兑和贴现票据；③办理汇兑和押汇；④以租赁方式办理融资业务；⑤经办运输业务和仓储业务；⑥代理保险业务；⑦代理收付款业务；⑧经办信用保证业务；⑨其他代理业务和咨询业务。

2. 我国信托公司业务范围的法律规定

信托公司业务范围的具体规定，主要体现在中国银行业监督管理委员会发布的《信托公司管理办法》及《信托公司集合资金信托计划管理办法》的有关条款中。《信托公司管理办法》第 3 章专设"经营范围"一节，详细规定了信托公司的业务范围、经营方式。规定信托公司可以申请经营下列部分或者全部本外币业务。

资产管理类业务方面：①信托业务（资金信托、动产信托、不动产信托、其他财产或财产权信托、公益信托等）、投资基金业务。②有价证券信托。

中介业务方面：①企业资产重组、并购、项目融资、公司理财、财务顾问、咨询、资信调查等；②居间业务、保管箱业务咨询；③证券承销业务；④法律、法规规定或中国银行业监督管理委员会批准的其他业务。

在这里，居间是指居间人向委托人报告订立合同的机会或者提供订立合同的媒介服务，委托人支付报酬的一种制度。居间人是为委托人与第三人进行民事法律行为报告信息机会或提供媒介联系的中间人。居间人并不代委托人进行民事法律行为，仅为委托人报告订约机会或为订约媒介，并不参与委托人与第三人之间的关系。另外，居间通常为有偿性质的行为。

综上所述，目前我国信托公司业务范围有一定的发展空间，如可开展证券承销业务。

7.3.2 信托业务的经营方式

信托业务的经营方式是指在业务范围确定的情况下，信托公司可以运用信托财产及固有财产开展经营活动的各种方式。它与其经营范围是完全不同的两个概念。对此，我国《信托公司管理办法》对信托公司不同性质的财产具体规定了不同的经营方式和经营限制。

1. 信托财产的经营方式

信托公司管理、运用或处分信托财产时可以依照信托文件的规定，可以采取的方式有：①投资、贷款、出售、担保，但对外担保余额不得超过其净资产的50％。②存放同业、买入返售和不得卖出回购的方式管理运用信托财产。③租赁等。中国银行业监督管理委员会另有规定的，从其规定。

以上信托财产经营方式与修订前的《信托投资公司管理办法》相比，保留了《信托投资公司管理办法》中投资、贷款、出售以及不得用于对外担保等规定，同时，也对信托公司的信托业务经营方式进行了进一步规范和发展，具体表现在如下方面。

（1）将同业拆放的方式调整为存放同业。这意味着信托公司将不能再采用同业拆放的方式对信托财产进行管理、运用。

（2）新增了买入返售的方式和不得卖出回购的规定。其中，买入返售，来源于信托业界已有业务实践在先。受让银行信贷资产同时约定由转让方于信托到期日回购，就是买入返售的典型案例。将上述信托实践纳入规章，有效提升了其合法性、规范性，起到了鼓励推广的政策导向作用。

卖出回购是买入返售的逆操作。卖出回购是一种以资产进行融资的行为。例如，委托人以一自有物业设立信托，要求受托人以卖出回购的方式为其融资。信托公司将上述物业卖给了投资人，同时约定回购的时间与价格。回购到期日，若委托人无力回购，信托公司作为回购合同的执行主体，便陷入违约的被动地位。所以，卖出回购操作中信托公司承担了委托人的信用风险和合同主体的法律风险。所以，禁止卖出回购业务具有降低信托公司经营风险、保障其稳健经营的深远意义。

（3）将原有"出租"规范为"租赁"。出租和租赁都是以收取租金为目的而租让物件的使用权的行为。之所以要将出租规范为租赁，是因为两者有下列区别：①出租时间差别。出租一般是短期的、仅几小时、几天或几个星期；租赁则一般都是较长时间。②租用品种差别。租赁物件多为企业生产所需的专用设备或是价值昂贵且需长期使用的机械设备。而出租物品则以通用性的物件为主，如日常生活用品、偶尔使用的建筑机械等。③标的物来源差别。出租物一般是出租人既有的，租赁物可以是租赁方根据承租方要求新购的。④使用管理差别。由于出租物件属短期租用，因而对这类物件的维护、保养、管理等工作，统由出租人自行负责。而租赁物件，如融资性租赁，出于长期租用，上述一些管理工作。统由承租人自理。⑤行业组织差别。出租业和租赁业是两个各自独立的行业，各国政府对它们在税收和某些优惠政策方面也是区别对待的。从上述特征看，对信托财产运用而言，租赁的含义更为准确。

2. 信托公司固有财产的经营方式

信托公司固有业务项下可以开展：①存放同业、拆放同业、贷款、租赁、投资、担保业务。②"存放同业""租赁"。与修订前的《信托投资公司管理办法》相比，修订后的《信托公司管理办法》对信托公司的固有业务进行了进一步的限制，体现了监管机构鼓励信托公司发展信托业务，限制固有业务。使信托业务成为公司的主要收入来源，力图降低固有业务经营风险。具体表现如下。

（1）保留了拆放同业、贷款、投资、担保四种运作方式，但对投资业务新增了"投资业务限定为金融类公司股权投资、金融产品投资和自用固定资产投资"、"信托公司不得以固有财产进行实业投资"。

（2）将"存放于银行"和"融资租赁"分别调整为"存放同业"、"租赁"。这意味着信托公司固有业务的范围进一步缩小。

（3）对信托公司的担保业务进行了明确的限制。严格了信托公司对外担保的最高余额的限制，即信托公司对外担保的余额不得超过其净资产的 50%。

（4）在负债业务方面，明确了信托公司不得开展除同业拆入业务以外的其他负债业务。关闭了信托公司向金融机构借款、以固有资产融资，如卖出回购的融资渠道；同业拆借比较低，同业拆入的资金余额不超过净资产的 20%。进一步限制信托公司负债的目的是监管部门引导信托公司"归位"主业的措施之一，与限制固有资产运用措施相对应。

（5）开展固有业务的行为受到限制。《信托公司管理办法》对信托公司开展固有业务的行为规范进行了进一步限制，如信托公司开展固有业务，不得有下列行为：向关联方融出资金或转移财产；为关联方提供担保；以股东持有的本公司股权作为质押进行融资。

信托公司开展关联交易，应以公平的市场价格进行，逐笔向中国银行业监督管理委员会事前报告，并按照有关规定进行信息披露。主要目的是防止出现信托公司成为关联方的融资平台或利益输送体，加强信托公司抗风险能力。

根据上述业务范围，可以将信托公司的经营业务归纳为两大类：信托主营业务和兼营业务。

信托主营业务包括：①信托业务（资金信托、动产信托、不动产信托、其他财产或财产权信托、公益信托等）、投资基金业务；②有价证券信托业务。

兼营业务，除上述信托主营业务之外的业务，均为兼营业务。兼营业务又可分为三大类：①投资银行业务包括企业资产重组、并购、项目融资、公司理财、财务顾问等中介业务，证券承销业务；②中间业务，包括居间业务、保管箱业务、资信调查及经济咨询业务；③自有资金的投资、贷款及担保业务。

《信托公司管理办法》规定：信托公司可以根据市场需要，按照信托目的、信托财产种类或者对信托财产管理方式的不同，设置信托业务品种。只不过需事先将信托合同样本及有关资料报中国银行业监督管理委员会核准。

7.3.3　信托机构业务的经营原则

1. 最大利益和谨慎管理原则

信托公司必须从受益人的最大利益出发，勤勉尽力地处理信托事务。谨慎是指信托公司在管理、处分信托财产时应达到高度的注意，比管理自己的财产更加小心，信托公司是基于委托人的高度信任而取得信托管理、处分权的，其承诺为受益人的最大利益出发，勤勉谨慎地处理信托事务，既符合信托关系所依存的信任基础，也是信托特性的基本要求，因而成为业务运作中必须遵守的规则。勤勉谨慎在大陆法系也称善良管理人的注意规则。最大利益和谨慎原则在两大法系的信托法中都有反映。

2. 利益冲突防范规则

在信托业务中，一般都要求委托人向受托人移交信托财产，由后者负责管理、运用以实现一定的信托目的，在这之中受托人负有为委托人和受益人利益妥善管理信托财产的义务，但其对信托财产的实际控制地位又难免出现一些受托人利用此地位牟取私利而损害信托财产及受益人利益的行为。因此，为防止这种利益冲突，各国信托立法无不对受托人的运行行为作出一定规范和约束。

3. 遵循信托财产的独立性原则

信托财产具有独立性，这是由信托财产的性质决定的。信托一旦有效成立，信托财产即从委托人、受托人及受益人的自有财产中分离出来，而成为一种独立运作的财产，仅服从于信托目的。从委托人的角度看，委托人一旦将财产交付受托人，即丧失对该财产的所有权，不再属于其自有资产；从受托人的角度看，受托人虽然取得信托财产的所有权，但这仅仅是一种形式上、名义上的所有权，因为受托人并不能享受行使这一所有权带来的利益，因此，信托财产在实质上也不属于受托人的自有财产；再从受益人的角度看，受益人虽然可以享有收益权，但这主要是一种信托利益的请求权，并且在信托存续期内，受益人并不享有占有、使用和处分的权利，因此，信托财产也不属于受益人的自有财产，这就是信托财产的独立性。

7.3.4　信托机构的业务管理

按各国信托立法的规定，开展信托业务时，首先与委托人订立信托契约或由信托机构单方面签发信托证书（如受益权证书）。它们是信托业开展业务和管理信托财产的基本依据。

信托契约必须采取书面形式，以免引起无谓的纷争。它应载明下列基本条款：①委托人、受托人和受益人的姓名、住址或地址；②信托财产的性质、范围和价值；③信托财产管理方法；④信托收益的计算、分配及方法；⑤信托变更、解除和终止事由；⑥委托人的保留权限；⑦信托终止时信托财产的归属；⑧受托人的报酬或计算方法、报酬支付义务人、支付日期及办法；⑨有关信托财产税费的承担；⑩信托的有效期。

信托证书由信托机构单方面签发，经委托人认可后起到与信托契约相同的作用，其中，由日本在贷款信托业务中创设的受益权证因其高流动性和简便有效而备受各界青睐，为世界各国所广泛采用。受益权证书是表明受益人权利的证券，凡出资购买受益权证的人为委托人兼受益人。它基于集团信托情况下受益权转让的繁琐不便而设立，是受益权证券化的结果。

对于信托财产的运用，应区分两种情况：由委托人指定用途的信托财产和由信托机构代为明确用途的信托财产。凡由信托机构代为确定用途的信托财产，必须在其运用范围、限额期限、责任和收益等方面作出适合于一国国情和经济发展进程的规定，并有利于维护受益人的权利；为分散风险，不得将信托财产全部投入某种业务。

对于信托财产的经营管理，必须遵循以下原则：信托机构不得以本身的财产或其他财产售让给委托人，也不得把信托财产转让给本信托机构中有关的人员，目的是为了保证信托财产的独立性，防止两种财产的混淆不清；信托机构不得用委托人的债权去抵还信托机构的债务；信托投资机构的债权人不得对信托机构掌握的任何信托财产进行抵押或对其行使其他权利。

7.3.5　信托机构与其他金融机构的业务合作

信托公司是主要从事信托业务的非银行金融机构，但是就整个信托市场来讲，从事信托业务的机构其实并不仅仅限于专业的信托公司，很多其他金融机构也都在发挥或者部分发挥着信托业务的职能。

■7.4 信托公司的财务管理

这里的财务管理并非传统财务会计制度上所称的"财务管理制度",而是主管机关对信托业的财务会计工作行使监督管理权的活动。财务管理是信托公司经营管理的重要组成部分,也是信托公司整个运行机制的一个重要环节。它贯穿于信托经营全过程。对提高企业的经济效益,信托业的稳健发展具有十分重要的意义。信托公司的财务管理可分为资金的管理、财产管理和财务风险管理三个方面。

7.4.1 信托公司资金管理规定

1. 资本金的管理

信托公司的注册资本最低限额为3亿元人民币或等值的可自由兑换货币,注册资本为实缴货币资本。从事不同业务的信托公司的注册资本有不同规定,对申请从事企业年金基金、证券承销、资产证券化等业务的信托公司,其注册资本需符合法律法规相关规定的最低注册资本要求。此外,中国银监会可以根据信托公司行业发展的需要,调整信托公司的注册资本的最低限额,使信托公司注册资本管理更加符合《公司法》关于注册资本管理的规定。

2. 资金来源的管理

信托公司不得开展除同业拆入业务以外的其他负债业务,且信托公司同业拆入的资金余额不得超过其净资产的20%;关闭信托公司向金融机构借款、以固有资产融资,如卖出回购的融资渠道。进一步限制信托公司负债的目的是监管部门引导信托公司"归位"主业。

信托公司推介信托计划时不得进行公开营销宣传;不得委托非金融机构进行推介。这样,信托公司资金积累的来源就受到限制。

3. 资金运用的管理

按照资金用途确定方式的不同,信托资金的运用一般可分为委托人指定用途的信托资金运用和由信托机构代为确定用途的信托资金运用。对于前者,信托业法要求信托机构必须按委托人指示进行运用,不得擅自做主,但也不必对运行后果承担责任。而对于后者,基于信托机构具有了相当的自由裁量权,各国信托立法都对其运营提出了明确具体的要求,以便进行约束。例如,我国的《信托公司集合资金信托计划管理办法》中规定:对向他人提供贷款不得超过其管理的所有信托计划实收余额的30%;信托公司因违背信托计划文件、处理信托事务不当而造成信托财产损失的,由信托公司以固有财产赔偿;不足赔偿的由投资者自己承担。作出这样的规定，主要是引导信托公司真正开展国际化的信托业务，不以贷款作为主要业务模式和赢利模式，增强国际竞争力。同时，引领信托公司发挥信托制度优势，进一步运用多种信托财产管理运用方式。

对信托公司的自有资金的运用，不得进行实业投资的同时（中国银监会另有规定的除外），其他非实业投资也只能投资于金融类公司股权、金融产品和自用固定资产。

信托公司可以开展对外担保业务（但不得为关联方提供担保或者以信托财产提供担保），但对外担保的余额不得超过其净资产的50%。

4. 信托赔偿准备金的管理

信托投资机构每年应当从税后利润中提取5%，作为信托赔偿准备金，但该赔偿准备金累计总额达到公司注册资本的20%时，可不再提取。信托公司的赔偿准备金应存放于经营稳定、具有一定实力的境内商业银行，或者购买国债等低风险、高流动性证券品种。

7.4.2 信托公司集合资金信托的管理

1) 集合投资信托计划的种类

在集合资金信托计划中的委托人。按照接受委托的方式，集合资金信托业务可分为两种：第一种是社会公众或者社会不特定人群作为委托人，以购买标准的、可流通的、证券化的合同作为委托方式，由受托人集合管理信托资金的业务；第二种是具有风险识别能力、能自我保护并有一定风险承受能力的特定人群或机构作为委托人，以签订信托合同的方式作为委托方式，由受托人集合管理信托资金的业务。

目前，在我国由于条件不具备，信托公司还没有开展第一种业务，主要是第二种资金信托业务。由于这类业务的委托人要具有一定资金实力，能自担风险，因而对委托人的准入门槛要求相对要高一些。如英国规定，拥有10万英镑的年收入或拥有25万英镑净资产的个人有资格参加此类业务。美国规定，拥有500万美元资产的个人或机构有资格参加，且委托人人数不超过100人。这样规定的目的，是避免把风险识别能力和损失承受能力较弱的普通投资者引入此类业务。

2) 合格投资者的条件

在我国，2007年3月1日起施行的新的《信托公司集合资金信托计划管理办法》对委托人作出了限制，提出合格投资者应当符合下列条件之一：一是投资一个信托计划的最低金额不少于100万元人民币的自然人、法人或者依法成立的其他组织；二是个人或家庭金融资产总计在其认购时超过100万元人民币，且能提供相关财产证明的自然人；三是个人收入在最近三年内，每年收入超过20万元人民币或者夫妻双方合计收入在最近三年内每年收入超过30万元人民币，且能提供相关收入证明的自然人。同时，新办法在不限制合格的机构投资者数量的基础上，规定单个集合资金信托计划的自然人人数不得超过 50 人。

需要说明的是，对于第一种业务模式即购买标准的、可流通的、证券化的合同，由于它的法律结构、业务运作模式和委托人范围等方面，不同于《信托公司集合资金信托计划管理办法》，需要在实践的基础上，根据市场需求，逐步制定颁布相关的管理规定。

上述规定，重在树立信托是专业公司为富人理财的产品意识，同时避免因委托人过低的风险意识而引发的信托行业危机。提高理财起点金额的同时，除限制自然人人数外，对机构投资人不设限的做法，完全保障了信托公司在从事信托计划时对信托资金金额的需求，真正起到了既能满足合格投资者，又限制自然人人数，同时保证信托资金需求的多重作用。

3）集合信托业务的风险的管理

集合资金信托业务，只针对合格投资者，这些高端客户本身就必须具有一定的抗风险能力。为了进一步提示风险，《信托公司集合资金信托计划管理办法》特别强调风险揭示，强调投资者风险自担原则：一是规定信托公司因违背信托计划文件、处理信托事务不当而造成信托财产损失的，由信托公司以固有财产赔偿。不足赔偿时，由投资者自担；二是规定委托人认购信托单位前，应当仔细阅读集合资金信托计划文件的全部内容，并在认购风险申明书中签字，申明愿意承担信托计划的投资风险。同时，还要求建立受益人大会制度，加强受益人对信托业务的监督，督促信托公司依法履行受托职责。受益人大会可以就"提前终止信托合同或者延长信托期限、改变信托财产运用方式、更换受托人、提高受托人的报酬标准以及信托文件约定的其他事项"行使权力。对监管部门而言，将对信托公司设立、管理集合资金信托计划过程中存在的违法违规行为，依法采取暂停业务、限制股东权利直至停业整顿等监管和处罚措施，加大信托公司的违规成本，提高监管的有效性。

7.4.3　信托公司在资金信托管理中禁止的行为

在集合资金中，信托公司推介信托计划时，不得有以下行为：

（1）以任何方式承诺信托资金不受损失，或者以任何方式承诺信托资金的最低收益。

（2）进行公开营销宣传。

（3）委托非金融机构进行推介。

（4）推介材料含有与信托文件不符的内容，或者存在虚假记载、误导性陈述或重大遗漏等情况。

（5）对公司过去的经营业绩作夸大介绍，或者恶意贬低同行。

(6) 中国银行业监督管理委员会禁止的其他行为。

在关联交易中禁止的行为：在固有业务项下，规定信托公司不得以固有财产向关联方融出资金或转移财产、为关联方提供担保或以股东持有的本公司股权作为质押进行融资。在集合信托业务中，规定除信托资金全部来源于股东或其关联人的情形外，信托公司不得将信托资金直接或间接运用于信托公司的股东及其关联人；不得以固有财产与信托财产进行交易；不得将不同信托财产进行相互交易；不得将同一公司管理的不同信托计划投资于同一项目。在此基础上，信托公司开展关联交易时，应逐笔向监管部门事前报告，并按照有关规定进行信息披露。

7.4.4　信托公司财产管理

1. 财产管理的范围

财产管理的范围包括自有财产和信托财产。其中自有财产包括固定资产、无形资产和低值易耗品等。信托财产是指信托公司因承诺信托而取得的财产。信托公司因信托财产的管理、运用、处分或者其他情形而取得的财产，也归入信托财产。法律、行政法规禁止流通的财产，不得作为信托财产；法律、行政法规限制流通的财产，依法经有关主管部门批准后，可以作为信托财产。信托财产不属于信托公司的固有财产，也不属于信托公司对受益人的负债。信托公司终止时，信托财产不属于其清算财产。信托财产分为资金、有价证券、动产、不动产和其他财产及财产权。由于资金和有价证券已划入资金管理的范畴，所以，财产管理中所涉及的信托财产仅包括动产、不动产和其他财产及财产权利。

2. 财产管理的规定

财产管理应遵循如下规定：

(1) 以受益人最大利益为宗旨，履行诚实、信用、谨慎、有效管理义务。

信托公司管理运用或者处分信托财产，必须恪尽职守，履行诚实、信用、谨慎、有效管理的义务，维护受益人的最大利益。

(2) 避免利益冲突。信托公司在处理信托事务时应当避免利益冲突，在无法避免时，应向委托人、受益人予以充分的信息披露，或拒绝从事该项业务。

(3) 亲自管理。信托公司应当亲自处理信托事务，信托文件另有约定或有不得已事由时，可委托他人代为处理，但信托公司应尽足够的监督义务，并对他人处理信托事务的行为承担责任。

(4) 依法保密。信托公司对委托人、受益人以及所处理信托事务的情况和资料负有依法保密的义务，但法律、法规另有规定或者信托文件另有约定的除外。

(5) 分别管理，分别记账。信托公司应当将信托财产与其固有财产分别管理、分别记账，并将不同委托人的信托财产分别管理、分别记账。

（6）保存记录，定期报告。信托公司应当妥善保存处理信托事务的完整记录，定期向委托人、受益人报告信托财产及其管理运用、处分及收支的情况。委托人、受益人有权向信托公司了解对其信托财产的管理运用、处分及收支情况，并要求信托公司作出说明。

（7）依法记账，单独核算。信托公司应当依法记账，对信托业务与非信托业务分别核算，并对每项信托业务单独核算。

（8）涉及关联交易逐笔向监管部门事前报告。信托公司开展关联交易，应以公平的市场价格进行，逐笔向中国银行业监督管理委员会事前报告，并按照有关规定进行信息披露。

3. 财产管理应禁止的行为

（1）信托公司开展固有业务，不得有下列行为：①向关联方融出资金或转移财产；②为关联方提供担保；③以股东持有的本公司股权作为质押进行融资。信托公司的关联方按照《中华人民共和国公司法》和企业会计准则的有关标准界定。

（2）信托公司开展信托业务，不得有下列行为：①利用受托人地位谋取不当利益；②将信托财产挪用于非信托目的的用途；③承诺信托财产不受损失或者保证最低收益；④以信托财产提供担保；⑤法律法规和中国银行业监督管理委员会禁止的其他行为。

7.4.5 报酬收取和垫付费用的受偿规定

1）依照信托文件约定收取手续费或佣金

信托公司经营信托业务，应依照信托文件约定以手续费或者佣金的方式收取报酬，中国银行业监督管理委员会另有规定的除外。信托公司收取报酬，应当向受益人公开，并向受益人说明收费的具体标准。

2）信托公司对信托财产享有优先受偿的权利

信托公司因处理信托事务而支出的费用、负担的债务，以信托财产承担，但应在信托合同中列明或明确告知受益人。信托公司以其固有财产先行支付的，对信托财产享有优先受偿的权利。因信托公司违背管理职责或者管理信托事务不当所负债务及所受到的损害，以其固有财产承担。

3）信托公司承担赔偿责任的，赔偿前不得请求报酬

信托公司违反信托目的处分信托财产，或者因违背管理职责、处理信托事务不当，致使信托财产受到损失的，在恢复信托财产的原状或者予以赔偿前，信托公司不得请求给付报酬。

7.4.6　信托公司的财务风险管理

信托公司应当根据《金融企业财务规则》《信托法》《信托公司管理办法》《信托公司治理指导》等的规定，结合自身业务发展需要，建立健全企业的内部财务管理制度，通过职能的强化和制度的实施，防范和化解财务风险。

1. 财务风险控制

信托公司应建立涵盖资本风险、支付风险、资产质量风险、利率汇率风险、关联交易风险、委托业务风险、受托业务风险、表外业务风险及操作风险等财务风险控制政策和程序，识别、评估、监测、控制和降低实质性财务风险，使风险控制的内容和措施不断适应管理的需要，并得到贯彻落实。

信托公司应对财务风险管理进行预先控制、过程控制和事后控制。财务风险控制政策和程序应主要包括以下内容：①明确财务监督的业务流程和财务风险防范组织。②董事会（理事会）下设审计委员会或风险管理委员会，定期复核监督流程，确保监督过程的有效性。③明确本公司各部门财务风险管理的职责，保证不相容的岗位职责分离。④制定本企业清晰的，并相互关联的财务风险容忍水平，定期复核，确保实际承受的财务风险与当前和预期市场基本一致。

2. 加强内部审计

风险管理监督和风险承受部门必须有效分离，这已成为现代管理风险因素的一项重要原则。在信托投资公司中，内部审计由于处在相对独立并具有较高权威的位置，正逐步担负起风险管理的职能，不仅监控部门内部操作风险，还协调解决各部门共同承担的综合风险。在以风险导向审计为工作理念的指引下，将内部控制与公司的风险管理策略紧密联系，促成公司治理与内部控制之间产生良性的互动关系。通过内部审计视角，对经营过程中不断变化的风险因素进行敏锐的观察，对管理中存在的缺陷或失败进行快速报告，促使董事会和高级管理层做出快速反应，及时采取措施，防范和纠正不正当行为，使内部审计工作有机地融入公司治理和风险管理过程中，通过规避风险、转移风险和控制风险等手段，发挥内部审计在风险管理中不可或缺的重要作用，为公司提高风险管理能力不断作出更大的贡献。

总之，信托公司通过其科学、合法、有效的财务会计工作，不仅能提供真实、完整、系统的数据信息，保证信托资金、财产安全和完整，还能正确反映信托业的经营状况，促进其业务活动正常进行。所以，各国信托立法在这方面都作出规定，主要体现在以下两方面：其一，主管机关认为必要时可命令信托业作出财务报告，提交有关文件账册。信托机构的财务报告主要包括年度营业报告书、财产目录、资产负债表和年度损益表等。其二，主管机关认为必要时，有权随时检查信托业的业务和财务报告。

■本章小结

　　信托机构是从事信托业务，充当受托人的法人机构，在许多国家，信托机构属于金融机构，由中央银行进行监管。现代意义上的信托机构起源于美国。信托机构具有如下性质：主要从事信托业务、在信托业务中充当受托人的法人机构、属于金融机构。信托机构可以分为专业信托机构和兼营信托机构。专业信托机构又称单一信托机构。兼营信托机构，即附属于其他机构的信托机构，是指既从事信托业务，又从事银行业的金融机构。

　　信托机构的管理意义重大，各个国家都结合自己的国情制定了相关的信托业法。我国信托公司设立、变更与终止必须依据《信托公司管理办法》的规定执行。作为国家金融体系一部分的信托业，信托公司组织建设是否科学、合理，直接关系到其效率高低和生存发展问题。当前，信托机构一般以股份制公司为主，也有非股份制形式的信托机构，而各种形式的金融信托机构为完成各自职责所建立的组织形式和机构都是基本相同的。

　　信托公司业务管理涉及面较广，国内的相关法律规定了信托公司的业务范围、经营方式和经营原则。

　　信托机构的财务管理可分为资金管理、财产管理和财务风险管理三个方面。资金管理是信托机构财务管理的重要内容，主要是有关资金管理的规定、集合资金的管理和自有资金的管理。财产管理的范围包括自由财产和信托财产。财务风险管理是指信托机构因违背财务管理准则或经营信托财产不当有可能蒙受损失的风险。国内相关法律、法规规定了信托公司的业务范围和业务经营原则。

➤ 思考题

　　1. 信托机构管理的意义及准则。
　　2. 信托机构管理的形式。
　　3. 信托公司的设立程序及组织结构。
　　4. 信托机构的经营原则是什么？经营原则与信托机构业务范围有什么关系？
　　5. 信托公司与其他金融机构合作的法律依据以及途径。

第 **8** 章

租赁的概述

【本章提要】 本章主要介绍了租赁产生的原因和发展历程，现代租赁业务的分类和融资租赁的基本定义、内涵及特征，租赁在一国经济中的微观和宏观功能。

租赁活动，源远流长，体现了社会生产力不断发展和信用方式不断演变的过程。融资租赁业务起源于美国，第二次世界大战后，电子计算机技术的发展，促进了租赁业务的扩大。融资租赁形式的出现与发展，把租赁业务推进了历史发展的新阶段。当代租赁业务的很大成分是融资、借贷及资金筹措，对企业资金的有效使用与技术不断创新起到了促进作用。

■ 8.1 租赁的产生和发展

租赁，这个古老的经济业务已经有十分悠久的历史。 "租赁"一词中的"租"、"赁"，原意与现意不完全相同。 "租"，原意为"田赋"。《说文·禾部》曰："租，田赋也。"古代征自田亩的收入称"租"，征自工商货物的收入称"税"。后租、税同义。《集音员·泌音员》曰："赁，以财雇物。"北宋王禹偁《书斋》诗："年年赁宅住闲坊，也作幽斋着道装。"其用意与"租"相同。"租"与"赁"合为"租赁"，始见于现代经济用词，单字用意亦各有所指，"租"是指将物件借给他人而获取报酬，"赁"是指借用他人的物件而付出费用。因此，"租赁"是指由对象所有者（出租人）按照合同的约定，在一定期限内将对象出租给使用者，使用者按期向所有者交纳一定的费用（租金）。它是出租、借贷经济行为和租赁合同的统称，即指收取或支付租金、融通资产使用权的一种交易方式，以及为进行这项交易而制定的一项租赁合同。

古语云："以物人取其值曰租。"美国财务会计委员会将租赁定义为："租赁是转让财产或设备使用权通常达到一定时期的一种协议。"租赁作为一种经济活动，其基本特征表现为商品所有者以获得租金为条件，让渡一定时期的商品使用权归承租者使用；承租者则以付出一定租金为代价取得相应时期商品的使用权。原始社会末期，生产力的发展带来了剩余物品的出现，并使交换得以产生和发展；随着交换的发展，便出现了物物交换（以交换物品所有权为基础），并在很多场合下出现了出让物品使用权的古老租赁。商品所有权与使用权分离是租赁的基本特征，也是租赁产生的基础。

租赁在其漫长的人类发展历史过程中，经历了古代租赁、近代租赁、现代租赁三个阶段，分别体现了当时生产力发展水平和生产关系的不同特点。

8.1.1　古代租赁

公元前2000年前后，亚洲巴伦地区幼发拉底河下游流域曾有租赁产生。租赁作为一种商业信用活动的起源可以追溯到公元前1400年的绯尼基人，一些拥有船只但对做生意不感兴趣或缺乏做生意技能的人，将其拥有的船只出租给那些对做生意比对拥有船更感兴趣的商人，从而使船只拥有人和商人同时实现了最大的效用，获得了最大的利益。在其后，公元前6世纪，在美索不达米亚盆地，古巴比伦王国用向开荒者租赁土地的政策鼓励人们开荒。中国在奴隶社会后期，产生了以土地和房屋为对象的租赁活动。这些实物形式的租赁，大多数是在生产力水平低下的情况下，为解决生产周期不一致的困难而产生的。

租赁范围的不断扩大和交易问题的复杂，便出现了解决租赁纠纷的法规和政策，其中最著名的是大约公元前1792～1750年古巴比伦《汉谟拉比法典》的有关规定，如土地、房屋、船舶、牲畜、车辆的租金制定和交纳方法。一般认为，有关租赁最早的正式法令是1280年颁布的《威尔士法》。

古代租赁的特征如下：

（1）古代租赁是以获得出租物的使用价值为目的的实物信用的一种不完整的形态。如农民租用地主的土地是为了获得土地的使用价值，房客租房是为了获得房屋的使用价值，但农民、房客同样会付出地租、房租作为获得使用价值的补偿，这样租赁就使双方建立了信用关系。

（2）古代租赁的初期，出租方和承租方没有采取固定的契约形式确定双方的权利义务，也没有固定的报酬，在很大程度上只是体现相互间有报酬的交换使用物件。随着古代租赁的发展，出租方和承租方开始了以契约和报酬为前提的经济活动。在租赁双方建立信用关系之前必须进行协商以及确定租金，这是建立租赁关系的必备过程和基本特征。

（3）古代租赁以实物租赁为基础。早期的租赁主要是实物租赁，租赁物主要是土地、房屋和农具等闲置物品，以土地作为早期租赁的核心。

8.1.2　近代租赁

近代租赁是资本主义生产关系和社会化大生产的产物。从 19 世纪开始，近代租赁进入了发展时期。19 世纪初期的英国，随着农业机械化和公路运输业的发展，租赁物品有了明显的增加，这从资本主义发展最早的英国 19 世纪的法院判例中可以看出。例如，1831 年在伦敦发生的关于租赁四轮马车的合同纠纷案，即一个为期 5 年的从 1824 年 2 月开始的年租金为 7.5 几尼（旧英币）的租赁案。1836 年，英国最早的由伦敦到格林尼治的铁路在经过 8 年的独立经营后被租赁给东南铁路公司经营，租期为 999 年。英国的铁路车辆制造商向采煤业大量出租铁路货车，集中反映了 19 世纪中叶英国的租赁业开始繁荣。在美国，租赁业也有很大发展，1877 年美国贝尔电话公司开始开展电话机的租赁业务，当时许多工业设备及家用生活用品如收音机、洗衣机、炉灶等成了主要租赁物。

近代租赁的基本特征如下：

（1）以土地和房屋租赁为主逐渐转向以设备租赁为主。租赁主体的标的物是制造商生产的自家设备。

（2）制造商与承租人之间直接开展租赁业务，无须借助中介机构。期间并没有正式的租赁公司出现，租赁是作为分期付款、赊销补充的商业信用。

（3）租赁的主要目的在很大程度上是促进销售，保持市场垄断地位。社会化大生产的发展使市场经济向买方市场转变，企业以租赁作为变相的商业信用向买方销售产品，促进销售，还未充分认识到租赁是一种金融手段。

8.1.3　现代租赁

典型的现代租赁业最早产生于第二次世界大战后的美国。当时美国想尽快实现军事工业向民用工业的转变，加上科学技术进步与设备陈旧落后的矛盾突出，资金供求矛盾很大，旧式信贷已无法满足企业对中长期资金的需要，客观上要求有一种新的信用方式取而代之。美国发达的信用早已使企业家们清楚地认识到，占有财产所有权并非获取剩余价值的唯一条件，从某种意义上说，使用财产比占有财产更能获取利润，租赁就是通过财产使用而获得利润的最佳方式之一。现代租赁业务就是基于上述认识在分期付款方式的基础上演化而来的。美国国际租赁公司（原名美国租赁公司）创立于 1952 年 5 月，是美国，也是世界上第一家从事现代租赁业的独立企业。随着英国金融机构把投资重点从消费信贷转向工业信贷市场，租赁作为一种获得资本设备的融通手段受到金融界和工商界的广泛重视，1960年英国第一家租赁公司——英美合资的商业租赁公司正式成立，从此开始了英国现代租赁的新时期。20世纪80年代以后，现代租赁就步入了繁荣期。在美国，1988年租赁占资本设备投资的比例达到32%，是1978年的两倍。租赁交易的范围也几乎扩展到所有行业的各种类型的设备。在美国，约有60%以上的各类企业都与租赁业务有密切关系。英国在1976～1985年的10年中，租赁成交额增长近13倍，1985年租赁成交额为42亿英镑，占当年设备总投资额的15.8%。

继美、英之后，法国和日本现代租赁业在中小企业日益增长的设备投资需求与自有资金不足的尖锐矛盾中产生。1961年，法国从美国引进了设备租赁的概念，并成立了第一家租赁公司。日本的租赁业是在引进美国租赁模式的基础上创办起来的。1963年8月，日本首家租赁公司——日本租赁株式会社正式成立。此后不久，东方株式会社、东京株式会社相继成立。法国1984年的租赁交易额为22亿法郎，占国内设备投资总额的7.3%。经营设备租赁的公司从1966年的15家增加到1984年的51家；租赁公司的业务也已从过去单一的设备资产的租赁扩展到不动产租赁和工业融资等业务。1987年以后，日本租赁业务开始了第二个大发展时期，租赁同业间竞争激烈，经过短暂的发展，日本租赁公司已达300家，成交额直线上升。租赁占民间设备投资的比例从1970年的1.35%上升到1987年的8.76%，日本有70%的企业利用租赁设备。

从20世纪60年代起，租赁信用在世界范围内蓬勃发展，并在一些国家的设备投资额中占有越来越重要的位置。许多发展中国家也都把租赁作为利用外资的一个重要手段。20世纪60年代起，租赁的交易额以20%的速度增长，据统计，1994年全球的租赁交易总额为4 364.4亿美元，比1993年增长24.7%，1995年的全球的租赁交易总额为5500亿美元，比1994年增长26.02%。

现代租赁是在传统租赁的基础上发展起来的，具有租赁的一般特征，但是，它所包含的内容已远远超出了一般租赁的范围。主要表现在如下方面。

1. 租赁目的不同

现代租赁是融资和融物相结合，而以融资为主要目的，因此又叫融资租赁。它是由出租人根据承租人的需要向供货人订购设备并筹集资金支付货款，再以收取租金为条件交给承租人使用，以获得一定的收益。对于出租人，达到了金融资本和商业资本的结合。对于承租人，则是集融资与融物为一体的。当企业投资资金不足时，可以通过租赁来扩大投资总额；当企业资金周转有困难时，可以通过出售设备，使固定化的资产流动起来。而在传统租赁中，承租人直接在出租人现有的设备中选择租用，其目的只是为了获得设备使用权，不存在融资问题。

2. 租赁涉及的当事人、合同的不同

传统租赁的当事人一般只有两个，即出租人和承租人，两者关系简单。现代租赁方式多样化，租赁活动中经济关系更加复杂，导致整个租赁过程涉及多个关系人。在融资租赁中，不仅有出租方和承租方，而且还包括投资方，供货方及其他委托人等。从事租赁业的公司从投资方筹措资金，然后向供货方购买承租方需要的设备。在租赁期限内，承租方支付租金获得设备使用权，到期后具有购买设备的优先权。例如，在杠杆租赁中，除了出租方、承租方和供货方三个当事人以外，还包括物主受托人、债权人、合同受托人和包租人、经纪人。当租赁物的价值很高时，为分散风险，租赁物的产权往往由多个大公司和大银行共有。为便于管理，通常委托一个物主受托人经管租赁物。而租赁物的货款只有一小部分必须由出租人投资，其他部分是从银行等金融机构筹集的，因此又涉及债权人。当债权人有几个时，一般设立一个合同受托人负责代表债权人与物主受托人联系。包租人或经纪人则在承租人和出租人之间充当中间人，负责安排起草租赁合同，寻找借款来源等，从中收取佣金。传统租赁只需要由出租人和承租人签订租赁合同，一般租期较短。而且承租人可以根据自己的需要，事先通知出租人，提前中止合同。现代租赁除了出租人和承租人的租赁行为，还有出租人和供货人的购销行为，因此，至少有租赁合同和购货合同这两个基本合同。有其他当事人时，还需要签订参加协议、转让协议、信托协议、保证协议等，各个合同相互关联。而且租期较长，一般不能提前中止合同。

3. 租赁物的选择权不同

传统租赁的物件一般是由出租人选定的通用设备，可以反复出租，满足不同使用者的需求。承租人也只能在出租人已有的设备中选择租赁物，选择权和选择范围有较大的限制。在现代租赁中，租赁物和供货人都是由承租人根据自己的需要选定的，出租人按承租人的要求向供货人定购，再租给承租人使用。因此，承租人的选择权很大，选择范围也很广。当然，也有的设备不具备通用性，不能反复出租，在其寿命期内一般只有一个使用者。

4. 租赁物的期末处理方式不同

在传统租赁中，租赁期满后，承租人对租赁物只有停租和续租两种选择，而不能取得其所有权。但在现代租赁中，承租人除了可以停租、续租外，还拥有留购的权利，即向出租人支付一笔象征意义的款项购买租赁物，获得其所有权。这一点也正体现了现代租赁的融资本质。

8.1.4　20 世纪 60 年代以后租赁业迅猛发展的原因

1. 金融资本和工商资本的融合

第二次世界大战以后，金融资本和工商资本进一步融合，使工业、金融、贸易三者紧密地联合在一起，由于银行出于对资金安全的考虑，租赁和直接的贷款相比，有其自身优点，向租赁公司贷款不但可以分散风险，还可以有租赁的设备资产作保障。同时现代租赁为企业以较少的投资取得设备使用权提供了方便。金融资本就借机进入工业领域，分享收益，也扩大了业务。1963 年，美国银行被批准进入租赁领域，确立了租赁作为合法融资手段的地位。很多设备制造公司通过租赁方式向缺少资金又想快速发展的公司提供租赁设备，从而使租赁渗透到各个领域。1960 年英国成立了英国商业租赁公司，向工业企业提供设备租赁，进入 20 世纪 80 年代以后，随着金融工具和金融技术的创新发展，融资租赁补充金融的功能也得到了进一步发展。

2. 政府的支持

政府制定了若干优惠政策扶持租赁业的发展，其中加速折旧是现代租赁发展的主要经济动力。折旧是固定资产价值补偿的主要形式，在租赁发展的历史中，美国于 1954 年的加速折旧制改革直接推动了租赁的发展，1962 年折旧新标准的出台，使美国固定资产的折旧年限减少了 30%～40%。这一标准的实施，可以使租赁公司在设备 5～8 年的折旧年限到来之前收回全部投资，以便及时进行设备的更新换代，减少了租赁公司的当期纳税额。在英国，投资减税制度是政府对租赁投资的支持和肯定。1960 年英国的新设备投资减税包括 20% 的投资减税、10% 的初期减税、按设备的年度差别确定减税额。1966 年英国政府取消投资减税制度，实行投资补助金制度，如果出租的设备有如下特征：出租人是设备的所有者，设备租期不少于 3 年，而且是工业公司指定的设备，就可以得到投资补助金。1970 年英国新的投资减税制又规定，有的设备在购入时减税 100%，从投入使用年开始按 25% 逐年递减减税。享受不到减税优惠的企业就转向了租赁公司。同时政府给予租赁公司优惠贷款等，促进了租赁的发展。租赁业也对国民经济结构调整、减少经济周期波动有积极作用。

3. 现代科学技术的发展促进了租赁的发展

现代科学技术大大提高了劳动生产率，使设备的更新速度不以年来计算，而以月来计算，尤其以计算机为代表的高新技术，更新快、费用大，租赁成为最好的设备更新手段。随着社会生产力的不断发展，市场变为买方市场，不得不用赊销、分期付款的办法来促销，影响了企业的流动资金。租赁业的发展满足了对固定资产投资的需求，促进了经济的发展，同时也扩大了企业销售，提高了企业产品的市场占有率。如英国 20 世纪的工业衰退时期，固定资产的更新速度加快。租赁成了主要方式，IBM 公司一直采用租赁作为公司营销手段，并且服务周到。

4. 国际资本流动的重要手段

20 世纪 70 年代后西方经济陷入"滞胀"，一方面企业利润减少，投资需求降低；另一方面，市场游资过剩，产品积压严重。在这种背景下，发达国家把融资租赁推向发展中国家，作为输出本国积压设备和过剩资金（相对于投资需求而过剩的资金）的重要手段。许多发展中国家在发展经济中，普遍遇到技术落后、设备陈旧和资金缺乏的矛盾，而利用融资租赁形式吸收外资，成为加速本国经济发展的良好选择。进入 20 世纪 80 年代，发展中国家融资租赁发展迅速，随着国内经济的发展，它已成为金融业的重要组成部分。

8.2 现代租赁业务的分类

现代租赁业务为了适应经济发展的多种需要，产生了多种租赁形式，但是国际上尚无统一的分类标准，一般说来，现代租赁可以划分为以下种类。

8.2.1 按租赁资产所享受的税收优惠条件划分为节税租赁和非节税租赁

1. 节税租赁

节税租赁也称真实租赁。根据美国税法的规定，真实租赁是符合下列条件规定的租赁形式：

（1）出租人必须对资产拥有所有权。

（2）租期结束后，承租人可以按公平市价续租或留购，也可以将设备退回给出租人，但是不能无偿享受期末资产残值。

（3）租赁合同开始时预计的期末资产公平市价，不能低于设备成本的 15%～20%。

（4）租期末，租赁资产应具有两年的服务能力，或者租期末资产的有效寿命为其原有效寿命的 20%。

（5）出租人的投资至少应占设备购置成本的 20%。

（6）出租人从所得租金中可获得相当于其投资金额的 7%～12% 的合理报酬，租期不得超过 30 年。

真实租赁的出租人有资格获得加速折旧、投资减税等税收优惠，并且可以降低租金的形式向承租者转让其部分税收优惠，从应纳所得税中扣除。

2. 非节税租赁

非节税租赁，英国称为租购，美国称为有条件的销售式租赁。这类租赁在税收上被当作分期付款交易来对待。但必须符合以下条件：

（1）租金中有部分金额是承租人为获得资产所有权而专门支出的。

（2）在支付一定数额的租金后，资产所有权即自动转移给承租人。

（3）承租人在短期内交付的租金，相当于购买这项设备所需要的大部分金额。

(4) 一部分租金支出实际上是利息或被认为相当于利息。

(5) 按名义价格留购一项资产。

(6) 租金和留购价的总和接近购买设备的买价加运费。

(7) 承租人承担出租人投资损失的风险。

(8) 租赁期限实质上等于资产的全部有效寿命。

在此种租赁中，由承租人而不是出租人作为设备的所有者享受税收折旧优惠和期末残值，但其所付的租金不能当作费用从成本中扣除。

8.2.2　按租赁业务的性质划分为融资租赁和经营租赁

1. 融资租赁

融资租赁是指一方（出租人）根据另一方（承租人）提出的租赁财产的规格及所同意的条款，或承租人直接参与订立的条款，与第二方（供货人）订立供货合同，并与承租人订立租赁合同，以支付租金为条件，使承租方取得所需工厂、资本货物及其他设备的一种交易方式。

融资租赁是商品经济中信用关系的一个重要发展形式，其优点主要表现在以下几个方面：①便于企业在资金不足而又急需设备时，以少量投资而及时获得理想的使用设备，扩大了筹资范围。②可尽早引进设备，开始就把全部租金定下来，避免了以后由于物价上涨、通货膨胀所带来的影响。③避免资金固定化，提高资金利用率。④融资租赁不反映企业的负债，增强了企业的举债能力。同时，还会使企业有一种负债感，促进企业加强管理。⑤及时更新设备，提高竞争力。⑥拓宽了融资渠道。

融资租赁业务一般有以下几种形式。

1）直接购买租赁

先由出租人根据承租人提出的租赁对象和要求购入设备，然后再租赁给承租人使用。这种租赁期限较长，一般为3～5年，大型设备10年以上，最长可达20年。在租期内，出租人通过收取租金收回全部投资并取得利润，承租人则用该设备实现的收入分期支付租金，负责设备维修和保养，缴纳相应的保险费和税金。由于被租设备是承租人按其生产经营获利需要购入的，所以在支付有关费用之后能获取一定利润。租赁期满，承租人可以根据需要续租、退租或购买。由于这种租赁方式是定向的，能满足双方需求，所以成为融资租赁的主要形式。

2）转租赁

出租企业先以承租人身份，从其他租赁机构租入设备，然后，再以出租人身份将设备转租给承租人。由于转租赁形式要经过两道以上租赁环节，每道环节都要缴付租金，所以最后的承租人一般要支付高于直接购买租赁的租金。不是迫切需要某种只租不卖的先进设备时，承租人一般不用这种租赁形式。转租赁业务多用于引进国外先进设备，当国内的承租人需要租用国外先进设备时，可先与本国的租赁机构洽谈有关转租事宜，然后由国内的租赁机构根据承租人提出的条件向国外租赁机构承租设备后，转租给本国的承租人使用。

转租赁业务中承租人向本国租赁机构缴付的全部租金，由向国外租赁机构缴付的租金和向本国租赁机构缴付的业务手续费两部分组成（图 8-1）。

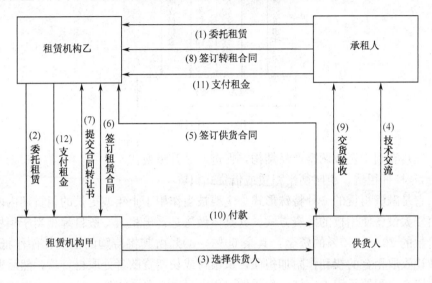

图 8-1　转租赁

转租赁业务的主要特点是：

（1）对于同一台设备产生了两次租赁关系；

（2）转租赁中国内租赁机构（即第一承租人）是当事人之一，而不是中介人；设备的所有者和使用者之间，不存在任何直接的经济或法律关系。

3）回租

回租（又称返租赁）是指承租人将自制或外购的设备按账面价格或重估价格卖给出租人，然后再以租赁方式租回使用的一种租赁业务。回租业务通常用于不动产租赁。按美国的定义："回租是一种安排，租赁公司从拥有和使用标的物的人那里购进标的物，然后将购进的标的物再租给原来的物主承租人使用。"通过回租业务，承租人既可拥有设备的使用权，又能使这些设备所占用的资金变为现款，用以增加其他设备的投资或其他资金需要（图 8-2）。

回租租赁对承租企业的作用是：

（1）由于企业原有的固定资产很大一部分转化为流动资产，增加了企业流动资金，有利于企业自我发展和自我改造，改变企业营运资金不足的状况。

（2）有利于设备的操作、维修及解决企业技术问题。

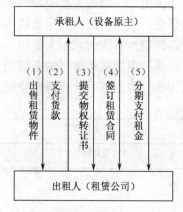

图 8-2   回租赁

（3）有利于企业调整产品结构，促进产品升级换代。

4）杠杆租赁，也叫衡平租赁或借贷式租赁

它是融资租赁的一种特殊形式。主要被当作用于十年或更长的租赁期内取得价值较大设备使用权的筹资方式。其具体做法是：出租人一般自筹相当于租赁资产价款的 20％～40％的资金，其余 60％～80％由其将待购的租赁物件作抵押，以转让收取租金的权利作附加担保，从银行或长期贷款者处取得贷款；然后购入有关资产出租给承租人，杠杆租赁的出租人只出必要资本的一部分即可以成为设备的所有者，剩下的部分资本是出租人以无追索权贷款的方式向投资家借入。出租人所收取租金的一部分首先偿还贷款的本息，剩余部分才是出租人回收的投资本金及取得的投资收益（图 8-3）。

在杠杆租赁中，关系人各方均能获利，现分述如下。

（1）出租人在杠杆租赁中可以得到的利益有：如美国，按《1981 年经济复兴税法》的有关规定，杠杆租赁属于真实租赁。出租人以低投资 20％～40％换得 100％的折扣和设备减税优惠，可以减少应付税额；出租人保留所有权，因此，在租赁合同期满时仍拥有投资设备的残余价值；出租人所借债款，贷款人无追索权。

（2）贷款人利益主要有：贷款人所担的风险只有投资设备的 60％～80％，风险较小；贷款人自行判断设备使用人在还贷方面的信用；贷款人先从租金中扣除部分作为回收贷款和获得的利息收入；贷款人获得设备担保的利益。

（3）承租人在杠杆租赁中获取的利益有：杠杆租赁的租赁费远低于普通租赁或融资的费用，并且使用期大体相当于设备的使用年限。

5）其他融资租赁形式

（1）百分比式租赁。这是租赁收益与设备使用收益相联系的租赁形式。承租

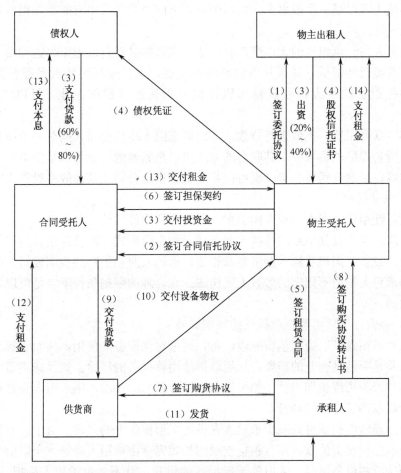

图 8-3 杠杆租赁

人应先向出租人缴纳基本租金，其余租金按承租人收益的一定比例支付。

（2）结构式参与租赁（也称项目融资租赁）。这是以推销为主要目的的融资租赁新方式，主要特点是：融资不需要担保，出租人是以供货商为背景组成的；没有固定的租金约定，没有固定的租期；出租人除了取得租赁收益外，还取得部分年限参与经营的营业收入。

（3）合成租赁。它扩展了融资租赁的内涵，除了提供金融服务外，还提供经营服务和资产管理服务，是一种综合的、全方位的租赁服务，因此，租赁的收益扩大而风险减少。

（4）委托租赁是出租人接受委托人的资金，根据委托人书面确定的用途、金额、期限、回报率等向委托人指定的承租人办理的租赁业务，在租赁期内租赁物件的所有权归委托人，出租人只收取手续费，不承担风险。同一份委托租赁合同中的委托人可以是一个或多个，由两个或两个以上委托人组成的委托租赁称为共同委托租赁。

出租人在经营租赁的无形资产时，如果从事的是经营性租赁，这种委托租赁就是经营经营性租赁。如果从事的是融资租赁，这种委托租赁就是经营融资租赁。委托租赁的一大特点就是可以让没有租赁经营权的企业，可以"借权"经营。

(5) 联合租赁：类似银行贷款，即由两家以上租赁公司共同对一个项目进行联合融资，提供租赁服务。其联合的方式可以是紧密的，也可以是松散的。联合的主体可以是融资租赁公司，也可以是非融资租赁公司或其他战略投资人。

2. 经营性租赁

经营性租赁是指由出租人向承租人提供租赁物件的使用权，并且负责租赁物件的维修、保养及其他专门性技术服务的一种租赁形式。经营性租赁的租赁物一般是通用设备，同租赁物的经济寿命相比，承租人对租赁物的租期较短，经营性租赁的承租人是由不固定的多数人所构成。在合理的限制条件下，是可以解除租赁契约的。

1) 经营性租赁可为企业提供的特别好处

(1) 承租人可以短期租赁一般设备，通过对该设备的使用，从而了解设备的性能以及是否满足企业的需要，从而取得使用该设备的经验。如果确实需用，就可决定是否购买或长期租赁，如果设备不符合预期的要求，则承租人只花费很小的代价就取得了可贵的经验。

(2) 经营性租赁可以减少承租人在设备无形损失上的风险。由于经营性租赁不是全额偿付设备价款，而且租赁期限的长短完全由承租人确定，所以由于技术进步而造成的设备过时、陈旧等无形损耗的风险，就不会由承租人承担。当然，为了弥补出租人所承担的风险，承租人应该支付一笔高于融资租赁正常收益的租赁费。

(3) 出租人不仅提供设备的使用权，还拥有许多专门的技术人员以及有关的维护器材，负责设备的维护、保养，这样可为租赁人节约人力、物力、时间和费用。

(4) 经营性租赁的费用一般可以进入生产成本，这是企业乐于采用的财务处理方法。

2) 经营性租赁可以进一步细分为短期租赁、专业设备租赁和维修租赁等不同形式

(1) 短期租赁：是指租赁公司将租赁物，租给承租人短期使用的一种租赁形式。

(2) 专业设备租赁：是指租赁公司向特定的承租企业提供专用设备的一种租

赁形式。专用设备租赁又可分为干租和湿租两种形式。干租是指出租方只是出租设备，而设备的维修、保养主要由承租人负责。湿租是指出租方不仅向承租方提供租赁的设备，而且还要提供使用设备的人员，并且对设备的使用、维修和保养等负责。湿租多用于大型、复杂设备的租赁。

（3）维修租赁：是指出租方不仅向承租方提供租赁设备，而且提供专门的维修、替换等服务活动，为此，出租方必须在处理设备故障方面具有较高的专业技术。

3. 融资租赁与经营性租赁的区别

1）租赁业务性质、本质的不同

经营性租赁和融资租赁是租赁业务中的两种形式，经营性租赁可以由出租人向承租人提供租赁资产，并提供资产维修、保养和人员培训等方面的一种服务性业务，又称服务性租赁。因此。经营性租赁具有服务业务性质；而融资租赁是由出租人（或租赁公司）按照承租人（或承租企业）的要求融资购买资产，并在契约或合同规定的较长时期内提供给承租人使用的信用业务，因此融资租赁具有信用业务性质，融资租赁在租赁期限内，出租人一般不提供维修和保养资产方面的服务。经营性租赁的本质是承租人不在于通过租赁而融资，而在于通过租入资产，以取得短期内的使用权和享受出租人提供的专门技术服务；而融资租赁的本质在于承租人通过融物来达到融资的目的。另外，经营性租赁，虽然是以出租人提供服务为主要目的，但从承租人不必先付款购买资产即可享有资产使用权这个角度来看，也有一定的短期筹资作用，因此是属于短期筹资方式；而融资租赁是以融通资金为主要目的的租赁，是融资与融物相结合，带有商品销售性质的租赁，是筹集长期资金的一种重要方式，因此属于长期筹资方式。

2）租赁期限长短不同

经营性租赁是一种临时性租赁，因此一般属于短期租赁。而融资租赁既融物又融资，因此租赁期限长，按国际惯例，租赁期限一般接近租赁资产经济使用寿命的 70%～80%。我国现行有关制度规定，其租赁期限不得低于经济使用寿命的 50%。经营性租赁，由于租赁期限短，租金数额较小，从某种角度来说，此种租赁不属于借贷关系的范畴，因此承租人的偿债压力较轻；而融资租赁，由于租赁期限长，租金数额较高，出租人与承租人之间形成了一种债权债务关系，从而承租人的偿债压力较大。

3）租赁合同的稳定性不同

经营性租赁在租赁合同期内，承租人按照协议有权发出书面通知取消合同，因此其合同的稳定性较差；而融资租赁在租赁合同期内，承租人必须连续支付租金，非经双方同意，中途不得退租，这样既能保证承租人长期使用租赁资产，又能保证出租人在基本租赁期限内收回投资并获得一定收益，这种租赁合同的稳定性较强。

4）租金数额、构成项目和支付方式的不同

经营性租赁由于是一种临时性租赁，租赁期限短，其租金数额比较低；而融资租赁由于既是一种融物、又是一种融资，租赁期限长，因此其租金数额比较高。经营性租赁，出租人收取的租赁费，除租金外，还包括维修、保养等费用，因此，其租金构成一般包括两个项目：出让资产的使用费和提供维修、保养等方面的服务费用。

融资租赁，对于出租人来说，为购置资产需要支付一定的代价，并以此来取得收入。这些代价或收益都需通过租金收入来补偿或取得，因此，其租金构成主要包括以下项目：①租赁资产的购置成本，包括资产买价、增值税、运杂费和途中保险费等；②利息，即出租人为承租人购置资产融资而应计的利息；③租赁手续费，即出租人办理租赁资产的营业费用；④预计资产的残值，即资产租赁期满时预计的可变现净值（它作为租金构成项目的减项）；⑤利润，即出租人通过租赁业务应取得的正常利润等。

由于经营性租赁是一种短期租赁，租金数额小，往往在租赁期初或租赁期末一次支付或租赁期内分次支付，支付方式比较单一；而融资租赁，由于是一种长期租赁，租金数额大，承租人支付租金往往存在着合理规划问题，因此支付租金方式的种类较多，如按支付间隔期分为年付、半年付、季付或月付；按支付时点分为期初支付（先付）与期末支付（后付）；按每次是否等额分为等额支付与不等额支付；按租金是否延期分为延期支付和非延期支付等。

5）会计处理方法不同

对于经营性租赁，承租人租入的租赁资产不作自有固定资产处理，需在"租入固定资产登记表"备查账簿中登记，支付的租金记入有关成本费用之中，出租人对以经营性租赁方式租出的资产，不能冲减出租人账面上的固定资产，还是出租人拥有的固定资产，要在固定资产有关明细账之间进行调整，并照提折旧，当收到承租人支付租金时，作其他业务收入处理；而对于融资租赁，会计处理方法却截然不同，对于承租人，收到融资租赁的资产时，要视作自有固定资产处理，在交付使用后还要计提折旧，支付租金时，冲减长期付款，不能再记入有关成本费用之中，对于出租方，出租时应做销售或分期收款销售处理，而收到承租方支付租金时，作收回销售款或确认销售收入实现处理。

6）租赁期满后对租赁资产处理方式不同

经营性租赁当租赁期满后，承租人将租赁资产退还给出租人，一般没有续租或优先购买选择权；而融资租赁在租赁期满后，承租人有优先选择廉价购买资产的权利，也可采取续租方式，或将租赁资产退还给出租人。

8.2.3　按租赁业务的地域范围划分为国内租赁和国际租赁

（1）国内租赁是指租赁业务的三方（出租方、承租方和供货方）在一国国内的租赁业务。

（2）国际租赁是指租赁业务的三方不在一国的情况。在国际租赁中，出租方和承租方不在同一国家，租赁资产的所有权与使用权在不同的国度。

一般情况下，国际租赁划分为四种类型：①出口租赁，这种租赁只涉及分别在 A、B 两国的出租方和承租方；②对子公司的出口租赁，即出租方、承租方都在 A 国，但承租方的子公司在 B 国，承租方将资产交给在 B 国的子公司使用；③外国子公司转租赁，即出租方在 A 国，出租方的子公司在 B 国，子公司从其母公司租赁设备，再转租给在 B 国的承租方使用；④子公司多国租赁，即在 A 国的出租方将资产出租给在 B 国的子公司，由在 B 国的子公司再租给在 C 国的承租人使用。

■ 8.3　融资租赁的基本概念

现代租赁业自 20 世纪 50 年代产生以来得到迅速发展，融资租赁是现代租赁业的代表和支柱，虽然融资租赁是对传统租赁业的继承和发展，但是其内涵有根本的区别。研究现代租赁主要是研究融资租赁的内涵。

融资租赁 20 世纪 50 年代起源于美国，60 年代扩展到西欧和日本，70 年代中期开始传入发展中国家，80 年代以后迅猛发展成为一项国际范围内的金融服务业。它在国际资本市场中占有相当重要的位置。据 1996 年《世界租赁年报》的统计，全球融资租赁市场已成为仅次于贷款市场的第二大融资市场（表 8-1）。另据国际金融公司（IFC）报告，到 1994 年，已有 80 多个国家建立了融资租赁业，其中包括 50 多个发展中国家。1994 年总价值为 3500 多亿美元的汽车、机器设备是通过融资租赁转到用户手中的；全球融资租赁总值约占全世界民间投资的 1/8，在亚太经济合作组织国家中这一比例高达 1/3，发展中国家这一比例达到 7%～11%。

表 8-1　融资租赁在国际资本市场上的重要地位　（单位：亿美元）

年份	贷款	融资租赁	欧洲债券	欧洲商业债券	中期票据
1990	5 870	3 320	1 760	500	270
1995	5 590	3 450	2 480	550	460

资料来源：伦敦金融集团《世界租赁年报》，1996 年，第 5 页。

世界融资租赁业的地区布局中，美国占世界融资租赁业市场的 40%，1993

年亚洲的比重首次超过欧洲，1994 年的市场份额达到 28％，欧洲只有 25％。与此同时，拉丁美洲的市场份额增长了 4 倍多，从 1988 年的 0.8％上升到 1994 年的 4.2％；非洲的份额也略有提高。在亚洲国家中，韩国的发展引人注目，自 1975 年成立第一家融资租赁公司，到 1994 年已成为世界上第五大租赁市场，年租赁规模为 132 亿美元。1994 年我国融资租赁额仅为 11 亿美元，占国内投资市场的 4％，远远低于发达国家和融资租赁业发展较快的发展中国家的水平，融资租赁业市场潜力巨大。

8.3.1　融资租赁的定义和特征

1988 年 5 月，国际统一私法协会审议并通过了《国际融资租赁公约》。公约的第一条提出了融资租赁的概念与特点，该定义为：本公约适用于融资租赁交易，在这种交易中，一方当事人（出租人）依照另一方当事人（承租人）提供的规格，与第三方（供货商）订立一项协议（供货协议）。根据此协议，出租人按照承租人在与其利益有关的范围内所同意的条款取得工厂、资本货物或其他设备（简称设备），并且与承租人订立租赁协议，以承租人支付租金为条件，授予承租人使用设备的权利。

1989 年，中国人民银行制定的《融资租赁管理暂行办法》中融资租赁的定义为：本办法所指融资租赁交易系一方（出租人）根据另一方（承租人）提出的租赁财产的规格及所同意的条款，或承租人直接参与订立的条款，与第二方（供货人）订立供货合同并与承租人订立租赁合同，以支付租金为条件，使承租方取得所需工厂、资本货物及其他设备的一种交易方式。

《融资租赁管理暂行办法》中，同时明确融资租赁交易的特征为：第一，融资租赁交易具有融资、融物的双重职能，并涉及三方（出租人、承租人、供货人）的关系；第二，租赁期内，出租人对租赁设备享有所有权，承租人对租赁设备享有使用权；第三，租赁财产是按承租人的规定（或经其同意）购买，并由其选择供货人的；第四，供货人已知所出售的设备、工厂或资本货物列入出租人与承租人订立的租赁合同内。

世界各国关于融资租赁虽无统一定义，但是关于融资租赁基本特征的规定却是一致的。把握其基本特征，科学地认识融资租赁内涵，对于发展我国现代租赁业，有着重要意义。

1. 融资租赁基本内涵

融资租赁是一种租赁信用，是在一定时期内发生的对他人财产直接占有并使用的契约行为。租赁是在有限时期内发生的，为享有他人财产使用权从而承租人在租期内对财产占有的契约行为，租赁期限小于所有者的财产权利期限，并且使用财产的活动在租期内由某一特定者承担，排除其他人拥有使用权，这种排他性占有成为承租人租用财产的保证。以上为租赁信用的基本内涵，其区别于购买行为。融资租赁作为租用他人财产使用的信用行为，同商业信用、银行信用、信托信用又有区别，不同于古代和近代的传统租赁，也不同于现代的经营性租赁。租赁信用中，出租人拥有所有权，并凭借所有权获取租金等经济收益。承租人在合同约定期限内享有使用权，通过对设备的使用获取赢利等经济收益。融资租赁信用对象为产业资本或商业资本循环过程中待实现的商品资本，其信用对象为设备使用权，不像商业信用的分期付款以设备的所有权为信用对象；融资租赁活动中，承租人在得到物的使用权的同时也实现了融资，实现租赁信用的过程即是商品的使用价值与价值实现过程；融资租赁信用中资本流向是单向的，即租赁公司作为出租方代承租方筹资、购买设备出租给企业，这样的信用发生于再生产过程中，受设备资产的物质形态与所需数量的制约，只在出租方、承租方之间运动，并且只能由出租方根据承租方的需要向承租方提供。

2. 融资租赁的基本特征

1) 资金运动与实物运动相结合

以商品形态和资金相结合提供信用是融资租赁的主要特点。租赁公司不是向企业直接贷款，而是代用户购入机器设备，以融物代替融资。它既不是一般的商品交易，又不是真正意义的金融信贷，而是将金融贷款与购买设备这两个过程融合在一起。对承租人来说，在租到设备的同时，也解决了对资金的需求。对出租人来说，在租期内始终持有设备的所有权，比较安全，风险较小。由于融资与融物同步进行，不仅能把握资金的运用方向，而且对企业也有较强的约束力。

2) 两权分离及最终转让所有权

一般的信贷投资，是由企业直接向银行借入资金自行购买设备，设备所有权与使用权统一于借款人（企业）一身。在融资租赁关系存续期间，设备财产的所有权与使用权分离，所有权不变，只发生使用权的让渡；租期届满时对租赁设备财产的处理方式有三种：退回、续租和留购。以低廉价款购买原租赁设备，转让所有权只是三种处理方式之一，并不是租赁关系成立、存续或解除的要件之一，是融资租赁的本质特征。承租方最终取得设备所有权是基于租赁而选择了留购方式，它不属融资租赁内涵的要义。

3) 分期支付租金，超前获得使用价值

租赁合同一经生效，承租人就可以获得设备的全部使用权，并投入使用，从而使承租人获得利益。而租赁物品需要支付的租金，则在租赁期内分期偿付，在整个租赁期内租金是不能轻易变动的，所以承租人受通货膨胀的影响不大，因而可以降低投资成本，获得较大的经济效益。

4) 融资租赁是融资与融物相结合，兼有融资、投资、贸易的功能

融资租赁是将借钱和借物融合起来，以融物的形式达到融资的目的，在出租

租赁物的同时相应解决了企业的资金需求，具有融资和贸易的双重特性。而对租赁公司来说，租赁期间始终持有租赁物的所有权，相对于银行抵押贷款，有更直接的安全保障。租赁公司通过实物的所有权把握了资金的使用方向，从而体现出较强的约束力，也使租赁信用成为资本市场上一种有吸引力的投资手段。

8.3.2 融资租赁的性质

融资租赁是融物与融资相结合的借贷资金运动方式，兼有商业信用和银行信用的双重性质，融资租赁与商业信用、银行信用的关系容易引起人们的混淆，研究融资租赁的性质就等同于弄清楚它们三者之间的关系。同时，融资租赁和传统的财产租赁业也有质的不同，融资租赁的性质就体现在这些不同之中。

1. 融资租赁与商业信用

融资租赁和商业信用都是在未全部付清应付款以前，便取得了设备使用权。尤其是融资租赁与商业信用的分期付款在还款方式上比较相似，前者是承租人向出租人分期支付租金，后者是买方向卖方分期支付货款，都是资金的分期支付，但两者属于不同的信用形式，具有本质区别。

1）物件所有权不同

从法律方面而言，融资租赁表现为租赁合同，租赁设备的所有权属于出租人，承租人对租赁物只有使用权，未经出租人同意，承租人不得有任何侵犯所有权的行为；而商业信用中的分期付款则表现为购买合同，在购货方未付清货款以前，双方是债权债务关系，但这并不影响其货物所有权已转移给购货方。因此，融资租赁必须体现出所有权与使用权的分离，而分期付款体现的则是货款的延期支付。

2）承担设备过时的风险不同

随着科学技术的发展，技术、设备的寿命周期越来越短，设备过时的风险也越来越大。在商业信用中企业购买设备，在取得设备所有权的同时，也要承担设备陈旧过时的风险。企业设备更新是依靠积累折旧来进行的。一般来说，企业按照固定的法定年限折旧，但是如果折旧没有提取完，设备已被淘汰，那么企业就要承担折旧积累与新设备价款之间的差额。而采取融资租赁方式，企业可以通过对设备更新周期的预测来确定租赁期限。租赁期满后，再根据设备的更新情况决定是停租、续租还是留购，因此可以降低风险。

3）享受的税收待遇不同

由于设备所有权归属的不同，融资租赁和商业信用在税收待遇上也有很大区别。如前所述，采用融资租赁方式，承租人可以享受减免税的优惠；而在商业信用中，设备归买方所有，因此，买方应设立相应的资产账户，提取折旧，在税收上享受买卖交易的待遇。

4）信用范围不同

商业信用受企业业务范围的限制，只有该商品的供货商对该商品的购买者才能提供，业务单一，双方必须相互了解、信任。所以商业信用受商品种类、业务的地理区域的限制，其范围相对较窄；融资租赁的信用范围则不然，租赁机构作为租赁中介，它既连接租赁对象的产销方，又联系租赁对象的承租方。因此，不仅租赁的物种十分多样，地理范围也很广。

5）业务关系不同

就业务关系而言，融资租赁最少涉及三边关系，即出租人、承租人和供货厂商。租赁公司是融资人，不是中间人，而商业信用则只涉及双边关系，即购货人和供货人的关系。此外，商业信用的范围受企业接触范围的制约，其空间跨度一般较小，而融资租赁由于体现了银行资本与工业资本的进一步融合和渗透，不仅内容十分广泛，而且范围可超越国界。

2. 融资租赁与银行信用

融资租赁和银行信用均具有融资功能，都能为企业解决资金需求的问题，但两者存在很大的不同。

1）融资方式不同

用融资租赁的方式融通资金时，企业直接借入的是设备的使用权，同时相应地解决了设备购置所需的资金；而用贷款的方式融通资金时，企业直接借入的是货币资金的使用权，并没有相应地获得设备，只有通过购买才能获得设备的所有权。

2）信用资金运动的形式不同

银行信用的运动形式是货币—货币，融资租赁的运动形式是货币—商品—货币。银行信用与融资租赁资金运动的起点与归宿虽然相同，但过程不一样，融资租赁是通过融物来进行融资，钱物结合比较紧，更有利于保证专款专用。

3）信用扩张能力不同

融资租赁本身的性质和特点是对其规模和范围一种自然的限制，其规模只是全部商品所需资金的一部分，它不可能像以暂时闲置的资金为基础的银行信用那样，可能在一定的范围内脱离再生产的客观需要而再扩张。因此，发展融资租赁一般不会造成信用膨胀。

4）融资限制和成本不同

在融资租赁中，企业通过出租人代为融资获得设备使用权，该设备不属于企业负债。因此，租赁不会导致负债增加，不会改变企业的资产负债比，也不会影响其偿债能力。而贷款是企业对银行的负债，贷款的增加必然提高其资产负债比例和降低偿债能力，为以后融资带来困难。而且银行的贷款规模直接受国家财政金融政策、产业政策等制约，企业要想获得长期贷款，必须接受银行的严格审查。而银行的审查多侧重于企业过去的经营状况和现在的财务状况，稳定的老企业比发展中的新兴企业更容易得到贷款。企业投资的目的在于获利，而不同融资方式的成本是不一样的。贷款只能将所付利息计入成本，本金的归还是不能免税的。租赁则可以将租金从成本中扣除，不必交税，而租金包括了对设备货款的支付金额，其节税额相对贷款来说要大得多。况且，政府对设备租赁采取税收优惠和加速折旧的鼓励措施，因而，设备租赁相对贷款购买还可享受加速折旧的好处。

　　3. 融资租赁与财产租赁

　　1）租赁物件的选择权不同

　　在融资租赁中，租赁物件是出租人特意根据承租人的需要而购置的，由承租人自行指定租赁物件和供货方；在财产租赁中，出租人根据自己的技能和判断自行购买物件，然后用于租赁。

　　2）租赁交易的目的不同

　　融资租赁是融资与融物的结合，融资是手段，融物是目的，承租人通过融资来解决资金不足，同时达到拥有固定资产的目的；在财产租赁中，主要是获得租赁物件的使用价值，而不注重租赁物件的所有权。

　　3）租赁业务的复杂程度不同

　　融资租赁过程至少包括两个合同、三方当事人。租赁合同与购买合同相互依存，不可分割；在财产租赁中，租赁和购买是两个相对独立的交易，分别只涉及双方当事人的关系。

　　4）租赁经营方式的不同

　　融资租赁绝大部分是由专业性的租赁公司或部门承办，而且大部分租赁公司还从事某一个或多个产业的租赁物件交易；在财产租赁中，由租赁物件的所有者经营，并非由专业性的租赁公司经营。

　　5）对租赁合同当事人的要求不同

　　在融资租赁中，租赁物租赁给一方，中途不得解约、退租；在财产租赁中，一件租赁物可以先后租赁给不同的承租方，中途可以解约、退租。

　　6）租赁期满，对租赁物件的处理方法不同

　　在融资租赁中，租赁期满后，承租人可以优先购买租赁物件，获得其所有权；在财产租赁中，租赁期满后，如果不续租就要将租赁物返还其出租者，不存在所有权的转移。

8.3.3　融资租赁的功能

　　金融租赁与银行信贷、发行股票及债券等传统的融资方式相比较，无论是从微观层面，还是从宏观的角度来看，都具有其特有的经济功能。

1. 融资租赁的微观经济功能

1）拓展资金融通渠道

在市场竞争日趋激烈的形势下，一个企业能否及时筹措所需资金，加快设备的更新改造和产品的升级换代是至关重要的。而融资租赁是解决企业资金短缺的一种有效方式。企业在自筹资金不足和争取银行贷款比较困难又急需引进先进设备的情况下，通过融资租赁就有利于克服资金缺乏的困难，较早地引进先进技术设备，较早地投入生产，从而取得更佳的经济效益。企业不但解决了资金缺口，而且做到了 100% 的融资。

2）降低资金融通成本

融资租赁更侧重于企业将来的发展，并受到国家税收政策的扶持，有利于企业扩大融资规模，这是针对融资租赁与银行贷款享受的税收待遇而言的。承租人租入设备支付的租金有的可以打入成本而免税，有的可以从税前利润中扣除而减少应纳税额，同时还能从出租人获得的税收优惠中分享降低租金的好处，从而降低了融资成本。而通过贷款购买的设备作为本单位的资产，必须按照固定的法定折旧年限和折旧率提取折旧，除了贷款利息和设备折旧可计入成本而免税外，不享受其他税收优惠。

3）防止设备陈旧老化

随着高科技的迅猛发展，产品的更新换代大大加快，设备的老化淘汰过程不断缩短。由于租赁方式既方便又灵活，且租赁设备在租赁期末既可承购，也可退还给出租人，因而，承租企业完全可以根据自身需要对短租还是长租、承购还是退还等作出有利的选择，从而防止设备陈旧老化，避免设备购置后不用或利用率低而处于闲置、半闲置状态。

4）避免通货膨胀损失

租赁可使企业避免因通货膨胀而带来的一定经济损失。由于存在通货膨胀，企业不免受其影响，一旦出现通货膨胀，设备价格必然上涨。而租赁是企业在签订协议时就将租金固定，按现在的市价购进，待以后通货膨胀价格上涨，不仅租金仍然按原定金额支付，而且租金的实际价格下降。这样，企业就避免了一定的经济损失，同时，还获得财务杠杆的正效应。

2. 从宏观的角度来看，融资租赁具有的经济功能

1）推动技术进步，促进企业升级

融资租赁作为现代科技发展与技术进步的产物，它伴随着技术进步，共同作用于产业结构。生产过程中对设备租赁的需求过程，往往也是生产结构、技术结构的调整过程，进而形成新的产业结构。在一定时期内，某一行业租赁设备的多少，在一定程度上反映了投入该行业的资金和技术状况，从而影响该行业的发展以及在整个国民经济中所处的地位，进而影响产业结构。如果有目的地对租赁手段加以运

用，则有利于国家产业结构的合理化。我国传统产业的技术装备陈旧，工艺落后，能耗、物耗高，效率低。据 1995 年第三次工业普查数据统计，我国只有 24.6% 的生产设备达到国际先进水平，处在国际落后水平的占 30% 左右。可见，传统产业落后，高技术产业弱小，这是制约我国产业升级和经济发展的重要因素。融资租赁的广泛采用，可以加快企业技术进步的步伐，进而实现产业升级。

2）刺激投资，抑制投资膨胀

经济发展和企业扩大再生产都离不开投入。许多市场经济国家的投入方式都已发生重大变化——由"买"转向"租"。企业扩大再生产，不是依赖银行，也不是靠买设备、建厂房，而是通过租赁设备、厂房的办法来实现。就融资租赁刺激投资而言：其一，融资租赁本身具有融资功能，不受现有资金的限制。其二，用租赁投资方式风险较小，不需急于筹集大量的资金。其三，租赁设备多用于技术改造，能在短期内见效。其四，一般国家都对租赁投资有鼓励及优惠政策等。正因为如此，融资租赁在许多国家成为政府刺激投资，克服投资萎缩的有效手段。它在这方面的作用已被租赁业发达国家的实践所证明。显然，我国投资规模过大、投资结构不优、投资效益不佳的痼疾久治不愈，与传统的投资方式不当是高度相关的。如果我们企业的闲置设备和厂房都能够通过租赁方式充分利用起来，如果我们许多企业都能采用租赁方式来扩大再生产，而不是一味投资、上项目、铺摊子，将会有效抑制投资膨胀，大大提高投资效益。

3）促进商品销售，刺激商品需求

租赁具有分期付款的性质。在投资缺乏动力、消费缺乏热点的情况下，租赁业的发展，在很大程度上，可以起到促进投资，扩大销售，刺激消费，搞活经济的作用。在发达工业化国家，融资租赁普遍被当作辅助销售、加强出口的有力手段。一方面，采用出口租赁作为辅助销售，扩大了市场，使企业在竞争中处于有利地位；另一方面，由于厂商可以从租赁公司收回货款，避免了赊销的风险，实现了风险的转移。同时，由于租赁可以绕过贸易保护主义关税壁垒的种种限制，而进入外国市场，具有直接出口所不具备的优点。

4）引进先进技术、利用外资、促进对外贸易

融资租赁能够在不动用国家和企业资金的情况下，就可以有效地引进先进技术设备，达到利用外资的目的。同时，由于租赁不是法律上的借款方式，许多国际金融机构不把租赁额作为一国的对外正式债务，这样就不会提高对外负债的比率，低估偿债能力，也就不会影响继续获得国外各种优惠的贷款和在国际金融市场上筹资及证券发行，从而提高了利用外资总量。据统计，到 1998 年底，由我国外经贸部审批管理的 40 家专营租赁业务的中外合资租赁公司，金融租赁余额为 20 亿美元。所以，融资租赁在开辟我国引进外资渠道、国外先进设备和促进对外贸易发展等方面发挥了重要作用。

■本章小结

租赁这个古老的经济业务已经有十分悠久的历史，其现代的经济含义与其古代的解释有很大的区别，主要表现为现代的租赁是商品所有者以获得租金为条件，让渡一定时期的商品使用权归承租者使用；承租者则以付出一定租金为代价取得相应时期商品的使用权。与生产力发展水平相适应，租赁经历了三个发展阶段，即古代租赁、传统租赁和现代租赁。从某种意义上说，使用财产比占有财产更能获取利润，租赁就是通过财产使用而获得利润的最佳方式之一，现代租赁业务就是基于上述认识在分期付款方式的基础上演化而来的。

经过几十年的发展，现代租赁业为了适应经济发展的多种需要，产生了各种租赁形式，最主要的是根据租赁是否享有税收优惠分为节税租赁和非节税租赁；根据租赁业务的服务范围可以分为国内租赁和国外租赁；根据租赁业务的性质将现代租赁划分为经营性租赁和融资租赁。融资租赁得到了广泛的运用和发展，它继续细分出了直接购买租赁、回租赁、杠杆租赁、转租赁、委托租赁等形式。

融资租赁是现代租赁的主要形式，它是一种租赁信用，是在一定时期内发生的对他人财产直接占有并使用的契约行为，其租赁期限小于所有者的财产权利期限，这种使用财产的活动在租期内由某一特定者承担，排除其他人拥有使用权，这种排他性占有，成为承租人租用财产的保证，使其区别于购买行为。然而融资租赁作为租用他人财产使用的信用行为，在两权分离及最终转让所有权方面的特殊性使其同商业信用、银行信用、信托信用相区别；它既不同于古代和近代的传统租赁，也不同于现代的经营性租赁。

融资租赁与银行信贷、发行股票及债券等传统的融资方式相比较，具有其特有的经济功能，从微观上讲，可以拓展资金融通渠道、降低资金融通成本、防止设备陈旧老化、避免通货膨胀损失；同样，宏观上也能推动技术进步、促进企业升级、更新投资方式、抑制投资膨胀、促进商品销售、刺激社会需求、引进技术、利用外资，促进了对外贸易。

➢ 思考题

1. 试分析 20 世纪 60 年代以后现代租赁发展的动力及现代租赁的特性。
2. 融资租赁的内涵和特征是什么？
3. 融资租赁和经营性租赁的区别是什么？
4. 回租赁、杠杆租赁、转租赁的业务特点和流程是什么？

第9章

租金与租赁资金管理

【本章提要】 租金与租赁资金管理的核心是租金的计算和租赁公司融资的管理，租金的确定是租赁交易活动中至关重要的问题。本章详细地介绍了租金的构成、租金的计算方法以及影响租金的主要因素，同时分析了租赁公司的各种融资方式和租赁资金的管理。

租金的构成和租金的计算方法是本章的重要内容。租金由租赁设备的购置成本、租赁期间的利息、出租人的收益三个部分构成。租金的计算方法主要有年金法、附加率法、不规则租金的计算方法、浮动利率等租金计算方法。

■9.1 租金的构成及其计算基础

租金是出租人转让某种资产的使用权而定期取得的收入。在租赁业务中，租金的构成和计算是出租人和承租人双方最为关心的问题，也是签订租赁合同的一项重要内容。由于融资租赁与经营性租赁风险的承担者是不同的，所以在报酬的收取上也有所区别，故租金的计算与收取的方法也不同。由于融资租赁是现代租赁的主要形式，所以本章所介绍的租金计算方法主要是融资租赁中某些特定情况下的方法。在融资租赁方式中，出租人通过收取租金，不但要收回租赁资产的购进原价、贷款的利息和为租赁标的物所花费的所有开支，而且还包括了在此基础上出租人应该获得的必要的利润。

9.1.1　租金的构成

融资租赁实质上是出租人和承租人之间的一种商品交换关系。即出租人为取得租金，承租人为取得某种资产使用权的一种等价交换关系，而租金则是这种交换关系中的交换价格。它的确定应以耗费在租赁资产上的价值为基础，出租人耗费在租赁资产上的价值包括以下三个部分：一是租赁设备的购置成本；二是出租人为承租人购买设备所垫付资金应支付的利息；三是其他费用。

1. 租赁设备的购置成本

租赁设备的购置成本是计算租金的基础，是构成租金的主要内容。它由租赁设备原价、运输价、保险费三个部分构成。在融资租赁中，对于从国外进口的租赁设备，还应考虑资产价款与进出口货价之间的关系。如果设备进口价为到岸价（CIF），到岸价即为设备价款；如果设备进口价为运费在内价（CEF），还应加上途中保险费作为设备价款；如果进口价为离岸价（FOB），还应加上运输费和途中保险费才构成设备价款。

不同的租赁方式，对于租赁设备购置成本的确定原则也是不同的。在经营性租赁中，由于租期较短，出租人在租期内只能收回部分租赁设备的购置成本，因此，计算租金时也只包含租赁设备购置成本的部分价值；而在融资租赁中则不然，计算租金时包含了租赁设备的购置成本的大部分价值或全部价值。这里值得注意的是，当承租人在租赁期满要获得设备的所有权时，通常承租人最后要向出租人支付一定的"设备残值名义价款"，因此"设备残值的名义价款"不应成为构成租金的内容，应从租赁设备的总成本中扣除。

2. 租赁期间的利息

由于出租人要出资购买租赁设备，无论出租人的资金来自于什么渠道，是占用出租人自有资金，还是向银行借款，总之承租人占用了出租人的资金，所以在租金的核算中要包括在租赁期间的利息。这部分利率的确定主要取决于双方签订租赁合同时金融市场利率的高低、资金来源的性质、租赁期间的长短、计息方式、租金支付方式等。

3. 其他费用

其他费用主要包括两部分：一部分是出租人在办理租赁业务过程中所开支的费用，包括办公费、业务人员工资、差旅费；另一部分是出租人必要的赢利。这两部分在实际业务中，一部分包含在租赁期间的利息中，另一部分以手续费的形式收入。手续费本身不是租金的组成部分，一般情况下，承租人在合同签订并生效时将手续费一次性支付给出租人，当承租人资金困难时，也可将手续费转化为租金分次收取。

9.1.2　租金计算中的相关概念

1. 利息的种类

利息按计息方法不同分为单利和复利两大类。利息可按年也可不按年的周期计算，如按月、季等。用以表示计算利息的时间单位称为计算周期。

1) 单利

单利是指只给本金计算利息，而对前期已产生的利息在后期不再计算利息的计息方法。现设 p 为本金；i 为利率；n 为时期数，则单利的表达式为

$$单利 = p \times n \times i \tag{9-1}$$

假定某租赁公司从银行借入 1000 万元资金，年利率为 8%，借期 5 年，则在第 5 年末该租赁公司应向银行偿还的利息和本利和分别为

$$利息 = p \times n \times I = 1000 \times 5 \times 8\% = 400（万元）$$

$$本利和 = p + p \times n \times i = p(1 + n \times i) = 1000 \times (1 + 5 \times 8\%) = 1400（万元）$$

2) 复利

复利是指前期赚取的利息在后期会赚取复加利息，即前期利息将自动进行再投资。复利的计算公式为

$$复利 = p \times [(1 + i)^n - 1] \tag{9-2}$$

如果上例按照复利来计算，则

$$本利和 = p \times (1 + i)^n = 100 \times (1 + 8\%)^5 = 1469.33（万元）$$

$$复利 = p \times [(1 + i)^n - 1] = 1000 \times [(1 + 8\%)^5 - 1] = 469.33（万元）$$

复利终值与复利现值的计算：

复利终值是指一系列按复利计息的付款在期末的价值。复利现值，是指一系列按复利计息的付款在期初的价值。两者之间的关系为

$$复利现值 + 复利利息 = 复利终值$$

现设：i 表示利率，n 表示时期数，P 表示复利现值，F 表示复利终值，则

$$F = P(1 + i)^n \tag{9-3}$$

其中，$(1 + i)^n$ 称为复利终值系数，简称终值系数，记作 $(F/P, i, n)$。根据不同的 i 和 n，计算 $(1 + i)^n = (F/P, i, n)$ 的值，将这些可能取值列入表中即为终值系数表。于是式（9-3）可以写成

$$F = P(F/P, i, n) \tag{9-4}$$

例如，某企业借款 1000 万元，年利率为 8%，如果求第 5 年年末的终值，则可用查表的方法迅速算出

$$F = 1000(1 + 8\%)^5 = 100(F/P, 8\%, 5)$$

查表得

$$(F/P, 8\%, 5) = 1.469\,33$$

则 $F=1000\times1.469\,33=1469.33$（万元）

复利现值为复利终值的逆运算。因此由 $F=P(1+i)^n$ 可以求得复利现值的计算公式为

$$P = F\frac{1}{(1+i)^n} \tag{9-5}$$

式（9-5）中，$\dfrac{1}{(1+i)^n}$ 称为复利现值系数，简称现值系数，记作 $(P/F,i,n)$。我们同样可以利用不同的 i 和 n 得现值系数表。因此，该系数亦可通过查表求得或通过终值系数的倒数求得。则上述公式可写成

$$P = F(P/F,i,n) \tag{9-6}$$

例如，某租赁公司在年利率为 8% 时，为了在 5 年后得到 1469 万元的本利和，应在期初投入多少资金，可用上述公式求得

$$(P/F,8\%,5) = 0.680\,58$$

则 $P=1469\times0.680\,58\approx999.77$（万元）。即该租赁公司应投入 999.77 万元资金才能使 5 年后本利和为 1469 万元。

2. 计算频率

为了计算每年计息超过一次的复利和终值，必须用计算频率将年利率（这里指名义利率）换成每一计息期的利率。计息频率就是一年内计算的次数，用 n 表示。用年利率 r 除以计息频率 n，可得每一计息期的利率。年限数 t 乘计息频率 n 可得总计息次数。根据复利终值的计算式，可得出年计息 n 次的终值公式为

$$F = P\left(1+\frac{r}{n}\right)^{tn} \tag{9-7}$$

例如，某项 1000 万元的借款，如每季计息一次，则 2 年后的复利终值在利率为 8% 时为

$$F = 1000\times\left(1+\frac{0.08}{4}\right)^{2\times4} = 1171.66（万元）$$

3. 年金现值与终值计算公式

1）年金现值

年金在这里是指利率不变，间隔期相等（如年、季等）的条件下，连续支付（或收取）的一系列等额款项。年金有多种，于每期期末支付（或收取）的年金称为普通年金或后付年金。于每期期初支付或收取的年金称为即付年金或预付年金。在第一期期末以后的某一时间开始支付或收取的年金称为递延年金。无限期连续支付或收取的年金称为永续年金。我们用 A 表示每年年初或年末提取或存入的金额。

年金现值是指未来每期支付或收取的等额货币，按复利计算的期初总价值。

例如，某企业计划连续 4 年在每年年末支取 10 000 元，年利率为 8%，问该

企业期初应存入多少钱?

在这里我们设 A 为每年年末提取的金额,即 10 000 元。将 4 年各次提取金额终值分次换算成现值,即

第1年现值为 $A \times \dfrac{1}{1+i} = 10\ 000\dfrac{1}{1+8\%} = 9259.26$(元)

第2年现值为 $A \times \dfrac{1}{(1+i)^2} = 10\ 000\dfrac{1}{(1+8\%)^2} = 8573.39$(元)

第3年现值为 $A \times \dfrac{1}{(1+i)^3} = 10\ 000\dfrac{1}{(1+8\%)^3} = 7938.32$(元)

第4年现值为 $A \times \dfrac{1}{(1+i)^4} = 10\ 000\dfrac{1}{(1+8\%)^4} = 7350.30$(元)

则该企业最初应一次存入的钱数为这些现值的总和,即

$$P_A = A\frac{1}{1+i} + A\frac{1}{(1+i)^2} + A\frac{1}{(1+i)^3} + A\frac{1}{(1+i)^4}$$

$$= 9259.26 + 8573.39 + 7938.32 + 7350.30 = 33\ 121.27(元)$$

对于每年年末付款金额为 A,期限为 n 年,年利率为 i 的年金,我们可以利用等比数列的求和公式 $S_n = \dfrac{a(1-q^n)}{1-q}$,得出年金现值计算公式为

$$P_A = A\frac{(1+i)^n - 1}{i(1+i)^n}$$

或

$$P_A = A\frac{1 - (1+i)^{-n}}{i} \tag{9-8}$$

其中,$\dfrac{(1+i)^n - 1}{i(1+i)^n}$ 或 $\dfrac{1 - (1+i)^{-n}}{i}$ 的值称为年金现值系数,记作 $(P_A/A,\ i,\ n)$,可通过查表求之。

2) 年金终值

年金终值是指每期支付或收取的等额货币,按复利计算的期末总价值。

例如,某公司职工计划从现在起储蓄退休金,他将在每年年末存入等额年金 5000 元,利率为 8%,10 年后他能取出多少钱?

分年计算终值得

第 1 年存入的终值为 $A(1+i)^9 = 5000(1+8\%)^9$

第 2 年存入的终值为 $A(1+i)^8 = 5000(1+8\%)^8$

……

第 10 年存入的终值为 $A = 5000$

10 年后该职工所取出的钱数为这些终值之和,即

$$F_A = A(1+i)^9 + A(1+i)^9 + \cdots + A(1+i) + A$$

$$= A\frac{(1+i)^{10}-1}{i} = 5000\frac{(1+8\%)^{10}-1}{8\%} = 72\,432.81(元)$$

10 年后他能取出 72 432.81 元。

用同样的方法，可得出年金终值计算公式，即

$$F_A = A\frac{(1+i)^n-1}{i} \tag{9-9}$$

其中，$\dfrac{(1+i)^n-1}{i}$ 称为年金终值系数，记作 $(F_A/A,\,i,\,n)$，亦可通过查表求之。

4. 资金存储公式

这是年金终值的逆运算，即对一定量的货币终值，求按复利计算的每期支付或收取的等额货币（年金）。

假如，一个人想在 10 年后拥有 500 万元，当银行利率为 10% 时，他应于每年年末，等额存入多少钱才能达到目的？

由年金终值公式 $F_A = A\dfrac{(1+i)^n-1}{i}$ 可以推导出

$$A = F_A\frac{i}{(1+i)^n-1} \tag{9-10}$$

其中，$\dfrac{i}{(1+i)^n-1}$ 为资金存储系数，记作 $(A/F_A,\,i,\,n)$，可以通过年金终值系数的倒数求得 $(A/F_A,\,8\%,\,10) = 0.069\,03$。则此人每年年末应存入 $A = 5\,000\,000 \times 0.069\,03 = 345\,150$（元）才能达到目的。

5. 资金回收方式

这是年金现值的逆运算。即对于一定量的货币现值，求按复利计算未来每期支付的等额货币（年金）。由年金现值公式 $P_A = A\dfrac{(1+i)^n-1}{i(1+i)^n}$，可导出

$$A = P_A\frac{i(1+i)^n}{(1+i)^n-1}$$

其中，$\dfrac{i(1+i)^n}{(1+i)^n-1}$ 的值称为资金回收系数，记作 $(A/P_A,\,i,\,n)$，可通过查表或年金现值系数的倒数求得。

例如，某人现将 10 万元存入银行，年利率为 8%，分 5 年等额支出，则每年可提取多少钱？

解：因为

$$A = (A/P_A, i, n) = 100\,000 \times (A/P_A, 8\%, 5) = 100\,000 \times 0.250\,46 = 25\,046(元)$$

所以未来 5 年，每年可等额支取 25 046 元。

6. 时间轴

时间轴是分析现金流时间问题的有效工具，如下所示：

时间	0	1	2	3	4	5
现金流	-100	10	30	50	-10	20

现金前面的符号若为负号，则表示你投入资金（资金流出），没有负号，则表示你取出资金（资金流入）。在时间轴中，时间点 0、4 为投入资金，其他时间为取出资金。

假设一年后，可从银行取出 100 美元，两年后又可取出 200 美元，若年利率为 8％，则你现在需要存入多少美元？

利用时间轴：

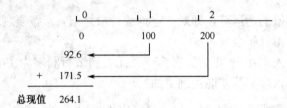

对于其他现金流问题，也可以此法求之。

■ 9.2　租金计算的年金方法

在国际上，租金的计算方法一般常用的有附加率法和年金法。年金法又分为等额年金法与变额年金法，变额年金法又有等差递增变额年金法、等差递减变额年金法、等比递增变额年金法、等比递减变额年金法。除附加率法和年金法外，租金还有很多的计算方法，本节主要介绍租金的年金法计算方法。

年金法是以现值理论为基础，将一项租赁资产在未来各租期内的租金按一定的利率换算成现值，使其现值总和等于租赁资产的概算成本的计算方法。该方法又分为等额年金法和变额年金法。

9.2.1　等额年金法

等额年金法是指运用年金法，并使各期租金均等的租金计算方法。又分为后付租金与先付租金两种。

1）后付租金的计算

该方法规定每次租金在每个租金支付期期末支付，每期应付租金的计算公式推导为

$$P_{\mathrm{v}} = R \cdot \frac{1}{1+i} + R \cdot \frac{1}{(1+i)^2} + \cdots + R \cdot \frac{1}{(1+i)^n}$$

$$= R \cdot \frac{1}{1+i} \cdot \frac{1 - \frac{1}{(1+i)^n}}{1 - \frac{1}{1+i}} = R \cdot \frac{(1+i)^n - 1}{i \cdot (1+i)^n}$$

所以

$$R = P_v \times \frac{i(1+i)^n}{(1+i)^n - 1} \tag{9-11}$$

其中，R 为每期租金；P_v 为租赁资产价款；i 为每期利率（即年利率÷每年支付次数）；n 为租金支付次数。

例如，某企业承租一台设备，价款总计 150 000 元，运输费、安装调试费、保险费计 10 000 元，租期 5 年，每季季末交租金一次，年利率 8%，求各次应付租金和总租金。

解：由题意可得

$$P_v = 150\,000, \quad n = 5 \times 4 = 20, \quad i = \frac{8\%}{4} = 2\%$$

则

$$R = 150\,000 \times \frac{(1+2\%)^{20} \times 2\%}{(1+2\%)^{20} - 1} = 9\,173.51(元)$$

总租金＝9173.51×20＝183 470.2(元)

2）先付租金的计算

先付租金的租金计算与后付租金的计算基本相同，区别在于每期租金在支付期期初或期末支付，其每期应付租金的计算公式的推导为

$$P_v = R + R \cdot \frac{1}{1+i} + R \cdot \frac{1}{(1+i)^2} + \cdots + R \cdot \frac{1}{(1+i)^{n-1}}$$

$$= R \cdot \frac{1 - \frac{1}{(1+i)^n}}{1 - \frac{1}{1+i}} = R \cdot \frac{(1+i)^n - 1}{i \cdot (1+i)^{n-1}}$$

所以

$$R = P_v \cdot \frac{i \cdot (1+i)^{n-1}}{(1+i)^n - 1} \tag{9-12}$$

例如，假设一笔 10 万元的租赁交易，年利率为 10%，租期 3 年，每半年支付一次租金，从 1999 年 1 月 1 日起租，按后付租金方法计算，每次租金为

$$R_1 = \frac{100\,000 \times 5\%(1+5\%)^6}{(1+5\%)^6 - 1} = 19\,701.75(元)$$

按先付租金方法计算，则

$$R_2 = \frac{100\,000 \times 5\%(1+5\%)^6 - 1}{(1+5\%)^6 - 1} = 18\,763.57(元)$$

$$R_2 - R_1 = 19\,701.75 - 18\,763.57 = 938.18(\text{元})$$

即在其他条件不变的情况下，采用先付租金法计算比后付租金法计算可每次少付租金 938.18 元。

9.2.2 变额年金法

1) 等差变额年金法

等差变额年金法，是指从第 2 期开始，使每期租金比前一期增加（或减少）一个常数 d 的租金计算方法。

假设：P_V 表示租赁物件的成本；

$\quad\quad n$ 表示租期数；

$\quad\quad i$ 表示每期利率；

$\quad\quad R_1$，R_2，$\cdots$，R_n 分别表示第 1，2，$\cdots$，n 期租金额。

其租金计算公式推导如下：

因为 $R_1 = R_1, R_2 = R_1 + d, R_3 = R_1 + 2d, \cdots, R_n = R_1 + (n-1)d$，所以

$$P_V = \frac{R_1}{1+i} + \frac{R_2}{(1+i)^2} + \cdots + \frac{R_n}{(1+i)^n} = \frac{R_1}{1+i} + \frac{R_1+d}{(1+i)^2} + \cdots + \frac{R_1+(n-1)d}{(1+i)^n}$$

$$(9\text{-}13)$$

式 (9-13) 两边同乘以 $1+i$ 得

$$(1+i)P_V = R_1 + \frac{R_2}{(1+i)^1} + \cdots + \frac{R_n}{(1+i)^{n-1}} \tag{9-14}$$

式 (9-14) 一式 (9-13) 可得

$$iP_V = R_1 + \frac{d}{1+i} + \frac{d}{(1+i)^2} + \cdots + \frac{d}{(1+i)^{n-1}} - \frac{R_1+(n-1)d}{(1+i)^n}$$

$$= R_1 + d\,\frac{\dfrac{1}{1+i}\left[1 - \dfrac{1}{(1+i)^{n-1}}\right]}{1 - \dfrac{1}{1+i}} - \frac{R_1+(n-1)d}{(1+i)^n}$$

$$= R_1 + d\,\frac{(1+i)^{n-1}-1}{i(1+i)^{n-1}} - \frac{R_1+(n-1)d}{(1+i)^n}$$

$$= \frac{(1+i)^n-1}{(1+i)^n}R_1 + \frac{(1+i)^{n-1}-1}{i(1+i)^{n-1}}d - \frac{(n-1)d}{(1+i)^n}$$

$$= \frac{(1+i)^n-1}{(1+i)^n}R_1 + \frac{(1+i)^n-(1+i)-(n-1)i}{i(1+i)^n}d$$

$$= \frac{(1+i)^n-1}{(1+i)^n}R_1 + \frac{(1+i)^n-1}{i(1+i)^n}d - \frac{ni}{i(1+i)^n}d$$

两边同时除以 $\dfrac{(1+i)^n-1}{(1+i)^n}$ 得

$$\frac{P_V}{\dfrac{(1+i)^n-1}{i(1+i)^n}} = R_1 + \frac{d}{i} + \frac{\left[(1+i)^n-1-(1+i)^n\right]}{(1+i)^n-1}nd$$

$$\frac{P_V}{(P_A/A,i,n)} = R_1 + \frac{d}{i} + nd - \frac{(1+i)^n}{(1+i)^n-1}nd$$

$$= R_1 + \frac{d}{i} + nd - \frac{nd}{\dfrac{(1+i)^n-1}{i(1+i)^n}i}$$

$$= R_1 + \frac{d}{i} + nd - \frac{1}{(P_A/A,i,n)}\cdot\frac{nd}{i}$$

移项整理可得

$$R_1 = \frac{1}{(P_A/A,i,n)}\left\{P_V + \frac{d}{i}\left[n-(P_A/A,i,n)\right]\right\} - nd \qquad (9\text{-}15)$$

式（9-15）即为等差变额年金法第 1 期租金的计算公式。因为以后每期租金都比前一期增加同一个常数，所以根据第 1 期租金，即可求出其余各期租金。其中，$(P_A/A,\ i,\ n) = \dfrac{(1+i)^n-1}{i(1+i)^n}$ 表示年金现值系数，可查表求之；d 表示每期租金比前一期增加（或减少）的常数。

当 $d>0$ 时为等差递增变额年金法；当 $d<0$ 时为等差递减变额年金法；当 $d=0$ 时为等额年金法。

事实上，等额年金法可以看做是等差变额年金法的特殊情况。

租金总额的计算公式由等差数列 a，$a+d$，$\cdots$，$a+(n-1)d$，以及求和公式 $S_n = na + \dfrac{n(n-1)d}{2}$，可得

$$R_{总} = nR_1 + \frac{n}{2}(n-1)d \qquad (9\text{-}16)$$

例如，设某租赁物件的成本为 100 万元，租期 2 年，每半年支付一次租金，后付，年利率为 8%，从第 2 期起每期租金比前一期多支付 100 000 元，求第 1 期支付的租金 R_I 和租金总额是多少？

解：每期利率 $i = \dfrac{8\%}{2} = 4\%$，租期数 $n = 2\times2 = 4$。根据等差变额年金法的计算公式得第 1 期的租金为

$$R_I = \frac{1}{(p_A/A,4\%,4)}\left\{1\,000\,000 + \frac{100\,000}{4\%}\left[4-(P_A/A,4\%,4)\right]\right\} - 4\times100\,000$$

$$= 130\,386.51(元)$$

其中，$(P_A/A,\ 4\%,\ 4)$ 可通过公式 $\dfrac{(1+i)^n-1}{i(1+i)^n}$ 或查表求得。

租金总额为

$$R_{总} = 4R_1 + \frac{4}{2}(4-1)d = 4 \times 130\,386.51 + 6 \times 100\,000 = 1\,121\,546.04(元)$$

如果双方商定，从第 2 期起每期租金比前一期减少 100 000 元（即 $d = -100\,000$），则第 1 期租金为

$$R_1 = \frac{1}{(P_A/A,4\%,4)}\left\{1\,000\,000 + \frac{-100\,000}{4\%}\left[4 - (P_A/A,4\%,4)\right]\right\}$$

$$-4 \times (-100\,000)$$

$$= 420\,592.85(元)$$

$$R_{总} = 4R_1 + \frac{4}{2}(4-1)d = 4 \times 420\,592.85 + 6 \times (-100\,000)$$

$$= 1\,082\,371.42(元)$$

2) 等比变额年金法

等比变额年金法，是指从第 2 期开始，使每期租金与前一期的比值是同一个常数 q 的租金计算方法。

假设：P_V 表示租赁物件的成本；n 表示租期数；i 表示每期利率；R_1，R_2，…，R_n 分别表示第 1，2，…，n 期的租金；q 表示每期租金与前一期租金的比值。

各期租金的计算公式为

$$R_1 = R_1, R_2 = R_1 q, \cdots, R_n = R_1 q^{n-1}$$

则

$$P_V = \frac{R_1}{1+i} + \frac{R_1 q}{(1+i)^2} + \frac{R_1 q^2}{(1+i)^3} + \cdots + \frac{R_1 q^{n-1}}{(1+i)^n}$$

上式是以 $\frac{R_1}{1+i}$ 为首项、以 $\frac{q}{1+i}$ 为公比的等比数列。

所以

$$P_V = \frac{R_1}{1+i} \cdot \frac{1 - \left(\frac{q}{1+i}\right)^n}{1 - \frac{q}{1+i}} = R_1 \cdot \frac{1 - \left(\frac{q}{1+i}\right)^n}{1+i-q}$$

其中

$$R_1 = P_V \cdot \frac{1+i-q}{1 - \left(\frac{q}{1+i}\right)^n}$$

即

$$R_1 = \frac{P_V \cdot (1+i-q)}{1 - \left(\frac{q}{1+i}\right)^n} \tag{9-17}$$

其中，$q\neq1+i$；当 $q>1$ 时为等比递增变额年金法；当 $q<1$ 时为等比递减变额年金法；当 $q=1$ 时为等额年金法。同样，等额年金法也是等比变额年金法的特殊情况。

租金总额的计算公式为

$$R_总=R_1+R_1q^2+\cdots+R_1q^{n-1}=\frac{R_1(1-q^n)}{1-q}\text{（根据等比数列求和公式）}\qquad(9\text{-}18)$$

例如，设某租赁物件的成本为 10 万元，租期 5 年，每年末支付一次租金，年利率为 8%，按年付息，从第 2 期起每期租金较前一期递增 5%，求第 1 期租金和租金总额是多少？

解：根据等比变额年金法的计算公式得第 1 期租金为

$$R_1=\frac{P_V(1+i-q)}{1-\left(\dfrac{q}{1+i}\right)^5}=\frac{100\,000[1+8\%-(1+5\%)]}{1-\left(\dfrac{1+5\%}{1+8\%}\right)^5}=22\,833.80\text{（元）}$$

租金总额为

$$R_总=\frac{R_1(1-q^5)}{1-q}=\frac{22\,833.80[1-(1+5\%)^5]}{1-(1+5\%)}=126\,171.16\text{（元）}$$

如果双方商定，后一期租金较前一期递减 5%，则第 1 期租金应为

$$R_1=\frac{P_V(1+i-q)}{1-\left(\dfrac{q}{1+i}\right)^5}=\frac{10\,000[1+8\%-(1-5\%)]}{1-\left(\dfrac{1-5\%}{1+8\%}\right)^5}=27\,462.21\text{（元）}$$

租金总额为

$$R_总=\frac{R_1(1-q^5)}{1-q}=\frac{27\,462.21[1-(1-5\%)^5]}{1-(1-5\%)}=124\,249.50\text{（元）}$$

9.3　租金计算的其他方法

租金计算有许多的方法，本节主要介绍附加率法、含有宽限期的租金计算方法、预收保证金的租金计算方法、分期支付货款情况下的租金计算方法、浮动利率情况下的租金计算方法，或有租金及其适用场合。除此之外还有租赁率法、银行复利法、平均分摊法等。

9.3.1　附加率法

附加率法是指在租赁资产的设备货价或概算成本上再加一个特定的比率来计算租金的方法。租赁公司根据营业费用、利润等因素来确定这一特定比率。

设 R 为每期租金，P_V 为租赁资产的价款或概算成本，n 为租金支付次数，i 为每期利率，r 为每期附加率。则每期租金计算公式为

$$R = \frac{P_v}{n} + P_v \cdot i + P_v \cdot r$$

有时也写为

$$R = \frac{P_v(1+ni)}{n} + P_v \cdot r$$

上式为单利计算公式。该公式表明，分期均匀还本 $\frac{P_v}{n}$，但是每期均按租赁资产的价款或概算成本来收取利息 $P_v \cdot i$，还另收附加率 $P_v \cdot r$，因而按这种计算租金的方法所收取的租金相对较高。

例如，设某设备的概算成本核算为 $P_v = 1\,000\,000$（元），分 2 年 4 期偿还租金，年利率 8%。附加率为 $r = 6\%$，求平均每期租金与租金总额。

解：每期利率 $i = 8\%/2 = 4\%$；

每期租金 $R = \dfrac{1\,000\,000}{4} + 1\,000\,000 \times 4\% + 1\,000\,000 \times 6\% = 350\,000$（元）；

租金总额 $R_总 = 4R = 1\,400\,000$（元）。

9.3.2　含有宽限期的租金计算方法

租赁业务中，根据承租人的还款能力，有时允许其有一定的宽限期。宽限期是指签订租赁合同之日起至第一次还款日之间的日期。

例如，设概算成本为 $1\,000\,000$ 元，3 年分 5 期偿付租金，宽限期为一年，即起租后一年付第 1 期租金，以后每半年平均支付 1 次，年利率为 8%。求平均每期租金和租金总额。

解：**方法 1**

先将概算成本的第 1 年的利息与 1/5 的本金之和作为第 1 期租金；剩下的 4/5 的本金分 4 期，在以后的 2 年中等额支付（每期未支付）：

第 1 期收回本金 $P_{V1} = \dfrac{1\,000\,000}{5} = 200\,000$

第 1 期利息 $I_1 = 1\,000\,000 \times (1+4\%)^2 - 1\,000\,000 = 81\,600$（每半年复利一次）

第 1 期租金为 $P_{m1} = P_v + I_1 = 200\,000 + 81\,600 = 281\,600$（元）

剩下的本金为 $1\,000\,000 - 200\,000 = 800\,000$ 分为 2 年 4 期等额偿还，即

$$P_v = 800\,000, n = 4, i = \frac{8\%}{2} = 4\%.$$

由等额年金法平均每期租金计算公式，得第 2~5 期租金为

$$P_{m2\sim m5} = \frac{P_v i}{1 - \dfrac{1}{(1+i)^n}} = \frac{(1\,000\,000 - 200\,000) \times 4\%}{1 - \dfrac{1}{(1+4\%)^4}} = 220\,392.04\text{（元）}$$

租金总额即为

$$P_T = P_{m1} + 4P_{m2\sim m5} = 281\,600 + 4 \times 220\,392.04 = 1\,163\,168.16(元)$$

方法 2

将第一个半年的利息加入到概算成本，以后的两年半分 5 次按等额期末付租金计算。

设 P'_V 为新的本金（$P'_V = P_V + P_V \cdot 4\%$）；$n = 5$；每期利率 $i = \dfrac{8\%}{2} = 4\%$。由等额年金法平均每期租金公式，得

$$P_m = \frac{p_V i}{1 - \dfrac{1}{(1+i)^n}} = \frac{(p_V + p_V \cdot 4\%)i}{1 - \dfrac{1}{(1+i)^n}} = \frac{1\,000\,000 \times (1+4\%) \times 4\%}{1 - \dfrac{1}{(1+4\%)^5}}$$

$$= 233\,612.2(元)$$

租金总额

$$P_T = 5P_m = 5 \times 233\,612.2 = 1\,168\,061.00(元)$$

当然，根据租赁双方的要求，宽限期后的各期租金也可以按变额年金法或成本回收法来交付租金。

9.3.3　预收保证金的租金计算方法

目前人们对保证金的处理方法有两种：一种是在整个租赁期间内全部由租赁公司无偿占用，租期结束后不退还利息，只是冲抵最后一次租金的一部分；另一种是在计算租金时，从概算成本中扣减承租人交纳的保证金，仅对剩余部分计算整个租期的利息。

例如，设租赁物件成本 $P_V = 1\,000\,000$ 元，承租人预交 $100\,000$ 元租赁保证金，租赁利率 $i = 4\%$，3 年 6 次后付等额偿还租金。试求：

(1) 保证金从成本中扣除；

(2) 保证金抵扣第 1 期租金；

(3) 保证金抵扣最后一期租金情况下承租人应付的租金。

解：(1) 保证金从成本中扣除：

租金计算用成本 $P_{VA} = P_V - P_d = 900\,000$ 元

每期租金 $P_{mA} = P_{VA} \dfrac{(1+i)^n i}{(1+i)^n - 1} = 900\,000 \times \dfrac{(1+4\%)^6 \times 4\%}{(1+4\%)^6 - 1} = 171\,685.71(元)$

租金总额 $P_t = 6P_{mA} + P_d = 1\,130\,114.26(元)$

(2) 保证金抵扣第 1 期租金：

租金计算用成本 $P_{VB} = P_V = 1\,000\,000$ 元

每期租金 $P_{mB} = P_{VB} \dfrac{(1+i)^n i}{(1+i)^n - 1} = 1\,000\,000 \times \dfrac{(1+4\%)^6 \times 4\%}{(1+4\%)^6 - 1} = 190\,761.90(元)$

租金总额 $P_t = 6P_{mB} = 6 \times 190\,761.90 = 1\,144\,571.40(元)$

因保证金抵扣第 1 期租金，所以承租人第 1 期租金实际支付额为

$$P_{mB}-P_d=190\ 761.90-100\ 000=90\ 761.90(\text{元})$$

（3）保证金抵扣最后一期租金：

类似于保证金抵扣第 1 期租金计算的方法，不再具体计算。

9.3.4　分期支付货款情况下的租金计算方法

虽然起租日有多种规定，但是不管如何规定，起租前发生的费用和利息支出都应该由承租人来支付，一次支付给出租人或是摊入概算成本，以租金形式来偿还。

例如，某租赁资产的到岸价格为 1 000 000 元，购货合同生效后 1 个月支付 10％的定金，生效后 3 个月支付 40％的货款，生效后半年支付 50％货款，银行、保费等费用预计为到岸价的 0.85％。租赁双方商定租赁年利率为 8％，分 3 年 6 期偿还租金。求平均每期租金和租金总额。

解：先计算起租前利息：

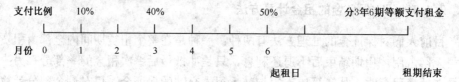

10％的定金部分从支付到起租月为 5 个月，5 个月的利息要摊入成本。即

$$1\ 000\ 000\times10\%\times8\%\times\frac{5}{12}=3333.33(\text{元})；$$

40％的货款部分从支付到起租日共有 3 个月的时间，发生利息

$$1\ 000\ 000\times40\%\times8\%\times\frac{3}{12}=8000.00(\text{元})$$

银行、保险费为

$$1\ 000\ 000\times0.85\%=8500.00(\text{元})$$

起租前费用总计为

$$3333.33+8000.00+8500.00=19\ 833.33(\text{元})$$

概算成本

$$P_v=1\ 000\ 000+19\ 833.33=1\ 019\ 833.33(\text{元})$$

另外，$n=6$，$i=\dfrac{8\%}{2}=4\%$，平均每期租金为

$$P_m=P_v\cdot\frac{(1+i)^n i}{(1+i)^n-1}=1\ 019\ 833.33\times\frac{(1+4\%)^6\times4\%}{(1+4\%)^6-1}=194\ 545.35\ (\text{元})$$

租金总额

$$P_t = 6P_m = 6 \times 194\,545.35 = 1\,167\,272.10\,(元)$$

9.3.5　浮动利率情况下的租金计算方法

浮动利率一般采用 Libor 利率（london interbank offered rate，伦敦银行同业拆放利率）加一定的利差作为租赁利率。一般以起租日的 Libor 利率加利差作为计算第 1 期租金的利率。第 1 期租金偿还日的 Libor 利率加利差作为计算第 2 期租金的利率。以此类推。

例如，设概算成本为 1 000 000 元，3 年分 6 期偿还租金，起租日的利率（Libor 加利差）定为 7.625%，假设租期内金融市场发生了变化，几次付租金的 Libor 加利差分别为 8.125%、8.625%、9.625%、10.125% 和 10.22% ，求第 1 期和第 2 期的租金。

解：因为 $P_V = 1\,000\,000$，$n = 6$

第 1 期利率

$$i_1 = \frac{7.625\%}{2} = 3.8125\%$$

第 1 期租金为

$$P_{m1} = P_V \frac{(1+i_1)^n i_1}{(1+i_1)^n - 1} = 1\,000\,000 \times \frac{(1+3.8125\%)^6 \times 3.8125\%}{(1+3.8125\%)^6 - 1} = 189\,599.08(元)$$

第1期的利息 $= 1\,000\,000 \times \dfrac{7.625\%}{2} = 38\,125.00(元)$

第1期收回本金 $= 189\,599.08 - 38\,125.00 = 151\,474.08(元)$

第1期未收回本金 $= 1\,000\,000 - 151\,474.08 = 848\,525.92(元)$

第2期利率 $i_2 = \dfrac{8.125\%}{2} = 4.0625\%$

第2期租金 $P_{m2} = 848\,525.92 \times \dfrac{(1+4.0625\%)^5 \times 4.0625\%}{(1+4.0625\%)^5 - 1} = 190\,936.70(元)$

第2期的利息 $= 848\,525.92 \times \dfrac{8.125\%}{2} = 34\,471.37(元)$

第2期收回本金 $= 190\,936.70 - 34\,471.37 = 156\,465.33(元)$

第2期未收回本金 $= 848\,525.92 - 156\,465.33 = 692\,060.59(元)$

9.3.6　或有租金及其适用场合

1. 或有租金的概念

根据我国财政部制定的《企业会计准则——租赁》的界定，或有租金是指金额不固定，以时间长短以外的其他因素（如销售百分比、使用量、物价指数等）

为依据计算的租金。或有租金为各种灵活还租的租赁方式在会计核算和相关信息披露方面，提供了依据和可操作性。采用或有租金还租，也是融资租赁方式比银行信贷方式优越的地方。

2. 或有租金适用的场合

1) 结构化共享式租赁

所谓结构化共享式租赁是指出租人根据承租人对出卖人、租赁物的选择和指定，向出卖人购买租赁物，提供给承租人使用，承租人支付租金。租金由双方约定，以租赁物本身投产后所产生的现金流为基础，按一定的比例支付，即出租人和承租人共享租赁项目收益的租赁方式。当租赁项目初期的信用等级不足，但中期以后收益肯定看好时，这类项目适于采用结构化共享式租赁。当事人之间可以约定，当项目的财务状况由亏损转为赢利时，或者当项目出现正净现金流时，以正净现金流的某一个百分数作为租金，按约定的折现率折现以后，冲减租赁成本。

2) 租赁物件的收益为季节性的情况

某些租赁物件的收益有旺季、淡季之分。当事人之间可约定，收益多时多还租，收益少时少还租，直到租金还完为止。

3) 租赁物件的收益为或有性的情况

某些租赁物件的收益是或有性或随机性的情况下，如果采取定时定量的还租方式，承租人很有可能在某一时期或某几期不能定时定量还租，从而造成承租人违约或信用记录不良，在这种情况下，宜采用或有租金方式还租。

采用或有租金方式还租的优点是，使承租人免去在定时定量还租模式下信用记录不良的忧虑，使出租人和承租人的关系由单纯的债权债务关系转变为共同利益的伙伴关系。

■ 9.4　影响租金的主要因素

9.4.1　利率对租金的影响

例1　有一笔租赁业务，租赁设备的买价、运输费、手续费、保险费等共计100 000元，租赁期限为3年，年利率按10%计算，租金为每年等额支付一次，若每年年末付租金，求租金总额。

$$R_1 = P_v \frac{i(1+i)^n}{(1+i)^n - 1} = 100\,000 \times \frac{10\%(1+10\%)^3}{(1+10\%)^3 - 1} = 40\,211.48(\text{元})$$

租金总额 $R_{总} = 3 \times R_1 = 3 \times 40\,211.48 = 120\,634.44$（元）。

年利率由 $i = 10\%$ 下降为 $i = 8\%$，其他条件不变，则

$$R_1 = P_V \frac{i(1+i)^n}{(1+i)^n - 1} = 100\,000 \times \frac{8\%(1+8\%)^3}{(1+8\%)^3 - 1} = 38\,803.35(\text{元})$$

租金总额 $R_{\text{总}} = 3 \times R_1 = 116\,410.05(\text{元})$，少付租金 $120\,634.44 - 116\,410.05 = 4\,224.39(\text{元})$

就是说，由于利率由 10% 降为 8%，租金总额减少了 4 224.39 元，这说明利率是直接影响租金总额的重要因素之一。一般情况下，利率与租金成同方向变化，即利率越高，租金总额越大；反之，利率越低，租金总额越小。

9.4.2　租期变化对租金总额的影响

假定，例 1 中租期由 $n=3$ 变为 $n=4$，其他条件均不变，则

$$R_2 = 100\,000 \times \frac{10\%(1+10\%)^4}{(1+10\%)^4 - 1} = 31\,547.08(\text{元})$$

$$R_{\text{总}} = 4 \times R_2 = 4 \times 31\,547.08 = 126\,188.32\,(\text{元})$$

多付租金 $126\,188.32 - 120\,634.44 = 5553.88\,(\text{元})$

由此可见，租赁期限由 3 年变为 4 年，则租金总额增加了 5553.88 元。这说明租赁期长短变化也对租金额产生重大影响。其结论是：租期越长，支付租金总额越多；反之，租期越短，则支付租金总额越少。

9.4.3　支付方式变化对租金总额的影响

假定例 1 中，租金支付方式由后付改为先付（每年年初付），其他条件不变，则

$$R_3 = P_V \times \frac{i \times (1+i)^{n-1}}{(1+i)^n - 1} = 100\,000 \times \frac{10\%(1+10\%)^{3-1}}{(1+10\%)^3 - 1} = 36\,555.89\,(\text{元})$$

$$R_{3\text{总}} = 3 \times R_3 = 109\,667.67(\text{元})$$

$$R_{3\text{总}} - R_{\text{总}} = 109\,667.67 - 120\,634.44 = -10\,966.77(\text{元})$$

总金额少付 10 966.77 元。

由于租金支付方式多种多样，不同的支付方式，其租金总额也会发生增减变化。此外，租金支付次数也会对租金总额产生一定影响，如年付、半年付、季付和月付等，同样的租赁期限，支付次数越多，应付的租金总额越少。

9.4.4　保证金的支付多少对租金总额的影响

假定，例 1 中增加保证金条款，先预付保证金 10 000 元，并抵付最后一次租金，其他条件相同，则

$$P_V = 100\,000 - 10\,000 = 90\,000(\text{元}), n = 3 - 1 = 2$$

由等额年金法公式知

$$R_4 = 90\,000 \times \frac{10\%(1+10\%)^2}{(1+10\%)^2 - 1} = 51\,857.14(元)$$

$$R_{4总} = 2 \times R_4 + 10\,000 = 113\,714.29(元)$$

$$R_{4总} - R_总 = 113\,714.29 - 120\,634.44 = -6\,920.15(元)$$

说明由于保证金的预付，使租金总额比原来减少了 6 920.15 元，其主要原因是先付保证金，使概算成本 P_V 相应减少，从而少付利息所致。当然，保证金的支付有好几种情况，都会对租金总额产生影响。

9.4.5　手续费的计算方式对租金的影响

假定，例 1 的概算成本 P_V 中的手续费为 10 000 元，由承租者在期初单独支付，其他条件相同，则

$$P_V = 100\,000 - 10\,000 = 90\,000$$

由等额年金法公式知

$$R_5 = 90\,000 \times \frac{10\%(1+10\%)^3}{(1+10\%)^3 - 1} = 36\,190.33$$

$$R_{5总} = 3 \times R_5 = 3 \times 36\,190.33 = 108\,570.99(元)$$

$$R_{5总} - R_总 = 108\,570.99 - 120\,634.44 = -12\,063.45(元)$$

因此，由于手续费的计收方法发生了变化使租金总额比原来少了 12 063.45 元。就是说，不同的手续费计收方法，其租金总额是不同的。

在实际操作中有关租赁手续费的计收方法还有：①租赁手续费单独计算，在合同规定的时间内一次收回。这种情况又有两种计算方法：一是按概算成本为基数计算；二是按租金总额为基数计算。②手续费纳入货价或利率计算，随每期租金收回。③把手续费率换算成年费率，再纳入利率计算。不同的计算方法，承租企业的负担是不同的。

9.4.6　支付不同币种对租金总额的影响

由于国际金融市场上各种货币的利率和汇率随时都在变化，因此，币种的选择直接影响租金总额。

假定，例 1 中，其他条件相同。租赁公司与企业签约时确定的租金总额为 120 634.4 万日元，当时的汇率为：1 美元兑换 247.5895 日元。待归还租金时汇率变为：1 美元兑换 160.9669 日元。

签约时租金总额折合成美元为 487.2(120 634.44÷247.5895)，偿付租金时企业用所收入的美元兑换日元偿还，此时偿还租金总额所需美元为 749.4 万美元 (120 634.44÷160.9669)。签约时与偿还租金时，虽然企业应还租金仍为 120 634.44 万日元，但由于汇率变化，实际上企业损失 262.2 万美元(749.4−

487.2)。这说明汇率的变化对租金总额的影响是巨大的。

9.4.7　起租日与计息日

1）起租日

起租日在租赁合同中应有明确规定，通常为计算租金时的起息日期，各期租金的起点日期，它也是核算租赁物件实际成本的终止日期。起租日的确定，主要有以下几种常见形式：开信用证日起租、提单日起租、到货日起租和租赁物件验收日起租。

一般来讲，起租日应该定在出租人为购买租赁物件设备而支付各笔款项完毕后某一可具体确定的日期，如上述提及的某个日期。起租日确定后，出租人根据该日期核定实际成本计算各期租金、确定各期租金支付日等。

2）计息日

出租人为购买租赁物件先后支付了各笔款项。核算租赁物件的实际成本时，应将各笔款项在起租日的终值相加来确定租赁物件的实际成本，计算各笔款项在起租日终值的起点日期就是计息日。计息日有多个，它是出租人支付各笔款项的具体日期或实际负担日，主要有两种情况：支付定金日和开立信用证日。一般情况下，购货人委托银行开出不可撤销的信用证，银行都要求抵押 100％ 的现汇。购货人为防止所购货物存在质量等问题，往往留下一定数量的尾款在货物验收合格后支付。如果对外支付按托收方式，则计息日应为对外支付各笔货款的实际支付日。

9.4.8　税收因素的影响

租赁按照是否可以享受税收优惠可以分为节税租赁和销售式租赁（非节税租赁），前者可以享受税收优惠。当租赁公司享受税收优惠时，可以将一部分税收优惠转让给承租人，从而影响承租人应支付的租金。在租赁交易之前，应将这些因素详细考虑。

1）投资税减免

美国政府为了刺激经济，较早采用了税收优惠的政策。早在 1962 年肯尼迪政府为了致力于改善美国衰退的经济、促进投资，提出了税收减免政策，其主要作用是减低合格投资的购买价格。1981 年，里根政府颁布的《经济复兴税法》对可享受税收减免的财产重新进行了分类。一般来说，当一家公司购置了新的、有形的、具有 8 年或更长时间可提取折旧的资产，那么就可以从公司应纳税额中扣除资产成本的 10％。这样，就起到节税的作用。

例如，美国国际租赁公司打算购买一台 100 万美元的资产，它的预计使用年限为 10 年，价值为 5 万美元。在考虑投资税减免之前，这家租赁公司填报的应纳税所得为 40 万美元，税率为 40%。如果没有购置这项资产，该公司就必须交纳 16 万美元的税款。但在购置了这项资产后，这家公司只需缴纳 6 万美元的税款，节省了 10 万美元。计算如下：

16 万美元 （40 万美元×40%）

－10 万美元 投资税减免（100 万美元×10%）

＝6 万美元 应交税款

2）折旧

折旧表示资产的价值在使用年限内下降，它是可以列入成本在税收前扣除的一种费用，因此折旧有抵税的功能。为了鼓励投资及设备更新，美国的经济复兴税法允许在 1981 年 1 月 1 日之后所购买的资产采用加速折旧法计提折旧，即在资产使用年限的头几年提取金额较大的折旧费，实际上等于把税款延期到后几年去支付。如果税金支付推迟，则全部税款支付的现值就较低。

3）利息费用

在传统租赁中，出租人如果借款购买租赁资产，则所付出的利息便有可能获得税收折扣，和折旧一样可以打入成本，像其他任何税收折扣一样，利息提供的税收受益等于纳税人的税收等级率和纳税年份的利息费用额的乘积。而在传统租赁中，承租人一般没有资格取得利息折扣，但是承租人可以分期偿付租金的方式，将租金计入其成本而获得免税的折扣。

投资税减免、折旧及利息费用的好处均为出租人所得，但租赁公司可以通过降低租金的方式将其所取得的税收优惠部分转移给承租人。

9.5 租赁资金的来源

资金是融资性租赁公司赖以生存和发展的必要条件，不论何种类型的租赁机构、筹资能力的大小、资金管理水平的高低，都直接关系着租赁业的发展。所以要大规模的开展业务，就必须不断开拓资金来源渠道和进行融资方式的创新。

9.5.1 租赁公司的资金来源

1. 人民币资金的来源渠道

我国的《金融租赁公司管理办法》，在强调金融租赁公司必须以租赁作为主营业务，租赁资产应占总资产 60% 的同时，给予金融租赁公司比较宽的经营范围，如可以从事融资租赁、经营性租赁，以及从事同业拆借、向银行借款、租赁项下流动资金贷款、经批准发行金融债券、有价证券投资和金融机构股权投资、设立委托租赁基金、接受有关租赁当事人的租赁保证金等其他金融业务。这样，为金融租赁公司开辟了广泛的资金来源和较大的生存空间。租赁公司的资金来源有以下几种。

1) 资本金

租赁公司资本金严重不足。20 世纪 80 年代初，我国出现融资租赁业务，当时管理机关对租赁公司的注册资本金要求 5000 万元人民币，如果经营外汇业务，另需资本金 500 万美元。但是从租赁公司现实情况看，大多数租赁公司资本金充足率相当低。目前，虽然最低注册资本金提高到人民币 5 亿元，经营外汇业务的金融租赁公司应另有不低于 5000 万美元（或等值可兑换货币）的外汇资本金，但是对一个 5 亿人民币注册资本金的金融公司来说，做足 50 亿的业务额，除资本金外还有大量资金缺口。实收资本金在融资租赁活动中所占比例实在太小，所以说任何一个金融租赁公司仅靠自有的资本金来开展租赁业务是难以为继的。然而资本金在金融租赁公司中又是必不可少的，它是金融租赁公司最初的资金来源，对于股份制金融租赁公司来说，其实收资本金就是公司所有者——股东投入企业的资金，它是企业实力的象征，在一定程度上决定着企业从其他渠道取得资金的难易程度。

2) 向银行借款

向银行借款是我国传统的融资方式，也是目前我国租赁公司主要的融资渠道。由于我国金融业实行分业经营和监管，合资租赁公司除了租赁业务以外，不能从事其他金融业务，金融租赁公司虽然是非银行金融机构，但不允许吸收公众存款。因此，目前向银行借款仍然是租赁公司的重要资金来源。

如果租赁公司向商业银行借款能够落实，把向银行贷款作为资金来源，那么根据中国人民银行的有关规定，金融租赁公司办理融资可以收取少量的手续费，但租金率只能比照同档次贷款利率执行。对承租人来说，实际租赁成本已略高于承租人向银行直接贷款成本，因此有实力的承租人往往难以接受。而对于租赁公司来说，一方面租赁收益正好全额用于归还银行贷款利息，除手续费外，本身并无其他收入；另一方面作为金融机构，公司租赁收益与手续费收入必须缴纳营业税及附加费，直接税费远远大于手续费收入，也就是说，在目前可行的租赁操作方式下，公司即使能获得商业银行的全部贷款，开展租赁业务也必亏无疑。所以租赁公司依靠银行贷款只是权宜之策。造成金融租赁公司资金来源匮乏的问题，其深层次的原因是我国现阶段资本市场不发达以及金融制度不完备，而现实原因则是没有针对金融租赁所需资金的特点来确立稳定的、可行的资金来源。

3) 同业拆借

同业拆借是租赁公司流动资金重要的来源之一，但拆入的资金余额不得超过资本总额的 100％。向金融机构拆借资金，这种筹措资金的办法，一是受资产负债比例的制约，二是受时间的限制。因此基本上只能作解决头寸不足之用和起到短期的资金调剂作用。但是，在我国，租赁公司曾经把同业拆借资金作为资金来源的重要补充。由于拆借资金成本较高，造成了许多租赁公司出现经营亏损，而且拆借资金受宏观调控和金融政策影响较大，稳定性差。1999年中国人民银行把非银行金融机构的拆借期限调整为"不超过七天"后，金融租赁公司的资金来源紧张的矛盾就显得更为突出了。缺乏资金来源使租赁公司不得不以短期资金支持租赁项目的长期占用，这也是租赁公司普遍面临经营困难和支付风险的根本原因。

4）发行债券

发行金融债券融资是租赁公司筹措长期资金的渠道。在发达国家发行债券融资也是租赁公司筹资的重要渠道。但是发行债券必须具备一些条件，必须经审核批准方可发行。目前我国租赁公司一方面由于规模较小，距离发行债券的条件还差得很远，这种融资方式基本上是行不通的；另一方面，国家对债券和股票的发行控制较严，即使能发行，所利用的资金数量，时间也十分有限。

5）发行股票

发行股票在发达国家也是重要的融资方式。发行股票一方面，可以增加资本金，增强租赁公司的竞争力；另一方面又可以利用资金进一步拓展市场，增加赢利，为投资者获得良好的收益。但是发行股票融资，租赁公司必须具备一些基本条件：经国家有关部门批准设立或改组成股份有限责任公司；发起人认购的股份不少于拟公开发行股本总额的35%，并且不低于3000万人民币；向社会公众发行的部分不少于公司拟发行股本总额的20%；发起人在近几年没有违法行为等。目前，我国的租赁公司由于达不到上述条件的要求，未能发行股票，但是随着租赁公司的进一步发展，发行股票必将成为租赁公司重要的资本来源渠道。

6）票据贴现

租赁公司可以将作为租金收回的银行承兑汇票向银行或其他金融机构贴现，从而融入资金。实践已证明，商业票据承兑贴现和再贴现是搞活资金流通的一种十分有效的手段。但票据贴现一般期限较短，我国规定最长不能超过9个月，所以这种方式融资主要是为租赁公司解决短期资金的需求。票据贴现业务操作方便、程序简单，也是一种国外比较通用的融资方式。目前，这项业务在我国还处于起步阶段，要充分利用这种手段融资还需要较长的时间。随着我国票据市场的进一步规范和完善，这种方式也会成为我国租赁公司重要的融资方式。

7）设立租赁基金

租赁基金是指以投资租赁交易为目的而设立的投资基金。租赁基金筹资规模大、资金成本低、来源稳定，基金投资以租赁设备为担保，风险小。租赁基金的设立大大扩展了租赁资金的筹资范围和规模。

8）租赁债权证券化

租赁公司债权证券化是租赁公司筹措资金的重要渠道，这也是租赁业发挥拉动社会投资功能的重要体现。所谓租赁债权证券化是指租赁公司将尚未到期的租赁合同进行组合，并以此为基础发行债券或信托凭证，从而使租赁合同项下的应收债权提前变现。这种方式提高了租赁资产的流动性，扩大了租赁公司的筹资渠道。随着我国证券市场和应收债权融资市场的发展，上市融资和应收债权融资也会成为我国租赁业有效的筹资方式。

近年来，国际上围绕加速资金流动和维护金融安全为目标的金融产品不断创新，投融资领域里专业化分工和合作不断加强。我国也鼓励通过金融创新，建立各种金融业之间的货币政策传导机制。租赁公司在资金筹措过程中如何设计出使投资人或出资人、出租人、承租人、供应商等相关当事人利益共享、风险共担的多赢的筹资模式，是能否筹资成功的关键。杠杆租赁、风险租赁、收取或有租金项目的融资租赁等业务方式，都含有筹资模式的创新。

2. 外汇资金的筹措

租赁公司除了在国内市场筹措资金以外，还可以通过国际市场筹措外汇资金。主要渠道有以下几种。

1）吸收外汇存款

发达国家的租赁公司可以通过吸收外汇存款的方式筹措资金。主要有两种方式：一是通过国外分支机构在当地吸收居民和企业的存款，作为母公司的资金来源。在这种方式下，金融租赁公司必须在国外设有分支机构，而且分支机构必须被所在国的中央银行批准经营所在国的本币业务。二是直接吸收本国居民和外商企业的外汇存款。目前我国的租赁公司不能吸收外汇存款。

2）母公司的外汇贷款

这种方式主要针对有外国金融机构投资的合资租赁公司。合资的租赁公司除了可以通过外国金融机构直接投资获得资金以外，还可以取得较低利率的外汇贷款的支持。

3）国际金融市场融资

通过国际金融市场筹集资金是发达国家金融租赁公司筹措资金的重要渠道。它由国际货币市场和国际资本市场组成。租赁公司可以分别从这两个市场融资。

（1）国际货币市场。这是资金借贷期限在 1 年以内的资金交易市场，可以解决租赁公司的短期资金需要，是一种融通短期外汇资金的渠道。其形式主要有银行短期信贷市场(包括同业拆借和短期信贷市场)、贴现市场(主要指商业承兑票据和银行承兑票据的贴现)、短期证券市场等。目前我国的租赁公司尚未开拓这一市场。

（2）国际资本市场。这是融通中、长期外汇资金的市场。资金融通的期限在 1 年以上，可以解决租赁公司中、长期外汇资金的需要。它主要由银行中、长期借贷市场、国际股票市场、国际债券市场组成。这些方式已成为国际租赁公司扩大资金来源、实现筹资国际化的重要渠道，但目前我国的租赁公司还不具备向国际资本市场筹资的能力。

在国际货币和国际资本两个融资市场中，还存在外汇市场。外汇市场主要为租赁公司将筹措到的资金从一种货币形式转换成另一种货币形式提供了场所。外汇市场不是筹集资金的场所，但是没有它，租赁公司的外汇业务无法开展。所以从某种意义上讲，外汇市场也充当了资金来源的角色。

总之，与国外发达国家的租赁公司相比，我国租赁公司筹资渠道比较单一，主要依靠向银行借款。随着我国金融市场的进一步发展，其他的融资方式也将成为我国租赁公司重要的资金来源渠道。

9.5.2 租赁公司资金的性质

（1）资本数额较大，资本投资周期长。融资性租赁的租赁物属大型设备，属资金密集型设备。至少要经过 3~5 年甚至更长的时间才能收回资本，因为它主要是在整个租期内通过租金的分期回流才逐步收回投资。例如，我国的大型民用飞机基本上是以租赁的方式从国外引进的，目前保有量约 400 多架，涉及金额 300 多亿美元，租期约 12 年。

（2）筹集成本要低，融资租赁不仅要能筹集到充足的资本，而且要以较低的成本筹措到较多的中、长期资金，是资产设备租赁具有竞争力的基本条件。原因在于租金中除包括购价（相当于本金）、投资者报酬（相当于利息）外，还包括手续费、资产陈旧化的风险损失，而租赁方式下投资报酬通常高于借款利息。此外，租金通常在年初支付，第一次则在取得资产使用权前支付，并且交付保证金，其现值也大于借款分期偿还时本息现值，所以要找到降低成本的资本筹措方法，使租赁的筹资成本低于以其他方式筹资的成本（如低于现金购买设备的成本、分期付款购置设备的成本、贷款购置设备的成本等），否则企业就选择购买而不采用租赁了。因此发展现代租赁业的关键是筹集足够的资本且筹资成本要低。租赁业发达国家，政府都给予扶持，如税收减免、加速折旧、投资减税等。

（3）租赁公司的资本除一部分为自有资本外，大部分是借入资本，利用中、长期贷款较为常见。而借入长期贷款一般需提供物质担保，出资者在调查掌握了企业的资质与担保价值的基础上才能予以贷款。

（4）租赁设备变现能力差。这是由于租赁设备是承租人选定的，一般是针对承租人的特定用途而购买的，所以融资性租赁的资产流动性不足，资金周转缓慢，其交易只有在全部收回租金时，才完成了物化资产变为货币资产的循环。

9.6　租赁资金的管理

租赁公司筹资足够的资金是公司运营的基础，但是，运用和管理资金不当，也可能导致公司亏损和倒闭。因此，租赁资金的管理对于租赁公司是十分重要的，必须给予足够的重视。在租赁资金的管理方面应注意以下几个问题。

9.6.1　对租赁项目进行审查，保证资金的安全投放

在融资租赁中，租赁公司与承租人事实上就是一种资金借贷关系，它是以融物的方式达到对承租人融资的目的。在融资租赁中，租赁物件由承租人选择，租期一般较长，这样对出租人而言，是有一定风险的。所以租赁公司和银行一样，在签订租赁合同之前，要对租赁项目进行严格的审查，以防范和减少风险。对租赁项目进行审查，主要应从以下几个方面着手。

1. 对租赁项目的可行性进行审查

租赁项目是否可行，直接影响出租人的利益，影响租金的回收。对租赁项目的可行性审查主要应注意以下四个方面的内容：第一，项目的租赁适宜性审查。企业的融资方式很多，并不是所有的项目都适用于租赁的方式来融资的，作为租赁标的物是有一定条件的，只有当企业拟购买的设备符合租赁标的物条件时，才能用租赁方式融资。第二，对项目的赢利性进行审查。对项目的赢利性进行审查是对租赁项目可行性审查的核心。租赁公司应审查项目是否符合国家产业政策，在宏观上是否符合国家经济发展的方向；审查该项目的设备工艺技术性能是否先进；审查项目产品是否符合市场需要、产品是否有较强的竞争能力和应变能力；是否外销、创汇、节汇。评估的重点是企业的技术力量、生产布局、项目规模、项目成本、技术设备性能及对外采购等方面。对项目的赢利性进行评估，要用经济效益指标进行衡量，以决定项目最终的取舍。第三，对项目的担保和租赁物件的变现能力进行评审。对项目的担保进行评审主要是对担保人和担保物的审查，当承租人不能按时交纳租金时，担保人和担保物的可靠性保证了租赁公司的利益。对租赁物件变现能力的审查也是十分重要的。主要审查租赁物件的通用性、技术更新周期以及二级市场的活跃程度等。当承租人不能履行合同时，出租人可以通过对租赁物的变现来收回投资。第四，利用财务现值分析的方法来综合评价租赁项目的可行性。

2. 对承租人进行评估

对承租人进行评估，主要是对承租人租金支付能力的评估，评估主要有以下三个方面的内容。

1）对承租人的资信状况进行评估

资信状况是指承租企业的资产信誉状况、财力是否雄厚、履约表现的记录等。承租人的资信越好，承租人履约的可能性就越大，对租赁公司而言，资金的安全性就好。当然，承租人的资信状况也不是一成不变，它是随着企业的经营状况、外部环境的变化而变化的，所以出租人要随时收集承租人的资料，对承租人的资信进行评估。在国外，一般有专门的评估机构来评估企业的资信状况。

2）审查承租人的经营管理能力

承租人的经营管理能力是一个企业是否赢利的关键。关于评估承租人经营管理能力，首先是对领导者的评估，它关系到整个企业的发展前途，主要是了解承租企业主要领导人的年龄、才能与成就。考察他们精力是否充沛，思想是否敏锐，是否具有创新精神，是否理性、是否能处理好上下级关系，能否全面调动职工的积极性，对国内、国外市场是否了解，能否抓住有利时机，管理方法是否先进，等等。其次是对职工进行评估。考察员工的整体素质如何，技术水平如何，技改经验、生产经验如何，创新意识如何，对本行业的高精尖技术了解、把握的程度如何，有无敬业精神，等等。

3）审查承租人的赢利能力

承租企业的赢利能力直接对租赁公司的获利有影响。一般而言，承租人赢利能力越强，租赁公司的风险就相对低一些。审查承租企业的赢利能力时，要从企业多方面进行考察，如企业的资本结构、企业的固定资产状况、企业的生产效率等。还可以用一些财务指标来考察，如销售毛利率、资产净利率、资产周转率、销售净利率等。

9.6.2 对租赁项目的管理

租赁公司在与承租人签订租赁合同后，为了防范和减少风险，租赁公司还要做好租赁后期工作的管理。主要有以下几个方面。

1. 对与项目有关的资料进行管理

建立租赁项目档案。通过收集、存储项目资料，建立租赁项目档案。在项目档案中应注意重要文件的保管，首先是与项目有关的文件，如项目的可行性报告、项目设计任务书、项目概算和有关立项批件等；其次是与租赁合同有关的法律文件，如租赁申请书、租赁担保函和租赁合同等；再次是与项目生产经营有关的文件等。

对项目的进展情况进行统计分析。对于直接反映项目经济效益的数据资料，应在租期内进行统计分析，以便租赁公司随时掌握项目的进展情况。

2. 对项目进行监测

虽然租赁公司在开展租赁业务之初就已对承租企业的投资项目进行了审查，

但是随着时间的推移，由于主客观原因，往往会使项目的实际情况与计划相偏离。同时，租赁公司在以前的审查中未发现的，项目本身存在的问题也会在项目执行过程中暴露出来。因此，为了保证租赁公司顺利收回租金，必须在项目实施后对项目进行监测，以便及早发现问题。

租赁公司项目监测的内容主要包括：项目的资金是否全部到位，项目设备的到货、安装、调试、运转情况，项目的工程进度，项目投产后的经营管理状况，项目的产值、利润、税金的实现情况，租金的支付情况，等等。其中最核心的是项目的经济效益情况和租金的支付情况。租赁公司通过监测，可以根据以上内容制定出一系列监测指标，定期对承租企业进行考核，以便及早发现问题，提出改进意见，督促企业采取相应的措施。

3. 对项目进行评价

租赁项目实施投产后，要对租赁期间租赁项目的情况进行总结和评价。评价的主要内容包括租赁设备的运转情况、项目的经济效益等。其中项目的经济效益考核最为关键。可以用一些量化指标考核，主要有租赁期间项目年产值平均增长率、年平均利润率、年平均创汇率等。

9.6.3　对租金收回的管理

租金能否按时回收直接影响租赁公司的效益和发展。所以租赁公司应做好租金收回的管理，主要应做好以下几方面的工作：首先，应派专人负责租赁项目租金的回收，在租赁公司内部实行项目负责人制。其次，建立指标监控租金的回收状况。主要指标有交付租金次数逾期率和交付租金金额逾期率（具体公式见下）。再次，当承租人不能履行合同，拖欠租金时，租赁公司必须依法收取租金，保证自己的权益。租赁合同应注意严格明确租金的总额、租金的支付方式、支付日期，以及租金的构成、计算方法。如果承租人违约欠租，应依法由担保人代付；如果担保人不能履行支付义务，应依法追究承租人及担保人的经济责任。

支付租金次数逾期率＝（累计交租逾期次数/应交租金次数）×100%

支付租金金额逾期率＝（累积逾期交租金额/应交租金总额）×100%

9.6.4　资金的综合管理

资金的综合管理主要是解决租赁公司资金来源和资金运用合理配置的问题。要解决这个问题，可从静态和动态两个角度对资金进行综合管理。

1. 从静态看资金的综合管理

从静态看，主要解决资金来源的合理配置、资金运用的合理配置及资金来源与资金运用的合理搭配问题。从资金来源看，租赁可以从多种渠道融资，既可以从国内筹资，又可从国外筹资，因此，租赁公司应根据自身的资信状况、筹资能力、筹资优势以及资金运用的需求，合理安排各种资金来源，争取以较低的成本获得稳定的资金来源。从资金运用看，租赁公司应尽可能将资金运用于回报率高、风险率低的项目。同时还应注意不能将资金集中投放于某几个项目或某几个企业，注意风险分散。从资金来源与资金运用合理搭配上看，应尽量使资金来源与资金运用的结构对称和偿还期对称，既要避免偿债危机，又要防止资金的闲置。

2. 从动态看资金的综合管理

从动态看，要使资金的来源和资金的运用合理配置，主要是租赁公司营运资金流进与流出的协调问题。如果安排不当，可能造成需要资金时，资金严重不足，也就是资金周转不灵；或者另一极端的出现，即资金闲置，造成资金成本上升。要解决这个问题，主要是运用现金流量法进行分析。租赁公司应根据有关资料，估算出一定时期公司现金流入量和现金流出量。对于现金流入量和现金流出量在期限和金额搭配不当时，进行适当调整，资金不足时，可在金融市场上借入资金；反之，将闲置的资金投放出去。

总之，租赁公司资金综合管理的目的是达到既要以较低的成本筹措资金，又要使资金尽可能的获得最大收益，同时又不能有资金闲置或资金周转不灵的现象出现。

本章小结

在租赁业务中，租金的计算是租赁双方十分关心的问题。租金的高低，直接关系到出租人和承租人的利益，因此必须掌握租金的计算方法和影响租金高低的因素。另外，租赁物需要的资金量大，并且占用时间长，所以租赁公司的资金来源及管理也是本章阐述的一个重要问题。

租金主要由租赁设备的购置成本、租赁期间的利息和出租人开支的费用及收益等部分构成。租金的计算方法主要有附加率法、年金法，除此之外还有多种租金计算方法，而且不同的计算方法其结果相差很大。利率、租赁期限、付租间隔期、付租方式和租赁保证金、手续费的计算方式、支付不同币种、税收等因素都会对租金产生影响。

租赁公司的融资渠道主要有人民币资金和外汇资金的筹措渠道。前者有同业拆借，向银行借款，租赁项下流动资金贷款，经批准发金融债券、票据贴现和金融机构设立租赁基金、租赁债权证券化等具体融资方式。外汇资金的筹措渠道主要有吸收外汇存款、取得母公司的外汇贷款、在国际金融市场进行融资等。

对租赁资金的管理，包括对租赁项目进行审查、管理和确保租金的收回等方面内容。租赁项目审查，包括对租赁项目的可行性审查和对承租人进行评估；租赁项目的管理主要是通过对与项目有关的资料管理，对项目进行监测和评价达到保证资金的安全投放的目的；对租金收回的管理是影响租赁企业经营成败的关键。

> **思考题**

1. 试分析影响租金的主要因素。
2. 租赁公司进行融资的方式有哪些？
3. 什么是租金？它由什么构成？
4. 什么是或有租金？试述或有租金适用的场合。
5. 租赁资金管理的主要内容有哪些？
6. 某金融租赁项目的概算成本为 10 万元，租赁双方商定 3 年 6 期缴付租金，即从起租日开始，以后每隔半年等额交付一次租金。年利率为 6%，附加率为 4.5%，用附加率法和年金法求平均每期租金和租金总额。

第 *10* 章

融资租赁合同

【本章提要】 本章主要介绍了融资租赁合同的定义、特征和合同签订应注意的事项以及合同的成立、生效、变更、履行、违约及救济等问题。

融资租赁合同作为在市场经济条件下出现的一种新型、独立的合同，它巧妙地将融物与融资合为一体，兼有传统租赁合同、借款合同、分期付款买卖合同的某些特点，但和上述三者又有所不同，另外其生效、成立、变更、履行除了具有《中华人民共和国合同法》总则中的一般法律特征和条件外，也具有自己独特的特点。所以，融资租赁合同的特点以及其涉及的法律问题成为融资租赁合同研究的主要方面，本章就依据《中华人民共和国合同法》和有关租赁的行政法规对其进行探讨。

10.1 融资租赁合同及其特征

10.1.1 融资租赁合同的概念

融资租赁合同是指由出租方融通资金为承租方提供所需设备，承租方取得设备使用权并按期支付租金的协议。《中华人民共和国合同法》规定了融资租赁合同的法律概念："融资租赁合同是出租人根据承租人对出卖人、租赁物的选择，向出卖人购买租赁物，提供给承租人使用，承租人支付租金的合同。"我国《合同法》的融资租赁合同的法律概念与我国参加的国际私法统一协会制定的《国际融资租赁公约》的精神相吻合，说明我国的融资租赁业务是与国际接轨的。

10.1.2　租赁合同的特征

1. 租赁合同是转让财产使用权的合同

租赁物件一旦转移给承租人，租赁物件就由承租人来使用，事实上处于承租人的实际支配状态下。正因如此，租赁合同对租赁设备的所有权保障非常重视。租赁合同中明确表示出租人将租赁物的使用、收益权交由承租人使用，无论这种使用有无期限或期限长短，承租人均不会取得租赁物的所有权，而必须依据租赁合同的约定或法律规定将租赁物最终返还给出租人。

2. 租赁合同是双务、有偿合同

租赁合同的双方当事人既互相负有义务，也互相享有一定的权利，双方的权利、义务是对应的。其中，出租人承担的义务是交付租赁标的物供承租人使用和取得收益，享有以租金形式收取报酬的权利；承租人所承担的义务是给付租金，同时也享有独立使用和收益租赁标的物的权利。

在租赁业务中，出租人之所以愿意出租财产，是因其可借此取得一定数额的租金；反之承租人之所以愿意给付一定数额的租金，是因其可借此取得对租赁物在一定期限内的使用权。

3. 租赁合同是诺成合同

依据合同成立生效是否须交付一定的物，合同可分诺成合同（不要物合同）和实践性合同（要物合同）。诺成合同是指不以交付标的物为成立生效要件的合同；实践性合同是指以交付标的物为成立生效要件的合同。租赁合同是诺成合同，其成立生效要件仅为双方当事人就合同主要条款（如品名、质量、数量、用途、租赁期限、租金及其支付期限和方式等）协商一致，出租人是否交付租赁物不影响合同的效力。

租赁合同的这一特征使得其与借用合同区分开来：借用合同是典型的实践合同，只有当出借人将其持有的物品交付给借用人时，该合同才成立生效。

4. 租赁合同是有期限限制的合同

租赁标的物使用权和收益权的转让是有一定的期限的。我国《合同法》规定：租赁期限不得超过 20 年。超过 20 年的，超过部分无效。租赁期限届满，当事人可以续订租赁合同，但约定的租赁期限自续订之日起不得超过 20 年。法律之所以有这样的规定，是考虑到如果租赁期限过长，有可能影响出租人行使权利和对物进行改良；另一方面也可能因物的使用价值丧失而使承租人无法实现承租的目的，还有可能导致双方当事人就物的返还状态发生争议，不利于保护双方当事人的合法权益。因此，许多国家的合同法对租赁期限有所限制。

10.1.3　融资租赁合同的特征

融资租赁合同具有租赁合同特征中的转让财产使用权合同，双务、有偿合同，租赁合同是有期限限制的合同，诺成合同，有期限限制的合同所具有的共同特征。但与其他财产使用类合同相比，融资租赁合同仍有自身特征。

1. 融资租赁合同与供货合同紧密相连

出租人根据承租人的要求购买租赁设备是融资租赁交易的基本特点，因此这一交易最少要涉及出租人、承租人和供货商三方当事人。相应地，也就存在供货商与出租人之间订立的供货合同和出租人及承租人之间订立的租赁合同。供货合同的意义在于保证租赁合同的履行，融资租赁合同是在供货合同的基础上订立的；租赁意向的存在又是供货合同订立的前提，没有租赁意向的存在，供货合同的订立就失去意义。其中融资租赁合同是主合同，而买卖合同是辅助性合同，是为融资租赁而服务的。另外，供货合同须经承租人的确认方能成立。实践中常常要求承租人附签供货合同。因此，供货合同与融资租赁合同互相依存、紧密相连。在具体业务操作过程中，一般将供货合同作为融资租赁合同的附件，供货合同成为租赁合同的组成部分。供货合同与租赁合同的紧密结合构成了完整意义上的融资租赁合同。

2. 出租人必须按照承租人的要求出资购买租赁物

出租人必须按照承租人的要求出资购买租赁物，这是其不同于其他财产租赁合同的重要特征之一。物的具体技术指标、性能等只能由承租方来选择，承租方与出租方共同参与同出卖人的谈判，并附签买卖合同。在融资租赁过程中，虽然出租人以自己的名义与出卖人签订购货合同，但其主要作用是出资，对于租赁买卖合同，出卖人直接将租赁物交付给承租人，实际上，承租人相当于买卖合同中买货人的地位。这样，才能使承租的货物或物品真正地符合承租方的要求，以便更好的投入使用。

3. 租赁期内租赁物的所有权和使用权相分离

在融资租赁合同中，这一特征尤为显著。出租人虽然向出卖人购买租赁物，但其目的是为了交付给承租人使用，自己取得租金。我国《合同法》规定："出租人享有租赁物的所有权"，"出租人应该保证承租人对租赁物的占有和使用。"融资租赁合同中明确规定：租赁设备在租期内始终属于租赁机构所有。通常还在合同中明确约定除经租赁机构书面同意可转租赁外，承租企业不得采取转让、抵押、出售或其他任何侵犯租赁机构关于租赁设备所有权的行为；如果在租期届满之前发生承租企业破产，租赁设备不属于破产资产，承租企业的第三方债权人无权要求以租赁设备抵偿。同时还用法律形式明确规定了在融资租赁期间，承租人享有使用权和收益权，对租赁物的损毁或灭失，承租人应负赔偿责任；在租赁期内对租赁物的保养、维修、保险等均由承租人负责，清楚地的表明租赁物的所有权和使用权是分离的。另外，按照国际惯例，租赁期满后，承租人要交付名义上的一定的转让费，一般数额极低，这样承租人才能最终获得租赁物的所有权。才能使承租人更大限度发挥租赁设备的使用价值和融资租赁合同的融资功能。

4. 以租赁形式融通资金为其主要功能

融资租赁表面上看是出租人为承租人提供租赁物的服务，但其实质还是融通资金的服务。因为承租人缺少某些货物或物品，需要投资购买，但苦于没有资金或出于资金流动性的考虑，才向出租人租赁自己所需的物品，出租人根据承租人选定的出卖人和租赁物，出资购买这些物品供承租人使用，承租人交付租金。但需要强调的是，因租赁物的选定是根据承租人的要求所选定的，所以其通用性较差。实践中，一般对专用性强的租赁物，须提供担保，对通用型租赁物，一般可不必采用担保形式。

5. 合同当事人的权利、义务发生变化

传统财产租赁一般是由出租人负责租赁物的维修与保养，且租赁物在合同订立前就存在。而融资租赁中，合同订立时租赁设备并不存在，而是由承租人依靠自己的技能和判断选定供货商和设备，然后出租人与供货商订立供货合同，承租人确认供货合同的各项条款。租赁设备的维修和保养也由承租人负责。出租人把对租赁设备的交付义务转移给供货商，由供货商直接把出租人购买的租赁设备运至承租人处，由承租人验收。出租人对租赁设备的瑕疵担保责任也转移到供货合同当事人一方，而由供货商承担；与此相对应，出租人（供货合同的买方）对供货商的请求权也一并让与承租人。

6. 租期较长

融资租赁是以承租人对租赁设备的长期使用权为前提，且专用性比较强。所以，实践中，融资租赁的租期一般按照租赁设备的经济寿命、使用年限以及利用设备所产生的效益，由租赁双方商定，略短于或相当于设备的正常折旧年限，一般为 3～5 年，有的长达 10 年以上。

7. 合同不得中途解除

融资租赁合同中，租赁物是由承租人根据自己的需要选定的，不仅租赁物是特定物，其使用者（承租人）也是特定的。出租人以出租为目的而购进租赁设备，这个设备又是按照承租人的要求购买的，一般通用性差，若允许承租人中途解约，出租人势必遭受损失，出租人很难另觅客户租赁该设备；即使另外找到承租的客户，客户也将以种种理由压低租金。所以，在租期内，即使承租人使用租赁设备未取得预定的经济效益，仍须按约定交付租金，不得中途解除合同。在租期内发生的设备灭失、毁损的风险也由承租人负担，而不能以此为借口中途解除合同。另外，出租人在租期内亦需保证承租人对租赁设备享有充分的占有和使用权，不得另行出租，也不得以租赁设备设定抵押，如果抵押，可遵循抵押不破租

赁的原则，故融资租赁合同一般设定严格的解除条件、违约责任来保证合同的履行。合同不得中途解除，即是其根本体现。在特殊情况下，亦有租赁双方合约解除之现象，但一般均以承租人支付一笔足以使出租人处于合同完全履行之地位的违约金或赔偿金为要件。

8. 出租人对租赁物的质量不负责

出租人对租赁物的质量不负责任，这是由融资租赁合同本身的特点所决定的。我国《合同法》规定："租赁物不符合约定或者不符合使用目的的，出租人不承担责任，但承租人依赖出租人的技能确定租赁物或出租人干预选择租赁物的除外。"因为前面曾提到过作为出租人必须按照承租人的要求来选定出卖人和租赁物，实际上真正选择出卖人和租赁物的不是出租人，而是承租人本身，是承租方选派的人员进行的，所以，租赁物质量的好坏理应转由承租人承担，并负责对租赁物的检验，出租人派人选择的除外。因此说，出现一切质量问题应由承租人直接对出卖人进行索赔，无须再将出租人牵连进去。这是符合融资租赁合同三方当事人利益的。

9. 融资租赁合同是一种要式合同

由于融资租赁交易涉及的法律关系非常复杂、履行期间较长，为了预防和顺利解决纠纷，《合同法》规定，融资租赁合同应当采用书面形式，即以合同书、信件和数据电文等，可以有形地表现所载内容的形式。

还有一些特殊的法律特征是融资租赁特有的，将在签订租赁合同的特殊条款中介绍。

由于融资租赁合同具有以上特点，所以它既不同于传统的租赁合同，也不同于买卖合同或借款合同，而是一种独立的有名合同。

10.2　融资租赁合同的签订

10.2.1　融资租赁合同签订的一般步骤

融资租赁合同签订的程序根据具体的业务内容虽不尽相同，但基本包括五个步骤。

1）选择租赁物

由承租人根据自己的需要选择租赁物和出卖人，这是融资租赁合同订立前就要认真对待的一个关键问题。承租人一般应注意从出卖人的信誉，产品质量，售后服务，设备的规格、型号、性能、质量、价格等进行考察。

2）选择出租人

选择出租人又称租赁委托。由承租人对众多的出租人进行反复调查比较，综合考虑其资金实力、筹资能力、租金高低、支付方式、信誉、提供的服务等，择优选择，然后向选中的租赁公司提出租赁的要求即租赁委托。这一步骤在融资租赁合同的订立中起着举足轻重的作用，确定了整个交易的基本内容，成为后续的相关买卖合同和融资租赁合同签订的基础。

3）项目受理

在融资租赁交易中，出租人购入租赁物提供给承租人使用，相当于向承租人提供了一笔长期贷款。为了确保其投入的本金、利息的回收，并获取相应的利润，出租人必须对租赁项目本身和承租人的资信情况进行全面的审查和评估。之后，出租人正式与承租人签订租赁合同书，租赁项目开始启动运行。

4）订立相关的买卖合同

与融资租赁合同相关的买卖合同由出租人和出卖人签订，其订立的过程与一般买卖合同并无大的差异。但由于买卖合同不仅涉及买卖双方及用户的直接权益，而且直接影响融资租赁合同的订立，因此，在签订相关的买卖合同时，必须预先考虑到与租赁合同条款的一致。

5）订立融资租赁合同

融资租赁谈判在出租人和承租人之间进行，主要包括确定租金和支付方式、租期、担保、租赁物在租赁期满后的归属等问题。

10.2.2　融资租赁合同的成立

1. 合同成立的一般原理

根据《合同法》的规定："合同是平等主体的自然人、法人、其他组织之间设立、变更、终止民事权利义务关系的协议。"此处所说的协议有合同、合意的意思。实际上合同的本质就是合意，即合同的成立意味着各方当事人的意思表示一致，当事人对合同的主要条款达成一致意见合同才成立。对合同成立的讨论主要是解决合同是否存在的问题，因为它是认定合同效力的前提条件，也是区分合同责任与缔约过失责任的根本标志。基于此原因，《合同法》对合同成立设定一定条件。合同的成立要件分为一般成立要件与特殊成立要件。一般成立要件为：第一，合同所需的双方或多方当事人；第二，订约当事人必须意思表达一致和对主要条款达成合意；第三，合同的成立应具备要约和承诺两个阶段。由于合同的性质与内容不同，许多合同可能具有其特定的成立要件，如对于实践合同来说，应以实际交付物作为其成立要件，而对于要式合同来说，则应履行一定的方式才能成立。

2. 融资租赁合同成立的特殊问题

就融资租赁合同而言，其除了需要具备合同成立的一般要件外，还需要满足下列合同成立的特殊要件。

1) 融资租赁合同成立过程的特殊性

融资租赁合同的成立过程具有特殊性，因为融资租赁合同不同于一般的合同，它至少涉及三方当事人、两个合同。同样融资租赁合同的成立需经过以下三个阶段：首先，用户与供应商之间商定设备买卖契约条件；其次，用户向租赁公司提出订立租赁契约的申请；再次，用户与租赁公司之间签订租赁契约，这时，融资租赁合同才告成立。

2) 关于融资租赁合同的主要条款

根据《合同法》的规定："融资租赁合同的内容包括租赁物名称、数量、规格、技术性能、检验方法、租赁期限、租金构成及其支付期限和方式、币种、租赁期限届满租赁物的归属等条款。"出租人和承租人应就上述条款达成一致，合同才能成立；由于融资租赁合同的上述条款是法律规定的必要条款，所以融资性租赁合同是要式合同。

3) 融资租赁合同成立的特殊要件

《合同法》规定："融资租赁合同应当采用书面形式。"因此，融资租赁合同采用书面形式为该合同的成立要件。另外有一种实际履行合同义务行为的特殊情况，如《合同法》规定："采用合同书形式订立合同，在签字或盖章之前，当事人一方已经履行主要义务，对方接受的，该合同成立。"因此，就融资租赁合同而言，当事人未采用书面形式，但是出租人已经提供了租赁物，而且承租人接受的，融资租赁合同应当成立。但是为了日后容易解决合同纠纷，还是应该避免实际履行合同义务的行为。

10.2.3　融资租赁合同的生效

1. 合同生效的一般原理

所谓合同的生效要件，是指使已经成立的合同发生完全的法律效力所应当具备的法律条件。合同的生效要件与合同的成立要件是不同的，具备了成立要件，合同将宣告成立，但已经成立的合同必须符合一定的生效要件，才能产生法律约束力。合同生效要件是判断合同是否具有法律效力的标准。我国《民法通则》规定："民事法律行为应当具备下列条件：行为人具有相应的民事行为能力；意思表示真实；不违反法律或社会公共利益。"这是合同成立的一般生效要件。在融资租赁合同中还应该具有法定的形式和完备的法律手续，如果不采用法定形式和法定程序，合同将是无效的。融资租赁合同的生效除了《合同法》规定的一般情况外，还要注意一些细节问题。

2. 融资租赁合同生效的特殊性

1) 融资租赁合同的主体资格

融资租赁合同的当事人包括出租人和承租人，双方均须具备合同成立的主体资格要件。根据《合同法》第 2 条规定，自然人、法人和其他组织都可以成为出租人，并与承租人签订融资租赁合同。《合同法》未对融资租赁合同的主体资格作限制，但是融资租赁合同是融资、租赁、贸易为一体的合同，具有金融业务的性质，我国对经营金融业务的主体资格是有严格限制的。目前，我国从事融资租赁业务的都是由国家专门批准的租赁公司和其他金融机构，因此作为融资租赁合格的出租人，必须具有从事融资租赁的经营范围，即既能从事租赁业务，又能经营金融业务，否则合同应认定无效。2000 年 6 月 30 日中国人民银行发布了《金融租赁管理办法》，对金融租赁公司的设立条件、审批程序、业务范围、监督管理等作了规定。金融租赁公司的性质是非银行金融机构。同时，这一规定也显示了《金融租赁管理办法》在适用范围上的局限性，即并没有包括从事融资租赁业务的所有租赁公司，而是仅仅局限于经中国人民银行批准的、带有金融性质的租赁公司。

2）融资租赁合同的标的物

我国《合同法》并未对融资租赁合同的种类及范围作出明确限制，但一般理论上认为：融资租赁合同的标的物应当是可以作为买卖合同标的物的动产，虽然法律上未对融资租赁合同的标的物范围予以明确规定，但采用法律的解释，可以得出融资租赁合同的标的物应当是可以作为买卖合同的标的物。因此，买卖合同的标的物就可以界定为融资租赁合同的标的物。在实践中，根据目前关于融资租赁的规定，租赁物有以下几个方面的限制条件：①租赁物不得是用于个人及家庭生活的消费品。②租赁物不得是一次消耗物品，因合同期内要体现出租人的所有权，合同到期后，承租人有可能要将租赁物返还给出租人，故租赁物只能是非一次性消耗物。③租赁物不得是禁止流通物。④由于融资租赁合同的租赁物往往是从国外进口或引进的，故项目还须符合国家的产业政策。

10.2.4　购货合同、租赁合同的内容

1. 购货合同的主要内容

（1）标的物条款。载明货物的名称、质量、规格、数量和包装等。

（2）价格条款。订明买卖货物的价格条件，注明交货地、单位价格和总价。

（3）运输条款。根据价格条款订明货物的运输方式、装运日期、地点、各种装运费用的负担情况。

（4）保险条款。明确规定由买方或卖方投保以及投保的保险种类、保额等。

（5）支付条款。订明支付和结算的货币、方式和时间。

（6）商检条款。订明货物检验标准和方法、时间与地点、检验机构和检验证明等。

（7）免责条款。即不可抗力条款，订明其法律后果及不可抗力的范围。

（8）索赔条款。订明索赔所需的单证，手续及期限等。

（9）仲裁条款。确定仲裁的地点、机构、程序、效力及费用负担。

2. 租赁合同的主要内容

（1）租赁期限条款。租赁期限的约定是否考虑了租赁物件的一般寿命、折旧年限和法律规定的期限限制。

（2）租金支付条款。包括租金的计算方法、支付方式和迟付租金的处理；最大限度地提高期初付款额，降低期末付款额。

（3）租赁物的保养与维修条款。对租赁物件在租赁期间的使用、保养的责任要明确规定，养护方法、养护要求要尽可能具体。

（4）租赁物件的毁损、丢失风险和保险条款。租赁物件在租赁期限内的投保责任要明确，对投保人和保险金额、险种、保险人均应具体要求。

（5）租赁权的转让和合同变更条款。

（6）保证金和担保条款。租赁担保人应有担保能力，担保条款的约定必须详尽，不能用一般担保，必须是承担连带责任的担保。

（7）合同的解除和违约责任条款。

（8）租赁期满对租赁物的处理条款。预留残值和财务残值的处理必须精确，并符合法律规定。

10.2.5　融资租赁合同签订及注意事项

1. 融资租赁业务谈判阶段

融资租赁谈判是融资租赁合同得以订立的关键，谈判过程中，当事人各方经过反复的要约、反要约，最后达成协议。谈判分为技术谈判、商务谈判和租赁谈判。

在技术谈判中，由于租赁人为租赁物的使用者，因此主要由承租人与租赁物出卖人进行洽谈，因租赁公司是出资人，它要按照承租人的要求购买设备。技术洽谈又是企业选定设备和商务谈判的基础，并关系到承租人按时投产、按时交付租金的问题，所以，出租人也应与承租人一起参与此阶段的谈判。技术谈判的主要内容是对租赁物出卖人的选择、租赁物的选择及与出卖人达成技术服务的协议等。

商务谈判在出租人和供货商之间进行，出租人必须按照承租人的要求，为承租人的利益进行谈判。因为租赁物的价格直接关系到租金金额的确定，所以价格谈判是这一阶段的中心。出租人应仔细研究出卖人的报价，并在多家的报价中进行选择，争取对自己最有利的价格，除了价格问题外，还应该考虑交货与装运条款、复验、索赔、保证、保险、仲裁等条款。在国际融资租赁中，由于汇率风险，货款的支付方式关系到购货合同能否顺利履行，因此它们也是商务谈判的关键。在国际融资租赁中，一般采用信用证支付结算方式和凭出租人出具的银行担保函交货的支付方式。最后再考虑购货合同格式的使用。

租赁谈判在承租人和出租人之间进行，谈判的主要内容是租金的确定和支付方式、手续费、利息率、租期等。租金是租赁谈判的中心，它直接关系到租赁双方的利益得失。租金总额应根据购买租赁物的大部分或全部成本、利息、出租人的合理利润确定。承租人可要求出租人提出租金估价，并详细研究租金支付的次数、支付方法、租赁期限与自己目标的差距，以制定对策。合同中应明确租金总额为固定还是浮动，承租人应力争租赁成本低于投资成本，而出租人可以要求承租人提供支付租金的担保，力争使租赁合同顺利履行。

2. 融资租赁合同订立阶段

1）审查融资租赁当事人的主体资格

这主要是了解出租人是否具有合法的主体资格。由于融资租赁有着浓厚的金融色彩，而金融业属国家严格控制的行业，非经特别程序批准，不得擅自经营。中国人民银行《关于审批金融机构若干问题的通知》（1987 年）、《关于设立证券公司或类似金融机构需经人民银行审批的通知》（1988 年）、《关于融资性租赁公司验收登记工作的通知》（1993 年）、最高人民法院《关于审理融资租赁合同纠纷案件若干问题的规定》及《金融租赁公司管理办法》（2000 年 6 月 30 日）等法律文件规定：设立融资性租赁公司必须经当地人民银行分行审核，报经人民银行总行批准，并发给《经营金融业务许可证》后方可据此在工商局进行登记。出租人不具有从事融资租赁经营范围而签订融资租赁合同，则该合同无效。

2）审查融资租赁合同当事人的意思表示是否真实

《合同法》规定因一方当事人以胁迫、欺诈、乘人之危等方式使对方作出不真实意思表示，或因重大误解而订立的合同是可撤销的合同，受损害方有权请求法院或仲裁机构变更或者撤销。最高人民法院《关于审理融资租赁合同纠纷案件若干问题的规定》中规定："承租人与租赁物出卖人恶意串通，骗取出租人资金的融资租赁合同无效。"

3）审查融资租赁合同的形式

当事人订立合同，有书面形式、口头形式和其他形式，但是对于融资租赁合同，《合同法》特别规定："融资租赁合同应当采用书面形式。"包括租赁物买卖合同在内的融资租赁合同的附件也应采用书面形式。根据最高人民法院的司法解释：书面形式是指合同书、信件和数据电文（包括电报、传真、电子数据交换和电子邮件）等可以有形地表现所载内容。合同当事人应注意保留在合同订立过程所有上述形式出现的有形资料。通过信件、电报、电子邮件达成融资租赁协议，合同当事人要求签订确认书的，合同自确认书签订时成立。融资租赁合同所涉及项目应当报经有关部门批准，而未经批准的，合同不生效。

4）审查融资租赁合同的主要条款是否完备

融资租赁合同是要式合同，《合同法》规定融资租赁合同应包括租赁物的名称、数量、技术性能、检验方式、租赁期限、租金构成及支付期限和方式、币种、租赁物的归属等条款。当事人应当注意，合同的主要条款应全面、明确，避免遗漏和含糊不清。在实践中，融资租赁合同大量使用的是出租人拟订好的标准合同，承租人应对标准合同的条款进行仔细审查，提出自己的意见，以免出租人的标准合同偏向他自己的利益。融资租赁合同一旦签订并生效后，即对当事人产生法律约束力。当事人必须信守合同，不得随意变更、解除，不得无故不履行或延期履行合同。值得注意的是，根据承租人要求订立的租赁买卖合同，未经承租人同意，出租人不得变更与承租人有关的合同内容。

3. 签订租赁合同应特别注意的事项

1）租赁合同和买卖合同的关系条款

为融资租赁而订立的租赁合同与买卖合同，既相互独立又互相联系。租赁合同是买卖合同成立的前提条件，是主合同；买卖合同依据租赁合同而产生，是从合同。两个合同所指的标的物是相同的。两者缺一不可。实践中通常是先订立租赁合同，再签订买卖合同，如果买卖合同先于租赁合同订立，则在买卖合同中应加入生效条款："本合同自租赁合同生效之日开始生效。"除此之外，还可以在合同中订明。如在买卖合同中写明："依据出租人与承租人之间签订并生效的租赁合同中承租人对供货方的指定及对承租设备的要求，出租人与供货方签订本买卖合同"；在租赁合同中写明："出租人依据买卖合同中承租人对供货方及租赁设备的指定，将购买的设备出租给承租人使用，为此双方订立本合同。"只有在经过上述的说明后，才可以在买卖合同或租赁合同中加入如下条款。如在买卖合同中加入："除支付货款的责任由出租人承担外，其他事宜如设备的交货、验收、索赔等均由承租人负责或由出租人将上述权利指定和委托承租人办理。供货方如未按买卖合同的规定交付设备或迟延交付设备，致使承租人蒙受损失的，承租人对供货方具有直接提出损害赔偿诉讼的权利"；"非经承租人的同意，出租人不得擅自变更或解除买卖合同以保障承租人的利益"和"非经出租人的同意，承租人对租赁设备的规格、质量、数量、设备金额等不得变更以保障出租人的利益"等条款。

2）保留租赁设备所有权的条款

出租人在买卖合同中称作买方并依据买卖合同支付了价款，取得了租赁设备的所有权，但实际操作当中租赁设备通常由承租人直接占有和使用，对租赁设备进行实际控制。在此情况下，如何保护出租人的所有权便成为租赁合同中比较重要的内容，需要加以规定。通常在租赁合同中有如下说明：租赁设备的所有权在本合同租期内始终归出租人所有。出租人有权在租赁设立时，表明其所有权的标记。未经出租人书面同意，承租人不得将所租设备处置、转租、转让、出售或抵押给任何第三方或采取其他任何侵犯或足以侵犯出租人租赁标的物所有权的行为。若承租人破产，租赁设备不得列入破产财产范围，破产债权人无权处分租赁设备。

3）保障承租人使用权的条款

保护了出租人对租赁设备的所有权，同时也要考虑到承租人对租赁设备的使用权的保护问题。在租赁期内承租人应享有充分的独占使用权并不受到出租人所有权的非正常干扰，通常在租赁合同中作出这样的规定："出租人将租赁设备转让或抵押给任何第三方，不影响承租人对租赁设备的使用权，在此情况下，出租人应及时通知承租人，并且出租人有义务向第三方说明承租人对租赁设备的使用权不得改变或受到妨碍。为承租人与新的标的物所有者之间建立租赁关系，出租人应提供必要的协助。"

4）承租人不得单方解除租赁合同的条款

由于出租人以出租为目的，根据承租人对供货方的指定和对租赁设备的特殊要求而购买了租赁设备，为此支付相应的代价，从保护出租人的这一利益角度出发，通常在租赁合同中规定承租人不得单方面终止租赁合同的条款。此种条款通常表现为类似的一些规定："租赁设备经承租人验收合格后，承租人负有保管义务，承担与租赁设备有关的一切风险。在租期内发生丢失、灭失或毁损，承租人不得中止或解除合同，并仍负有按期支付租金的义务。"因为，如果租赁合同中止或解除了，买卖合同并没有被中止或解除，出租人仍负有向供货方支付货款的义务。至于租赁设备在承租人保管期间发生丢失、灭失或毁损时，承租人如何处理，通常采取如下几种方式：①由承租人承担一切用于复原、修理或更换的费用，使其能正常工作；②灭失或毁损十分严重无法修理时，承租人应按合同中规定的预定损失赔偿，给予出租人赔偿，出租人收到赔偿金后将租赁设备的所有权移交给承租人。

5）出租人将设备索赔权利转让给承租人的条款

因为供货方及租赁设备均由承租人指定，所以出租人与供货方签订买卖合同时最好也让承租人在该合同上签字或盖章确认，这样也表明三方对租赁设备索赔权利转让的一种认可，该认可通常在合同中作出这样的条款："出租人即购买人将对租赁设备的所有索赔权转让给承租人，所有向供货方索赔而支出的费用均由承租人负担，取得的赔偿金也归承租人。但无论承租人取得赔偿与否，承租人均应无条件按租赁合同的规定交纳租金。"只有供货方和承租人最了解租赁设备的质量、性能、指标等问题，所以将有关租赁设备的全部索赔权利转让给承租人，是符合实际情况的。

6）承租人未付租金时对出租人进行补救的条款

在融资租赁业务中出租人充分发挥其能够融通资金的能力，购买承租人指定的设备，设备价格一般都很高，出租人即购买人通常不是一次性付清全部货款，而是分期支付或延期支付，当然这也要取决于供货方是否同意出租人这样做。此种情况下，如果承租人拒付租金或延付租金，必然会对出租人偿付租赁设备货款或其营业收入产生影响，甚至会出现出租人为承租人大批垫款的情况。一般情况下出租人都会在租赁合同中加入承租人拒付或延付租金时的自我补救措施条款："终止租赁合同，同时收回租赁设备，要求承租人支付已发生的但尚未支付的全部租金及其利息，并收取赔偿金。"

7) 租赁设备的日常维护条款

在出租人与承租人签订的租赁合同中，一般都明确指出对租赁设备进行日常的使用、保管、维修和保养由承租人来负责，使设备经常处于良好的工作状态，由此产生的全部费用应由承租人负担，需要与供货方进行联系的，也应由承租人来进行，因为供货方提供设备，同时负有承担售后维修服务的义务，供货方一般直接同承租人之间签订设备的保修合同，但出租人负有协助承租人向供货方索赔的义务。同时这条款有利于租赁期满后，承租人用名义价款购得设备。

8) 保险条款

融资租赁业务所经营的通常都是大型的成套设备，投保是十分必要的，对承租人和出租人双方都有好处。在合同中必须明确保险范围、谁投保、保险费用的承担等问题。从实践中来看，投保范围既包括火灾、水灾、地震等自然因素造成的损害，也包括偷窃、第三者责任等人为因素造成的损害。一般由承租人投保，因为他是租赁设备的使用人，有时也可以由出租人去投保，但承租人投保时承租人应与出租人就保险的范围、保险公司的选择、投保金额等达成共识。保险合同的受益人应为出租人，也可以是出租人和承租人两个人。注意由于承租人实际控制租赁设备，所以在租赁期间发生保险合同范围内规定的保险事故时，承租人应立即通知出租人和保险公司，不管是由哪一方投保的，双方应共同向保险公司索赔，提供并介绍有关情况，以便获得赔偿。

9) 租赁保证条款和担保条款

根据《合同法》规定，租赁合同中出租人通常要求承租人在签订租赁合同后立即支付一定比例的保证金，作为承租人支付租金的保障，并且当出租人收到保证金后，租赁合同才生效。如果承租人拒付或延期支付租金时，出租人可以从保证金中进行抵扣。如果承租人按时支付租金，租赁期满后出租人将全部保证金返还承租人。另外，当承租人违反租赁合同的任何条款而给出租人造成损失时，出租人可以从保证金中扣留相应的赔偿金额。租赁保证金的比例一般为全部租金的10％左右，远远不能保障出租人的利益，所以在租赁合同中通常另外规定有担保条款，该担保条款为第三方的连带责任担保条款，但必须注意第三方应在租赁合同上签字或盖章认可，这样才生效；也可以选择承租人的抵押或质押担保条款，但双方一定要办理抵押物的抵押登记手续，其他担保方式出租人和承租人可以在担保法规定的范围内协商确定。担保的范围应是向出租人支付全部租金、其他应付而未付款项及迟付的利息。

10）租赁期满时的设备处理条款

承租人只享有租赁设备的使用权，租赁期满后应归还给出租人，即退租，但通常情况下，承租人还要继续使用设备，则双方还要订立有关的续租或留购合同。在实际的融资租赁交易中，大多数承租人在租赁期满后，选择留购，只需支付名义货价即可取得租赁设备的所有权。

11）预提所得税条款

这种情况只存在于国际融资租赁业务中。国际融资租赁业的国际租赁合同中由于出租方通常位于国外，在中国境内没有设立机构，而有来源于中国承租人支付的租金收入，对这笔收入，除少数免税国家和地区外，世界各国一般都要对这笔收入征收预提所得税，由于是在承租人向出租人支付租金时，按一定比例预先扣留下来缴付给有关税务机关的，因此称作预提所得税，在此情况下，承租人为义务扣缴人，如承租人没代为扣缴，要承担税收征管法中规定的有关责任。

10.3　融资租赁合同的履行

10.3.1　融资租赁合同履行的概念及原则

融资租赁合同的履行是指当事人，按照所签订合同的标的、履行期限、租金和履行方式及地点等，全面完成自己承担的义务和责任。融资租赁合同履行的原则主要有以下几项。

1. 全面履行原则

《合同法》规定："当事人应当按照约定全面履行自己的义务。"这一规定，确立了全面履行原则。全面履行原则，又称适当履行原则或正确履行原则，它要求当事人按合同约定的标的及其质量、数量，合同约定的履行期限、履行地点、适当的履行方式，全面完成合同义务的履行。依法订立的合同，在合同的当事人间具有相当于法律的效力，因此，合同当事人受合同的约束，履行合同约定的义务应是自明之理。我国颁布的《民法通则》也规定，合同的当事人应当按照合同的约定，全部履行自己的义务，两者的实质是相同的。在理论上，履行原则有全面履行原则和实际履行原则之分。按照实际履行原则，合同一经有效成立，合同当事人就必须按照合同的标的履行，不允许以支付违约金或损害赔偿金代替实际履行；支付违约金或损害赔偿金只是作为在特定情形下对违约的一种补救方法。全面履行原则在要求合同当事人按合同标的履行合同义务这一点上和实际履行原则的要求相同，但其并不禁止合同当事人变更和解除合同，也允许通过承担违约责任来代替实际履行，因为这体现了市场经济的内在要求——合同自由。

2. 诚实信用原则

《合同法》规定："当事人应当遵循诚实信用原则，根据合同的性质、目的和交易习惯履行通知、协助、保密等义务。"诚实信用原则要求当事人在履行合同时应做到以下几点：债务人不得履行自己已知有害于债权人的合同；在以给付特定物为义务的合同中，债务人于交付物之前，应妥善保存该物；在发生不可抗力或者其他原因致使合同不能履行或者不能按预定条件履行时，债务人应及时通知债权人，以便双方协商处理合同债务；在合同就某一有关事项未规定明确时，债务人应依公平原则并考虑事实状况合理履行。

总之，诚实信用原则就是要求人们在市场活动中讲究信用，诚实不欺，在不损害他人利益和社会利益的前提下追求自己的利益。但诚实信用原则并没有确定的内涵，有无限的适用范围，它是随着社会的变迁而不断修正自己的价值观和道德标准。其实质是用诚实信用来促进公平交易，实现交易所带来的社会经济功能，是一种法律技术。

3. 情势变更原则

情势变更原则，是指合同成立后至履行完毕前，合同存在的基础和环境，因不可归属于当事人的原因发生变更，若继续履行合同将显失公平，故允许变更合同或者解除合同。

情势变更原则最早见于13世纪注释法学派著作《优帝法学阶梯注解》中的"情势不变条款"。该条款假定每个合同在成立时均以当时作为合同基础的客观情况的继续存在作为默示条款，一旦这种客观情况不复存在，允许当事人变更或解除合同并免除责任。随着经济的发展和法学流派的更替，情势变更原则发展至今，已成为大陆法系合同法重要原则之一。英美法系，没有情势变更原则这一法律术语，但有与之类似功能的"合同落空"原则，目的在于消除合同因其基础发生变化而产生的不公平后果。

10.3.2　融资租赁合同履行的具体内容

1. 履行的主体

融资租赁合同的履行主体有三方：出租人、承租人和设备出卖人。

（1）出租人应履行的义务：①出租人按照购货合同规定的付款数额、时间和办法支付货款给设备出卖人。②在承租方租赁期间，如果出租方将租赁物的所有权转让给第三人，必须及时通知承租方，并协助承租人办理与租赁物的新所有人之间保持租赁关系的手续。③如果供货人提供的租赁物的质量、性能等不符合合同规定，或者延期交货的，出租人应出面协助承租人向出卖人索赔。或者将购买合同中对出卖人的索赔权转让给承租人。④租赁期限届满后，如合同规定由出租人收回租赁物的，应按合同规定及时收回租赁物。

（2）承租方应履行的义务：①按合同规定使用、保管、保养租赁物，不得擅自对租赁物拆卸、改装、出售或者抵押给他人。②按合同规定的时间、方式、数额支付租金给出租人，即使设备出卖人交付的租赁设备的质量、数量、性能等不符合合同规定或延期交货的，也不能以此为由而不承担支付租金的义务，只能通过出租人或由出租人授权向设备出卖人索赔或提出解除购销合同。③按合同规定的时间、地点、方式接受设备出卖人交付的租赁物，并对租赁物进行验收，验收完毕后应立即出具验收证书，将租赁物收据交给出租人。如果承租人未按合同规定办理验收，租赁物则仍被视为在完整、良好状态下由承租人验收完毕。④在验收检查租赁物时发现质量、数量、性能等不符合合同规定或者设备出卖人延期交货的，应在索赔期届满前向出租人提交向设备出卖人索赔的书面通知和有关的一切证据，并协同出租人向设备出卖人索赔，索赔所需的一切费用，由承租方承担。如果由于承租人的过错而未能对外索赔或索赔不成的，其损失由承租人自己承担，承租人不得以索赔不成为由而迟付或拒付租金。⑤在租赁期限届满后，如果合同规定要退回租赁物给出租人的，要按合同规定的时间将租赁物退回给出租人。

（3）设备出卖人履行的义务：①按购货合同规定的型号、规格、质量、性能等，将设备交付给承租人；②按购货合同规定的交货时间、方式直接将租赁物件交付给承租人，并提交有关资料给承租人以便其验收。如果合同规定由设备出卖人负责安装设备的，设备出卖方还应负责安装完毕。

2. 履行的标的

履行的标的是指可供租赁的资产，应属于特定物，包括动产和不动产。当事人如果不能提供合适的标的，即为违约行为。

3. 价款和租金

价款和租金是租赁合同的重要条款，在价款和租金规定的不明确时，如果是国内融资租赁，按照国家规定的价格履行；没有国家规定价，参照市场价或者同类物品的价格标准执行；如果是涉外租赁，应遵循国际条例，国际条例中未规定的参照国际惯例。

4. 履行期限

履行期限是租赁合同的债务人向债权人履行义务和债权人接受这种履行的时间。履行期限明确的，当事人可以按照合同规定的时间履行。期限不明确的，按照我国法律和国际惯例的规定履行，即债务人可随时向债权人履行，债权人可以随时要求债务人履行义务，但必须给对方必要的准备时间。

5. 履行方式

履行方式是指当事人履行义务的方式方法，一般包括货物的交付方法、运输方法、交货地点、质量检查方法、结算支付方法、保险及担保方法等。当事人必须按照合同规定的方式履行义务，否则对方当事人有权拒绝接受或支付货款，并可追究其违约责任。

6. 履行地点

履行地点直接决定着风险的负担、权利的分配、违约与否的判断，因此是租赁合同履行的重要内容。履行地点一般由合同规定，如果履行地点规定不明确，按惯例，一般在履行义务一方的地点履行，涉及租金的，一般以接受给付一方的所在地为履行地。

10.4　融资租赁合同的变更、解除和终止

10.4.1　租赁合同变更和解除的基本含义及其作用

经济合同依法成立，即具有法律约束力，当事人必须全面履行合同规定的义务，任何一方不得擅自变更或解除合同。但是在租赁合同的履行过程中，由于某些客观情况的出现，使得原订合同的条款履行困难，或者合同的继续履行将有悖于签约目的，这就需要对合同的某些条款作必要的修改和补充，有的甚至要提前终止合同的效力。这样，租赁合同的变更和解除就不仅是必要的，而且是不可避免的了。

租赁合同的变更是指双方当事人对原订合同的某些条款进行修改补充，并产生新的合同法律关系的行为。租赁合同的变更一般是发生在合同还未履行或尚未履行完毕之前，变更的内容涉及合同法律关系的三要素，既可以是签约主体、约定的权利义务、合同的标的等三要素同时发生变化，也可以是其中某一要素发生变化。所谓租赁合同的解除是指双方当事人经协商或单方面提前终止合同效力的行为。合同解除后，双方当事人约定的权利义务关系即告终止。

租赁合同的变更和解除，虽然都是合同生效后在特定情况下所发生的一种法律行为，但两者却有严格的区别：其一，两者的基本含义不同。租赁合同的变更是以原合同为基础的，是原有合同的延续和部分内容的变化，双方当事人的权利义务并没有归于消灭，合同仍要执行。租赁合同的解除则是提前终止合同的效力，双方当事人的权利义务关系归于消灭，合同不再履行。其二，两者的法定程序不同。租赁合同的变更应由一方当事人提出变更合同的要约，另一方在法定期限内作出承诺，合同的变更才能成立。租赁合同的解除除了由双方协商同意的需经要约和承诺的程序，尚有单方通知另一方解除合同的不需要经过要约和承诺的

程序。

虽然租赁合同的变更和解除有严格的区别，但其基本作用是在合同履行困难，或一方严重违约时所采取的一种补救措施，对于避免损失、妥善解决合同履行过程中出现的困难、维护当事人的合法权益，有着重要的作用。

10.4.2　融资租赁合同变更和解除的原则和条件

经济合同签订后即具有法律效力，当事人是不能擅自变更或解除的。为了严肃合同纪律，使合同的变更、解除合法和有效，当事人在变更和解除合同时，必须遵循一定的原则：第一，依法变更、解除合同的原则。合同的变更和解除必须符合法律的规定、符合法定的条件，如果随心所欲，损害了另一方的利益，是要承担违约责任的。第二，意思表示一致的原则。其是经济合同变更必须遵循的原则，合同的变更往往涉及双方当事人权利义务的变化，关系当事人的经济利益，因此必须由双方协商同意，而不能以单方的意思表示作出变更，否则不具备法律效力。第三，单方有权解约的原则。经济合同的解除除了适用意思表示一致的原则，在更多的情况下适用单方有权解约的原则。这是当事人在遇见不可抗力或对方有严重违约的情况下所采取的补救措施，对违约方具有制裁性。

经济合同变更和解除的原则对租赁合同的变更、解除具有指导意义。在现实经济生活中，哪些情况出现后允许变更、解除合同呢？《合同法》根据我国市场经济的实际情况，把以下几种情形作为变更和解除的必备条件。

1. 当事人双方经协商同意，并且不因此损害国家利益和社会公共利益

经济合同的成立是当事人双方协商一致的产物，如经双方协商同意，合同是可以变更、解除的。在合同的履行过程中，一方当事人因某种原因提出了变更或解除合同的请求，只要不损害国家和社会公共利益，经双方同意后，应允许变更或解除。在这里经双方协商同意是前提条件，不因此损害国家利益和社会公共利益是限制性条件。

2. 由于不可抗力致使经济合同的全部义务不能履行

所谓不可抗力是指当事人在订立合同时不能预见，对其发生和后果不能避免、并不能克服的事件。要判定某种客观情况是否属于不可抗力性质，必须符合以下三个要件：其一，主观要件，即事件的发生是当事人不能预见和无法预见的。如果在订立合同时，当事人能够预见该事件要在何时、何地发生，发生的情形如何，则不属于不可抗力；其二，客观要件，即当事人对事件的发生及其后果是不能避免和不可克服的。如果当事人能够采取有效措施避免事件的发生、克服其不利后果，也不认为是不可抗力；其三，在后果方面必然导致合同的部分或全部不能履行，以及标的物部分或全部损失。由于不可抗力的出现给当事人履行合同造成了困难，这就应视其不可抗力对履行合同的影响程度，对经济合同作出相

应的变更,如果当事人确实无法履行合同的,有权通知另一方解除合同。

3. 由于一方在合同约定期限内没有履行合同

按期履约这是契约关系的基本要求,到期不履行或延期履行是一种严重的违约行为,它将导致一系列法律后果,并直接造成当事人的经济损失。在现实经济生活中,常见的情况有以下几种:第一,不按期交付标的物,拖延了企业开业、投产的日期,或造成企业停工待料。第二,因延迟交货,使时令性、季节性强的商品错过销售季节,造成商品积压。第三,因一方延迟交货,致使对方与他人签订的合同也无法按时履行,造成连锁反应。第四,因不能按时交货,导致商业企业的商业利润损失。为了避免或减少损失、制裁违约方,当一方不能按时履行合同时,另一方当事人可以请求对方变更合同,也有权通知对方解除合同,以维护自己的合法权益。

4. 由于另一方出现了严重的违约行为,也允许变更或解除合同,但必须要有法律的明文规定,否则不得单方面解除合同

《合同法》规定:"擅自将租赁财产转租或进行非法活动,出租方有权解除合同。""投保方如隐瞒被保险财产的真实情况,保险方有权解除合同或不负赔偿责任。"一般的违约行为是不需要解除经济合同的,它是通过违约方偿付违约金、赔偿金、强制实践履行等承担违约责任的方式来解决的,如果随意采用单方解除合同的方式,这只能造成合同秩序的混乱,给擅自变更、解除合同的行为留下可乘之机。

为了严肃合同纪律、确保契约关系的法律约束力,《合同法》还规定了下列几种情况不允许变更或解除合同:①因企业关闭停产、转产不能履行经济合同的,不允许变更、解除合同。企业的关闭、停产、转产,是由于企业的经营管理和产品结构调整等原因造成的,不应将此种情况与不可抗力相提并论,而作为变更或单方解约的依据,如果确实无法履行合同,必须承担违约责任。②因当事人一方发生合并、分立时,不允许变更或解除合同。企业的合并、分立是经营主体产权关系的转移,它并没有丧失履行合同的条件和能力,不得以此作为变更和解除合同的依据,而应由变更后的当事人承担或分别承担履行合同的义务和享受应有的权利。③不得因承办人或法定代表人的变动而变更或解除合同。承办人或法定代表人对外签订经济合同,是以法人的名义进行的,是代表法人作意思表示,即使承办人或法定代表人因工作需要或其他原因作了变动,但法人并未丧失履约条件和能力,因而不得变更或解除合同。

5. 约定解除

约定解除是租赁合同当事人可以约定解除合同的条件。一旦出现了所约定的条件时,一方或双方即有权解除合同,但必须对双方均作出限制性的规定。当事

人采取约定解除的目的主要是考虑将来情况可能发生变化，也许有必要从合同的约束中解脱出来，给解除租赁合同留有余地。

10.4.3　融资租赁合同变更和解除的程序

我国《合同法》以及有关合同实施条例或实施细则规定，合同的变更和解除必须按照规定的原则和程序来进行。

融资租赁合同变更的程序。融资租赁合同的变更是双方当事人意思表示一致的法律行为，在法律上仍分解为一方当事人提出变更融资租赁合同的要约和另一方当事人对要约的承诺。融资租赁合同变更的要约由遇见特定情况的一方向另一方提出，要约的内容应包括融资租赁合同变更的原因、变更的具体意见，以及要求对方答复的期限。

对于由于不可抗力、情势变更和由于当事人没有按期履约的，则可以单方面解除合同。解除租赁合同的通知应以书面形式（包括文书、电报等）向对方发出，对方收到通知后，合同即为解除。

在融资租赁合同的变更或解除的程序中，还应注意解决好以下六个问题。

（1）融资租赁合同生效以后，当事人一方无权改变由其双方达成一致的协议。变更或解除融资租赁合同必须由当事人双方协商一致才能成立，在协议未达成前，原订融资租赁合同仍然有效。如果当事人一方提出变更或解除融资租赁合同，双方未达成协议而发生争议，属于融资租赁合同纠纷，当事人一方可向融资租赁合同管理机关提出申请，由融资租赁合同管理机关或人民法院或仲裁机关根据国家利益的要求和当事人双方的实际情况给予解决。

（2）变更或解除融资租赁合同的建议和答复，应在融资租赁合同规定或有关法规规定的期限内作出。建议变更或解除融资租赁合同的一方，可以提出要求答复的期限，但应给对方必要的权益和考虑的时间。对方当事人在接到关于变更或解除融资租赁合同的提议通知后，应在建议一方要求的期限内给予答复。如果提议变更或解除融资租赁合同的一方没有要求答复的期间，则应按通常适用的期限答复。

（3）变更或解除融资租赁合同的协议应采用书面形式（包括文书、电报等）。说明融资租赁合同履行成为不必要或者不可能的实际情况，并出示有关的证据。采用书面形式对于确认和证明合同变更或解除的法律事实有着重要的意义。

（4）融资租赁合同已经公证的，变更或解除租赁合同的协议应送达原公证机关审查、备案，融资租赁合同有担保单位或担保人的，变更或解除融资租赁合同的协议应送担保单位或担保人，并应由其确定是否继续担保。

（5）解除融资租赁合同使一方当事人遭受损失的，除依法可以免除责任外，应由责任方负责赔偿。在赔偿责任中，一般是因有过错而承担责任；也有无过错而承担赔偿责任的，如因融资租赁合同双方当事人之外的原因致使融资租赁合同一方当事人必须要向融资租赁合同另一方当事人承担赔偿责任的。在租赁合同变更或解除中，还必须注意解决好两个问题：①凡是融资租赁合同的签订经过了特殊程序，融资租赁合同的变更或解除也应按原融资租赁合同成立的程序进行。②融资租赁合同订立时经过鉴定的，在变更或解除融资租赁合同达成协议后，要报原签订机关备案。签订部门经审查发现变更或解除融资租赁合同协议过程中有问题，可以协助纠正，也可以撤销其变更或解除合同的协议。涉外融资租赁合同的解除，往往涉及款项的结算和财产的清理及善后问题，原合同约定的结算和清理条款仍然继续有效，并不因融资租赁合同的解除而终止其效力。

10.4.4　融资租赁合同变更和解除的法律后果

根据《合同法》规定，合同一旦解除，合同关系即归于消灭，合同一旦变更，合同关系即要发生变化。合同变更或解除后会发生一定的法律后果。《合同法》虽然允许变更或解除，但这并不意味着有过错的一方当事人可以免除责任。合同变更或解除后，对责任的承担仍然采用过错责任原则，只要当事人有过错，并给对方造成了损失，即使合同已经变更或解除，过错方仍要承担赔偿责任。《民法通则》规定："合同的变更或解除，不影响当事人要求赔偿损失的权利。"

根据融资租赁合同变更、解除的不同原因，可对赔偿责任作如下划分。

（1）由双方当事人自愿协商同意变更、解除合同的。如果是因合同的变更、解除给另一方造成了损失，由提出合同变更、解除的一方承担赔偿责任；因一方违约而引起协商变更、解除合同的，由违约方承担赔偿责任；如果因双方的责任造成了损失，则由双方分别承担应有的责任。

（2）由于不可抗力的原因造成合同变更、解除的，遇见特定情况的一方可依法免除赔偿责任。但是不可抗力发生后，要求变更或解除合同的一方应及时通知对方，对由于未及时通知对方而导致的损失部分应承担赔偿责任。

（3）由于另一方在合同约定的期限内没有履行合同而造成损失的，承担违约金。

（4）违约金、赔偿金应在明确责任后10天内偿付，否则按逾期付款处理。

10.4.5　融资租赁合同终止

融资租赁合同的终止，也就是融资租赁合同的权利义务终止，是指当事人双方终止融资租赁合同关系，融资租赁合同确立的当事人之间的权利、义务关系消失。融资租赁合同终止的原因有以下几点。

（1）债务已经按照约定履行。融资租赁合同生效后，当事人应当按照约定履行自己的义务，如果当事人完全按照合同约定履行了自己的义务，也实现了自己全部的权利，订立融资租赁合同的目的已经实现，融资租赁合同确立的权利义务关系结束，融资租赁合同自然也就结束了。

（2）融资租赁合同解除。当事人协商解除或者依照法律规定解除融资租赁合同，该合同也自然终止。

（3）债务相互抵消。在融资租赁合同中，通常情况下是出租人为债权人，承租人为债务人，但如果出租人与承租人之间存在其他的债权债务关系，则也可能存在债务相互抵消的问题，如在回租中，出租人（买卖合同中的买货人）与承租人（买卖合同中的出卖人）就有可能就各自所负的债务进行相互抵消，并导致融资租赁合同的终止。由于融资租赁合同中抵消产生的根据不同，抵消可分为法定抵消和协议抵消两种。

法定抵消。法定抵消就是由法律直接规定抵消的构成要件，当要件具备时，只要当事人一方作出抵消的意思表示，就发生抵消的效力。在融资租赁中，法定抵消必须具备以下条件：①当事人互负债务。即出租人与承租人互为债权人与债务人。②债务已经到期。即双方当事人应当履行债务的期限已经到来，未到期的债务不能抵消。③债务的标的物种类、品质相同。即双方当事人用于清偿债务对象的种类与品质相同。一般来说。在融资租赁合同中承租人应当履行的债务是金钱债务，因此若要发生抵消，必须是承租人对出租人同时享有金钱债权。④债务不属于依照法律规定或者按照合同性质不得抵消的债务。依照法律规定不得抵消的债务和依合同性质不得抵消的债务，不能抵消。

协议抵消。所谓协议抵消，是指由互负债务的当事人协商一致后发生的抵消。协议抵消是当事人意思自治原则的体现，是对法定抵消的补充，主要适用于标的物种类、品质不相同的债务的抵消。即只要当事人互负债务，不论该债务标的物的种类、品质是否相同，都可经当事人双方协商一致而抵消。

（4）债务人依法将标的物提存。在融资租赁合同中，如果发生出租人突然下落不明或者无正当理由拒绝受领承租人支付的租金，承租人可以将应当支付的租金提存。当租金全部提存时，融资租赁合同终止。

提存是指由于债权人的原因致使债务人无法向债权人支付合同标的物时，债务人将标的物交给提存机关而使合同权利义务关系终止的一项法律制度。在融资租赁合同中，承租人在租赁合同期限届满时如进行提存，租金部分可以直接进行提存。但租赁物则有可能不适宜进行提存，如提存费用过高，承租人可以拍卖或者变卖租赁物，然后将所得价款进行提存。标的物提存后，除债权人下落不明的以外，债务人应及时通知债权人或者债权人的继承人、监护人。在提存期间，标的物的孳息归债权人即出租人所有。在提存后标的物毁损、灭失的风险由债权人承担。提存期间发生的有关保管提存物的费用，由提存物的所有人即债权人负责。

（5）债权人免除债务。一方当事人自愿免除另一方当事人的债务并导致合同的终止，这在任何一种合同中都有可能发生，所以在融资租赁合同中也同样适用。

在融资租赁合同中，债权人（出租人）免除债务人（承租人）的债务，必须向债务人作出明确的意思表示，而且应当以书面通知的方式为之。同时，如果债权人作出免除债务人债务的意思表示，就不应当再予撤回，债权人免除债务人全部债务的，合同的权利义务全部终止，即合同终止；免除债务人部分债务的，合同的权利义务部分终止，未免除部分仍然有效，债务人仍需履行。

（6）债权债务归于一人。出租人与承租人合并组成一个新的公司，或者一个公司同时将出租人和承租人合并进来，就产生了融资租赁合同的债权债务归于一人的情形，自然会导致融资租赁合同的终止。

（7）法律规定或者当事人约定终止的其他情形。融资租赁合同的情况千差万别，当事人可以约定各种终止融资租赁合同的条件，当事人约定终止的各种条件成熟时，融资租赁合同终止。

本章小结

融资租赁业务的进行要经过选定租赁设备、委托租赁、商务谈判、签订合同、购入设备、偿付租金等程序。其中一切的依据都是以融资租赁合同为基础。融资租赁合同是指出租人根据承租人对出卖人、租赁物的选择，向出卖人购买租赁物，提供给承租人使用，承租人支付租金的合同。合同中的当事人为特殊的三方主体，即出租人、承租人、供货商。三方存在两个有机结合的合同关系，即购买合同、租赁合同。出租人必须按照承租人的要求出资购买租赁物、租赁期内租赁货物的所有权和使用权相分离、出租人对租赁货物的质量不负责，其核心还是融资。也决定了融资租赁合同与分期付款买卖合同、借款合同的不同。

租赁合同签订的程序根据具体的业务，内容也不尽相同，但签订租赁合同的基本环节一般有选择租赁物、选择出租人、项目受理、订立相关买卖合同和订立融资租赁合同。其中签订购货合同是签订租赁合同的基础。融资租赁合同有自己的特色，可以从合同的条款中反映出来，核心是保证金和担保条款；租赁担保人应有担保能力，担保条款的约定必须详尽，不能用一般担保，必须是承担连带责任的担保。租赁期满对租赁设备的处理条款、预留残值和财务残值的处理应精确，并符合法律规定；租赁物件的保养与维修条款；对租赁物件在租赁期间的使用、保养的责任要明确规定，养护方法、养护要求要尽可能详细等特别条款。

租赁合同的成立、变更、解除都遵从一般的合同规定，《合同法》根据我国市场经济的实际情况，把以下几种情形作为变更和解除合同的必备条件：①当事人双方经协商同意，并且不因此损害国家利益和社会公共利益。②由于不可抗力致使经济合同的全部义务不能履行。③由于一方在合同约定期限内没有履行合同。④由于另一方出现了严重的违约行为，也允许变更或解除合同，但必须要有法律的明文规定，否则不得单方面解除合同。在合同生效上同样也具有自身的特点，首先要考虑融资租赁合同的主体资格、合同的标的物的特殊性。其次融资租赁合同的终止是融资租赁合同的权力义务终止，是指当事人双方终止融资租赁合同关系，融资租赁合同确立的当事人之间的权力、义务关系消失。融资租赁合同终止的原因有：债务已经按照约定履行；融资租赁合同解除；债务相互抵消；债务人依法将标的物提存；债权人免除债务；债权债务归于一人；法律规定或者当事人约定终止的其他情形。

> 思考题

    1. 简述融资租赁合同与买卖合同的区别。

    2. 融资租赁合同的主要内容。

    3. 租赁合同中要注意的特殊条款是什么？有什么作用？

    4. 融资租赁合同签订应注意的事项有哪些？

第 *11* 章

租赁会计与租赁税收

【本章提要】 本章的主要内容包括：租赁会计的核算对象、处理原则；融资租赁会计中承租人、出租人的会计处理，融资租赁会计信息的揭示；经营性租赁会计中承租人和出租人的会计处理，经营性租赁会计信息的揭示以及相关案例。最后介绍了租赁税收，包括国际以及我国的租赁税收制度和我国租赁税收政策存在的问题。

从会计准则的角度讲，租赁是指在约定的期间内，出租人将资产使用权让与承租人以获取租金的协议。从税收的角度讲，融资租赁是指具有融资性质和所有权转移特点的设备租赁业务。租赁业在一个国家得到发展，需要"四大支柱"的支持，这就是监管、法律、会计准则和税收。这四大支柱中租赁会计和租赁税收是结合比较紧密的两个方面。没有会计准则，无法准确界定经营活动属于何种法律保护范围。没有税收上的好处，租赁成本高，没有吸引力。由此可见它们对租赁业的发展具有非常重要的意义。本章内容主要围绕租赁会计和租赁税收展开。

■ 11.1 租赁会计概述

11.1.1 租赁会计制度的产生和发展

会计制度的根本目的是向与企业有利害关系的各方提供企业的财务会计信息，真实反映企业财务状况，保证企业信息披露的完整性，以便投资者和债权人作出相关的财务决策。对于不同的会计报表使用者，利用财务报表的目的是不一样的。在传统的租赁业务中，会计制度认为租赁物件属于出租人的资产，在出租人的会计报表上体现为固定资产，由出租人进行资本化（即提取折旧），租金列入出租人的当期收益；在承租人方面，将租金直接列入本期费用支出。现代融资租赁交易产生后，这种处理方式暴露了许多问题。对于期限较长的融资租赁来说，出租人具有一笔长期可收到的租金，但已不再享有租赁设备资产产生的利益。对于承租人来说，自融资租赁交易开始，承租人便具有一笔长期应付的租金债务，在租赁期内享有不属于自有资产的经济利益，同时承担租赁期内租赁物件的风险责任，这样一笔交易如果仅仅将当期租金支出反映为当期费用，忽视了承租人对全部租金的未来绝对支付责任，不在承租人的资产负债表上反映，实际上是人为粉饰了承租人的财务状况，隐瞒真实财务会计信息，美化了承租人的资产负债表，误导报表的阅读者。事实上，在融资租赁产生初期，会计制度所允许的租赁对于承租人的"表外"融资①功能给了承租人一个很大的"钻空子"的机会，这也是租赁业务迅速发展的主要原因之一，租赁会计改革的重要性由此可见。

　　国外的租赁会计制度发展比较早，1973 年，美国执业会计师协会所属会计程序委员会更名为美国财务会计准则委员会，成为美国制定公认会计准则的权威机构。为了建立公认的租赁会计准则，该委员会继续就租赁会计作为重要课题进行研究，并于 1976 年发表了《财务会计准则第 13 号：租赁会计》（FAS13），它取代了以前颁布的所有有关租赁会计的文件，全面、系统地明确了租赁会计业务处理中的问题，将租赁业务从出租人和承租人的不同角度根据交易目的进行了分类，并制定了具体分类标准和不同租赁类型的会计处理方法，成为权威性的租赁会计处理准则，从而有力地推动了世界各国租赁会计标准的形成，促进了《国际会计准则第 17 号——租赁》的颁布。1982 年 9 月，国际会计标准委员会公布了《国际会计准则第 17 号——租赁的会计处理》（IAS17），为在全球范围内统一租赁业务会计处理的原则迈出了重要一步。IAS17 与 FAS13 的处理原则基本一致，即规定了融资租赁由承租人予以资本化、经营租赁由出租人资本化的原则。

　　当时，对租赁资产是否资本化有不同的观点，提倡承租人应对融资租赁资产资本化的理由主要有：一是实质高于形式，融资租赁是实质转移随附于资产所有权的全部风险和报酬的协议，虽然形式上并没有转移所有权，但承租人拥有实际的经济所有权，融资租赁的资产与利用分期付款方式购买的资产对财务状况和经营成果的影响基本相同，应采用相同的会计处理方法；二是融资租赁作为一项不

---

　　① "表外"融资指不需要列入资产负债表的融资方式，即该融资既不在资产负债表的资产方表现为某项资产的增加，也不在负债及所有者权益方表现为负债的增加。

可撤销的协议，承租人在长期内拥有资产带来的收益并支付租金，承担租赁物的风险责任，承租人具有持续支付租金的责任，对承租人的资产、负债、费用有实质影响，如果不纳入资产负债表反映，承租人的经济资源和债务责任会被低估，导致会计信息虚假和失真。而反对租赁资产资本化者则认为：法律形式至高无上，将租赁资产从出租人资产转移到承租人的资产负债表中，出租人的所有权无法体现和受到保护。

FAS13 和 IAS17 颁布后，有些国家如美国、德国、比利时、日本、韩国等采取了融资性租赁由承租人予以资本化、经营性租赁由出租人资本化的准则；另外一些国家如英国、巴西、意大利、法国等继续按照传统租赁会计实行所有类型的租赁均由出租人予以资本化的政策。

11.1.2　我国租赁会计制度的发展

租赁业务在我国出现较早，但在商品经济不发达的条件下，并未形成专门的租赁经营业务。因此，有关租赁的财务、会计制度还不健全。在 20 世纪 80 年代之前，我国几乎没有融资租赁，只有极少的经营性租赁，会计处理是按经营性租赁会计原则处理的，这一点与国际会计准则委员会和美国财务会计准则委员会制定的经营性租赁会计原则很相近。

2001 年 1 月，经过业内人士多次讨论和修改，财政部终于颁布了《企业会计准则——租赁》，该准则吸收了国际会计准则的精华，结合我国的具体特点，分别对融资租赁、经营性租赁从出租人和承租人角度就有关会计处理和信息披露进行了规范，其相关内容与 IAS17 的原则基本一致。

11.1.3　租赁会计的核算对象

租赁会计是用来管理租赁业务活动的一种专业会计，是结合租赁业务的特点，来研究租赁业务活动中的资金运动及其消长变化和结果的会计理论与方法。因此，租赁会计是应用于租赁业的一种专业会计，它运用会计学的基本理论和方法，以货币作为主要计量单位，全面、连续、系统、规范地反映和监督因租赁业务而产生的企业资产、负债、收入和费用变化情况，从而正确地、全面地反映了租赁企业的营业情况、债权债务关系和经济效益状况。具体来说，租赁会计核算对象包括：①租赁业务引起的资产、负债、所有者权益、收入、费用以及利润等要素的变化情况；②由租赁业务特点所决定，租赁业务基本上由承租方和出租方构成，从而形成了租赁会计核算对象分别就承租人和出租人的业务进行会计处理；③租赁会计核算的对象及处理方法不是一成不变的，而是基于各个租赁企业的经营范围、业务种类、具体方式的不同而有所区别。

1. 承租方的会计核算对象

1) 经营性租赁的会计核算对象

在经营性租赁条件下，承租方租入的租赁财物的所有权并未随租赁行为的发生而转移至承租方，因此，承租方无需将租入的财物视作自有资产，也不必进行核算。与此相适应，与租赁财务有关的风险、报酬、折旧、费用都不必进行核算。应进行核算的只是按租约规定每期应付的租金。

2) 融资性租赁的会计核算对象

在融资性租赁条件下，承租方租入的租赁财物的所有权实质上已转移至承租方，因此，与租赁财务所有权有关的风险和报酬理应由承租方负担。在会计核算中，租入财物应视同自有资产进行核算，承租方除了核算定期支付给出租方的租金外，还应就租赁财物的折旧、维修费、风险等方面进行核算。

2. 出租方的会计核算对象

1) 经营性租赁的会计核算对象

在经营性租赁条件下，出租方应就出租资产的维修费、折旧费、租金收入、风险等方面进行核算。

2) 融资租赁的会计核算对象

在融资租赁条件下，出租方所要核算的就是其定期所应取得的租金收入，以及租赁期满后对出租财物处理的核算。

11.1.4　租赁会计的处理原则

进行租赁业务的会计处理必须遵循以下几条原则。

1) 租赁会计信息的提供必须符合相关性原则

相关性原则是指在会计信息传递过程中，应根据使用者对会计信息需要的不同特点，提供相关信息。具体来说，相关信息有：①租金的计算方法；②每期应收或应付的租金额；③每期的租赁费用（包括利息费用、手续费、租赁资产的折旧和维修费等）和租赁收入（指利息收入等）；④每年末租赁资产的规模（出租方和承租方）；⑤每年末应收应付或未收未付的租赁款净额等。

2) 租赁会计有关收入和费用的处理必须遵循权责发生制原则

权责发生制原则要求：凡是当期已经实现的收入和已经发生或应负担的费用，不论款项是否收付，都应作为当期的收入和费用处理，凡是不属于当期的收入和费用，即使款项已经在当期收付，都不作为当期的收入和费用。

3) 租赁的会计处理方法必须符合配比原则

我国的《企业会计准则》规定，企业的会计处理必须符合"配比原则"，即企业的营业收入与其相对应的成本、费用应当相互配合。具体来说，在会计核算中，一个会计期间内的各项收入与其相关联的成本、费用，应当在同一会计期间内进行确认和计量。

4）融资租赁价值的确定必须符合成本假设的原则

成本假设原则即历史成本原则，是指企业的各种资产应当按其取得或构建时发生的实际成本进行计价。历史成本核算原则要求对企业资产、负债、权益等项目的计量应基于经济业务的实际交易价格或成本，而对市场价格的波动不予考虑。历史成本原则有助于促进会计核算和会计信息的真实可靠。

5）应收（付）租赁款的计算应符合重要性原则

重要性原则是指在会计核算过程中对经济业务或会计事项应区别其重要程度，采用不同的核算方式。具体来说，就是对于那些对企业的经济活动或会计信息的使用者相对重要的会计事项，应分别核算、分项反映、力求准确，在会计报告中作重点说明；而对于次要的会计事项，在不影响会计信息真实性、相关性的情况下，可适当简化会计核算程序，合并反映。

6）租赁的成本摊销、负债抵减、收入计算必须符合统一的原则

一项租赁成本必须在整个租赁期间摊销，与此同时，负债也将逐渐减少。租赁资产的摊销方法必须与承租者自己拥有资产的摊销方法一致。

11.2 融资租赁的会计处理

11.2.1 承租人的会计处理

1. 融资租赁会计的处理原则

根据我国租赁准则和《企业会计制度》第75条规定，承租人融资租入固定资产时，应按租赁开始日租赁资产的原账面价值与最低租赁付款额的现值两者中较低者，作为融资租入固定资产的入账价值；按最低租赁付款额反映应付的融资租赁款；租赁开始日租赁资产的原账面价值与最低租赁付款额的差额作为"未确认融资费用"处理。如果融资租赁资产占企业资产总额比例等于或小于30％的，在租赁开始日，企业也可按最低租赁付款额作为固定资产的入账价值，并按最低租赁付款额记录应付融资租赁款。

2. 最低租赁付款额及其现值

1) 最低租赁付款额

最低租赁付款额指在租赁期内，承租人应支付或可能被要求支付的各种款项（不包括或有租金①和履约成本②），加上由承租人或与其有关的第三方担保的资

---

① 或有租金是指金额不固定、以时间长短以外的其他因素为依据计算的租金。
② 履约成本是指在租赁期内为租赁资产支付的各种费用，如技术咨询和服务费、人员培训费、维修费、保险费等。

产余值。具体分为两种情况：①租赁合同规定承租人有廉价购买选择权时，租赁付款额是指租赁期内，承租人按照租约支付给出租人的租金总额与另行支付的购买价格之和；②租赁合同未规定承租人有廉价购买选择权时，租赁付款额是指租赁期内，承租人按照租赁合同支付给出租人的租金总额，加上承租人（或与承租人有关的一方）担保的资产余值、加上租赁期届满时承租人未能续租或展期而造成的任何应由承租人支付的款项。

2）租赁付款额的现值

确定现值的关键是确定合适的折现率。从理论上讲，一般采取承租人的增资借款利率，这是假定在租赁开始日，承租人可以相同的付款条件和借款期限，借入为购买资产所需资金应支付的利率。如果承租人知道出租人的租赁内含利率，而且租赁内含利率比增资借款利率低，此时，承租人应用租赁内含利率计算租赁付款额的现值。

我国的规定是：首先，承租人计算最低租赁付款额现值时，如果知悉出租人的租赁内含利率，应当采用出租人的租赁内含利率作为折现率。其次，采用租赁合同规定的利率作为折现率。如果出租人的租赁内含利率和租赁合同规定的利率均无法获知，应当采用同期银行贷款利率作为折现率。从国外取得的融资租赁，应采用与租赁期相同期限的国外贷款利率作为折现率。

3. 会计核算内容

根据实质重于形式的原则，承租人融资租入的资产，在租赁开始日应确认为企业的一项资产（即固定资产）和负债。

（1）租入资产时确认资产与负债。

（2）初始直接费用。在租赁谈判和签订租赁合同过程中承租人发生的、可直接归属于租赁项目的初始直接费用，如印花税、佣金、律师费、差旅费等，应确认为当期管理费用。

（3）计提租赁资产折旧。对融资租入固定资产，承租人应采取与自有应折旧资产相一致的折旧政策计提折旧，这里的关键是确定租赁资产的折旧期。

（4）支付租金。应区分支付的租赁资产本金、租金利息或手续费，并进行不同的账务处理。或有租金在实际发生时确认为当期费用。

（5）未确认融资费用应在租赁期内的各个会计期间进行摊销。摊销方法一般采用实际利率法，也可用直线法或年数总和法。需要注意的是，采用实际利率法分摊时分摊率的确认。

租赁资产以最低租赁付款额的现值作为入账价值，现值的计算以出租人的租赁内含利率作为折现率的，分摊率为租赁内含利率；以租赁合同规定利率计算现值的，分摊率为租赁合同规定的利率。

租赁资产和负债以原账面价值为入账价值，应重新计算融资费用分摊率，它是指在租赁开始日使租赁付款额的现值等于租赁资产原账面价值的折现率。

(6) 履约成本，即租赁期内为租赁资产支付的各种使用成本，如技术咨询和服务费、人员培训费、维修费、保险费等。履约成本直接计入当期费用。

(7) 租赁期满，应区分不同情况进行处理：第一，行使廉价购买选择权；第二，将资产退还出租方，应注销资产的账面价值；第三，继续租赁该资产，应按重新租入固定资产处理。

4. 账户设置

(1) 对租入资产的入账价值，可在"固定资产"账户下开设"融资租入"明细账户进行核算。

(2) 对租赁负债可单设"应付融资租赁款"账户，我国现行会计实务中，将其通过"长期应付款——应付融资租赁款"账户核算。

(3) 未确认融资费用单设"未确认融资费用"账户核算。

租约规定有资产担保余值的，租赁期满，固定资产账面净值、应付融资租赁款明细账户余额应为资产担保余值。对租赁资产计提的折旧费、修理费等，依租入资产的用途，分别计入有关成本、费用中；租赁资产应分期支付的租金利息、手续费，则作为财务费用处理。

5. 账务处理

(1) 租入资产时，

借：固定资产

　　未确认融资费用

　　贷：长期应付款——应付融资租赁费

"未确认融资费用"账户应作为"长期应付款——应付融资租赁款"账户的备抵账户。期末，该账户余额应从"长期应付款——应付融资租赁款"账户余额中减去，以租赁负债净额列示于资产负债表中。

(2) 分期支付租金。支付第一期租金时，

借：长期应付款——应付融资租赁费款

　　贷：银行存款

同时，借：财务费用

　　　　贷：未确认融资费用

以后各期支付租金，会计分录可比照上面进行。

(3) 租赁期内计提折旧。租赁期满，承租人要将租赁资产退还出租人，因此应按租赁期计提折旧。

借：制造费用或管理费用等

　　贷：累计折旧

(4) 租赁期满，"长期应付款——应付融资租赁款"账户的贷方余额；固定

资产净值，即为承租人担保余值。退还资产时，

　　借：长期应付款——应付融资租赁款

　　　　累计折旧

　　　贷：固定资产——融资租入

　　租赁期满，如果租赁资产归承租人所有，承租人在支付最后一期款项的同时，

　　借：固定资产——生产经营用（非生产经营用）

　　　贷：固定资产——融资租入

　　（5）我国租赁准则及《企业会计制度》的规定。承租人融资租赁资产占企业资产总额比例等于或小于 30％的，在租赁开始日，也可按最低租赁付款额同时反映租赁与负债。采用这种方法，会计上无须核算未确认融资租赁费用。

　　租赁开始日，

　　借：固定资产——融资租入

　　　贷：长期应付款——应付融资租赁款

　　支付租金时：

　　借：长期应付款——应付融资租赁款

　　　贷：银行存款

　　以后各期支付的租金，会计分录可比照上面进行；租赁期内计提折旧、租赁期满返还资产的会计分录同上面（3）和（4）。

11.2.2　出租人的会计处理

1. 最低租赁收款额

　　与承租人的最低租赁付款额相对应，最低租赁收款额是指，最低租赁付款额加上独立于承租人和出租人，但在财务上有能力担保的第三方对出租人担保的资产余值。

2. 会计核算内容

　　采取融资租赁，租赁资产由承租人计提折旧并负责维修。其会计核算内容主要包括：

　　（1）租赁开始日确认租赁债权。融资租赁方式下，出租人将资产的使用权长期转让给了承租人，并以此获取租金。因此，出租人的租赁资产在租赁开始日实际上变成了收取租金的债权。租赁开始日，出租人应将最低租赁收款额作为应收融资租赁款的入账价值，并同时记录未担保余值，将最低租赁收款额与未担保余值之和与其现值之和的差额确认为未实现融资收益。融资租赁中，出租人的租赁收款额与未担保资产余值之和称为租赁投资总额，它是出租人因出租资产而将获取的总收入。租赁投资总额与未实现租赁收益的差额，即为租赁投资净额。

(2) 租赁谈判和签订租赁合同过程中出租人发生的手续费、律师费等初始直接费用，应确认为当期管理费用。

(3) 确认各期的租赁收益。①国际会计准则中，确认各期租赁收益的方法主要有两种：一是"净额投资法"，即按各期租赁投资净额的余值及租赁内含利率计算确认各期租赁收益；二是"净现金投资法"。由于融资租赁会产生现金流出（如购入资产的付款、税款和借入资金本息的偿还等）和现金流入（如租赁期内资产本金的收回、租金利息、手续费收入，以及因租赁而发生的税款减免等），采用"净现金投资法"是以与某项租赁业务有关的现金净流出额（即净现金投资额）为依据计算确认各期租赁收益，它主要适用于预期从租赁业务中获得所得税减免等优惠，从而减少现金流出的企业。②我国规定出租人采用实际利率法计算当期应确认的融资收入，在与按实际利率法计算的结果无重大差异的情况下，也可采用直线法或年数总和法，或有租金在实际发生时确认为当期收入。

(4) 对承租人逾期未付租金的处理。出租人对超过一个租金支付期未收到的租金，应当停止确认租金中包含的融资收入；其已确认的融资收入，应予冲销，转作表外核算。以后在实际收到租金时，将租金中所含融资收入确认为当期收入。

(5) 合理计提应收融资租赁款坏账准备。出租人应当根据承租人的财务和经营管理情况，以及租金逾期期限等因素，分析应收融资租赁款的风险程度和收回的可能性，对应收融资租赁款减去未实现融资收益的差额部分，合理计提坏账准备。应收融资租赁款坏账准备的核算与一般企业应收账款坏账准备的核算相同。

(6) 定期检查资产的未担保余值。至少于每年年末检查一次，如果有证据表明未担保余值已经减少，应当重新计算租赁内含利率，由此引起的租赁投资净额的减少确认为当期损失，以后各期根据修正后的租赁投资净额和重新计算的租赁内含利率确定应确认的融资收入。未担保余值增加时，从谨慎性原则考虑，不作任何处理。

3. 账户设置

从事融资租赁的企业，一般为租赁公司。应设置的账户主要包括下述几项。

(1) "应收融资租赁款"：该账户核算按照融资租赁合约应向承租人收取的各种款项（包括资产本金、应收利息、手续费等），其明细核算按承租人分户进行。若租约规定资产担保余值的，租赁期满，该账户余额应与资产担保余值一致。

(2) "未担保余值"：核算租赁资产的未担保余值。

(3) "未实现融资收益"：该账户核算租赁期内应收的收益总额，包括手续费、租金利息等。

(4) "主营业务收入"：该账户核算企业从事租赁业务而取得的收入。

(5) "其他应付款"：该账户核算承租人交来的租赁保证金。保证金可抵付最后一期或几期的租金，或抵作逾期不付的租金收益；承租人违约时，则予以没收保证金。

4. 账务处理

出租人租出资产时，按租赁收款额借记"应收融资租赁款"账户，按未担保余值借记"未担保余值"账户；按租赁资产的原账面价值贷记"融资租赁资产"账户，以注销租出资产价值；借、贷方金额的差额作为未实现租赁收益，贷记"递延收益——未实现融资收益"账户。租赁期内收回租金时，再减少应收融资租赁款；并按分摊的租赁收益，确认为各期的租赁收入，同时减少未实现的租赁收益。

（1）为融资租赁购入的资产，一般直接发往承租人，无须通过出租人的仓库。但为了汇总租赁资产的原价，反映资产的出租情况，会计上可设"融资租赁资产"核算账户。购入资产时，

借：融资租赁资产

　　贷：银行存款

（2）收入租赁保证金时，

借：银行存款

　　贷：其他应付款

租赁期满，退还保证金时，会计分录与上相反。

（3）租赁开始日，确认应收融资租赁款和未实现融资收益。

租出资产时，

借：应收融资租赁款

　　未担保资产

　　贷：融资租赁资产

　　　　递延收益——未实现融资收益

"未实现融资收益"账户应作为"应收融资租赁款"账户的备抵账户。期末，将"应收融资租赁款"账户借方余额减去"未实现融资收益"账户的贷方余额后的投资净额，列示于资产负债表中。

（4）分期收取租金。公司收入第一期租金时，

借：银行存款

　　贷：应收融资租赁款

同时，借：递延收益——未实现融资收益

　　　　贷：主营业务收入——融资收入

以后各期收取租金的会计分录同上。

如果租金超过一个支付期未收到，出租人对已确认的租金收入中包含的融资收入予以冲回。会计分录为，

借：主营业务收入——融资收入

　　贷：递延收益——未实现融资收益

待以后实际收到该笔租金时，将所包含的融资收入确认为当期收入。

（5）租赁期满，"应收融资租赁款"账户有借方余额，"未担保资产"账户有借方余额，收回资产时，

借：融资租赁资产

　　贷：应收融资租赁款

　　　　未担保资产

11.2.3　租赁资产余值的核算

当租赁资产的使用年限超过租赁期时，租赁期满，资产就会有余值。为了保护出租人的利益，避免资产在租赁期内过度耗用或损坏，如果租赁期满资产由出租人收回，则租约往往规定承租人（或与承租人有关的一方）对资产余值进行担保，称之为担保余值；有时，担保人并非对资产余值全额担保，未担保的资产余值称为未担保余值。

租赁期满，应对资产的实际余值进行评估，实际余值低于担保余值时，担保人应对这部分差额全额补偿；对未担保余值，承租人不负补偿责任。

租赁资产余值的担保情况不同，核算方法也存在差异：出租人对资产担保余值应计入其最低租赁收款额内核算；未担保余值则作为租赁投资总额，并单独核算，租赁期内需经常检查，如有减值，应确认为当期损失。对承租人而言，租赁会计中只需将担保余值计入最低租赁付款额内，未担保余值无须反映。租赁期满对资产余值的会计处理。

1. 租赁期满，资产担保余值的核算

（1）租赁期满，资产的实际余值与担保余值相等。

出租人在收回资产时，

借：融资租赁资产

　　贷：应收融资租赁款

承租人在退还资产时，

借：长期应付款——应付融资租赁款

　　　累计折旧

　　贷：固定资产——融资租入

（2）租赁期满，资产的实际余值低于担保余额。

在这种情况下，承租人（或与承租人有关的一方）应向出租人全额补偿差额。出租人收回资产时，

借：融资租赁资产

　　　　银行存款

　　　　　贷：应收融资租赁款

　　承租人支付的补偿金应作为该项资产的租赁费用处理，退还资产的会计分录同前。支付补偿金时，

　　　　借：制造费用（或管理费用等）

　　　　　贷：银行存款

　　（3）租赁期满，资产的实际余值超过担保余值。

　　在这种情况下，会产生收益。既然融资租赁的实质是，出租人已将与租赁资产有关的风险和报酬转移给承租人，并通过资产余值的担保转嫁风险；那么，租赁期满，资产实际余值超过担保余值所产生的收益，应归承租人享有。更何况这种收益的产生，亦可能是承租人未能充分使用资产所致。

　　出租人收回资产时，

　　　　借：融资租赁资产

　　　　　贷：应收融资租赁款

　　　　　　　银行存款

　　承租人退还资产时，

　　　　借：长期应付款——应付融资租赁款

　　　　　　累计折旧

　　　　　贷：固定资产

　　同时，借：银行存款

　　　　　　　贷：制造费用（或管理费用等）

　　2. 出租人对资产未担保余值的核算

　　（1）出租人应定期检查租赁资产的未担保余值，如有证据表明未担保余值已经减少，出租人应重新计算租赁内含利率，并将由此引起的租赁投资净额的减少确认为当期损失。以后各期根据修正后的租赁投资净额和重新计算的租赁内含利率确定应确认的融资收入。

　　（2）租赁期满，出租人"应收融资租赁款"账户余额为租赁资产的担保余值，"未担保余值"账户余额为租赁资产的未担保余值。

　　出租人对租赁资产未担保余值的核算还需注意两点：一是如已确认损失的未担保余值得以恢复，应在原已确认的金额内转回，并重新计算租赁内含利率，以后各期根据修正后的租赁投资净额和重新计算的租赁内含利率确定应确认的融资收入。二是基于谨慎原则的考虑，未担保余值增加时，会计上不作任何调整。

11.2.4　融资租赁会计信息的揭示

1. 承租人财务会计报告中对融资租赁应予揭示的事项

融资租赁下，与租赁资产有关的风险和报酬都已转移给承租人。从法律上看，承租人并不拥有租赁资产的所有权，但通过支付租金取得了资产整个经济寿命的绝大部分时期的使用权。因此，融资租赁按照它的经济实质而非法律形式进行会计处理，以正确反映一个企业的经济资源和偿债责任。

（1）披露每类租入资产，列示在资产负债表的账面原值、累计折旧及账面净值。

（2）企业发生的融资租赁费用中，折旧费应按租赁资产的使用部门计入有关成本费用，应付利息等作为财务费用，与其他有关成本费用一起列示于利润表中。

（3）会计报表附注中应说明下列与融资租赁有关的事项：①资产负债表日后连续三个会计年度每年将支付的最低租赁付款额，以及以后年度将支付的最低租赁付款额总额；②未确认融资费用的余额；③分摊未确认融资费用的方法。

2. 出租人财务会计报告中对融资租赁应予揭示的事项

一般企业出租资产属于附营业务。以融资租赁方式租出资产时，应披露如下内容：

（1）资产负债表中应反映租赁投资净额。

（2）因出租资产取得的收入，当期确认部分作为"其他业务收入"，在利润表中列示，并在报表附注中说明。

（3）会计报表附注中的信息披露，会计报表附注中应披露：①资产负债表日后连续三个会计年度每年将收到的最低租赁收款额，以及以后年度将收到的最低租赁收款额总额；②未实现融资收益的余额；③分摊未实现融资收益所采用的方法。

11.2.5　国外融资租赁会计处理

1. 杠杆租赁会计处理

杠杆租赁在美国比较普遍，之所以能发展起来是因为杠杆租赁对出租人和承租人均有优惠。在此只介绍出租人的有关内容。

1）杠杆租赁中出租人的优惠方式

杠杆租赁是特殊形式的租赁，它是利用财务杠杆原理，即出租人用较少的投资来组织一项较大金额的租赁。出租人只投入占租赁资产20%～50%（至少为20%）的资金，而成为该项资产的所有者，其余资产由第三者诸如银行或其他金融机构提供50%～80%的贷款。贷款人对出租人并无追索权，而是以租赁资产为抵押及租金支付的转让为担保。所以，杠杆租赁至少有三方参加，即出租人、承租人和贷款人。由于出租人是租赁资产的所有者，根据美国的法律，可以获得税务等方面的优惠如下：①投资减税（一般为设备成本的 10%）；②上税基数中扣除金融机构贷款利息（利息的支出呈逐期递减的趋势）；③设备折旧的扣除（采用加速折旧法）；④租赁期满，出租人可以按公平租金与承租人续订租约或按公平价出售租赁资产。出租人将这些优惠的一部分以降低租金方式转让给承租人，使双方都获得比一般租赁较多的优惠。

2）杠杆租赁核算需增设的账户

"租赁费用"账户。该账户用于核算出租公司向银行贷款的利息费用。按规定支付利息费用时，借记本账户。另外，还应增设"长期借款"等账户。

3）杠杆租赁的核算过程

当出租人向贷款人取得贷款购置租赁资产时，应作如下会计分录，

借：租赁资产

　　贷：长期借款

按规定日期归还借款时，会计分录为，

借：长期借款

　　贷：银行存款

借：租赁费用——利息

　　贷：银行存款

2. 售后回租会计处理

售后回租也称之为返回租赁。与直接租赁相比，售后回租多了一道出售设备的手续。售后回租可以是经营性租赁，也可以是融资租赁。

1）出租人的售后回租的计量、记录原则

出租方对售后回租的计量、记录原则是：先确定租赁总投资（即租赁款）的现值，投资现值与租赁资产成本或账面价值的差额即为未实现的租赁收益，应于租赁期间以净投资的余额乘以租赁利率，摊转为每期实现的租赁收益。

2）售后回租的核算过程

当租赁公司购入承租方的资产时，

借：租赁资产——返还租赁资产

　　贷：银行存款

计算出应收租赁款总额后，

借：应收租赁款

　　贷：租赁资产——返还租赁资产

　　　　待实现租赁收益

当租赁公司收到每期租赁款时，
借：银行存款
　　贷：应收租赁款
同时，借：待实现租赁收益
　　　　贷：租赁收入

> ➤ **案例**

2000 年 12 月 1 日，M 公司与 N 公司签订了一份租赁合同。该合同的有关内容如下：

(1) 租赁资产为一台设备，租约生效日是 2001 年 1 月 1 日，租期 3 年，不可撤销。

(2) 自 2001 年 1 月 1 日起，每隔 6 个月于月末支付租金 160 000 元。

(3) 该设备的保险、维护等费用均由 M 公司承担，估计每年约为 12 000 元。

(4) 该设备在 2001 年 1 月 1 日 N 公司的账面价值为 742 000 元。

(5) 该设备估计使用年限为 8 年，已使用 3 年，期满无残值。

(6) 租约规定的利率为 7%（6 个月利率）。

(7) 租赁期届满时，M 公司享有优先购买该设备的选择权，购买价为 1000 元，估计该日租赁资产的公允价值为 82 000 元。

(8) 2002 年和 2003 年两年，M 公司每年按设备所产产品年销售收入的 6.5% 向 N 公司支付经营分享收入。

M 公司的有关资料如下：

(1) 该设备占公司资产的 48%，不需安装。

(2) 2000 年 11 月 16 日，因该项租赁交易向律师事务所支付律师费 24 200 元。

(3) 采用实际利率法确认本期应分摊的未确认融资费用。

(4) 采用平均年限法计提折旧。

(5) 2002 年、2003 年分别支付给 N 公司经营分享收入 8775 元和 11 180 元。

(6) 2004 年 1 月 1 日，支付该设备价款 1000 元。

N 公司的有关资料如下：

(1) 2001 年 11 月 10 日，因该项租赁交易支付了 48 000 元谈判费用。

(2) 采用实际利率法确认本期应分摊的未确认融资收益。

(3) 2002 年、2003 年应取得经营分享收入 8775 元和 11 180 元。

(4) 2004 年 1 月 1 日，向 M 公司取得购买设备价款 1000 元。

要求根据以上资料，作 M 公司、N 公司的会计账务处理。

会计账务处理如下：

（1）承租人（M）公司会计账务处理。

根据融资租赁的条件，可判断出该租赁交易为融资租赁。

最低租赁付款额＝各期租金之和＋行使优惠购买选择权支付金额＝160 000×6＋1000＝961 000（元）

现值合计＝160 000×P_A(6,7%)＋1000×P_V(6,7%)＝160 000×4.7665＋1000×0.666＝763 306(元)

现值 763 306 元大于 N 公司的账面价值 742 000 元，根据会计准则的孰低原则，租赁资产入账价值应为原账面价值 742 000 元。

未确认融资费用＝最低租赁付款额－租赁开始日租赁资产的入账价值＝961 000－742 000＝219 000（元）

2001 年 1 月 1 日编制会计分录，（收入资产时）

借：固定资产——融资租入固定资产　　　　　　　　742 000
　　未确认融资费用　　　　　　　　　　　　　　　219 000
　　贷：长期应付款——应付融资租赁款　　　　　　　　　961 000

2000 年 11 月 16 日初始直接费用的会计处理：

借：管理费用　　24 200
　　贷：银行存款　　24 200

• 分摊未确认融资费用的会计处理：

160 000×P_A(6,r)＋1000×P_V(6,r)＝742 000元

当 r＝7%时，160 000×4.7665＋1000×0.666＝763 306元

　　　　　　763 386 元大于账面价值 742 000 元

当 r＝8%时，160 000×4.623＋1 000×0.630＝740 310元

　　　　　　740 310 元小于账面价值 742 000 元

因此，7%＜r＜8%。用插值法计算如下：

现值	利率
763 306	7%
742 000	r
740 310	8%

即

763 306～742 000　　7%～r
763 306～740 310　　7%～8%

结果为 r＝7.93%。因此，租赁内含利率为 7.93%。未确认融资费用分摊表（实际利率法）如表 11-1 所示。

表 11-1　　未确认融资费用分摊表(实际利率法)　　(单位:元)

日期 ①	租金 ②	未确认的融资费用 ③=期初⑤×7.93%	应付本金减少额 ④=②-③	应付本金余额 期末⑤=期初⑤-④
(1) 2001.1.1				742 000
(2) 2001.6.30	160 000	58 816.59	101 183.41	640 816.59
(3) 2001.12.31	160 000	50 796.02	109 203.98	531 612.60
(4) 2002.6.30	160 000	42 139.68	117 860.33	413 752.28
(5) 2002.12.31	160 000	32 797.17	127 202.84	286 549.44
(6) 2003.6.30	160 000	22 714.10	137 285.90	149 263.55
(7) 2003.12.31	160 000	11 831.77	148 168.23	1 000*
(8) 2004.1.1	1 000		1 000	0
合计	961 000	219 000	742 000	

　*实际结果应该是1095.31,误差原因是由于以上内涵利率采用的计算方法造成的,属于正常误差,这里暂用正确值1000代替。

2001 年 6 月 30 日支付第一期租金,

　　借:长期应付款——应付融资租赁款　　　　　　　　160 000

　　　贷:银行存款　　　　　　　　　　　　　　　　　　　　160 000

　　同时,借:财务费用　　　　　　　　　　　　　　58 816.59

　　　　贷:未确认融资费用　　　　　　　　　　　　　　58 816.59

2001 年 12 月 31 日支付第二期租金,

　　借:长期应付款——应付融资租赁款　　　　　　　　160 000

　　　贷:银行存款　　　　　　　　　　　　　　　　　　　　160 000

　　同时,借:财务费用　　　　　　　　　　　　　　50 796.02

　　　　贷:未确认融资费用　　　　　　　　　　　　　　50 796.02

2002 年 6 月 30 日支付第三期租金,

　　借:长期应付款——应付融资租赁款　　　　　　　　160 000

　　　贷:银行存款　　　　　　　　　　　　　　　　　　　　160 000

　　同时,借:财务费用　　　　　　　　　　　　　　42 139.68

　　　　贷:未确认融资费用　　　　　　　　　　　　　　42 139.68

2002 年 12 月 31 日支付第四期租金,

　　借:长期应付款——应付融资租赁款　　　　　　　　160 000

　　　贷:银行存款　　　　　　　　　　　　　　　　　　　　160 000

　　同时,借:财务费用　　　　　　　　　　　　　　32 797.17

　　　　贷:未确认融资费用　　　　　　　　　　　　　　32 797.17

2003 年 6 月 30 日支付第五期租金，

　　　借：长期应付款——应付融资租赁款　　　　　　160 000

　　　　贷：银行存款　　　　　　　　　　　　　　　　　160 000

　　　同时，借：财务费用　　　　　　　　　　　　　22 714.10

　　　　　　　贷：未确认融资费用　　　　　　　　　　　22 714.10

2003 年 12 月 31 日支付第六期租金，

　　　借：长期应付款——应付融资租赁款　　　　　　160 000

　　　　贷：银行存款　　　　　　　　　　　　　　　　　160 000

　　　同时，借：财务费用　　　　　　　　　　　　　11 831.77

　　　　　　　贷：未确认融资费用　　　　　　　　　　　11 831.77

• 计提租赁资产折旧的会计处理（表 11-2）：

表 11-2　融资租入固定资产折旧计算表（平均年限法）

2001 年 1 月 1 日　（单位：元）

日期	固定资产原价	估计残值	折旧率/%	当年折旧费	累计折旧	固定资产净值
(1) 2001.1.1	742 000	0				742 000
(2) 2001.12.31			20	148 400	148 400	593 600
(3) 2002.12.31			20	148 400	296 800	445 200
(4) 2003.12.31			20	148 400	445 200	296 800
(5) 2004.12.31			20	148 400	593 600	148 400
(6) 2005.12.31			20	148 400	742 000	0
合计	742 000	0	100	742 000		

2001 年 12 月 31 日计提本年折旧，

　　　借：制造费用——折旧费　　　　　　　　　　148 400

　　　　贷：累计折旧　　　　　　　　　　　　　　　148 400

2002 年至 2005 年分录同上。

2001 年 12 月 31 日支付该设备发生的保险费、维护费，

　　　借：制造费用　　　　　　　　　　　　　　　12 000

　　　　贷：银行存款　　　　　　　　　　　　　　　12 000

2002 年至 2005 年分录同上。

　　• 或有租金的会计处理：

2002 年 12 月 31 日，

　　　借：营业费用　　　　　　　　　　　　　　　　8 775

　　　　贷：其他应付款——N 公司　　　　　　　　　　8 775

2003 年 12 月 31 日，

  借：营业费用   11 180

    贷：其他应付款——N 公司   11 180

  • 租期届满时的会计处理：

2004 年 1 月 1 日，

  借：长期应付款——应付融资租赁款   1 000

    贷：银行存款   1 000

  同时，借：固定资产——某设备   742 000

      贷：固定资产——融资租入固定资产   742 000

（2）出租人（N 公司）的会计处理。

  • 租赁开始日的会计处理：

计算出租赁内含利率＝7.93％

最低租赁收款额＝最低租赁付款额＝160 000×6＋1 000＝961 000（元）

最低租赁收款额现值＝租赁开始日租赁资产原账面价值＝742 000（元）

未实现融资收益＝961 000－742 000＝219 000（元）

2001 年 1 月 1 日，

  借：应收融资租赁款   961 000

   贷：融资租赁资产   742 000

     递延收益——未实现融资收益   219 000

2000 年 11 月 10 日初始直接费用会计处理，

  借：管理费用   48 000

   贷：银行存款   48 000

  • 未实现融资收益的会计处理。

2001 年 6 月 30 日收到第一期租金时，

  借：银行存款   160 000

   贷：应收融资租赁款   160 000

  同时，借：递延收益——未实现融资收益   58 816.59

      贷：主营业务收入——融资租赁   58 816.59

2001 年 12 月 31 日收到第二期租金时，

  借：银行存款   160 000

   贷：应收融资租赁款   160 000

  同时，借：递延收益——未实现融资收益   50 796.02

      贷：主营业务收入——融资租赁   50 796.02

2002 年 6 月 30 日收到第三期租金时，

  借：银行存款   160 000

     贷：应收融资租赁款   160 000

   同时，借：递延收益——未实现融资收益   421 396.68

       贷：主营业务收入——融资租赁   421 396.68

2002 年 12 月 31 日收到第四期租金时，

    借：银行存款   160 000

     贷：应收融资租赁款   160 000

   同时，借：递延收益——未实现融资收益   32 797.17

       贷：主营业务收入——融资租赁   32 797.17

2003 年 6 月 30 日收到第五期租金时，

    借：银行存款   160 000

     贷：应收融资租赁款   160 000

   同时，借：递延收益——未实现融资收益   22 714.10

       贷：主营业务收入——融资租赁   22 714.10

2003 年 12 月 31 日收到第六期租金时，

    借：银行存款   160 000

     贷：应收融资租赁款   160 000

   同时，借：递延收益——未实现融资收益   11 831.77

       贷：主营业务收入——融资租赁   11 831.77

 • 或有租金的会计处理：

2002 年 12 月 31 日，

    借：银行存款（或应收账款）   8 775

     贷：主营业务收入——融资收入   8 775

2003 年 12 月 31 日，

    借：银行存款（或应收账款）   11 180

     贷：主营业务收入——融资收入   11 180

 • 租赁期届满会计处理：

2004 年 1 月 1 日，

    借：银行存款   1 000

     贷：应收融资租赁款   1 000

■ 11.3 经营性租赁的会计处理

  在经营性租赁情况下，由于与资产所有权有关的风险和报酬仍归出租方所有，就出租方而言，仍然保留出租资产的账面价值，承担出租资产的折旧以及其他费用，其享有的权利为按期取得作为其他业务收入的租金收益和为承担所有权上的风险应得的报酬。

11.3.1　经营性租赁的一般处理程序

经营性租赁的最大特点在于：承租人租入资产的目的仅限于获得资产使用权，不考虑取得所有权。为此，我国规定经营性租赁的承租人在租赁开始日，不应将租入资产确认为本企业的资产，应付的租金也不确认为长期负债。支付的租金应在租赁期内，采用合理方法计入各期损益。出租人对经营租赁资产应予核算，并在资产负债表中单独列示。

1. 承租人的一般处理程序

（1）租入资产时登记备查簿，承租人发生的初始直接费用，应当确认为当期费用。

（2）支付押金或预付租金。

（3）定期支付租金。租金一般有固定金额，承租人只需按照规定的日期及金额付款，并根据权责发生制原则确认为各期费用，其中或有租金在实际发生时确认为当期费用。

（4）租赁期内的资产维修及改良支出。

2. 出租人仍拥有出租资产的所有权，对出租业务一般处理程序

（1）租赁开始之前发生的直接费用（如谈判过程中发生的通信费、差旅费和订立租约的费用等），一般数额不大，可在发生时确认为当期费用；数额较大时，也可按租赁期分摊，由各期确认的租金收入弥补。

（2）取得的租金收入，应按权责发生制原则，并采取合理的方法（一般按直线法）进行分配，计入租赁期内的各个会计期间。其中若发生或有租金收入，在实际发生时确认。

（3）租赁期内，对租出的固定资产按照类似应折旧资产通常所采用的折旧政策计提折旧，并与各期的租金收入进行配比。

（4）租赁期内发生的维修费用，一般由出租人负担。

11.3.2　承租人的会计处理

经营性租赁的承租人按照规定，对租赁资产及未来承租期内应负担的租金不予资本化，会计上主要核算租金的支付情况，并确认为各期费用。

租金费用的列支，应视租入资产的使用部门不同作不同处理：租入用于生产产品的机器设备，租金应作为"制造费用"，计入产品生产成本；行政管理部门、销售部门租入的资产，租金分别计入"管理费用"、"营业费用"等。

租金的支付方式包括即期支付、预付和应付三种，预付租金一般通过"待摊

费用"账户核算,再按规定分摊为各期费用。应付未付的租金则作为其他应付款处理。

承租人对租入资产进行修理的,修理支出应按实际发生额计入当期损益。对租赁资产发生的改良支出,应在租赁剩余期限或改良工程耐用年限两者孰短的期限内分期平均摊销,计入当期损益。具体做法是:支出发生时,通过"待摊费用"或"长期待摊费用"账户核算,具体依分摊期限的长短不同而定;按期分摊时,再确认为当期费用。上述费用的列支与租金相同。

11.3.3　出租人的会计处理

经营性租赁中出租人的主要会计问题是当期租金收入的确认、经营租赁资产折旧的计提。账务处理上,专营或兼营经营租赁稍有差别。账户设置上,一般企业租出资产时,只需按资产的原始价值,从"固定资产"账户的有关明细账户(如未使用固定资产、不需用固定资产等)转入"租出固定资产"明细账户。既然租赁是企业的附营业务,按规定确认的租金收入作为"其他业务收入"处理;租赁期内发生的有关支出,如折旧费、日常维修费等,相应列入"其他业务支出";应收未收的租金可通过"其他应收款"账户核算。

11.3.4　经营性租赁会计信息的揭示

1. 承租人应予揭示的事项

首先,企业以经营性租赁方式租入的固定资产不必列入资产负债表;其次,企业因租赁资产而发生的租赁费用,应按租赁资产的使用部门计入有关成本费用,与其他有关成本费用一起列示于利润表中;再次,计入在产品成本的租赁费用,应作为在产品成本的组成部分,列示于资产负债表的存货项目金额中。本期确认的租赁费用在会计报表中无须单独列示。此外,会计报表附注中应说明与经营租赁有关的事项。

2. 出租人应予揭示的事项

出租人不管兼营或专营经营性租赁,会计期末应披露每类租出资产在资产负债表的账面价值。如有不可撤销的经营租赁,由此引起的债权应在报表附注中说明。一般企业因出租资产取得的收入,当期确认部分作为"其他业务收入"在利润表中列示;出租资产的账面价值在资产负债表的"固定资产"类反映。

➤ 案例

2004 年 1 月 1 日,甲公司向乙公司租入全新办公用房一套,租期 2 年,办公用房价值为 60 000 000 元,预计使用年限为 30 年。租赁合同规定,租赁开始日甲公司向乙公司一次性预付租金 900 000 元，每一年末支付租金 70 000 元，第六年末支付租金 100 000 元。租赁期满后预付租金不退回，乙公司收回办公用房使用权。甲公司和乙公司均在年末确认租金费用和租金收入，不存在租金逾期支付情况。

　　要求：为承租人（甲公司）和出租人（乙公司）进行会计账务处理。

　　会计账务处理如下：

　　（1）承租人（甲公司）的账务处理：

　　①2004 年 1 月 1 日，

借：其他应付款		900 000
贷：银行存款		900 000

　　②2004 年 12 月 31 日，

借：管理费用		535 000
贷：银行存款		70 000
其他应付款		465 000

　　③2005 年 12 月 31 日，

借：管理费用		535 000
贷：银行存款		100 000
其他应付款		435 000

　　（2）出租人（乙公司）的账务处理：

　　①2004 年 1 月 1 日，

借：银行存款		900 000
贷：其他应收款		900 000

　　②2004 年 12 月 31 日，

借：银行存款		70 000
其他应收款		465 000
贷：其他业务收入——经营租赁		535 000

　　③2005 年 12 月 31 日，

借：银行存款		100 000
其他应收款		435 000
贷：其他业务收入——经营租赁		535 000

■ 11.4　租赁税收

11.4.1　国际租赁税收制度概述

税收是影响企业租赁决策和租赁业发展的关键因素之一，税收法规直接关系到交易当事人的经济利益，对任何一笔交易都会产生影响，第二次世界大战后西方工业国家现代租赁业迅速发展的一个重要原因就是各国政府实行鼓励投资的税收政策。租赁业的税收制度包括两个方面：一是宏观税收制度对租赁业的影响；二是对租赁业自身的税收政策。

1. 宏观税收制度对租赁业的影响

宏观税收制度对租赁业的影响是由于租赁交易的特殊性所引起的，在现代融资租赁交易中，租赁物的所有权与使用权相分离，出租人所有权主要体现为租赁物的法律所有权，承租人由于承担了与租赁物所有权有关的风险与报酬，实质上具有租赁物的经济所有权。这种分离自然就产生了税收义务是由出租人还是承租人履行的问题，由于出租人和承租人财务状况不同，由出租人还是承租人履行纳税义务的结果是不一样的，租赁正是利用了出租人和承租人之间纳税主体交叉换位的特点，实现了税收节约，达到了合理避税的效果。第二次世界大战后租赁业的兴旺，在很大程度上是由于税收立法和传统的会计实务所促成的。对租赁业影响最大的税收制度是投资税收抵免政策和加速折旧政策，这两项税收制度的实施和改革是推动第二次世界大战后西方工业国家融资租赁业发展的主要外部动力。

1) 投资税收抵免制度对租赁业的作用机制

美国的投资税收抵免制度（investment tax credit，ITC）开始实施于 20 世纪 60 年代初期，当时美国经济衰退，肯尼迪政府为了鼓励投资、促进经济增长，于 1962 年实行了投资税收抵免政策，其基本内容是：凡符合美国税务法规定类型的资产，在购入资产的第一个纳税年，投资者可申报相当于资产购置成本的一定百分比，从当年应纳税额中扣除，以税收补贴的形式降低合格投资的购买价格，从而刺激投资。这个百分比的大小是根据资产的法定耐用年限制定的：耐用年限 7 年以上的，享受 10% 的减税；5~7 年的，可享受 10% 的 2/3 减税；3~5 年的，可享受 10% 的 1/3 减税；3 年以下的，无减税优惠。例如，某公司购置了一项使用年限 8 年、价值 20 万美元的计算机设备，便可从应纳税中扣除 10% 即 2 万美元，实际成本为 18 万美元，这是极具吸引力的举措，从而极大地促进了赢利状况较好、纳税能力高的企业进行长期设备投资。

该法案不是针对租赁业制定的，却给租赁业带来了无限商机，原因是各企业纳税状况不一，并不是所有企业都能充分享受税收抵免的优惠。例如，处于成长期的中小企业，这些企业处于发展初期，利润和应纳税额较少，设备投资额却很大，没有足够的应纳税额抵免。假如一个小企业，当年利润 10 万美元，按 40% 的所得税率，应纳税 4 万美元，该企业计划购置一台价值 200 万美元的设备，按税法规定可享受 10% 即 20 万美元的扣除，但该公司只能利用 4 万美元（纳税额的全部），另有 16 万美元的额度无法利用；政府部门和非营利性的公共事业机构如学校、医院等，它们靠政府财政拨款运转，不是纳税人，更无法享受税收扣除。这时，租赁便成为切实可行的方式，在租赁交易中，出租人是设备的购买人，拥有资产所有权，可以作为纳税申报人进行税收扣除，降低设备的实际投资成本，通过出租人和承租人之间的谈判，出租人将税收优惠所得通过降低租金的方式部分甚至全部转移给承租人。例如，在前面的例子中，该企业购买价值200万美元的设备只能享受4万美元的税收抵免，即实际购买成本为196万美元，而租赁公司购买能享受20万美元的税收抵免，即实际购买成本为180万美元，该企业与租赁公司经过谈判，决定以190万美元的价格从租赁公司租赁设备，放弃了自己直接购买的计划，这样可以节约6万美元，对租赁公司来讲，也获得了10万美元的利润，真正实现了交易的"双赢"格局。因此，投资税收扣除制度实行后，大量的中小企业和非营利性的政府机构、公共事业部门采用租赁方式增加生产、办公、教学设备，租赁业务量大增，成了租赁业的主要客户。投资税收抵免制度的实施促使租赁成为面向中小企业提供设备融资服务的主要方式，促进了中小企业和租赁业的发展。

到了1981年，由于全球性经济危机的影响，经济一度出现滑坡，为了促进投资和拉动经济增长，美国政府实施了《1981年经济复兴税法》。该法充分重视了租赁对促进投资的独特作用，精简了租赁的规章制度，废除了限制租赁发展的规则，放宽了"真实租赁"（节税租赁）的认定标准，扩大了租赁优惠的范围，而且创立了旨在鼓励充分利用减税优惠的"安全港租赁"模式，要求是：①出租人是法人，且出租人在整个租赁期内只须保持不低于10％的风险投资；②租赁期限不超过租赁物使用寿命的90％，不短于法律规定的租赁物加速折旧年限；③租赁标的物必须符合下列条件：一是必须在1981年以后投入使用的；二是必须符合加速折旧的合格财产；三是出租人有能力享受投资抵免优惠。符合以上条件的租赁可约定由出租人拥有设备的法定所有权，享受投资税收抵免等优惠政策。该法案对租赁行业的影响巨大，由于经营亏损而无法利用税收优惠的企业，利用安全港租赁方式，通过与出租人交换取得税收利益，出租人通过降低租金的方式部分转移给承租人，使这些企业立即获得税收好处，在逆境中继续增加设备投资。据统计，美国由于采用"安全港租赁"模式，而导致税收优惠仅1986年就达到90多亿美元。相应利用租赁实现的设备投资超过1000亿美元。该项法案的实施对于鼓励投资、制止经济衰退、促进经济复苏发挥了很大作用。

2）加速折旧制度对租赁业的作用

融资租赁中对租赁物件的折旧政策是税收制度影响租赁业发展的另一个重要方面。折旧又称为固定资产折旧，是指固定资产由于损耗而转移到产品成本中去的那部分价值，损耗包括有形损耗和无形损耗。将固定资产进行折旧，不仅为了使企业收回投资、今后有能力重置固定资产，而且是为了把固定成本合理分配于固定资产的使用收益期，使收入与费用合理配比，会计核算更合理，通常折旧可以作为费用支出直接记入成本。

自 20 世纪 50 年代以来，美国折旧制度的不断变革也是推动租赁业发展的重要经济因素之一。1954 年的《税法》、1962 年的《固定资产管理法》、1971～1981 年 10 年内实施的《加速折旧法案》及 1981 年的《经济复兴税法》，均实行加速折旧制度（加速折旧，即《固定比率折旧法》是指在资产使用年限的前期计提较多的折旧费用，加快设备投资成本的回收）。加速折旧实际上是减少了企业前几年的应纳税所得，使企业获得了延期纳税的好处，由于货币的时间价值和通货膨胀的因素，实质上企业的纳税减少了。加速折旧推动租赁业快速发展的一个很好的例子就是，一些中小型企业或公司由于没有足额利润，因而不能直接利用加速折旧与投资税收抵免带来的好处，但是通过租赁的方式它们就可以间接享受加速折旧带来的好处。因为折旧是与资产所有权相联系的，通常由资产所有者来提取。按照传统的租赁会计实务，租赁物属于出租人的资产，由出租人计提折旧，获得加速折旧的好处，并以降低租金的形式转移给承租人。但是，1973 年FAS13 的公布对作为现代租赁业主体的融资租赁是个打击。该准则规定，对于经营性租赁仍由出租人作为所有权者提取折旧，对于所有权在租期末将转移的资本性租赁，应当列入承租人的资产负债表，由承租人予以资本化（计提折旧），以后公布的 IAS17 也作出了类似规定。由于租赁业的作用太重要了，该准则的颁布不仅没有阻挡租赁业的发展，反而推动了租赁业的创新，符合会计准则规定、由出租人承担残值风险并计提折旧的长期经营性租赁蓬勃发展起来，继续让中小企业间接享受加速折旧和表外融资的好处。

2. 对租赁公司的税收政策

国外对租赁公司的直接税收主要是营业税（或增值税）和所得税。

1）营业税或增值税

对租赁公司的征税，国际上有些国家实行的是营业税制度；有些国家实行的则是增值税制度。目前，实行营业税制度的国家不多，多数发达国家均实施增值税制度。营业税制度的计税方法的关键是税基即营业收入额的确定。按照国际租赁会计准则的规定，租赁分为经营性租赁和融资租赁。在经营性租赁中，出租人将所收全部租金直接记入营业收入，也就是作为营业税的税基，这无可争议，关键是经营租赁的税率不能太高，以保证出租人具有合理的利润；在融资租赁中，出租人的营业收入是财务收益，其金额为所收租金减去出租人的成本，租金是固定的，关键是如何确定出租人的成本。而出租人成本的确定还应视各国税制的不同而不同。在实行营业税的国家，对融资租赁业务出租人成本的确定主要有两种方法：一种是允许包括出租人购置设备的融资成本，即出租人的借款利息支出；另一种则刚好相反，即不允许包括出租人的借款利息支出。在实行增值税制度的国家，对融资租赁业务征税认识较统一，由提供贷款的金融机构向出租人出具增值税发票,出租人能够扣除借款利息支出。同时,在增值税制度下,经营性租赁和融资租赁的税收待遇是相同的,都能够抵扣租赁物的购置成本和出租人相应的借款利息支出。

2)企业所得税

在多数国家,租赁公司作为企业法人,与其他企业一样,按照法律规定的税率交纳所得税,没有任何特殊优惠政策。这也体现了市场经济的基本原则,法律不会给任何行业或个体以优惠待遇。但与我国不同的是,不论租赁公司是否作为金融机构管理,西方发达国家普遍从财务审慎原则出发,允许租赁公司根据应收租赁款的拖欠情况,在税前提取足额的坏账准备金,并及时核销坏账损失。

另外,租赁公司购买设备、进出口设备、买卖二手设备等贸易过程中的税收问题,与其他企业完全一样。

11.4.2　我国租赁税收政策的演进

1)发展初期

我国的租赁业是 20 世纪 80 年代初期从日本引进的。开始几年我国租赁业因为在尝试阶段,并没有相应的配套政策出台。1985 年后,税务部门开始关注融资租赁,财政部出台了(85)财工字第 29 号《关于国营工业企业租赁费用财务处理的规定》。这个规定对融资租赁非常支持,它有条件地提出了加速折旧和租金可以摊入成本的政策,对国有企业的技术改造提供了有力的支持。这个阶段也是租赁业最红火的阶段,但对集体企业和民营企业还存在歧视现象。

2)税制改革

为了在财务上与国际接轨,我国在 1993 年对会计制度进行了改革。在这次改革中,忽略了租赁业发展初期需要扶持的因素,超前按照国外现行政策,否定了加速折旧和税前还租的政策。当时因为经济环境恶化、融资渠道受阻,租赁业已开始走下坡路,企业的信誉急剧下降,租赁业务萎缩,税收是否优惠的问题已经很少有人关心。

3)出租人税收问题

尽管新的项目很少,但老的项目依然存在,租赁公司开始关注自己的营业税问题。1995 年 4 月国家税务总局下发国税发〔1995〕76 号《关于营业税若干问题的通知》,该通知明确规定"《营业税税目注释》中的'融资租赁'是指经中国人民银行批准经营融资租赁业务的单位所从事的融资租赁业务,其他单位从事融资租赁业务应按'服务业'税目中的'租赁业'项目征收营业税"。同时还把转租赁定义为经营性租赁中的再租赁。税收的不平等和转租赁定义的不科学,给分业管理的租赁行业造成经营困难。1995 年 12 月税务总局又下发国税函发〔1995〕656 号《关于融资租赁业务征收营业税的通知》,对该政策进行了调整;

将中外合资融资租赁公司也纳入融资租赁行列征收营业税，但国内贸易局主管的租赁公司仍然不能开展融资租赁业务。此时融资租赁继续萎缩，而厂商的经营性租赁开始发展并且从操作方式上已经向融资租赁模式靠近。

4）第二次税收优惠

国家为了促进企业技术进步，1996 年又由财政部和国家税务总局下发《关于促进企业技术进步有关财务税收问题的通知》，该通知规定："企业技术改造采取融资租赁方法租入机械设备，折旧年限可按租赁期限和国家规定折旧年限孰短的原则确定，但最短折旧年限不短于三年"。这次的通知涵盖了各种体制的融资租赁公司以及全部的企业法人对象，体现出采用融资租赁的方式促进企业技术改造和技术进步时，可以加速折旧。这在我国的租赁历史上，可以说是租赁税收政策又一次突破。但由于租赁公司已陷入经营困境、新的业务基本不做，社会上的信誉环境继续恶化，税务征收手段薄弱，税收的好处对企业已没有吸引力，因此企业在添置设备时，也不考虑融资租赁的税收优势。所以这个通知的出台并没有促进租赁业的发展，也没有多少企业从租赁上得到税收的优惠。

5）上税基数问题

由于对税收政策的理解问题，各地税务部门对租金的税收出现偏差，一些地方按租金全额纳税，实际上税收部分不仅超过租赁公司的利息收入，还将部分本金作为税收征缴，出现了明显的不合理。1997 年财政部、国家税务总局《关于转发〈国务院关于调整金融保险业税收政策有关问题的通知〉的通知》（财税字〔1997〕045 号）规定：纳税人经营融资租赁业务，以其向承租者收取的全部价款和价外费用（包括残值）减去出租方承担的出租货物的实际成本后的余额为营业额。出租货物的实际成本，包括由出租方承担的货物购入价、关税、增值税、消费税、运杂费、安装费、保险费等费用。这个通知部分解决了税收不合理的问题，但没考虑租赁公司的资金来源问题，仍按利息纳税。后又下发财税字〔1999〕183 号《关于融资租赁营业税计税营业额问题的通知》有对利用外资的租赁公司按利差上税的通知。但对使用人民币租赁的融资租赁公司并没有明确按利差上税的说明。由于目前市场竞争比较激烈，租赁公司的利差不可能太高，这个政策仍然限制了租赁业务的开展。

6）流转税问题

经过行业对税务问题的多次呼吁，税务部门开始注意租赁的税收问题。2000年 7 月国家税务总局下发《关于融资租赁业务征收流转税问题的通知》，其目的是想说明税务对租赁是支持的。通知规定：对经中国人民银行批准经营融资租赁业务的单位所从事的融资租赁业务，无论租赁货物的所有权是否转让给承租方，均按《中华人民共和国营业税暂行条例》的有关规定征收营业税，不征收增值税。其他单位从事的融资租赁业务，租赁货物的所有权转让给承租方，征收增值税，不征收营业税；租赁货物的所有权未转让给承租方，征收营业税，不征收增值税。这个通知在行业内部又引起了混乱。首先，这个政策没有把中外合资租赁公司和其他融资租赁行业包括进来。其次，租赁公司在购置租赁物件时的价款已经包括增值税。租赁公司视同最终用户，不再收增值税对租赁公司没有实际意义。

11.4.3　我国租赁业的税收标准

1) 经营性租赁税收标准

经营性租赁税收标准如表 11-3 所示。

表 11-3　经营性租赁税收标准比较

主要税目名称	税率	计税基数
营业税	5%	租金收入
增值税	17%	租赁物件原值
城市建筑税	7%	营业税额
教育附加费	3%	营业税额
房地产税	1.2%	70%房地产原值
车船税	变动	按照车辆种类
印花税	变动	按照协议性质
个人所得税	变动	按照实际收入

2) 融资性租赁税收标准

融资性租赁税收标准如表 11-4 所示。

表 11-4　融资性租赁税收标准比较

主要税目名称	税率	计税基数
营业税	8%	金融业务收入
	5%	其他业务收入
城市建筑税	7%	营业税额
教育附加费	3%	营业税额
房地产税	1.2%	70%房地产原值
所得税	33%	企业净利润
车船税	变动	按照车辆种类
印花税	变动	按照协议性质
个人所得税	变动	按照实际收入

11.4.4　我国租赁税收政策存在的问题

税收牵涉到租赁当事人的经济利益，税收政策不合理是困扰我国租赁业，尤其是融资租赁业发展的关键问题之一。目前，直接关系融资租赁的税收问题有以下方面。

1. 租赁资产折旧制度不合理

我国融资租赁业是 20 世纪 80 年代开始的，当时，租赁的国际会计准则已颁布，参照其中的标准，财政部在《关于国营工业企业租赁费用财务处理的规定》（［85］财工字第 29 号）和《关于国营工业企业租赁固定资产有关会计处理问题的规定》（［85］财会字第 49 号）中规定，承租人是融资租赁资产的经济所有者，融资租赁资产计入承租人的资产负债表并视同自有固定资产提取折旧，后来又允许按照短于设备法定年限的实际租赁年限加快折旧，但租赁期限不能低于设备折旧年限的 50%～60%。也就是说，加快折旧的政策是从一开始直接给承租人的，鼓励承租人以租赁方式进行设备更新换代。这与国外正好相反，前面已经作过论述，在 FAS13 和 IAS17 颁布前的相当长时间内，租赁会计实务中实行的都是由出租人作为资产所有者提取折旧。这项政策的实施使承租对象转向了利润稳定的国有大、中型企业，促进了国有企业利用租赁方式引进设备，却忽视了租赁对成长初期的中、小型企业融资的独特优势。通过纳税主体交叉换位分享税收优惠政策是国外租赁业发展的重要推动力，而我国融资租赁的优惠待遇从开始便只能给予承租人，这使租赁仅仅作为一种计划外的融资手段，而租赁的优势基本没有了。

另外，在折旧方法上，我国固定资产普遍采取直线折旧法，缺乏选择性，西方工业国家鼓励企业进行技术改造的加速折旧法，在我国一直没有得到实行。而直线折旧法只适用于房屋、建筑物折旧，不宜用来计算机器设备的折旧，其缺点是：一是忽视了机器设备在使用时，前后期效能不同的事实。机器设备的效能随着使用时间的延长，由高到低，呈逐渐递减趋势，与此相适应，价值的丧失则由多到少，与效能递减成正比例关系。机器设备在前期发挥的效能高，丧失的价值多，自然应多提折旧，但直线折旧法在整个使用期间每年的折旧额都相等，不能反映机器实际价值的丧失程度。二是直线折旧法难以避免无形损耗，无形损耗是指由于技术进步，效率更高的生产工具的出现而使机器设备的价值迅速贬值。到了机器使用的后期，发生无形损耗的可能性就大。三是设备的维修费用后期多于前期，采用直线法折旧，影响产品成本的合理性，无法保证设备投资成本的回收。因此，实行国际上普遍采用的加速折旧法势在必行。当然，我国的经济基础与国外不同，西方国家是私有制，政府管理企业的目的是鼓励实施审慎财务原则，保持企业稳健经营，防止股东过度分红，以保证经济和社会稳定；而我国大多为国有企业，财政部门担心的是企业乱列成本费用，造成国家利润和税收流失，这是加速折旧制度没有实施的根源。

2. 没有给予租赁业合理的税收待遇

国外融资租赁业的发展得益于投资税收抵免制度的实施，由于部分经济主体无法享受该项优惠，故转向利用租赁方式间接享受。而我国的实际则大不相同。长期以来，我国一直处于计划经济向市场经济转轨时期，市场约束机制还没有建立起来，企业行为表现为计划经济体制遗留下来的预算约束软化，投资欲望强烈，社会资源短缺，宏观经济的常态是社会需求旺盛，总需求大于总供给，通货膨胀严重。因此，宏观经济管理的基本目标是控制总需求，特别是控制投资规模。不可能实施西方工业国家在经济疲软时期所采取的以鼓励投资为目标的投资税收抵免制度，相反，对投资还要征收固定资产投资方向调节税，以抑制企业投资。近年来，特别是亚洲金融危机以来，我国宏观经济形势也发生了重大变化，由需求过旺转而变成需求不足，基本告别了商品短缺时代，开始出现了经济疲软、投资不足、社会资源过剩的局面。为有效拉动国内需求、刺激社会投资，我国于1999年首次颁布实施了《技术改造国产设备投资抵免所得税管理办法》，但在该办法中，也没有充分重视在西方工业国家刺激投资政策实施时已取得巨大成功的租赁业所发挥的特殊作用，没有给予租赁业合理的税收待遇，这应该是我们政策认识上的失误。

3. 出租人的税收政策不统一、税收负担过重，不利于租赁业发展

中外合资租赁公司和非银行金融机构租赁公司从事融资租赁业务按照金融业纳税，即将租金收入划分为设备购置成本和租赁财务收益，设备购置成本中不包括融资成本，即出租人借款利息支出，然后按照租赁财务收益的8%计收营业税，即不能扣除出租人的借款利息支出。为吸引外资，保证出租人的对外偿付能力，维护对外信誉，对于利用外资从事租赁业务，可从纳税基数中扣除外汇借款利息支出；对于厂商租赁则作为流通企业，租金全额征收5%营业税。这实际上造成了以经营人民币融资租赁业务为主的中资金融租赁公司和以经营性租赁业务为主的厂商租赁公司税收负担过重，不利于国内租赁业的发展。

4. 销售税重复征收

对于租赁设备，在资产最初购置时交税，在租期末资产转移时还要再次纳税。特别对于售后回租交易，资产并没有发生实质性转移，却仍要纳税，提高了租赁的成本，不利于租赁的广泛运用和租赁业的发展。

5. 提取呆账准备金及呆账核销政策实施得比较晚

融资租赁是典型的金融业务，应收租金与贷款一样面临着严重的信用风险，但是，我国一直没有关于租赁呆账准备金的提取和核销程序的规定，只有租赁收益可比照贷款利息提取坏账准备金及停止计算收入，租赁成本（即本金）不能与贷款一样计提呆账准备金。近年来，我国对国有企业的贷款呆坏账实施了专项核销制度，对上述企业作承租人的租赁却没有相应政策，这是不平等的待遇。前面已经谈过，只是在颁布的《企业会计准则——租赁》中，才提出了"出租人应根

据承租人的财务及经营状况、租金逾期期限等因素，分析应收融资租赁款的风险程度和回收的可能性，对应收融资租赁款减去未实现融资收益的差额部分合理计提坏账准备"，这是一个巨大的进步，但是，坏账准备金的提取标准及核销办法仍有待制定。

6. 中外合资租赁公司超国民待遇

中资租赁公司与其他法人企业一样，按照规定缴纳 33％的所得税。为吸引外资，依据有关法律，中外合资租赁公司可享受相应的税收优惠政策，包括免税和减税，导致了中外合资租赁公司的超国民待遇。

■本章小结

租赁会计是用来管理租赁业务活动的一种专业会计，是结合租赁业务的特点，用来研究租赁业务活动中的资金运动及其消长变化和结果的会计理论和方法。

进行租赁业务的会计处理时，租赁会计信息的提供必须符合相关性原则；租赁会计有关收入和费用的处理必须遵循权责发生制原则；租赁会计处理方法必须符合配比原则。

租赁业务分为经营租赁和融资租赁两类，其承租资产在企业的管理和会计核算上因租赁方式不同而不同。在经营性租赁业务中，租赁资产仍为出租人所有，承租人的会计处理不涉及租赁资产及其相关的折旧等业务；对于融资租赁业务，承租人因已实质控制了租入的资产，并视同自有资产进行管理和核算而在承租人的资产负债表内加以反映，其相应的折旧处理则与自有资产的政策相一致，按统一的标准计算并作出相应的会计处理。

租赁业的税收制度包括两个方面：一是宏观税收制度对租赁业的影响，这是由于租赁交易的特殊性所引起的；二是租赁业自身的税收政策。国外对租赁公司的直接税收主要是营业税（或增值税）和所得税。

➢ 思考题

1. 会计的核算对象。
2. 简述租赁会计的处理原则。
3. 融资租赁会计中承租人的会计处理原则包括哪些？
4. 出租人财务会计报告中对融资租赁应予揭示的事项包括哪些？
5. 简述经营租赁中承租人的一般处理程序。
6. 简述租赁业税收制度包括的两个方面。

7. 试分析我国租赁税收政策存在的问题。

8. 试述你对我国租赁税收政策的改革建议。

9. 某工业企业融资租入一条生产线，按租赁协议确定的租赁价款为 550 万元，企业另以银行存款支付运输费、途中保险费、安装调试费共计 50 万元（包括到期购买该条生产线设备应付的价款）。按租赁协议规定，租赁价款分五年于每年年初偿还。该生产线的折旧年限为五年，采用直线法计提折旧（假如不考虑净残值因素）。租赁期满后，该租赁资产转为承租方所有。对于该项经济业务，企业应如何进行会计处理？

参 考 文 献

卞耀武. 2002. 中华人民共和国信托法释义. 北京：法律出版社

陈共. 1994. 中国信托大全. 北京：企业管理出版社

陈珊. 2011. 银信合作业务规范研究. 中国投资，（5）

陈向聪. 2007. 信托法律制度研究. 北京：中国检查出版社

陈湛匀. 1994. 金融租赁实务. 上海：立信会计出版社

方晓霞. 1999. 融资租赁合同违约救济权利初探. 当代法学，（4）

高峦，刘忠燕. 2009. 资产证券化研究. 天津：天津大学出版社

姜仲勤. 2003. 融资租赁在中国. 北京：机械工业出版社

金建栋. 1994. 金融信托全书. 北京：中国财政经济出版社

金志. 1999. 国际金融信托概论. 上海：华东师范大学出版社

李健生，李礼文. 1995. 信托投资理论与事务. 武汉：武汉测绘科技大学出版社

李曜. 2003. 证券投资基金学. 上海：上海财经大学出版社

刘建翠. 2001. 期货与租赁会计核算. 北京：经济管理出版社

刘丽秋. 1996. 金融信托理论与实务. 武汉：武汉测绘大学出版社

龙增来. 1995. 金融信托：极大的诱惑. 北京：中国发展出版社

栾世红. 2008. 房地产金融与保险. 大连：大连理工大学出版社

欧阳卫民. 2000. 中国金融租赁业的现状和出路. 北京：中国金融出版社

潘启龙. 2011. 私募股权投资实务与实例. 北京：经济科学出版社

全国人民代表大会常务委员会. 2001. 中华人民共和国信托法

饶海琴，孙克任. 2008. 房地产金融. 上海：世纪出版集团格致出版社

邵祥林，董贤圣，丁建臣. 2004. 信托投资公司经营与管理. 北京：中国人民大学出版社

申心刚. 1995. 租赁合同实务. 北京：中国政法大学出版社

王洪兰，刘志浩. 1998. 现代信托学. 大连：东北财经大学出版社

王洪兰，刘志浩. 1995. 现代信托学. 大连：东北财经大学出版社

王淑敏，陆世敏. 2002. 金融信托与租赁. 北京：中国金融出版社

王豫川. 1997. 金融租赁导论. 北京：北京大学出版社

吴弘，贾希凌，程胜. 2003. 信托法论. 上海：立信会计出版社

吴晓求. 2001. 证券与投资. 北京：中国人民大学出版社

吴晓求. 2003. 证券投资基金. 北京：中国人民大学出版社

邢成. 2004. 信托经理人培训教程. 北京：中国经济出版社

邢天才. 1992. 金融租赁概论. 大连：东北财经大学出版社

徐叶红. 2001. 融资租赁合同中的特殊条款. 中央政法管理干部学院学报，（5）

尹尊声. 1995. 租赁管理. 上海：上海人民出版社

于研，郑英毫等. 2003. 信托投资. 上海：译文出版社

约翰·克拉克. 1988. 租赁决策. 北京：中国财政经济出版社

张孟民. 2001. 签订融资租赁合同应注意的事项. 聊城师范学院学报，（5）

张蕊，裘宗舜. 1998. 现代租赁会计与决策. 北京：中国财政经济出版社

张旭东，刘秀玲. 2003. 论融资租赁合同与类似合同的关系. 前沿，(9)

中国银行业监督管理委员会. 2007. 信托投资公司管理办法

周树立. 1999. 中国信托业的选择. 北京：中国金融出版社

朱善利，王韬光，朱妍兰. 1998. 中国信托投资业的地位及其发展方向. 北京：经济科学出版社

左毓秀. 1998. 信托与租赁. 北京：中国经济出版社

http：//qitic. jianwangzhan. com

http：//www. allbrightlaw. com. cn

http：//www. frchina. com

http：//www. trust. com

http：//www. yanglee. com